Jochen Vogt
Aspekte erzählender Prosa

WV studium

Band 145

Jochen Vogt

Aspekte
erzählender Prosa

*Eine Einführung in Erzähltechnik
und Romantheorie*

7., neubearbeitete und erweiterte Auflage

Westdeutscher Verlag

CIP-Titelaufnahme der Deutschen Bibliothek

Vogt, Jochen:
Aspekte erzählender Prosa: eine Einführung
in Erzähltechnik und Romantheorie / Jochen
Vogt. – 7., neubearb. und erw. Aufl. –
Opladen: Westdt. Verl., 1990
      (WV-Studium; Bd. 145)
      ISBN 3-531-22145-0

NE: GT

Die 1. Auflage ist im Bertelsmann Universitätsverlag, die 2.–6. Auflage
im Westdeutschen Verlag in der Reihe „Grundstudium Literaturwissenschaft" erschienen.

Der Westdeutsche Verlag ist ein Unternehmen der Verlagsgruppe
Bertelsmann International.

Umschlaggestaltung: Horst Dieter Bürkle, Darmstadt
Druck und buchbinderische Verarbeitung:
W. Langelüddecke, Braunschweig
Printed in Germany

ISBN   3-531-22145-0

Inhalt

„I must admit, Watson, that you have some power of selection, which atones for much which I deplore in your narratives. Your fatal habit of looking at everything from the point of view of a story instead of as a scientific exercise has ruined what might have been an instructive and even classical series of demonstrations. You slur over work of the utmost finesse and delicacy, in order to dwell upon sensational details which may excite, but cannot possibly instruct the reader."

„Why do you not write them yourself?" I asked, with some bitterness.

„I will, my dear Watson, I will. At present I am, as you know, fairly busy, but I propose to devote my declining years to the composition of a textbook, which shall focus the whole art of detection into one volume."

Sir Arthur Conan Doyle: *The Adventure of the Abbey Grange*

There's the big advantage of backwardness. By the time the latest ideas reach Chicago, they're worn thin and easy to see through. You don't have to bother with them and it saves lots of trouble.

Saul Bellow: *The Dean's December*

Everyone is against everyone else's prejudices and in favour of his own commitment to the truth.

Wayne C. Booth: *The Rhetoric of Fiction*

Vorwort zur Neufassung

Der Entschluß, nach dem Vorbild von Sherlock Holmes *my declining years* der Abfassung eines Lehrbuchs zu widmen, in dem zwar nicht gerade die ganze *art of detection,* aber doch auf vergleichbare Weise wesentliche Strukturen und Techniken der Erzählkunst abgehandelt werden sollen, verdankt sich einem Wunsch, den man sich bücherschreibend leichter erfüllen kann als sonst im Leben: etwas noch einmal zu machen – und besser als beim ersten Mal.

Die erste Fassung dieses Büchleins entstand vor zwanzig Jahren, mitten im und ausdrücklich für den akademischen Unterricht, wurde zunächst als internes Studienmaterial benutzt und 1972 publiziert. Meine Absicht war damals, zentrale Kategorien und Analyseansätze der neueren deutschsprachigen Erzählforschung so zusammenzustellen und an Beispielen anschaulich zu machen, daß der Text sowohl als Einführung in dieses (mit den Namen Käte Hamburger, Eberhard Lämmert, Franz K. Stanzel abgesteckte) Feld literaturwissenschaftlicher Theoriebildung dienen konnte – wie auch zur selbständigen Strukturanalyse und Interpretation von Erzähltexten, insbesondere Romanen, hinführen sollte. Über sechzigtausend verkaufte Exemplare deuten darauf hin, daß dies bis zu einem gewissen Grad gelungen ist und die *Aspekte erzählender Prosa* als nützliches Propädeutikum der Erzählforschung nicht nur im Studium, sondern mehr und mehr auch im Unterricht der Sekundarstufe II akzeptiert wurden.

Verschiedentlich hat man diese Brauchbarkeit mit dem exemplarischen und textnahen Vorgehen, also einer gewissen *power of selection* begründet. Gelegentlich aber – und ebenfalls nicht ganz zu Unrecht – wurde auch bemängelt, der Verfasser sei wie ein Dr. Watson der Literaturdidaktik über seine außerordentlich komplizierten und delikaten Gegenstände hinweggetrampelt und habe ruiniert *what might have been an instructive and even classical series of demonstrations.* Nehmen wir uns den Fall also ein zweites Mal vor...

Eine Neufassung sollte Bewährtes bewahren, aber auch neue Gesichtspunkte zur Geltung bringen und insbesondere dort differenzieren, wo die Eingängigkeit des alten Konzepts allzu sehr der holzschnittartigen Linienführung geschuldet war. Meine leitende Absicht – und damit auch gewisse Grundlinien der Darstellung – sind gegenüber der ersten Fassung unverändert. Es geht mir darum, grundlegende Bedingungen, Strategien, Techniken des literarischen Erzählens – und die entsprechenden Kategorien und Terminologien der Erzählforschung so zu vermitteln, daß mit ihrer begrifflichen Aneignung zugleich ein Instrumentarium für die selbständige Erschließung von Erzähltexten aller Art erworben wird. Deshalb entwickle ich jene Begriffe exemplarisch anhand von – weithin bekannten – Beispieltexten bzw. Textausschnitten und verfolge sie gelegentlich bis an den Punkt, wo sie als Ansatzpunkt einer tiefergreifenden Strukturanalyse, ja Textinterpretation erkennbar werden. Zugleich gehe ich, was die Auswahl jener Kategorien oder „Aspekte" angeht, nach wie vor von jenen erzähltheoretischen Versuchen aus, die inzwischen wohl eher als „traditionelle" denn als neuere Erzähltheorie zu bezeichnen sind: wesentlich also von den Beiträgen Hamburgers, Stanzels und Lämmerts.

Ohne Zweifel haben sich mittlerweile auf dem Feld der Erzähltheorie oder „Narratologie", besonders auch im internationalen Horizont, neue Forschungsrichtungen herausgebildet. Sowohl eine kommunikationstheoretisch ausgerichtete Erzählforschung im deutschsprachigen Raum (Anderegg, Kahrmann u.a.), wie auch der international dominierende Trend einer formalistisch-strukturalen bzw. semiologischen Erzähltextanalyse (Propp, Greimas, Barthes, Eco, Chatman u.a.) haben zweifellos neue und anregende Perspektiven auf die Struktur und Funktionsweise von Erzähltexten entwickelt. Unter dem Aspekt einer Didaktik der Erzähltheorie, dem sich die vorliegende Einführung verpflichtet weiß, scheint mir jedoch der Wert des älteren Paradigmas, das man einmal augenzwinkernd den „niederen Strukturalismus" deutscher Provenienz genannt hat, nach wie vor unbezweifelbar. Es hält, anders als manche kommunikationstheoretischen Ansätze, den begrifflichen Aufwand in Grenzen; es bleibt, im Gegensatz zu manchen strukturalistischen Analysen, nahe genug am Text, um auch komplexe Prosaformen und eigenwillige Schreibweisen zu erfassen, ohne den Text wiederum, wie diese oder jene semiologische Lektüre, ganz in ein Spiel konnotativer Beliebigkeiten aufzulösen.

Es soll hier um Brauchbarkeit gehen, nicht um methodische Rechthaberei. Die Literatur, hat Arno Schmidt einmal gesagt, ist groß genug, daß wir alle in ihr Unrecht haben können. Warum soll Ähnliches nicht auch von der Literaturtheorie gelten? Und warum sollte man nicht auch außerhalb von Chicago *the big advantage of backwardness* nutzen? Ich beziehe Fragestellungen, Blickwinkel und Begriffe jener neueren konkurrierenden Ansätze also meist nur punktuell und vor allem dort ein, wo sie sich mit den älteren treffen, sie kritisch weiterführen, differenzieren und vertiefen. Wie häufig dies der Fall ist, hat mich – nach längerer erzähltheoretischer Abstinenz – bei Durchsicht der neueren internationalen Forschunsgliteratur selbst einigermaßen überrascht. Die sprachlogischen, morphologischen und typologischen Konzepte der späten fünfziger und frühen sechziger Jahre werden dort als durchaus aktuell angesehen: Nicht nur von einer Autorin wie Dorrit Cohn, die ihr Standardwerk zu den Formen der Personenrede und Bewußtseinswiedergabe ausdrücklich in die Tradition Käte Hamburgers stellt und zugleich einen kritischen Dauerdisput mit Franz K. Stanzel führt, sondern vor allem auch von dem Strukturalisten Gérard Genette, der sich nicht nur mit Stanzel auseinandersetzt, sondern beträchtliche Übereinstimmungen bzw. Überschneidungen mit Lämmerts Arbeit explizit einräumt.

Wichtig war mir, ein von Anfang an spürbares Defizit der Erstfassung wenigstens teilweise auszugleichen, das heißt die dort zu kurz gekommene historische Dimension, die geschichtliche Herausbildung und Evolution spezifischer Erzählstrukturen und Erzähltechniken deutlicher hervortreten zu lassen. Darum habe ich mich in den ersten vier Kapiteln bemüht, in denen der gattungsgeschichtliche Ort bestimmter erzählerischer Formen und Verfahren nun ein wenig genauer bestimmt, mit Beispielen belegt und die Vielfalt der Erzählstrukturen gewissermaßen *from the point of view of a story* betrachtet wird. Die historische Dimension soll aber auch im abschließenden Kapitel aufgerissen werden, das eine knappe Skizze der romantheoretischen Denktradition gibt, die im Anschluß an Hegel die Entwicklung und Ausdifferenzierung der Romanform in Beziehung setzt zur Evolution und zunehmenden Komplexität der modernen Gesellschaft: ein geschichtsphilosophischer bzw. literatursoziologischer Rahmen, in dem dann auch die Herausbildung und Fortentwicklung von erzählerischen Verfahren und Strukturen gesehen werden kann.

Denn der Roman, das wird nun ebenfalls deutlicher, oder soll hier doch deutlich gesagt werden, ist als die dominierende literarische Gattung der Moderne auch ein „Fluchtpunkt" dieser erzähltheoretischen Propädeutik. In ihm, und besonders in den Romanen der klassischen Moderne – von Dostojewski bis Musil, von James bis Proust, bei Kafka und Thomas Mann und über sie hinaus sind jene Verfahren in einer Komplexität zu beobachten, für deren Aufschlüsselung diese Einführung ein brauchbares Werkzeug bereitstellen will. Auf diesen Bezugspunkt ist schließlich auch, als eine Art von literarhistorischem *name-dropping*, der Anhang bezogen, der die Evolution der Gattung mit einigen – viel zu wenigen – Titeln und Daten und – allzu schematischen – Charakterisierungen darzustellen versucht.

Den Titel der Erstfassung habe ich nicht nur belassen, weil dieser oder jener Leser das seit einiger Zeit vergriffene Büchlein unter eben diesem Titel suchen mag – sondern auch, weil ich nach wie vor mit E.M. Forster in der Vorliebe für den „unwissenschaftlichen" und „vagen" Ausdruck *Aspekte* einig gehe.

„Viele haben mitgeschrieben an diesem Buch ..." (Jean-Baptiste Dôle) – und Dank verdient: namentlich Professor Dagmar Grenz für frühe Ermunterung zu diesem dubiosen Unternehmen und Professor Hugh Ridley für *helpful amendments* in letzter Minute. Gedankt sei auch Dr. Joachim Ziemßen, der – hilfsbereit und belastbar wie stets – in seiner knappen Freizeit die Register erstellte. Vor allem aber bedanke ich mich bei Heike Schupetta, M.A., für den *word*-perfekten Umgang mit dem neuesten Aufschreibsystem – und für ihre ganz altmodische Zuverlässigkeit, ihre Hilfsbereitschaft und Geduld mit mir und meinen unaufhörlichen Textkorrekturen.

Paris-Honolulu-Essen
1988-1990   *J. V.*

Erstes Kapitel: Die Erzählung als Fiktion

Das Gedichtete behauptet sein Recht wie das Geschehene.
Johann Wolfgang von Goethe: *Gespräche mit Riemer*

All this happened, more or less.
Kurt Vonnegut, Jr.: *Slaughterhouse-Five*

Daß es „nicht die Aufgabe des Dichters ist, zu berichten, was geschehen ist, sondern vielmehr, was geschehen könnte und was möglich wäre", diese Annahme begründet seit mehr als zweitausend Jahren das abendländische Verständnis von Dichtung im allgemeinen und Erzählung im besonderen. „Denn der Geschichtsschreiber" – so erläutert Aristoteles in seiner *Poetik* (4. Jh. v. Chr.) – „und der Dichter unterscheiden sich nicht dadurch voneinander, daß sich der eine in Versen und der andere in Prosa mitteilt...; sie unterscheiden sich vielmehr dadurch, daß der eine das wirklich Geschehene mitteilt, der andere, was geschehen könnte." (S. 29) Die Irrealität oder Potentialität des erdichteten Geschehens, von Aristoteles für Tragödie und Epos gleichermaßen postuliert, wird in der Moderne mehr und mehr am Beispiel der literarischen Erzählung diskutiert: „In der Tat lügen die Romane – sie können nicht anders –", schreibt 1988 der peruanische Erzähler Mario Vargas Llosa, „aber dies ist nur ein Teil der Geschichte. Der andere Teil besteht darin, daß sie mit ihrer Lüge eine eigentümliche Wahrheit ausdrücken, die nur verborgen und verdeckt ausgedrückt werden kann, verkleidet als etwas, das sie nicht ist." (S. 225)[1]

---

1 Die psychologischen oder auch anthropologischen Gegebenheiten und Mechanismen, die das menschliche Interesse an und Bedürfnis nach „Wahrheit" in Form von „Lüge", also nach dichterischer Erzählung begründen, können wir hier nicht diskutieren. Vargas Llosa gibt in seinem Essay *Die Kunst der Lüge* (1984), aus dem wir auch oben zitieren, einige bedenkenswerte Hinweise : „Wenn wir Romane lesen, sind wir nicht nur wir selbst; wir sind auch die verzauberten Wesen, zwischen die der Romancier uns versetzt. Dieser Vorgang kommt einer Metamorphose gleich: das erstickende Gefängnis unseres wirklichen Lebens tut sich auf, und wir treten hinaus als andere, um stellvertretende Erfahrungen zu

Daß im Hinblick auf erzählende Literatur von „Wahrheit" und „Lüge" nur in einem „außermoralischen" oder auch provokativen Sinn die Rede sein kann, dürfte unmittelbar einleuchten. Dennoch bleibt die Beziehung des Erzähltextes zu der „Realität", in der er einerseits wurzelt und der er andererseits sein Bild (Abbild? Gegenbild?) entgegenhält, eine schwierige, komplexe und bisweilen widersprüchlich erscheinende Frage. Wir wollen ihr schrittweise und anhand einiger Textbeispiele nachgehen.

Über dem Atlantik befand sich ein barometrisches Minimum; es wanderte ostwärts, einem über Rußland lagernden Maximum zu, und verriet noch nicht die Neigung, diesem nördlich auszuweichen. Die Isothermen und Isotheren taten ihre Schuldigkeit. Die Lufttemperatur stand in einem ordnungsgemäßen Verhältnis zur mittleren Jahrestemperatur, zur Temperatur des kältesten wie des wärmsten Monats und zur aperiodischen monatlichen Temperaturschwankung. Der Auf- und Untergang der Sonne, des Mondes, der Lichtwechsel des Mondes, der Venus, des Saturnringes und viele andere bedeutsame Erscheinungen entsprachen ihrer Voraussage in den astronomischen Jahrbüchern. Der Wasserdampf in der Luft hatte seine höchste Spannkraft, und die Feuchtigkeit der Luft war gering.

Ein Text, den man nicht ohne weiteres als „Erzählung" – oder auch nur als Teil eines literarischen Erzählwerks – identifizieren wird: Sein Thema und seine Ausdrucksweise deuten doch eher auf eine Art Wetterbericht, eine meteorologische Notiz hin, wie wir sie aus der Presse kennen. Jedenfalls scheint es sich um einen Bericht über tatsächlich existierende und präzis meßbare, im weitesten Sinn also historisch-empirische Tatsachen und Vorgänge zu handeln. Auf den zweiten, genaueren Blick fallen einige befremdliche Wendungen auf: Daß die „Isothermen und Isotheren" – Linien, die auf einer meteorologischen Karte Punkte gleicher aktueller Lufttemperatur bzw. gleicher mittlerer Sommertemperatur verbinden – daß also diese rechnerischen Konstruktionen „ihre Schuldigkeit" getan haben sollen und für solche Pflichttreue nahezu belobigt werden, läßt sich kaum mehr mit der sachlich konstatierenden Sprachverwendung vereinbaren, die von der Textsorte „Wetterbericht" oder meteorologisches Bulletin erwartet werden darf.

Diese stilistische Absonderlichkeit klärt sich auf, wenn wir die

---

erleben, die die Fiktion zu unseren macht. Hellsichtiger Traum, gestaltgewordene Phantasie, ergänzt die Fiktion uns verstümmelte Wesen, denen die grausame Dichotomie auferlegt wurde, ein einziges Leben zu haben und die Fähigkeit, tausend zu wünschen. Diesen Raum zwischen dem wirklichen Leben und den Wünschen und Phantasien, die es reicher und anders wollen, füllen die Fiktionen aus." (S. 231)

zitierte Passage an ihrem ursprünglichen Ort, in dem Kontext betrachten, aus dem wir sie gewaltsam und zu didaktischem Zweck herausgelöst haben. Dabei wird auch die voreilige Einordnung als Gebrauchstext hinfällig: Es handelt sich um den Beginn von Robert Musils fragmentarischem Roman *Der Mann ohne Eigenschaften* (S. 9), dessen Erstes Buch 1930 im Rowohlt Verlag erschien. Aufgrund dieser Information (die normalerweise bei Beginn einer Lektüre vorausgesetzt werden kann) betrachten wir den Text nun mit anderen Augen, lesen ihn gewissermaßen auf einer neuen Geschäftsgrundlage.[2] Ob die beschriebene Großwetterlage über Atlantik und europäischem Kontinent eine „wirkliche", datierbare Situation oder aber „nur" eine Behauptung und „Erfindung" des Schreibers ist, können wir als Leser nicht überprüfen oder entscheiden. Aber das scheint uns keineswegs zu beunruhigen: Wir lesen weiter – im Bewußtsein, oder unter der stillschweigenden Voraussetzung, daß eine solche Überprüfung und Entscheidung an sich unnötig, für unsere Lektüre irrelevant, gar hinderlich wäre. Wir verstehen also den obigen Textabschnitt, bei unverändertem Wortlaut, nun definitiv nicht mehr als – gegebenenfalls nachprüfbare – Aussage über historisch-empirische Realität, als „Wirklichkeitsbericht". Wir messen ihn und jeden vergleichbaren Text also nicht an den Maßstäben unseres „Wirklichkeitssinns", wie wir es mit anderen Informationen und Berichten, vom Eisenbahnfahrplan über die Zeitungsnachricht bis zum Geschichtswerk tun. (Wir müßten ihn sonst womöglich als unzutreffend, als irrtümliche oder bewußte Fehlinformation, gar als „Lüge" klassifizieren.) Wir akzeptieren vielmehr mit Aristoteles, daß er uns erzählt, „was geschehen könnte"; wir lesen einen solchen Text (um zwei Begriffe aus Musils Roman selbst zu entwenden) als Entwurf des menschlichen „Möglichkeitssinns" und lassen die erzählte Welt als „anderen Zustand" gelten. Wir haben es, anders

---

2 Der französische Literaturwissenschaftler Philippe Lejeune spricht in seinem Buch *Le pacte autobiographique* (1975) sehr anschaulich von einem Pakt, also einer Übereinkunft oder einem „Vertrag", den wir bei jeder Lektüre neu mit dem jeweiligen Text schließen. Im Fall der Autobiographie, die hier als Exempel des Wirklichkeitsberichts gelten kann, ist dies der *pacte autobiographique*, unter dessen Bedingungen wir die berichteten Ereignisse dem jeweiligen Verfasser als eigene Erfahrungen zurechnen – ihn allerdings auch für die Zuverlässigkeit des Berichts verantwortlich machen. Unter Bedingungen des *pacte romanesque* hingegen sehen wir den Romanautor bzw. Erzähler weder als Subjekt der erzählten Geschehnisse, noch setzen wir deren „Wirklichkeit" voraus. (Dies gilt *auch*, wenn es sich im Einzelfall *doch* um wirkliche Erfahrungen handeln sollte – wenn etwa autobiographisches Geschehen als „Roman" präsentiert wird.)

gesagt, mit literarischer *Fiktion* (lat. fictio: Erfindung, Erdichtung) zu tun und können kategorisierend von einem fiktionalen Erzähltext oder von literarischer „Erzählung" im engeren Sinne – und im Gegensatz zum narrativen *Wirklichkeitsbericht* (in seinen verschiedenen Erscheinungsformen bzw. pragmatischen Textsorten) – sprechen.

Wie aber kommt diese besondere, auf erzählerische Fiktion ausgerichtete Lesehaltung zustande? Welches sind die Signale, die unsere Erwartung an diese Textklasse gleichsam programmieren? An unserem Beispiel haben wir ja textintern nur einige stilistische Indizien bemerkt, die zur eindeutigen Bestimmung seines fiktionalen Charakters nicht ausreichen dürften. Entscheidend waren in diesem Fall offenbar die *Kontextangaben* des Textes: Autor, Werktitel und die Gattungsbezeichnung *Roman*. Vor allem diese letzte Angabe, die Zuordnung zu einem traditionellen Genre fiktionalen Erzählens, richtet unsere Rezeptionshaltung auf „Fiktion" aus, läßt gewissermaßen den „Möglichkeitssinn" in Funktion treten. Versuchen wir eine Art Gegenprobe, indem wir die zitierte Passage noch ein Stück weiter verfolgen:

... die Feuchtigkeit der Luft war gering. Mit einem Wort, das das Tatsächliche recht gut bezeichnet, wenn es auch etwas altmodisch ist: Es war ein schöner Augusttag des Jahres 1913. (S. 9)

Einerseits verstärkt sich hier, besonders durch den relativierenden Bezug auf „das Tatsächliche", der Eindruck eines subjektiven, vielfach ironisch gebrochenen Stils – kaum denkbar in einem konventionellen Wetterbericht. Andererseits wird nun eine exakte Datierung jener Klimalage nachgeliefert, was für die historische Authentizität des Geschehens, also für einen „Wirklichkeitsbericht" sprechen könnte. Im Rahmen einer *Autobiographie*, eines *Briefes* oder *Tagebuchs* (all dies traditionelle und traditionsreiche literarische Ausformungen des Wirklichkeitsberichts) würden wir die zitierte Stelle trotz ihrer stilistischen Eigenart wohl als Wirklichkeitsaussage annehmen und ihr „Zutreffen" voraussetzen. In einer solchen, vom „Wirklichkeitssinn" gesteuerten Lektüre würde dann auch die Datierung „August 1913" kalendarische Verbindlichkeit gewinnen.

Treiben wir dies Gedankenspiel noch ein wenig weiter. Von den oben zitierten Kontextangaben wäre der Name des Verfassers ohne weiteres mit einer Lektüre als Wirklichkeitsbericht zu vereinbaren: Robert Musil hat sowohl Tagebücher als auch Briefe hinterlassen. Und denkbar wäre immerhin auch, daß ein solches Tagebuch oder eine Autobiographie den Titel *Der Mann ohne Eigenschaften* tragen könnte ... Es bleibt also dabei: Entscheidend für unsere „fiktionale" Lesehaltung ist in erster Linie der Untertitel, das heißt die gattungspoetische Deklaration als *Roman.*

Für dessen Leserinnen und Leser allerdings ist dann auch die scheinbar so präzise Datierung des Geschehens belanglos – ebenso wie seine Lokalisierung in der „Reichshaupt- und Residenzstadt Wien", die man im zweiten Absatz (S. 9) finden kann. Sie kämen kaum auf die Idee, solche Angaben zu überprüfen, mit dem Terminkalender des Autors oder dem damaligen Wetterbericht zu vergleichen. Der fiktionale Erzähltext würde, anders gesagt, nicht unglaubwürdig oder uninteressant, wenn zu erfahren wäre, daß Wien im August 1913 im Dauerregen fast untergegangen sei, während der Schriftsteller Dr. Robert Musil mit Gattin Martha – dies ist durch diverse „Wirklichkeitsberichte", Briefe und Tagebuchnotizen verbürgt – sich gleichzeitig auf Erholungsreise durch die Schweiz und Italien befand.[3] Mit anderen Worten: Für unsere Erwartung an einen Roman oder eine fiktionale Erzählung genügt es völlig, daß ein Geschehen unserer Einbildungskraft plausibel erscheint – daß also (nach Aristoteles) „das nach den Regeln der Wahrscheinlichkeit oder Notwendigkeit Mögliche" erzählt wird. Ja, wir sind (im Märchen oder der phantastischen Erzählung) sogar bereit, das für den „Wirklichkeitssinn" Unmögliche als imaginär Mögliches gelten zu lassen, uns lesend darauf einzulassen. In der angelsächsischen Literaturkritik wird diese spezifische Lesehaltung als *suspension of disbelief* charakterisiert, das heißt als zeitweiliges Zurückstellen oder Außerkraftsetzen unseres Zweifels an der Realität (bzw. unseres Wissens um die Nicht-Realität) des Erzählten. „Natürlich wissen wir", schreibt Patricia Waugh in ihrem Buch *Metafiction* (1984), „daß das, was wir lesen, nicht wirklich ist, aber wir unterdrücken dieses Wissen, um unser Lesevergnügen zu steigern. Wir neigen dazu, fiktionale Texte (fiction) wie Wirklichkeitsberichte (history) zu lesen." (S. 33)

Hier ist nun allerdings eine Einschränkung nötig, damit die Besonderheit fiktionalen Erzählens nicht als völlige Beliebigkeit erscheint. Daß Datierung und Lokalisierung eines Erzählgeschehens „belanglos" seien, ist zumindest voreilig und zu pauschal gesagt. Wenn diese Angaben dem erzählten Geschehen zwar keinen Ort im Raum-Zeit-Gefüge unserer historischen Realität zuweisen, so können sie doch als historische Indizien dienen, als Orientierungen,

---

3 Einige davon präsentiert Karl Corino in seiner Dokumentation *Robert Musil. Leben und Werk in Bildern und Texten* (1988), S. 190f.

die das (an sich fiktive) Geschehen in einen – nicht ohne weiteres austauschbaren – historischen Kontext, in den Bezugsrahmen einer Kulturepoche stellen. In *diesem* Sinne ist es dann auch nicht ganz zufällig, daß Musil seine Handlung ins „Wien" des Jahres „1913" verlegt, wo sie so gewiß *nicht* stattgefunden hat. Jene Angaben signalisieren uns eine bestimmte historisch-kulturelle Formation, auf die der Text sich seinerseits bezieht: Die Habsburger Monarchie hat nach Jahrhunderten ihr Endstadium erreicht, die rückständige Gesellschaftsordnung Österreich-Ungarns ist vom Zerfall bedroht, der Erste Weltkrieg und in seiner Folge politische, soziale und kulturelle Umwälzungen in ganz Europa stehen vor der Tür. Eben diese historische Situation mit ihren Auswirkungen auf die Bewußtseinslage einzelner und sozialer Gruppen macht aber den unverwechselbaren Hintergrund, wenn nicht gar das thematische Zentrum von Musils Roman aus.[4] Insofern ist es durchaus angebracht, ja nötig, ihn *historisch* zu lesen – auch wenn wir ihn nicht als Wirklichkeitsbericht mißverstehen dürfen.

Weiter – auch auf die Gefahr hin, alles noch mehr zu verwirren: Daß es sich bei einem Text wie dem unseren um Fiktion, um dichterische „Erfindung" handelt, darf ebenfalls nicht mißverstanden werden. Der aristotelische Begriff der Nachahmung deutet ebenso wie die Bestimmung der Dichtung (der Fiktion) als Erzählung dessen, was *sein könnte*, darauf hin, daß es zwischen fiktionalem Geschehen und Realgeschehen einen Zusammenhang, eine strukturelle Analogie gibt. Die möglichen (das heißt außerhalb von Text und Lektüre nicht realisierten) Welten, die fiktional entworfen werden, sind gleichwohl mehr oder minder nach dem Modell, im kategorialen Bezugsrahmen der wirklichen Welt bzw. unserer Realitätswahrnehmung und -erfahrung konzipiert. Das Mehr oder Minder betrifft dabei nicht nur einzelne Werke, sondern auch typische Abstufungen zwischen verschiedenen Genres und ihren historischen Ausformungen: „Realistische" Romane in der Tradition des 19. Jahrhunderts sind in diesem allgemeinen Sinn „realitätsnäher" als phan-

---

4 Dabei gilt allerdings Musils Selbstcharakteristik in einem *Curriculum vitae* von 1938: „Unter dem Vorwand, das letzte Lebensjahr Österreichs zu beschreiben, werden die Sinnfragen der Existenz des modernen Menschen darin aufgeworfen und in einer ganz neuartigen, aber sowohl leicht-ironischen wie philosophisch tiefen Weise beantwortet." (S. 950) Im historischen Kostüm von 1913 werden also auch sehr spezifische Probleme der Nach- bzw. Zwischenkriegszeit abgehandelt. Dazu mein Kapitel über Musil in der mit Erhard Schütz u.a. verfaßten *Einführung in die deutsche Literatur des 20. Jahrhunderts*, Bd. 2, S. 185-197.

tastische Novellen oder Kunstmärchen der Romantik oder moderne science fiction. Der Rückbezug auf das Modell unserer realen Lebenswelt ist unmittelbar an den strukturellen Homologien, den Ähnlichkeiten und Entsprechungen zwischen möglicher und wirklicher Welt, indirekt aber auch an den Diskrepanzen, an der Unvereinbarkeit des Erzählten mit unserem Wirklichkeitsverständnis ablesbar. Noch die „wunderbaren" Geschehnisse des Märchens sind wunderbar nur, wenn und weil sie mindestens implizit an den Gesetzlichkeiten und Kategorien der gewöhnlichen Wirklichkeit gemessen werden.

Fiktionales Erzählen ist, um einen weiteren Ausdruck Musils zu mißbrauchen, eine Art „Parallelaktion" oder Kontrastprogramm zur Wirklichkeit.[5] Produktionsästhetisch betrachtet heißt dies auch, daß der Erzähler für seine Fiktionen mehr oder weniger intensiv und umfänglich Elemente der Wirklichkeit nutzt: Daten, Orte, Fakten, Figuren, Äußerungen, Ereignisse, Zusammenhänge aller Art dienen, mehr oder weniger bearbeitet, verfremdet, verkleidet, als Bausteine eines Gebäudes, das als Ganzes dann nicht mehr in der historischen Wirklichkeit, sondern eben in einer imaginären Parallelwelt steht.

---

5 Um eine sprachphilosophische (genauer: pragmatische und semantische) Klärung der (erzählerischen) Fiktion und ihrer Eigenart haben sich etwa gleichzeitig Gottfried Gabriel mit der Studie *Fiktion und Wahrheit* (1975) sowie John R. Searle, einer der Begründer der sogenannten Spechakttheorie, mit seinem Vortrag *Der logische Status fiktionalen Diskurses* (zuerst 1974/ 75) bemüht. Für Searle ist die fiktionale Rede etwa eines Romans dadurch gekennzeichnet, „daß der Autor (...) *vorgibt*, illokutionäre Akte zu vollziehen – normalerweise assertive [behauptende]", wobei dies „Vorgeben" nicht als Täuschungsabsicht verstanden werden darf, sondern kontextuelle Bedingung der fiktionalen Kommunikation (einfacher gesagt: dem Leser als Konvention bewußt) ist. Fiktionale Äußerungsakte sind nach Searle „nicht ernsthafte" Äußerungen, denen wesentlich „der Vollzug des Sprechakts der Referenz" fehlt, also jener im ernsthaften Diskurs geltenden Regel, „daß es einen Gegenstand geben muß, über den der Sprecher redet." (S. 93) Wir wissen wie Musil, daß es den Mann ohne Eigenschaften namens Ulrich *nicht* gibt, über den er fiktionale, nicht ernsthafte, prätendierte Aussagen macht – wodurch er ihn jedoch als fiktionale Figur *erschafft*, so daß wir Leser und Literaturwissenschaftler(innen) nun auch „ernsthafte" Aussagen über ihn machen können. Auch Gabriel sieht in seiner differenzierten Definition fiktionale Rede wesentlich dadurch bestimmt, daß sie „keinen Anspruch auf Referenzialisierbarkeit oder auf Erfülltheit erhebt" (S. 28), daß kein unmittelbarer semantischer Bezug zwischen ihren Zeichen und den Dingen in der Welt besteht. Gabriel bietet im übrigen eine knappe, aber aufschlußreiche Diskussion von Käte Hamburgers Thesen (S. 52ff.).

Musils „Haupt- und Residenzstadt" ist nicht das wirkliche, historische Wien (und der Roman nicht dessen Beschreibung), aber sie ist ihm ungleich ähnlicher als irgendeiner anderen wirklichen Stadt.

Die Realitätselemente, die ein fiktionaler Text in sich aufnimmt und verarbeitet, können sowohl aus unmittelbarer Anschauung und eigenem Erleben stammen wie auch in vermittelter Form, als Dokumente unterschiedlichster Form verwendet werden und als solche im fiktionalen Text noch mehr oder weniger kenntlich bleiben. Neben Robert Musil haben auch viele seiner bedeutenden Zeitgenossen wie James Joyce, Marcel Proust, Alfred Döblin und vor allem Thomas Mann derartige Verfahren benutzt – und damit Biographen und Literaturwissenschaftler ausgiebig beschäftigt.

In unserem Zusammenhang ist es nicht nötig, dem weiter nachzugehen – so wie es auch für eine „normale" Romanlektüre nicht nötig ist, die eingearbeiteten Dokumente und Realitätsbezüge zu erkennen. (Daß solches Wiedererkennen die Lektüre vertiefen bzw. das Lesevergnügen steigern kann, ist eine andere Geschichte.) Wichtig ist aber, zumindest pauschal auf die „vereinnahmende" Kraft fiktionalen Erzählens hinzuweisen. Nicht nur, daß realhistorische Orte, Ereignisse, Figuren immer wieder Modelle für fiktionales Geschehen abgeben (so wie bei Musil); nicht nur, daß sie unverstellt in ein fiktionales Geschehen versetzt und dadurch fiktionalisiert werden (wie etwa Napoleon unter den fiktiven Figuren von Leo Tolstois *Krieg und Frieden*). Fiktionale Texte vermögen darüber hinaus auch beträchtliche nicht-fiktionale Textelemente – insbesondere Aussagen über die außerfiktionale, „wirkliche" Wirklichkeit zu integrieren, ohne daß ihr fiktionaler Status dadurch gefährdet würde. Die allermeisten fiktionalen Erzählungen sind deshalb texttheoretisch als Mischungen, Konglomerate anzusehen, und zwar – wir benutzen vorgreifend drei verschiedene Terminologien – als Mischungen von Wirklichkeitsaussage und Fiktion (Käte Hamburger) oder von besprechenden und erzählenden Sätzen (Harald Weinrich) oder von ernsthaften und nicht-ernsthaften Behauptungen (John R. Searle). Der französische Erzähltheoretiker Gérard Genette hat dies sehr treffend kommentiert: „Man muß im Sinn behalten, daß der 'fiktionale Diskurs' tatsächlich ein Flickenteppich (patchwork), eine mehr oder minder homogenisierte Vermischung von disparaten Elementen ist, die meistenteils der Wirklichkeit entliehen sind. So wie der Löwe, nach Valéry, fast nur verdauter Hammel ist, so ist die Fiktion fast nur fiktionalisierter Wirklichkeitsstoff."

Oder anders gesagt: „Das Ganze ist viel fiktiver als jedes seiner Teile."[6]

Kehren wir von hier aus nochmals zu unserem Textbeispiel, dem Anfang von Musils *Mann ohne Eigenschaften* zurück.[7] Er sollte eine kategoriale Unterscheidung veranschaulichen, die auf Käte Hamburgers Untersuchung *Die Logik der Dichtung* (zuerst 1957, Neuausgabe 1968) zurückgeht. Wie der Titel schon andeutet, geht es darin vor allem um die Analyse derjenigen logischen Strukturen, die ein „Funktionieren" der dichterischen – und zentral der „epischen" – Sprache ermöglichen und sie zugleich unverkennbar von der nicht-dichterischen, pragmatischen Sprachverwendung unterscheiden, mit der wir uns alltäglich auf die uns umgebende, raum-zeitlich strukturierte Welt beziehen. Solch pragmatisches Sprechen oder Schreiben kann vielfältige Absichten verfolgen, sich auf unterschiedliche Aspekte und Zeitdimensionen der Realität richten (auf meine Pläne fürs Wochenende ebenso wie auf die Geschichte des Habsburgerreiches), und es kann demnach eine Vielzahl von gegenstands-, intentions- und medienspezifischen Formen annehmen (von der telefonischen Verabredung bis zum mehrbändigen Geschichtswerk). Immer jedoch liegt solcher Sprachverwendung, Käte Hamburger zufolge, die logische Struktur der Aussage bzw. der *Wirklichkeitsaussage* zugrunde. Sie ist durch den Bezug von wirklichem (das heißt historisch und individuell definiertem) Aussagesubjekt und entsprechendem Aussageobjekt (einem Faktum, Ereignis, Aspekt der empirischen Wirklichkeit) geprägt. Die Aussage ist demnach prinzipiell dem „Erfahrungs- oder Erlebnisfeld des Aussagesubjekts" zuzuordnen (S. 53), wozu in einem weiteren Sinne etwa auch die dokumentarisch verbürgten Ereignisse der Geschichte zu rechnen sind. Noch grundsätzlicher gilt für Hamburger, „daß das Aussagesystem der Sprache die sprachliche Entsprechung des Systems der Wirklichkeit selbst ist." (S. 54)

Die allgemeinen sprachphilosophischen Thesen Hamburgers, die an die Sprachtheorie Karl Bühlers anschließen, sollen hier nicht weiter verfolgt werden. Für unseren Zweck genügt es, wenn wir

---

6 Genettes Aufsatz *Le statut pragmatique de la fiction narrative* (Der pragma-linguistische Status der erzählerischen Fiktion) von 1985, dem das Zitat entstammt (S. 245), diskutiert die obengenannte Arbeit Searles.

7 Die Komplexität des Romananfangs ist durch diese ganz auf die sprach-logischen Verhältnisse ausgerichteten Beobachtungen natürlich in keiner Weise erfaßt. Eine differenzierte Interpretation gibt Helmut Arntzen in seinem *Musil-Kommentar zu dem Roman „Mann ohne Eigenschaften"* (1982), S. 75-92.

aus dem weiten Feld der Wirklichkeitsaussage den Ausschnitt näher betrachten, den wir oben schon Wirklichkeits*bericht* nannten: also Aussagen über ein vergangenes Geschehen, einen Ereignisablauf – anders gesagt: nichtfiktionale narrative Texte wie etwa eine Zeitungsnachricht, einen alltäglichen Erlebnisbericht, eine Biographie, ein Geschichtsbuch. Als Beispiel dafür soll uns eine Briefpassage dienen, in der ein prominenter Parisreisender seine Eindrücke, insbesondere die Begegnungen mit sozialen Randexistenzen in der „übergroßen Stadt" beschreibt:

O es haben tausend Hände gebaut an meiner Angst und sie ist aus einem entlegenen Dorf eine Stadt geworden eine große Stadt, in der Unsägliches geschieht. Sie wuchs die ganze Zeit und nahm mir das stille Grün aus meinem Gefühl, das nichts mehr trägt. Schon in Westerwede wuchs sie und es entstanden Häuser und Gassen aus den bangen Umständen und Stunden, die dort vergingen. Und als Paris kam, da wurde sie rasch ganz groß. Im August vorigen Jahres traf ich dort ein. Es war die Zeit, da die Bäume in der Stadt welk sind ohne Herbst, da die glühenden Gassen, ausgedehnt von der Wärme, nicht enden wollen und man durch Gerüche geht wie durch viele traurige Zimmer. Da ging ich an den langen Hospitälern hin, deren Thore weit offen standen mit einer Gebärde ungeduldiger und gieriger Barmherzigkeit. Als ich zum ersten Mal am *Hotel Dieu* vorüberkam fuhr gerade eine offene Droschke ein, in der ein Mensch hing, schwankend bei jeder Bewegung, wie eine zerbrochene Marionette schief, und mit einem schweren Geschwür auf dem langen, grauen, hängenden Halse.

Wenn wir diese Passage in einer Edition von Briefen Rainer Maria Rilkes[8] lesen, so ergibt sich schon aufgrund dieses Kontexts keinerlei Ungewißheit über den Urheber – aber auch kein Zweifel an der (subjektiven) „Wirklichkeit" seines Berichts. Das gilt für die späteren Leser ebenso wie für die erste Leserin, Lou Andreas Salomé in Berlin-Westend, an die das Schreiben mit der Unterschrift *Rainer* adressiert war. Die Datierung „Worpswede bei Bremen. am 18. July 1903" tut ein übriges, um den Kontext dieses Textes und damit auch unsere Erwartung auf die Textsorte *Brief* einzustellen.[9] In Rilkes langem Schreiben ist die Berichtfunktion von Anfang an domi-

---

8 In diesem Fall handelt es sich um: Rainer Maria Rilke, Lou Andreas Salomé: *Briefwechsel* (1975), S. 66f.

9 Sie ist grundsätzlich durch *Multifunktionalität* bestimmt, kann unterschiedliche kommunikative Funktionen, etwa die informierende (berichtende), wertende, appellierende, bekennende zur Geltung bringen oder miteinander kombinieren, wie Horst Belke in seiner Arbeit über *Literarische Gebrauchsformen* (1973) anschaulich gezeigt hat (S. 142-157). Für die zitierte Rilke-Stelle läßt sich das Ineinander von berichtender und bekennender Funktion konstatieren.

nant, schon der erste Satz spricht von Paris als einer (negativen) „Erfahrung für mich". Unser Textausschnitt kann in diesem Kontext nur als Wirklichkeitsbericht von Ereignissen (objektiv-äußerlichen und innerlich-subjektiven) verstanden werden, die der Schreiber während seines offenbar kurz zurückliegenden Parisaufenthaltes tatsächlich erlebt hat, die also in seinem „Erfahrungsfeld" liegen. Grammatische Indizien dafür sind die zahlreichen Formen der Ersten Person Singular (ich/mir/mich), die die leibliche Anwesenheit des Verfassers in jener Episode belegen – oder vielmehr die vom Kontext schon angezeigte Qualität des Wirklichkeitsberichts bekräftigen. Denn einerseits ist die Form der Ersten Person allein kein hinreichender Beleg; das zeigt eine ganz ähnliche Passage zu Beginn der *Aufzeichnungen des Malte Laurids Brigge* (1910), eines Tagebuchromans, an dem Rilke seit 1904 arbeitete und in dem er offensichtlich eigene Erfahrungen und Erinnerungen (wenn auch nicht direkt den zitierten Brief) verwertete:

Ich fürchte mich. Gegen die Furcht muß man etwas tun, wenn man sie einmal hat. Es wäre sehr häßlich, hier krank zu werden, und fiele es jemandem ein, mich ins Hotel-Dieu zu schaffen, so würde ich dort gewiß sterben. Dieses Hotel ist ein angenehmes Hotel, ungeheuer besucht. Man kann kaum die Fassade der Kathedrale von Paris betrachten ohne Gefahr, von einem der vielen Wagen, die so schnell wie möglich über den freien Plan dort hinein müssen, überfahren zu werden. (S. 13)

Das „Ich" bezieht sich hier nicht auf den realen Texturheber Rilke, sondern auf den vorgeblichen (fiktiven) Tagebuchschreiber Brigge, was uns wiederum der Publikationskontext, in diesem Fall die Kombination von Verfasserangabe und Titel deutlich macht. Wir lesen einen fiktionalen Text, der sich als Wirklichkeitsbericht kostümiert – Käte Hamburger würde sagen: einen *fingierten Wirklichkeitsbericht*.[10] – Andererseits zitiert Hamburger einen Brief Rilkes an Lou (diesmal die Beschreibung einer schwedischen Schlittenfahrt[11] im

---

10 Dazu ihr Kapitel *Die Ich-Erzählung* (S. 272-297) sowie meine Hinweise im Zweiten Kapitel.

11 „Mitten im Geläute von zehn kleinen Glocken ging es durch eine lange Lindenallee – der Schlitten bog aus, und da war der Schloßplatz, eingefaßt von den kleinen Seitenflügeln des Schlosses. Dort aber, wo vier Treppen mühsam und schwer aus dem Schnee des Platzes zur Terrasse hinaufstiegen und wo diese Terrasse, von einem vasengeschmückten Geländer begrenzt, auf das Schloß vorzubereiten glaubte, dort war nichts, nichts als ein paar schneeversunkene Büsche, und Himmel, grauer, zitternder Himmel, aus dessen Dämmerung sich fallende Flocken auslösten." (Brief an Lou Andreas-Salomé vom 4. Dezember 1904, S. 193f.)

Winter 1904), der ganz ohne Personalpronomina auskommt – und folgert dennoch, daß „die von Rilke beschriebene Schlittenfahrt sich als wirklich stattgefundene ausweist, weil sie in einem Briefe als einem Wirklichkeitsdokument beschrieben ist." (S. 48)

Versuchen wir zu verallgemeinern. Vom Wirklichkeitsbericht gilt grundsätzlich, das heißt unabhängig von seiner formalen Vielfältigkeit: Das *berichtete* Geschehen liegt im Erfahrungsfeld des Berichtenden (in seiner persönlichen bzw. in der historisch-kulturellen Vergangenheit) – was zugleich heißt: Es ist tatsächlich geschehen, ganz gleich, ob darüber berichtet wird oder nicht. Im Gegensatz dazu gilt von der epischen Fiktion: Das *erzählte* Geschehen ist grundsätzlich *kein* vom Autor erlebtes Geschehen; und mehr noch: Es existiert nicht unabhängig vom Erzähltwerden, existiert nur *im* Erzähltwerden – für den „Wirklichkeitssinn" ist es letztlich überhaupt kein reales Geschehen.[12]

Man kann diese Abgrenzung plausibel finden oder auch nur banal – jedenfalls ist sie unzureichend. In der negativen Definition des fiktiven Geschehens ist die besondere, die positive Leistung fiktionalen Erzählens, also unser Leseerlebnis, die ästhetische Erfahrung, die Erzähltexte vermitteln, ganz offenbar nicht hinreichend bestimmt. Das wäre aber um so dringlicher, als wir – Käte Hamburger folgend – die bisherigen Überlegungen nur angestellt haben, um dieser Besonderheit auf die Spur zu kommen. Die erzählerische Fiktion, so resümiert Hamburger, vermag mit ihren besonderen sprachlichen Mitteln den „Schein", die „Illusion von Wirklichkeit" oder auch den „Schein des Lebens" (S. 60) zu erzeugen. Das erinnert einerseits nochmals an Aristoteles und seine Bestimmung des Dichterischen, andererseits aber auch an Formulierungen, mit denen große Erzähler immer wieder die Prinzipien und die Leistung ihrer

---

12 Für diese Bestimmung, die letztlich unsere Rezeptionshaltung gegenüber fiktionalem Erzählen charakterisiert, ist unerheblich, ob im einzelnen Fall – beispielsweise in autobiographischen Romanen – ein Realgeschehen aus der Vergangenheit des Autors zugrundeliegt und nun „als Fiktion" präsentiert wird. (Dies ist ja ein Zusammenhang, der sich nicht aus dem Text selbst erschließen läßt und insofern für die unbefangene Lektüre keine Rolle spielt, sondern sich allenfalls als Resultat literaturwissenschaftlicher Nachforschung ergibt.) Auch hierzu sagt übrigens schon Aristoteles das Nötige: Grundsätzlich ist der Dichter ein Erfinder von Handlungen; und „wenn er wirklich Geschehenes dichterisch behandelt, so ist er um nichts weniger Dichter. Denn nichts hindert, daß von dem wirklich Geschehenen manches so beschaffen ist, daß es nach der Wahrscheinlichkeit geschehen könnte, und im Hinblick auf diese Beschaffenheit ist er Dichter derartiger Geschehnisse." (S. 33)

Kunst zu fassen suchten. Käte Hamburger (S. 59) macht Theodor Fontane mit seiner „Definition der literarischen Fiktion" zu ihrem Kronzeugen: „Ein Roman", so schreibt er 1875 in einer Rezension, „soll uns eine Geschichte erzählen, an die wir glauben", soll uns „eine Welt der Fiktion auf Augenblicke als eine Welt der Wirklichkeit erscheinen lassen..."

Von dieser – an sich nicht gerade sensationellen – Definition ausgehend versucht Hamburger nun, präzise und überprüfbare Besonderheiten fiktionalen Erzählens aufzuweisen. Insbesondere geht es ihr um solche grammatischen Formen und Funktionen, die mit der logischen Grundstruktur der epischen Fiktion gegeben sind und sich dem Schreibenden geradezu aufdrängen (während sie im Wirklichkeitsbericht nicht oder nicht so auftreten), und die dadurch zugleich als sprachliche Indizien, als „Symptome" (S. 60) fiktionalen Erzählens an der Textoberfläche beobachtet werden können. Auf die selbstgestellte Frage, „wodurch hier und nur hier [das heißt in der Fiktion] der Schein ... der Wirklichkeit erzeugt wird", antwortet Käte Hamburger: „dadurch daß der Schein des Lebens erzeugt wird. Und der Schein des Lebens wird in der Kunst allein durch die Person als einer lebenden, denkenden, fühlenden, sprechenden Ichperson erzeugt." (S. 60) Erzeugt – so können wir fortfahren und dabei die schiefe grammatische Fügung des Satzes vergessen – mit Hilfe der Sprache, und in der erzählerischen Fiktion, anders als in der dramatischen oder filmischen, *nur* mit Hilfe der Sprache. Wie geschieht das konkret? Wie erfahren wir diesen Schein des Lebens? Weil wir wissen, sagt Hamburger, „daß wir einen Roman und keine Reisebeschreibung lesen, beziehen wir, ohne uns dessen bewußt zu sein, die [Schilderung] nicht auf den Erzähler. Wir wissen, daß wir diese nicht als dessen Erlebnisfeld aufzufassen haben, sondern als das Erlebnisfeld anderer Personen, deren Auftreten wir erwarten, weil wir einen Roman lesen – fiktiver Personen, der Romangestalten." (S. 62)

An dieser Stelle sollten wir noch einmal zu unserem Textbeispiel aus dem *Mann ohne Eigenschaften* zurückkehren und es etwas weiter verfolgen. Dort ist es, im fünften Abschnitt des Ersten Kapitels, nun endlich soweit, daß die „fiktionale", auf das Auftreten der Romanfiguren gerichtete Erwartung befriedigt wird: Zwei Personen unterschiedlichen Geschlechts, „ersichtlich einer bevorzugten Gesellschaftsschicht" zugehörig, promenieren auf einer belebten Verkehrsader der Metropole. Der Erzähler, nennt sie, mit gewohnt ironischem Zungenschlag, Ermelinda Tuzzi und Dr. Arnheim, um gleich darauf ihre tatsächliche Anwesenheit in Frage zu stellen. Aber wir wollen uns zu Beginn unserer Überlegungen von solch *metafiktionalen* Spielen[13] nicht beirren lassen und weiterhin davon ausgehen, daß Herr Dr. Arnheim und Frau Tuzzi jene Hauptverkehrsstraße hinunterspazieren, die – wie wir wohl wissen – trotz ihrer verblüffenden Ähnlichkeit mit der Kärntnerstraße in Wien doch nur in Musils Roman und kraft unserer Vorstellung existiert. Immerhin – auch dort geschieht nun, was auf unseren wirklichen Straßen jeden Augenblick passiert: ein Unfall.

Auch die Dame und ihr Begleiter waren herangetreten und hatten über Köpfe und gebeugte Rücken hinweg, den Daliegenden betrachtet ... Die Dame fühlte etwas Unangenehmes in der Herz-Magengrube, das sie berechtigt war für Mitleid zu halten; es war ein unentschlossenes, lähmendes Gefühl. Der Herr sagte nach einigem Schweigen zu ihr: „Diese schweren Kraftwagen, wie sie hier verwendet werden, haben einen zu langen Bremsweg." Die Dame fühlte sich dadurch erleichtert und dankte mit einem aufmerksamen Blick. Sie hatte dieses Wort wohl schon manchmal gehört, aber sie wußte nicht, was ein Bremsweg sei, und wollte es auch nicht wissen; es genügte ihr, daß damit dieser gräßliche Vorfall in irgend eine

---

13 „Angenommen, sie würden Arnheim und Ermelinda Tuzzi heißen, was aber nicht stimmt, denn Frau Tuzzi befand sich im August in Begleitung ihres Gatten in Bad Aussee und Dr. Arnheim noch in Konstantinopel, so steht man vor dem Rätsel, wer sie seien." (S. 10) Aufgelöst wird es nicht; und Ermelinda („in Wahrheit sogar nur Hermine") Tuzzi sowie Dr. Paul Arnheim treten definitiv erst im 22. und 23. Kapitel des Romans auf. – *Metafiction* ist, wie Patricia Waugh in ihrer vorzüglichen, auf neuere britische und amerikanische Erzählliteratur bezogenen Einführung gleichen Titels schreibt, „ein Begriff für fiktionale Erzähltexte, die selbstreflexiv und systematisch die Aufmerksamkeit auf ihren Status als Artefakte lenken, um damit die Beziehung zwischen Fiktion und Wirklichkeit zu problematisieren." (S. 2) Die Formen und Verfahren metafiktionalen Schreibens sind, von Laurence Sternes *Tristram Shandy* (1760-67) bis zu den postmodernen Erzählern der letzten Jahrzehnte, überaus vielfältig und (teilweise bewußt) verwirrend. Grundsätzlich aber ist metafiktionales Erzählen gekennzeichnet durch den ausbalancierten Widerspruch zwischen der „Konstruktion einer fiktionalen Illusion (wie im herkömmlichen Realismus) und dem Aufdecken dieser Illusion. Anders gesagt, der kleinste gemeinsame Nenner aller Metafiction ist es, eine Fiktion zu schaffen und diesen Prozeß gleichzeitig zu kommentieren ... Obwohl diese Spannung in gewissem Maße in aller Erzählliteratur spürbar wird und in 'kritischen' Phasen der Gattungsgeschichte besonders häufig auftaucht, ist ihr Hervortreten im Gegenwartsroman einzigartig. Die historische Epoche, die wir durchleben, ist außergewöhnlich uneindeutig, unsicher, selbstkritisch und kulturell vielfältig. Erzählliteratur der Gegenwart reflektiert sehr deutlich dies Ungenügen an den traditionellen Werten – und ihren faktischen Zusammenbruch." (S. 6)

Ordnung zu bringen war und zu einem technischen Problem wurde, das sie nicht mehr unmittelbar anging. Man hörte jetzt auch schon die Pfeife eines Rettungswagen schrillen, und die Schnelligkeit seines Eintreffens erfüllte alle Wartenden mit Genugtuung. (S. 11)

Endlich können wir jetzt – immer noch Hamburgers Argumentation folgend – den fiktionalen Charakter des Textes auch an *internen* sprachlichen Anzeichen erkennen, welche die Kontext-Definition „Roman" bestätigen.[14] Die Mitteilung der Gedanken und Empfindungen von Romanfiguren, die in der Dritten Person eingeführt werden – „Die Dame fühlte etwas Unangenehmes in der Herz-Magengrube" –, erscheint uns hier ganz „natürlich", während wir sie in einem Wirklichkeitsbericht als spekulativ, letztlich unglaubwürdig empfinden und allenfalls als Vermutung akzeptieren würden. Tatsächlich wären in einem solchen Bericht der zweite, vierte und fünfte Satz des Textausschnitts nicht ohne weiteres denkbar (und müßten gegebenenfalls durch Selbstaussagen der Personen ersetzt werden). Zur Lesehaltung gegenüber fiktionaler Erzählung gehört offenbar, daß wir ihrem Urheber die Kenntnis der Gedanken und Gefühle „seiner" Figuren konzedieren, ja entsprechende Mitteilungen von seiner Seite geradezu erwarten. Einen „wirklichen" Berichterstatter, den Augenzeugen eines realen Unfalls, würden wir hingegen skeptisch fragen: „Woher wissen Sie das?"

Käte Hamburger faßt diese Unterscheidung noch enger, wenn sie vom „Epiker" sagt: „Er bedarf der Verben der inneren Vorgänge wie denken, sinnen, glauben, meinen, fühlen, hoffen u.a.m. Und er bedient sich ihrer in einer Weise, wie außer ihm kein – mündlich oder schriftlich – Mitteilender, Erzählender tun kann." (S. 78f.) Die Verwendung von „Verben der inneren Vorgänge" (man sollte viel-

---

14 Zugleich ist nochmals auf die „fiktionale" Verwendung von historischen Ereignissen bzw. Wirklichkeitsdokumenten zurückzukommen. Karl Corino zeigt in seiner Dokumentation zunächst, daß die Kärntner Straße in Wien „Vorbild" der Straßenbeschreibung war; daß aber das starke Verkehrsaufkommen, das der Roman beschreibt, ein „Zustand von 1930" ist, den Musil „in das Jahr 1913 zurückprojiziert" (S. 346). Ähnlich bei dem Autounfall selbst: Musil hat offensichtlich zwei Ereignisse bzw. zwei Bilddokumente „als Wirklichkeitserinnerungen" benutzt und zu einer einzigen Beschreibung verschmolzen: erstens einen tödlichen Autounfall am 17. Oktober 1911 in Wien, „unmittelbar vor Musils Haustür", und den Bericht mit Zeichnung aus der *Illustrierten Kronenzeitung*; zweitens einen Autobusunfall im Berlin der zwanziger Jahre bzw. ein Unfall-Foto aus dem von Musil gern benutzten Ullstein-Bildarchiv (S. 346f.). Diese Arbeitsweise darf, wie Corino in seinem Nachwort betont, als für Musil typisch gelten (S. 486ff.).

leicht weniger mißverständlich sagen: *Verben des Wahrnehmens, Denkens, Empfindens)* in der Dritten Person ist demnach ein Indiz, ja geradezu ein Beleg für die fiktionale Beschaffenheit eines Erzähltextes. Umgekehrt und mit weitreichendem sprachphilosophischen Anspruch formuliert: „Die epische Fiktion ist der einzige erkenntnistheoretische Ort, wo die Ich-Originität (oder Subjektivität) einer dritten Person als einer dritten dargestellt werden kann." (S. 79)

Zwei weitere grammatisch-stilistische Eigenheiten sind ähnlich wie die Verben innerer Vorgänge für fiktionale Erzählprosa spezifisch. Eine ist vergleichsweise auffällig: die sogenannte *erlebte Rede*, die Gedanken einer Figur in der syntaktischen Ordnung direkter Rede, aber im Imperfekt und in der Dritten Person wiedergibt. Diese Form der Rede- und Bewußtseinsdarstellung, die wir an späterer Stelle diskutieren werden, ist nach Hamburger ebenfalls auf die erzählerische Fiktion beschränkt.

Die zweite sprachliche Besonderheit hingegen ist – zunächst – besonders unauffällig: der *Tempusgebrauch* fiktionalen Erzählens. In deutschsprachigen schriftlichen Erzähltexten herrscht, wie man leicht überprüfen kann, in aller Regel das Präteritum (Imperfekt) als Erzähltempus vor, – die gleiche Zeitstufe, die auch im Wirklichkeitsbericht, jedenfalls im schriftlich fixierten, vorrangig verwendet wird. Doch gibt es einen kleinen Unterschied: Im historischen Bericht bezeichnet die grammatische Vergangenheitsform das chronologische Zurückliegen des Berichteten gegenüber dem Bericht, einfacher gesagt sein Vergangensein. So lesen wir etwa, nachdem Musil nun unser Interesse für die Habsburgermonarchie geweckt hat, in der *Geschichte Österreichs* von Erich Zöller:

Am 12. Februar 1913 wurde die Öffentlichkeit durch die blutige Tat eines Einzelgängers erschreckt, der den volkstümlichen sozialdemokratischen Abgeordneten Franz Schuhmeier erschoß. Großes Unbehagen verursachte wenig später die Affäre des Obersten Alfred Redl, des Generalstabschef des Prager Korps und früheren Offiziers des Nachrichtendienstes der k.u.k. Armee, der Ende Mai 1913 als Spion entlarvt und zum Selbstmord gezwungen wurde. (S. 439)

Wirklichkeitsbericht also sowohl im Hinblick auf die empirische Realität des Geschehens (die man durch Quervergleiche überprüfen könnte) als auch im Blick auf sein Vergangensein: Das ist, während ich die Stelle lese und zitiere, ziemlich genau 75 Jahre her. Und das Geschehen, das Musil erzählt und fast genauso präzise ins gleiche Jahr datiert? Es ist für den Leser in seinem jeweiligen „Heute" – sagen wir beispielsweise: an einem gewittrigen Augustabend des

Jahres 1988 in Paris – trotz des Wissens um die historische Differenz ebensowenig „vergangen" wie das des Spielfilms *Oberst Redl* (gedreht 1984), den er sich in der Spätvorstellung im Kino um die Ecke gleich noch anschauen wird...

Das heißt: Erzählerische Fiktion schafft wie die filmische oder dramatische, wenn auch mit anderen Mitteln, die Illusion von Gegenwärtigkeit, ein Hier-und-Jetzt der Vorstellungskraft, das von der historisch-chronologischen Datierung des Erzählten unabhängig ist und sie gewissermaßen „überlagert". Man mag darüber streiten, ob fiktionales Erzählen ein an sich vergangenes Geschehen „vergegenwärtigt" – oder ob die Leser sich imaginativ in eine erzählte Vergangenheit „zurückversetzen". Jedenfalls verschwindet in der Lektüre fiktionaler Texte das Bewußtsein historischer Distanz, das bei der eines Geschichtswerkes stets gewahrt bleibt (oder dort nur durch gattungsfremde, nämlich „fiktionalisierende" Schreibweisen überspielt werden kann). Weil wir als Leser von Fiktion uns *gleichzeitig zum Geschehen* empfinden, sind wir ja auch auf seinen Fortgang, auf eine fiktionsinterne „Zukunft" gespannt, die streng chronologisch gesehen bereits in unserer Vergangenheit liegt. Aber kommen wir zur Frage des Erzähltempus zurück.

Das *epische Präteritum* – wiederum eine Begriffsbildung Käte Hamburgers – bezeichnet anders als das historische Präteritum des Wirklichkeitsberichts keine reale, historische Vergangenheit, sondern *fiktive Gegenwärtigkeit*, eine Präsenz des erzählten Geschehens in unserer Einbildungskraft. In einem fiktionalen Erzähltext verändert, oder besser noch: verliert das Präteritum seine temporale Qualität, ja es „vernichtet" geradezu explizite Zeitangaben im Text, kurz und gut: Es konstituiert wesentlich die von Hamburger herausgestellte „Zeitlosigkeit der Fiktion" (S. 85).[15] Und von der anderen

---

15 Zwei Beobachtungen Hamburgers, die ihre These stützen sollen, das Präteritum sei nicht „Vergangenheitsform", sondern „Erzähltempus" schlechthin, hat Harald Weinrich später in seinem Buch *Tempus* (1971) aufgegriffen. Die erste bezieht sich darauf, daß auch eine Erzählhandlung, die ausdrücklich in die *Zukunft* von Autor und zeitgenössischer Leserschaft datiert wird, im Präteritum erzählt werden kann oder sogar muß. Weinrichs Paradebeispiel, George Orwells Roman *Neunzehnhundertvierundachtzig* (1949) mag inzwischen kalendarisch überholt sein, aber der von Weinrich zitierte Romananfang macht das Gemeinte immer noch deutlich. „It was a bright cold day in April, and the clocks were striking thirteen", – auf diesen scheinbar konventionellen Eröffnungssatz folgt wenig später die Szene, in der Winston Smith, die unglückselige Hauptfigur, sein geheimes Tagebuch beginnt: „In small clumsy letters he *wrote*: April 4th, 1984."

Seite her betrachtet: Episches Präteritum zeigt, wie die Verben der inneren Vorgänge und die erlebte Rede, definitiv die Fiktionalität eines erzählenden Textes an. Wie aber ist es zu erkennen und zu unterscheiden, wenn episches und historisches Präteritum funktional verschieden, morphologisch aber gleich sind?

Tatsächlich ist die „epische" Funktion von Verbformen im Präteritum nur *indirekt* zu erkennen. Einerseits unter semantischem Aspekt: Alle Präteritalformen von *Verben der inneren Vorgänge* (in der Dritten Person) sind per Definition episches Präteritum, weil sie im Wirklichkeitsbericht nicht plausibel verwendet werden können. Andererseits gilt mit Blick auf die innere Chronologie der Erzählung: Da das epische Präteritum ein fiktives, aber gegenwärtig scheinendes Geschehen bezeichnet, kann es mit Zeitadverbien wie „jetzt", „bald", „heute", „morgen" kombiniert werden, die vom Hier-und-Jetzt-Standpunkt der Romanfiguren (nach Hamburger: von ihrer Ich-Origo) aus auf Gleichzeitiges oder Zukünftiges „zeigen". Solche verweisenden oder *deiktischen Zeitadverbien* verbinden sich in der Wirklichkeitsaussage konsequenterweise mit dem Präsens oder dem Futur. Im fiktionalen Erzähltext kommt es hingegen zu Formulierungen, die höchst sonderbar klingen, wenn man sie aus dem Zusammenhang löst. Käte Hamburger zitiert zwei (erst durch diese Zitierung berühmt gewordene) Romansätze: *„Aber am Vormittag hatte sie den Baum zu putzen. Morgen war Weihnachten."* (S. 71) Diese Kombination ist im Wirklichkeitsbericht unmöglich bzw. unsinnig: Sie würde die temporale Eindeutigkeit des historischen Präteritums aufheben und eine in sich widersprüchliche Zeitbestimmung schaffen. Deshalb müssen in Texten dieser Art, die eben von der Ich-Origo des Berichterstatters (und nicht der Dritten

---

Die zweite Beobachtung betrifft die Tatsache, daß zum Referieren eines fiktionalen Textes bzw. seiner Handlung regelmäßig das Präsens verwendet wird: in Literaturlexika und Romanführern, in einem Buch über *Aspekte erzählender Prosa*, aber auch in der aktuellen Literaturkritik. Hamburger spricht hier vom *reproduzierenden Präsens*; Weinrich zitiert den Beginn einer Inhaltsangabe von Orwells Roman: „One bright day in April 1984 Winston Smith takes time off from his job at the Ministry of Truth to go home and begin a secret journal." (S. 42ff.) Für unser eigenes Textbeispiel könnte man die ausführliche Inhaltsangabe heranziehen, die Musil selbst schon 1926 in dem Interview *Was arbeiten Sie?* (mit Oskar Maurus Fontana) gegeben hat. Hier sei nur ein Satz zitiert: Nach der Handlungszeit befragt, geht Musil konsequenterweise vom historischen Präteritum zum reproduzierenden Präsens über: „Von 1912 bis 1914. Die Mobilisierung, die Welt und Denken so *zerriß*, daß sie bis heute nicht geflickt werden *konnten*, *beendet* auch den Roman." (S. 939)

Personen) her perspektiviert sind, nicht-deiktische Zeitangaben verwendet werden, die verhindern, daß Gegenwart oder Zukunft der Geschehensfiguren mit der des Berichterstatters verwechselt werden. Also zum Beispiel: „Aber am Nachmittag mußte er noch die Eier färben, denn tags darauf war Ostern."

Weiterhin werden die üblicherweise in der Wirklichkeitsaussage verwendeten Zeitstufen innerhalb der erzählerischen Fiktion „zurückgestuft". Als gegenwärtig vorgestelltes Geschehen erscheint im Präteritum, als vergangen vorzustellendes Geschehen innerhalb der Fiktion, sei es Rückschau oder nachgetragene Information, rückt konsequenterweise ins Plusquamperfekt: „Morgen war Weihnachten, und gestern hatte sie den ganzen Tag gefaulenzt..."

Als Argument *gegen* die Auffassung von der „atemporalen" Qualität des epischen Präteritums könnten wir die Beobachtung anführen, daß häufig genug in fiktionalen Erzähltexten verschiedenster Art gewisse Partien im Präsens stehen. Wozu das, wenn das umgebende Präteritum nicht doch „Vergangenheit" anzeigt? Käte Hamburger hat selbst darauf hingewiesen, daß die gelegentliche Verwendung dieses sogenannten *historischen Präsens* meist den Zweck hat, die „Lebendigkeit und Erregtheit" des Erzählgeschehens zu betonen, daß es sich also mehr oder weniger um ein stilistisches Mittel der Rezeptionslenkung und Spannungserzeugung handelt. Aus eben diesem Grunde wird es meist nur sparsam verwendet: beispielsweise nur an einer einzigen Stelle in Thomas Manns *Buddenbrooks*. An ihr zeigt Hamburger, daß sich diese Präsensformen ohne jede Störung oder Veränderung der Erzähllogik bzw. unserer Lektüreerfahrung ins epische Präteritum rückübersetzen lassen (S. 96ff.). Eine weitere Variante ist das sogenannte *gnomische Präsens*, in dem der Erzähler sich gleichsam aus der Erzählung heraus- und an seine Leserschaft wendet, um allgemeine Wahrheiten und Sentenzen auszusprechen oder Reflexionen anzustellen. Und natürlich sind monologische oder *dialogische Präsensformen* in den verschiedenen Varianten der Personenrede bzw. Bewußtseinswiedergabe zu finden; sie werden in einem späteren Kapitel im Zusammenhang behandelt werden. Insgesamt sind Präsensformen innerhalb der erzählerischen Fiktion quantitativ so beschränkt und funktional derart bestimmt, daß sie letztlich als Beleg *für* Hamburgers These dienen können. Damit sind wir aber auch schon in den Widerstreit der Argumente geraten, den ihr Buch und besonders ihre Auffassung von der Sprachlogik fiktionalen Erzählens hervorgerufen hat und den wir ein wenig verfolgen wollen.

Käte Hamburgers Untersuchung von 1957 bzw. 1968 kann nach Jahrzehnten noch als ein „Grundbuch" der Erzählforschung gelten – gerade weil seine Resultate und Thesen nicht fraglos übernommen wurden, sondern neben Zustimmung auch unterschiedliche (und unterschiedlich triftige) Einwände provoziert haben. Solche Kritik zeigt, über die Markierung gewisser Schwachstellen und Unstimmigkeiten von Hamburgers Theorie hinaus, daß sie grundsätzliche Fragen der Konstitution (und in gewissem Sinne auch der Rezeption) von dichterischen, vor allem aber erzählenden Texten besonders prägnant formuliert und auf dauerhaft anregende Weise beantwortet hat.[16] Darüber hinaus ist *Die Logik der Dichtung* auch forschungsgeschichtlich bemerkenswert in einer Zeit, da zumindest im deutschen Sprachraum unter dem Etikett „Stilkritik" oder „Werkimmanente Interpretation" eine theoretisch unbedarfte, weithin vom persönlichen Geschmacksurteil, ja Vorurteil bestimmte Literaturbetrachtung dominierte. *Die Logik der Dichtung* zeigt wie kein anderes Werk der fünfziger Jahre, daß Literaturwissenschaft sehr wohl zu einer grammatisch, sprachtheoretisch, ja erkenntnistheoretisch fundierten Exaktheit gelangen kann, ohne damit dem vielbeschworenen „Dichterischen" zu schaden. Insofern gilt am ehesten und am ernsthaftesten für Käte Hamburger der oft (und meist nur noch ironisch) zitierte Satz ihres Fachkollegen Emil Staiger, es müsse der Literaturwissenschaft darum gehen, zu „begreifen, was uns ergreift". Dennoch oder eben deswegen: Manche Hamburger-Kritik der fünfziger und frühen sechziger Jahre erklärt sich wohl aus der Zumutung, ein vermeintlich selbstverständliches und überdies durch Tradition und Autorität abgesichertes Vorverständnis von

---

16 John R. Searle hat, wie schon gesagt, den logischen Status der fiktionalen Erzählrede im Sinne der von ihm und John L. Austin entwickelten Sprechakttheorie zu bestimmen versucht. Fiktionale Erzählung ist demnach als „vorgebliche Behauptung" (pretended assertion) zu verstehen, als eine nicht ernsthaft gemeinte (und nicht ernsthaft verstandene) Wirklichkeitsaussage; eine Aussage also, die die wirkliche Existenz des Erzählten, Kern und Voraussetzung jeder echten Behauptung, in einer stillschweigenden „Übereinkunft zwischen Autor und Leser" suspendiert. Das scheint mir insgesamt plausibel und mit Hamburgers Argumentation völlig vereinbar, die Searle offensichtlich nicht bekannt war. Eine Lektüre von *Logik der Dichtung* hätte ihn freilich auf die textinternen und kontextuellen Signale aufmerksam gemacht können, die jene Übereinkunft, den *pacte romanesque*, erst in Kraft setzen. Searles zweimalige Versicherung, fiktionale Erzählrede sei nicht an sprachlichen Eigentümlichkeiten zu erkennen, ist schlicht unzutreffend, denn: „Morgen war Weihnachten."

der „Seinsweise" literarischer Werke[17] im kühlen Licht der sprachlogischen Analyse revidieren zu müssen.

Das gilt für manche Einwände, die sich auf die Frage der „Vergangenheit" oder „fiktiven Gegenwärtigkeit" des Erzählten und damit auf die Theorie vom epischen Präteritum richteten. Herbert Seidler und Wolfdietrich Rasch haben, teilweise schon vor Erscheinen des Buches, zentrale Thesen Käte Hamburgers zu widerlegen versucht, die sie in Aufsätzen publiziert hatte. Da wird mit Hilfe von vorgefundenen oder auch erfundenen Einzelsätzen etwa zu „beweisen" gesucht, daß die skandalöse Verbindung „Präteritum plus deiktisches Zeitadverb der Zukunft" auch in nicht-fiktionalen Erzähltexten („Wirklichkeitsbericht") vorkommen könne. Solche Nachweise heben aber nicht den kategorialen Unterschied von Fiktion und Wirklichkeitsbericht (bzw. den unterschiedlichen Status des Präteritums hier und dort) auf, sondern zeigen lediglich, daß ein „fiktionalisierender" Sprachgebrauch (meist aus wirkungsästhetischen Gründen) auch im Wirklichkeitsbericht möglich ist – eine Interferenz, die Hamburger allerdings nicht hinreichend reflektiert.[18] Im Grundsätzlichen dürfen jene Einwände als nicht stich-

---

17 Dazu zählen vor allem die Reflexionen *Über epische und dramatische Dichtung*, ein Ergebnisprotokoll des gattungspoetischen Gedankenaustauschs zwischen den Weimarer Klassikern, das Goethe am 23. Dezember 1797 – „morgen war Weihnachten" – einem Brief an Schiller beilegt und das später unter beider Namen erscheint. Als „großer wesentlicher Unterschied" wird dort festgehalten, „daß der Epiker die Begebenheit als *vollkommen vergangen* vorträgt und der Dramatiker sie als *vollkommen gegenwärtig* darstellt" (S. 249). Gegen diese kanonische (und wesentlich am homerischen Epos orientierte) Unterscheidung, die durch die frühe Hamburger-Kritik geistert und vor allem für Wolfgang Kayser eine große Rolle spielt, könnte man freilich auch Goethes eigene Definition aus *Maximen und Reflexionen* stellen: „Roman: der uns mögliche Begebenheiten unter unmöglichen oder beinahe unmöglichen Bedingungen als wirklich darstellt." (S. 498)

18 Ebenso amüsante wie sprachlogisch „unzulässige" Überschreitungen der Fiktionalitätsgrenze finden sich immer wieder im journalistischen und/oder satirischen Sprachgebrauch. Die folgende *Randnotiz* aus der *Frankfurter Rundschau* vom 28. Oktober 1988 bezieht sich zunächst auf ein Buch, in dem François Mitterand seiner ersten Liebe gedenkt: „Er hat es mit zärtlicher Zurückhaltung beschrieben, der französische Staatspräsident, wie er als Heranwachsender lange vor dem Haus einer unbekannten Geliebten stand und sich insgeheim voll erwartungsvoller Ängstlichkeit wünschte, es möge sich ereignen, solle nun zum ersten Mal geschehen. Das große Publikumsinteresse an dem präsidialen Geständnis und denen weiterer prominenter Franzosen verweist auf die Bedeutung des ersten Kusses, dessen politisches Gewicht in diesen Tagen dankenswerterweise

haltig, die frühen Debatten – spätestens mit Käte Hamburgers Aufsatz *Noch einmal: Vom Erzählen* (1965) – als erledigt angesehen werden.[19]

Produktiver sind einige Versuche, mit Hamburger über Hamburger hinauszugehen, ihre Fragestellungen weiterzuführen, ihre Erkenntnisse zu differenzieren. Ihnen mag ein (heute vielleicht noch stärker zu empfindendes) Unbehagen am Systemanspruch von *Die Logik der Dichtung* zugrunde liegen. Widerspruch richtet sich dann gegen die kategorisch starre Grenzziehung zwischen Fiktion und Wirklichkeitsbericht oder auch – wie wir später sehen werden – zwischen der fiktionalen Er- und Ich-Erzählung. Offensichtlich kollidiert hier das Bestreben nach einer erkenntnistheoretischen Systematik mit der literarästhetischen Erfahrung, daß die Evolution und Lebendigkeit besonders der erzählenden Literatur nicht zuletzt an die Erprobung neuer und experimenteller Schreibweisen gebunden ist, die theoretisch scharf gezogene Grenzen auf die eine oder andere Weise, vielfach sehr bewußt und provokativ, überschreiten oder verwischen. Hinzu kommt, daß Hamburgers dezidiert logischer, besser noch: ontologischer Gestus einer Betrachtungsweise befremdlich erscheinen mußte, die – vor allem seit den siebziger Jahren – das literarische Werk als Moment eines kommunikativen Prozesses zu verstehen suchte. Hier eröffnet sich allerdings auch die Möglichkeit „rettender Kritik": Vielfach muß man die ontologischen Setzungen Hamburgers nur kommunikativ umformulieren, um sich von ihrer Triftigkeit zu überzeugen.

Einige Konkurrenten und Konkurrentinnen im Feld der Erzählforschung haben sich in diesem Sinn produktiv mit der *Logik der Dichtung* auseinandergesetzt und damit nicht Hamburgers System, wohl aber einige ihrer zentralen Einsichten als leitende Aspekte der Theorie und Analyse erzählender Texte weiterentwickelt. Ein paar Beispiele sollen – auch als Überleitung zum nächsten Kapitel – hier erwähnt werden.

Wir kommen damit zur Frage des epischen Präteritums zurück, die sich immer deutlicher als Angelpunkt von Hamburgers Erzähllogik erweist. Wie schon angedeutet, hat Harald Weinrich in seinem

---

die *Bild-Zeitung* erkannte. 'Wird er ihn küssen?' lautete deren bange Überschrift. Gemeint war Michael Gorbatschow, der Gastgeber des Bundeskanzlers. *Helmut Kohl aber blickte ob solcher Aussichten alsbald ängstlich über den Tellerrand des morgigen Tages gen Osten."*

19 Ich verzichte auf ein Verzeichnis der kritischen Beiträge im einzelnen; eine Auflistung bis 1971 findet sich bei Gerhart von Graevenitz: *Die Setzung des Subjekts* (1973), S. 50f.

für Sprach- und Literaturwissenschaft gleich ergiebigen Buch *Tempus. Besprochene und erzählte Welt* (1964, Neuausgabe 1971) Hamburgers These aufgenommen. Er verweist auf französische Theoretiker wie Jean Pouillon und Roland Barthes, die – von ganz anderen methodischen Prämissen ausgehend als ihre deutsche Kollegin – zu fast gleichlautenden Ergebnissen in Hinsicht auf die französischen Erzähltempora (imparfait/passé simple) kommen[20], und zieht den Schluß, „daß Käte Hamburger nicht etwa, wie die anderen Kritiker meinten, zu weit gegangen ist, sondern daß sie im Gegenteil nicht weit genug gegangen ist. Nicht nur das 'epische Präteritum', d.h. das deutsche Tempus Präteritum, sofern es in fiktionaler Dichtung verwendet wird, hat die von Käte Hamburger beschriebenen Eigenschaften, sondern die Tempora haben insgesamt Signalfunk-

---

20 Vom *passé simple* schreibt Barthes in seinem Essay *Am Nullpunkt der Literatur*, diese „Erzählvergangenheit" sei „nicht mehr beauftragt, eine Zeit auszudrücken. Ihre Aufgabe ist, die Wirklichkeit auf einen Punkt zurückzuführen und aus der Vielfalt der gelebten und übereinandergelagerten Zeiten einen puren verbalen Akt zu abstrahieren ... Dadurch, daß es eine Undeutlichkeit zwischen Zeitlichkeit und Kausalität aufrechterhält, evoziert es einen Ablauf, das heißt eine Verständlichkeit des Berichteten." (S. 31f.) Das wurde 1953, zeitgleich mit Käte Hamburgers Aufsatz *Das epische Präteritum* publiziert, so daß man nicht – wie Genette im *Noveau discours du récit* – von einer Priorität Barthes' sprechen kann. Eher wäre schon an Jean-Paul Sartre zu denken, der 1938 in *Situationen* zu einem Roman von John Dos Passos notierte: „Der Roman spielt in der Gegenwart wie das Leben. Die Erzählform der Vergangenheit ist nur scheinbar romanhaft; sie will als Präsens *mit ästhetischem Abstand*, als Inszenierungskunstgriff aufgefaßt sein." Dabei hat er quasi existentialistische Gründe für die Akzentuierung der Figurenperspektive zu Lasten des Erzählers: „Im Roman sind die Würfel noch nicht gefallen, denn der Mensch ist frei. Die Handlung rollt vor unseren Augen ab; unsere Ungeduld, unsere Unwissenheit und Erwartung sind die gleichen wie die des Helden." (S. 8)
Deutscherseits könnte man Alfred Döblin nennen, der 1929 im Essay *Der Bau des epischen Werkes* aus produktionsästhetischer Perspektive (und seiner persönlichen Neigung zu präsentischem Erzählen) schreibt: „Es ist vollkommen gleichgültig und eine rein technische Frage, ob der Epiker im Präsens, Imperfekt oder Perfektum schreibt, er wird diese Modi wechseln, wo es ihm gut dünkt. Das Entscheidende ist ...: es ist unrichtig, was man öfter liest: der Dramatiker gibt eine gegenwärtig ablaufende Handlung, der Epiker erzählt von der abgelaufenen Handlung. Das ist oberflächlich und lächerlich [wenn auch von Goethe – J.V.]. Für jeden, der ein episches Werk liest, laufen die Vorgänge, die berichtet werden, jetzt ab, er erlebt sie mit, da kann Präsens, Perfektum oder Imperfekt stehen..." (S. 26)

tionen, die sich als Informationen über Zeit nicht adäquat beschreiben lassen. Das Präteritum ist insbesondere ein Tempus der erzählten Welt und trägt dem Hörer in dieser Klasseneigenschaft Informationen über die angemessene Sprechhaltung zu. In diesem Sinne signalisiert es die Erzählsituation schlechthin." (S. 27) Und steht dabei im Bunde mit Plusquamperfekt und Konditional, während eine andere „Tempusgruppe" (Präsens, Perfekt, Futur) für die kommunikative Handlung des „Besprechens" zur Verfügung steht, welche sich ihrerseits in einer Vielfalt von deskriptiven, erörternden, kommentierenden Texten bzw. Textsorten realisiert.

Weinrichs Theorie hat ebenfalls weitreichende Debatten ausgelöst, an denen wir uns aber nicht weiter beteiligen müssen. Wichtig für unser Interesse ist jedoch, daß er unter dem Aspekt der „erzählten Welt", also besonders beim Gebrauch des Präteritums, anders als Hamburger keine Unterscheidung von Fiktion und Wirklichkeitsbericht gelten lassen will.

Einige Literaturwissenschaftler haben sodann in den frühen siebziger Jahren, im Zuge vertiefter theoretischer Fundierung des Fachs, Hamburgers These noch eine andere, insgesamt plausible Wendung gegeben. Das Phänomen des epischen Präteritum, schreibt etwa Klaus Weimar in seinen *Kritischen Bemerkungen zur „Logik der Dichtung"* sei „unbestreitbar", ja „zu einem Bestandteil der literaturwissenschaftlichen Allgemeinbildung geworden" (S. 10), Hamburgers Erläuterung aber ungenügend. Er selbst schlägt folgende Erklärung für das epische Präteritum und die anstößigen Wendungen vom Typ „morgen war..." vor: „etwas Vergangenes wird als gegenwärtig dargestellt, gleichgültig, ob es jemals realiter gegenwärtig war. Das Präteritum behält, im selben Maße wie sonst auch, die Funktion, Vergangensein zu bezeichnen; denn erzählen kann man nur, was vergangen ist oder als vergangen gesetzt wird. Ohne dem in irgendeiner Weise Eintrag zu tun, wird das erzählte Vergangene als gegenwärtig erzählt. Das Mittel dazu: das normale Tempussystem wird sozusagen um eine Stufe zurückverschoben, 'jetzt' kommt zum Normaltempus (also Präteritum statt Präsens), 'gestern' verlangt dann das Plusquamperfekt, 'morgen' gehört wieder zum Normaltempus Präteritum, wie man auch sonst (beim Normaltempus Präsens) etwa sagt 'morgen ist Weihnachten'. Das Erzählte, weil es als vergangen gesetzt ist, wird im Präteritum erzählt, und es wird dessen ungeachtet als gegenwärtig erzählt, indem der für die alltägliche Gegenwart eingespielte Tempusgebrauch samt zugehörigen Adverbien nun der erzählten Vergangenheit imputiert wird. Anders gesagt: das Präteritum ist die unübersehbare Spur des Erzählers im Erzählten, denn es ist aus seiner Perspektive gesprochen. Die deiktischen Zeitadverbien dagegen und die Tempusabstufungen stammen aus der Perspektive der handelnden und sprechenden Personen. Das sprachlich vollbrachte und nur in der Sprache zu vollbringende Ineinanderschieben beider Perspektiven macht aus einem historischen Bericht eine epische Erzählung, eine Fiktion." (S. 20)

Ganz ähnlich hatten kurz vorher schon Gerhart von Graevenitz (1973) und ausführlicher Erwin Leibfried (1972) das epische Präteritum als eine Überlagerung zweier zeitlicher Bezugssysteme analysiert, von denen das eine an die Erzählerinstanz gebunden ist, welche die Fiktion hervorbringt, das andere aber an die Figuren innerhalb der Fiktion. Weimar spricht von der „Doppelperspektive des 'epischen Präteritums'" (S. 21), Leibfried von einer „doppelten Perspektive" (S. 249) und resümiert: „Das typische Tempus der Fiktion ist daher – paradox formuliert – vergangen-gegenwärtig. Ich erlebe etwas Vergangenes als jetzt Geschehendes, ... etwas Geschehenes als Geschehendes." (S. 251)

Diese Sichtweise, die Hamburger ja weniger widerlegt als vielmehr differenziert, scheint in der neueren Diskussion vorzuherrschen.[21] Das sogenannte epische Präteritum wird als Spezifikum

21 Forschungsgeschichtlich pikant ist, daß es ausgerechnet Wolfgang Kayser war, der im Zuge seiner literarästhetisch konservativen Argumentation gegen moderne Erzählformen in dem Vortrag *Wer erzählt den Roman?* (1957) den ersten Fingerzeig in diese Richtung gegeben hat. „Morgen ging der Zug" ist für ihn ein „ungeheuerlicher Satz", den er jedoch dadurch erklärt sieht, „daß ein und derselbe Vorgang ... einmal als Vergangenheit und einmal als Zukunft ausgesagt wird ... Der Sprechende lebt in zwei Zeitordnungen, in der seiner Gestalten, und da liegt die Abfahrt voraus; und er lebt zugleich irgendwo weit voraus in seiner Erzählgegenwart, und von daher ist alles vergangen." (S. 96f.) Wenn Käte Hamburger diese Erzählerposition „etwas unbequem" nennt (im Aufsatz *Noch einmal – vom Erzählen*, S. 53), verschenkt bzw. ignoriert sie die Chance für eine Weiterentwicklung der eigenen Theorie. Aber auch Leibfried, Graevenitz, Weimar berufen sich, soweit ich sehe, nicht auf den Großmeister der Werkimmanenz, dessen Stern Anfang der siebziger Jahre freilich schon tief gesunken war. Hier sei zum Abschluß noch die präzise Satzanalyse von Leibfried zitiert:
„Es überlagern sich (es interferieren) zwei Zeitebenen immer und notwendig: In den Beispielen Käte Hamburgers ist zunächst zu trennen zwischen dem Standort des Er, von dem erzählt wird, vom Nullpunkt des Handelnden, und sodann dem Nullpunkt des Erzählenden. 'Morgen' wird vom Standpunkt der erzählten Sache (des Handelnden) gesprochen:

(und Unterscheidungsmerkmal) fiktionalen Erzählens im Sinne von Käte Hamburger anerkannt. Hingegen wird ihre These vom Vergangenheitsverlust des Präteritum in der Fiktion als zu kategorisch zurückgewiesen; man zieht eine Sichtweise vor, derzufolge die Funktion, Vergangenes zu bezeichnen, grundsätzlich erhalten bleibt, infolge der „Überblendung" mit dem kausal-ordnenden Zeitgefüge der fiktiven Figuren jedoch „nicht aktualisiert" (so Leibfried), gewissermaßen „neutralisiert" wird. Insgesamt zeigt sich hier, wie Leibfried (S. 254) mit Recht betont, eine für erzähltheoretische Debatten nicht untypische Konstellation: daß unterschiedliche Konzepte sich in der Sache oft genug ergänzen bzw. präzisieren, während ihre Urheber dazu neigen, sie als absolut und allgemeingültig zu verfechten, was nicht selten zur Dialogform des permanenten Aneinandervorbeiredens führt. Das gilt, zumindest teilweise, für die Konfrontationen zwischen Hamburger und Seidler bzw. Rasch, Hamburger und Weinrich, Hamburger und Stanzel (wie wir noch sehen werden). Die Debatte um das epische Präteritum zeigt zugleich, daß bestimmte erzähltheoretische und -technische Phänomene oder Kategorien nicht immer ganz einfach zu isolieren sind. So ist die Entschlüsselung des Satzes „Morgen war Weihnachten" durch Leibfried, von Graevenitz und Weimar vielleicht weniger ihrem (mehr oder weniger ausführlichen) Rückbezug auf die Phänomenologie Edmund Husserls zu verdanken, als vielmehr der Tatsache, daß sie Position und Funktion jenes Satzes innerhalb des fiktionalen Textes berücksichtigen: als Wiedergabe von Figurenbewußtsein in Form der „erlebten Rede", die ihrerseits prinzipiell durch eine Überlagerung von Erzählerstimme und Figurenstimme charakterisiert ist.[22] Wir stoßen hier also auf weiterführende – das

---

für ihn (!) ist es morgen. Das Vergangenheitsmorphem in 'war' gelangt durch den Standort des Erzählers in den Text. Für ihn liegt das Erzählte in der Vergangenheit, denn er berichtet es. Wäre dieser Satz ganz von Standpunkt der fiktiven Ich-Origo geschrieben wie K. Hamburger meint, dann müßte es heißen: Morgen wird Weihnachten sein. Der Satz ist aber von einer Perspektive geschrieben, von einem Zeitpunkt her konstituiert, der hinter Weihnachten liegt (vom Helden gesehen) und der vor Weihnachten liegt (vom Leser her gesehen). Das 'morgen' liegt *relativ zum* Standort des Erzählers und des Lesers schon in der Vergangenheit. Er darf also auch Imperfekt gebrauchen. Für den Helden, relativ zum Standort des Helden, liegt der Zeitpunkt des Festes in der Zukunft, deshalb steht 'morgen'. Die anscheinend paradoxe Interferenz der Zeitmorpheme ist völlig eindeutig und berechtigt." (S. 249) Alles klar?

22 Zu einer solchen Erklärung wäre man vielleicht schon früher gelangt, hätte man mehr darauf geachtet, ob und wo Formulierungen dieser Art

heißt konkret: auf spätere Kapitel verweisende – erzähltheoretische Fragestellungen.

Eine ist die nach dem sogenannten *Erzähler*, dessen Stimme wir ja hin und wieder schon zu vernehmen glaubten. Gibt es ihn nun oder gibt es ihn nicht? Darüber haben der österreichische Anglist und Erzähltheoretiker Franz K. Stanzel (Ja!) und Käte Hamburger (Nein!) seit 1955 keine Einigung erzielen können. Daß gepflegte Meinungsunterschiede auch etwas Verbindendes haben, läßt sich an Stanzels Unterstützung anderer Thesen aus *Die Logik der Dichtung* ablesen. Das gilt für die „Zeitlosigkeit" des epischen Präteritums wie auch für die Behauptung, erzählerische Fiktion sei der einzige Ort, an dem die Subjektivität dritter Personen dargestellt werden könne. Sie gelte, wie er in seinem Buch *Theorie des Erzählens* (zuerst 1979, 4. Auflage 1989) schreibt, „als Befund über die 'Tiefenstruktur' uneingeschränkt für die ganze Gattung der erzählenden Dichtung." (S. 31) Inwiefern der Bezug auf die Tiefenstruktur doch eine Einschränkung bedeutet und die Gemeinsamkeit wieder in Frage stellt, wird sich noch zeigen. Zumindest von der „Oberflächenstruktur"

---

tatsächlich zu finden sind. Daß Hamburger ihre Argumentation so stark auf einen Satz aus dem literarisch obskuren Werk *Die Bräutigame der Babette Bomberling* stützt (S. 71), könnte Anlaß zu der Vermutung geben, es handele sich hier um eine stilistisch krasse und von stilbewußten Autoren vermiedene Fügung. Prominente Gegenbeispiele liefern uns freilich Erzähler von unbestreitbarem, ja klassischem Rang wie Hermann Hesse und Heinrich von Kleist. Da zittert im einen Fall der Schüler Hans Giebenrath (*Unterm Rad*, 1906) vor der schicksalhaft nahenden Prüfung: „Am Ende begann er wieder einmal, die Unregelmäßigen herzusagen, aber zu seinem fast tödlichen Schrecken wußte er fast nichts mehr. Alles rein vergessen! Und *morgen war* Landexamen!" (S. 20) Nicht weniger gespannt, wenn auch aus anderen Gründen, ist die Marquise von O... mitsamt ihrer Familie: „Nun galt es, beim Anbruch des nächsten Tages, die Frage: wer nur, in aller Welt, morgen um 11 Uhr sich zeigen würde; denn *morgen war* der gefürchtete Dritte." (S. 157) Es zeigt sich, kurz und gut, daß die Kombination „morgen war" vom Autor immer dort gewählt (und vom Leser ohne grammatische Skrupel akzeptiert) werden kann, wo sich eine ausgeprägt subjektive Figurenperspektive (psychologisch als Spannung, Furcht, Hoffnung) auf das künftige Datum richtet. Geht es hingegen eher darum, das chronologische Fortschreiten in der Geschehenszeit zu markieren, so ist eine weniger deutliche Deixis oder eine nicht-deiktische Zeitangabe am Platze. Kleist nutzt die erste Variante ja im gleichen Satz – „Nun galt es, beim Anbruch des *nächsten Tages*...", Hesse die zweite immerhin auf der gleichen Seite: „Am *folgenden Morgen*, während Hans Kaffee trank und die Uhr nicht aus den Augen ließ, um ja nicht zu spät in die Prüfung zu kommen, wurde seiner im Heimatstädtchen von vielen gedacht." (S. 20)

erzählender Texte (wo er dann auch den Erzähler dingfest zu machen hofft), hat Stanzel seine eigenen Vorstellungen, die er unter dem Begriff der „Erzählsituation(en)" faßt. Davon mehr im nächsten Kapitel.

Noch weiter zurückstellen wollen wir vorerst die Frage nach den Personen oder Figuren der Erzählung und nach den Äußerungen ihrer Subjektivität: *Personenrede und Bewußtseinswiedergabe.* Die amerikanische Germanistin Dorrit Cohn, die dieser Frage 1978 ihre Untersuchung *Transparent Minds* (etwa: Durchsichtiges Bewußtsein) gewidmet hat, knüpft dabei nicht zufällig wiederum an Käte Hamburger an und betont die Aktualität ihrer Analysen. Als erste Literaturtheoretikerin habe sie die „Transparenz" des Bewußtseins fiktiver Figuren zum Thema gemacht und eine präzise theoretische Grundlage geschaffen, auf der man nun den Zusammenhang von epischer Bewußtseinsdarstellung und erzählerischem Realismus schlechthin untersuchen könne. Den im vorigen Absatz zitierten Schlüsselsatz Hamburgers, in wörtlicher Übersetzung kaum genießbar, umschreibt Cohn ihrer angelsächsischen Leserschaft dann so: „narrative fiction is the only literary genre, as well as the only kind of narrative, in which the unspoken thoughts, feelings, perceptions of a person other than the speaker can be portrayed." (S. 7) Die Formen und Varianten solcher Gedankenwiedergabe, aber auch der „gesprochenen" Personenrede, werden Thema unseres Vierten Kapitels sein.[23]

---

23 Grundsätzliche und in vieler Hinsicht einleuchtende Überlegungen zum Status der literarischen Fiktion „zwischen Wahrheit und Lüge", zur Eigenart der poetischen Welt, die sich von der empirischen „unterscheidet", aber doch auch „in ihr liegt", sowie zur historischen Genese unseres Wissens von und unseres Umgangs mit solchen Fiktionen hat Heinz Schlaffer in seinem Buch *Poesie und Wissen* angestellt (vgl. besonders Teil II, Kapitel 4 und 5), das leider erst nach Abschluß meines Manuskripts (1990) erschienen ist. Ähnliche Fragestellungen verfolgen zwei neuere amerikanische Arbeiten, die Bücher von Thomas Pavel: *Fictional Worlds* (1986) und Michael Riffaterre: *Fictional Truth* (1990).

Zweites Kapitel: Die typischen Erzählsituationen

Aus dem Begriff des Sehe-Pancktes folgt, daß Personen, die
eine Sache aus verschiedenen Sehe-Panckten ansehen, auch
verschiedene Vorstellungen von der Sache haben müssen; und
daß diejenigen, welche eine Sache aus einerlei Sehe-Punckt ansehen, auch einerlei Vorstellung von der Sache haben müssen.
Wiewohl zu merken ist, daß, wenn man das Wort einerlei für
vollkommen einerlei nehmen wollte, man nicht sagen kann,
daß zwei Personen eine Sache aus einerlei Sehe-Punckt sich
vorstellen, indem sich in den Umständen ihres Leibes, ihrer
Seele und ihrer ganzen Person allemal unzählige Verschieden-
heiten finden werden, daraus auch eine große Mannigfaltigkeit in den Vorstellungen erfolgen muß.

Johann Martin Chladenius: *Einleitung zur richtigen Auslegung*
vernünfftiger Reden und Schriften

1. „Erzähler" oder „Erzählfunktion"?

Jede Geschichte läßt sich auf fünf Millionen verschiedene Arten
erzählen: Mit dieser Behauptung mag Henry James ein wenig übertrieben haben – doch niemand wird die fast grenzenlose Gestal-
tungsfreiheit der Erzählliteratur grundsätzlich bestreiten. Unbestreitbar ist aber auch, daß trotz – oder vielleicht wegen? – dieser
unbegrenzten Möglichkeiten die Geschichtenerzähler im allgemeinen und Romanciers wie James im besonderen immer wieder zu
relativ wenigen, offensichtlich bewährten Erzählmustern greifen,
um sie dann zu variieren und ihren jeweiligen Absichten anzupas-
sen. Solche Muster oder, wie Franz K. Stanzel sagt, *typischen Er-*
zählsituationen werden in diesem Kapitel vorgestellt und diskutiert.
Ein wichtiges Merkmal ihrer Unterscheidung wird sein, ob sich
dabei die Stimme eines „Erzählers" vernehmbar macht, – wie wir
sie etwa, ironisch-distanziert, schon im Musil-Beispiel des vorigen
Kapitels zu hören glaubten.

Der Begriff *„Erzähler"* aber rührt selbst an eine zentrale und nach wie vor umstrittene Frage der Erzählforschung. Konkurrierende theoretische Konzepte, unscharfe Begrifflichkeit und die häufige Vermischung analytischer und programmatischer Aussagen lassen sie besonders verwickelt und eine klare Antwort fast unmöglich erscheinen. Wir werden also die Fragestellung selbst soweit präzisieren müssen, wie es für unsere Zielsetzung nötig und nützlich ist.

Zunächst einmal ist der Prosaautor, häufig auch „Erzähler" genannt, der faktische Urheber eines Erzähltextes, – so wie der „Dramatiker" derjenige eines Dramas. Während dieser jedoch hinter der Unmittelbarkeit von Dialog und szenischer Präsentation völlig verschwindet (und nur noch im Textbuch oder Programmheft vermerkt wird), scheint der erzählende Autor in seinem Text präsent zu bleiben. Das Erzählte ist von seiner Erzählstimme nicht abzutrennen, ohne selbst zu verschwinden. Aber ist es wirklich *seine* Stimme? Hören wir im Bericht, aber auch in Einmischungen, Kommentaren und Anreden an die Leser den Autor selbst – oder schiebt er nicht vielmehr eine Art Stellvertreter, einen Agenten oder *stuntman* vor? Das ist die Frage, die viele alte und neue Texte dem Leser geradezu aufdrängen, die aber nicht immer und überall als grundsätzliches erzähltheoretisches Problem erkannt wurde. Lange Zeit waren (und vereinzelt sind auch heute noch) Leser und Kritiker geneigt, den kommentierenden und wertenden „Erzähler" eines Romans kurzerhand mit dem Autor zu identifizieren, „dessen Name auf dem Buche prangt" und die Urheberschaft beansprucht. (Eine Rolle mag dabei gespielt haben, daß besonders in der Frühzeit des europäischen Romans die vorgebliche Authentizität, die historische oder biographische „Wahrheit" des erzählten Geschehens oft überschwenglich beteuert wurde, um dem noch geringen Ansehen der Romangattung selber entgegenzuwirken.) Jedenfalls lassen erst Entwicklungen des späten 19. Jahrhunderts die Frage nach dem „Erzähler" deutlicher werden; bezeichnenderweise geschieht dies im Zusammenhang damit, daß seine kommunikative Funktion im Romangefüge sich abschwächt oder in Frage gestellt wird.

Die einschlägigen Diskussionen tragen in verschiedenen Sprachräumen durchaus eigenständige Akzente. In Frankreich hatten Romanciers wie Stendhal und Gustave Flaubert, im englischsprachigen Raum vor allem Henry James neue Erzähltechniken entwickelt, die den „persönlichen Erzähler" in der Tradition des 18. Jahrhunderts immer stärker aus der Geschichte hinausdrängten, bis diese sich gewissermaßen von selbst zu erzählen schien. Flaubert hat diese

Darstellungsweise unter die Forderung der *impassibilité,* das heißt der Teilnahmslosigkeit des Autors gegenüber seinen Figuren gestellt und in seinen Briefen, unter ironischer Umkehrung der Formel vom „allwissenden Erzähler", proklamiert: „Ein Romancier hat nach meiner Auffassung *nicht das Recht,* seine Meinung über die Dinge dieser Welt zu sagen. Er muß bei seiner Schöpfung Gott nachahmen, das heißt, schaffen und schweigen." (S. 491)

In der Nachfolge Flauberts entwickelt dann James sowohl praktisch, in seinen Romanen und Erzählungen, wie auch in einer Fülle von theoretischen Überlegungen das Projekt einer scheinbar erzählerlosen epischen Präsentation, die unter dem Blickwinkel einer oder mehrerer Handlungsfigur(en) ein möglichst getreues Bild der Realität bzw. ihrer Realitätswahrnehmung gibt. James will, anders gesagt, erzählend eine quasi-dramatische Illusion erzeugen, die aber dem Drama darin überlegen ist, daß sie die Wahrnehmungs- und Bewußtseinsprozesse einer solchen *Perspektivfigur,* die James gelegentlich auch „Reflektor" oder „zentrales Bewußtsein" nennt, direkt mitzuteilen vermag.[1] Das Auftreten bzw. die Einmischung eines „persönlichen Erzählers" im Text müßte dann zwangsläufig einen unerwünschten Illusionsbruch bewirken. Mit dieser zeittypisch psychologisierenden Auffassung hat sich James nicht nur wirkungsgeschichtlich – bis hin zum frühen James Joyce oder zu Virginia Woolf – durchgesetzt. Er hat, besonders im angloamerikanischen Bereich, auch breite Zustimmung bei Theoretikern gefunden, die seine sehr differenzierte Argumentation für diese Erzählweise allerdings häufig zu einer unhistorischen Dogmatik[2] erstarren lassen.

---

1   Die Möglichkeiten und Schwierigkeiten dieser Konzeption kann man exemplarisch an einem Roman von 1897 studieren, der ein *Kind* zur Reflektorfigur macht: *What Maisie Knew* (Was Maisie wußte). Die theoretischen Äußerungen aus Briefen, Essays, Notizbüchern und den wichtigen Romanvorworten des Autors hat James E. Miller in dem Band *Theory of Fiction: Henry James* (1972) zusammengestellt.

2   So urteilt bereits Françoise van Rossum-Guyon in ihrem international vergleichenden Forschungsbericht *Point de vue ou perspective narrative* (1970). – Wichtigster Multiplikator (und Vereinfacher) von James' Konzept war unter den Literaturkritikern zweifellos Percy Lubbock mit seiner weit verbreiteten und immer wieder neu aufgelegten Darstellung *The Craft of Fiction* (Die Kunst der Erzählung) von 1921. Kritisch aufgearbeitet wird diese Dogmatik, der auch manche Erzähler anhingen, dann vor allem in Wayne C. Booths Standardwerk *The Rhetoric of Fiction* (Die Rhetorik der Erzählkunst) von 1961 (S. 24ff.) Booth zeigt, daß die Verabschiedung des kommentierenden Erzählers alten Stils keineswegs den Verzicht auf Leserlenkung bedeutet, daß vielmehr auch der Roman nach und in der Tradition von James ein großes Arsenal von – im weitesten Sinne rhetorischen – Techniken solcher Lenkung besitzt.

Als Spätfolge ist festzuhalten, daß die neuere angelsächsische Erzähltheorie, auch wo sie nicht mehr gar so einseitig für James Partei ergreift, die Frage nach Identität oder Differenz von Autor und „Erzähler" doch weithin unbeachtet läßt. Beide sind gewissermaßen in Sippenhaft aus dem neuen Roman verbannt, den man paradoxerweise „objektiv" nennt, weil er der Subjektivität der Figuren dadurch Raum und Ausdruck schafft, daß er diejenige des Erzählers eliminiert. So werden von manchen Kritikern bis heute die Begriffe *author* und *narrator* unterschiedslos verwendet. Andererseits hat man sich im gleichen Diskussionszusammenhang nachhaltig um die Differenzierung der von James geprägten und für sein Konzept zentralen Kategorie des *point of view*[3] bemüht, also des mehr oder weniger subjektiven Blick- oder Erzählwinkels, unter dem eine Geschichte präsentiert wird. Eine abgestufte Typologie dieser Art hat Norman Friedman noch 1955 entworfen und 1975 geringfügig revidiert.

Anders verlief die deutschsprachige Diskussion, obwohl sie von der gleichen Problemstellung ausging. Friedrich Spielhagen, als Romancier gewiß nicht in einem Atem mit Flaubert oder James zu nennen, hatte nach 1860 in einer Serie von weitschweifigen Aufsätzen ein Romankonzept propagiert, das mit dem ihren jedenfalls die Abwehr und Abwertung des „persönlichen Erzählers" gemein hat. „Objektivität im Roman" war Spielhagens oberste Maxime; das hauptsächliche Kennzeichen der „objektiven Darstellungsweise" aber sah er – 1895 in einem Aufsatz über *Die epische Poesie und Goethe* – darin, daß der Roman „nur handelnde Personen kennt, hinter denen der Dichter völlig und ausnahmslos verschwindet, so, daß er auch nicht die geringste Meinung für sich selbst äußern

---

3 Für diesen Fachbegriff oder seine französische Variante *point de vue*, die beide im allgemeinen Sprachgebrauch verwurzelt sind, gibt es bis heute keine allgemein akzeptierte deutsche Entsprechung. Die wörtliche Übersetzung *Gesichtspunkt* klingt mißverständlich und wird in der Erzähltheorie nirgends verwendet. Andere Vorschläge sind etwa Erzählerstandpunkt, Erzählwinkel, Erzählperspektive; der letzte ist deshalb besonders problematisch, weil er auch die inhaltlich-ideelle Weltsicht eines Autors – z.B. Emile Zolas „wissenschaftliche" Auffassung von Natur und Gesellschaft und ihre erzählerischen Konsequenzen – meinen kann. Der schöne Ausdruck *Sehe-Punckt*, den Johann Martin Chladenius im 18. Jahrhundert zur Bezeichnung perspektivischer Wahrnehmung und Darstellung eingeführt und an den Peter Szondi in seiner *Einführung in die literarische Hermeneutik* erinnert hat, wurde in der Erzähltheorie leider nicht aufgenommen.

darf."[4] Auch in diesem – ebenfalls sehr dogmatisch vertretenen – Konzept war kein Spielraum für einen vom empirischen Autor unterscheidbaren „Erzähler". Andererseits ist nicht zu übersehen, daß die deutsche Romantradition des 19. Jahrhunderts, anders als die westeuropäische, von Goethe und Jean Paul bis zu Spielhagens Zeitgenossen Raabe und Fontane durch sehr meinungsfreudige „Erzähler" geprägt war – und es im 20. Jahrhundert zumindest mit Thomas Mann bleiben sollte.

Mit Widerspruch gegen die Spielhagen-Doktrin war also zu rechnen; am klarsten hat ihn Käte Friedemann 1910 in ihrer Abhandlung über *Die Rolle des Erzählers in der Epik* formuliert. Sie konstatiert zunächst und zurecht, daß Spielhagens vielbeschworene Objektivität „etwas rein Formales" sei: das „möglichste Ausschalten des Erzählenden", daß also „eigentlich 'dramatische Illusion'" angestrebt werde (S. 5, 25). Hiergegen setzt sie dann als fundamentale gattungspoetische Unterscheidung ihre These, „daß das Wesen der epischen Form gerade in dem Sichgeltendmachen eines Erzählenden besteht". Die Begründung hierzu sei ausführlich zitiert:

„Wirklich" im *dramatischen* Sinne ist ein Vorgang, der eben jetzt geschieht, von dem wir Zeuge sind, und dessen Entwicklung in die Zukunft wir mitmachen. „Wirklich" im epischen Sinne aber ist zunächst überhaupt nicht der erzählte Vorgang, sondern das Erzählen selbst. Ob der Erzähler die Vorstellung erwecken will, als handle es sich um tatsächlich einmal geschehene Dinge, oder ob er seinen Hörer merken läßt, daß er Erfundenes vorträgt, – es kommt letzten Endes nur darauf an, daß er selbst uns glaubhaft, und daß die Dinge, die er erzählt, als das erscheinen, als was er sie erscheinen lassen will, jedenfalls aber immer als etwas, das bereits in der Vergangenheit seinen Abschluß gefunden hat.

Wird nun aber die epische Illusion durch die Einmischung des Erzählers nicht gestört, so können wir eigentlich überhaupt kaum von einer „Einmischung", der für unser Gefühl immer etwas Unberufenes anhaftet, sprechen. Es handelt sich nicht um den Schriftsteller Soundso, der in mehr oder weniger verblümter Form Indiskretionen gegen sich und andere begeht, denen nachzuspüren die literarhistorische Kritik noch immer nicht müde wird, – sondern „der Erzähler" ist *der* Bewertende, *der* Fühlende, *der* Schauende. Er symbolisiert die uns seit Kant geläufige erkenntnistheoretische Auffassung, daß wir die Welt nicht ergreifen, wie sie an sich ist, sondern wie sie durch das Medium eines betrachtenden Geistes hindurchgegangen. Durch ihn trennt sich für unsere Anschauung die Tatsachenwelt in Subjekt und Objekt ...

Also nicht um einen außerhalb des Kunstwerks stehenden Schriftsteller handelt es sich, der seine Gestalten, denen er versäumt hätte, ein selbstän-

---

4 Dort S. 5. Weiter ausgebreitet wird Spielhagens Argumentation in seinem Band *Beiträge zur Theorie und Technik des Romans* (1883, Neudruck 1967).

diges Leben einzuhauchen, nachträglich zurechtrücken und erläutern müßte, sondern um den Erzähler, der selbst als Betrachtender zu einem organischen Bestandteil seines eigenen Kunstwerkes wird. Dieser aber, da er nicht einen Automaten, sondern einen lebendigen Menschen repräsentiert, hat es auch nicht nötig, mit seinem Ich, d.h. also mit der Beurteilung der erzählten Begebenheiten, zurückzuhalten. (S. 25)

Außer Frage steht, daß auch Friedemann für eine bestimmte erzählerische Darstellungsweise Partei ergreift, wenn sie die „Erzähler"-Präsenz zum Wesensmerkmal der epischen Gattung schlechthin erklärt und die „moderne Form der Erzählung, die ihrer ganzen Tendenz nach wesentlich zur dramatischen Darstellung neigt" (S. 27), als gattungsfremd abwertet. Wichtiger ist jedoch ihr Hinweis auf die grundsätzliche, geradezu erkenntnistheoretisch bedeutsame Funktion des „Erzählers" als einer zwischen dem historischen „Schriftsteller Soundso" und seiner Leserschaft vermittelnden Instanz. Dies setzt konsequenterweise seine – mehr oder weniger deutlich akzentuierte – Nichtidentität mit dem Autor voraus. (Für uns ist es heute im übrigen sehr viel leichter, in der „modernen Form der Erzählung", wenn nicht bei Spielhagen, so doch bei Flaubert und James, oder Kafka und Musil, eben eine *andere Form* dieser Vermittlung zu sehen, in der nun zunehmend die Romanfiguren als „Bewertende, Fühlende, Schauende" fungieren.)

Mit Friedemanns Arbeit löst sich die deutsche Erzähldebatte von der programmatisch-handwerklichen Dimension und visiert gattungspoetische, ja sprach- und erkenntnistheoretische Klärungen an. Dieses Erkenntnisinteresse tritt dann bei Käte Hamburger noch deutlicher hervor. Aufgrund ihrer spezifischen Fragestellung gelangt sie jedoch zu einer scheinbar entgegengesetzten – und nicht weniger apodiktisch vorgetragenen – Antwort. Friedemanns Position hatte sich konsequenterweise aus ihrer Frage nach der Vermittlung bzw. Perspektivierung des Erzählgeschehens (fast könnte man sagen: nach der *Rezeptions*lenkung) im Text ergeben; Hamburger dagegen fragt nach der sprachlichen Hervorbringung (genauer: nach den sprachlogischen *Produktions*bedingungen) des fiktionalen Textes:

Gewiß ist es terminologisch bequem, sich bei der Beschreibung einer erzählenden Dichtung des personifizierenden Ausdrucks zu bedienen. Denn von allen Kunstmitteln erweckt oder kann das Erzählen am meisten den Anschein einer „Person" erwecken, die sich nicht nur zu den von ihr erschaffenen Figuren, sondern auch zu dem Leser in ein Verhältnis setzt. Nur scheinbar weicht man der Personifizierung des „Erzählers" aus, wenn man einen „fiktiven Erzähler" aufstellt, um eine biographische Identität mit dem Autor zu umgehen. Einen fiktiven Erzähler, der, wie es offenbar vorgestellt wird, als eine Projektion des Autors aufzufassen wäre, ja als „eine vom Autor geschaffene Gestalt" (F. Stanzel), gibt es nicht, gibt es auch in den Fällen nicht, wo durch eingestreute Ich-Floskeln wie ich, wir, unser Held u.a. dieser Anschein erweckt wird, wie wir im folgenden eingehend erörtern werden. *Es gibt nur den erzählenden Dichter und sein Erzählen.* (S. 126)

Eine Ausnahme von dieser kategorischen Feststellung will Hamburger nur zulassen, wo „der erzählende Dichter wirklich einen Erzähler 'schafft', nämlich den Erzähler der Ich-Erzählung"; nur von ihm könne man „als einem (fiktiven) Erzähler sprechen" (S. 126). Für den gesamten Bereich der Er/Sie-Erzählung hingegen müsse der Begriff *Erzählfunktion* verwendet werden. (In gewissem Sinne trifft sich Hamburger also – eigenen Argumentationswegen folgend – mit der James-Schule und ihrer Forderung nach Eliminierung des Erzählers.)

Was nun? Die Existenzfrage des „Erzählers" ist offenbar nicht zu klären; die so konträr klingenden Ergebnisse von Friedemann und Hamburger scheinen sich wesentlich aus ihren unterschiedlichen Fragestellungen zu ergeben. Das läßt vermuten, daß sie möglicherweise nur zwei Aspekte eines komplexeren, in sich ambivalenten Strukturzusammenhangs ausdrücken – und läßt uns nach einer vermittelnden Position Ausschau halten.

Als erzähltheoretischer Parlamentär bietet sich Franz K. Stanzel schon deshalb an, weil er als österreichischer Anglist die erzähltechnisch akzentuierte angelsächsische Diskussion mit den poetologischen Klärungsversuchen der deutschen Debatte zu verbinden weiß. Der Sache nach nimmt er in seiner grundlegenden Untersuchung *Die typischen Erzählsituationen im Roman* (1955) wie in seiner populären Einführung *Typische Formen des Romans* (1964), aus der wir durchweg zitieren, Friedemanns Konzept für die Beschreibung seiner *auktorialen* Erzählsituation in Anspruch. Der „Erzähler" erscheint dort, etwas grobschlächtig formuliert, als „eine vom Autor geschaffene Gestalt" (S. 16) wie die Figuren der Handlung selbst. Stanzel zeigt weiterhin – und darin liegt der entscheidende Fortschritt – daß dieses Modell typologisch-historisch abgewandelt werden kann bis zum „scheinbar erzählerlosen Roman", in dem der „Leser ... nirgends persönliche Züge eines Erzählers ausmachen kann". (S. 40) Diese Erzählsituation heißt dann *personal* bzw. *neutral*.

Nun läßt sich aber diese Beobachtung sehr wohl mit Hamburgers Begriff einer „*fluktuierenden* Erzählfunktion" vereinbaren, mit dem sie in der zweiten Auflage von *Die Logik der Dichtung* (1968) ausdrücklich auf Friedemann wie auf Stanzel reagiert. Literarisches Erzählen wäre demnach sehr wohl *funktional*, als regelgeleitete sprachliche Hervorbringung eines Autors zu verstehen, die sich in signifikanter Weise (durch das epische Präteritum, die Verben der inneren Vorgänge, die erlebte Rede usw.) von pragmatischer Sprachverwendung, besonders auch vom alltäglichen Erzählen bzw. Wirklichkeitsbericht unterscheidet; die in sich aber einen beträchtlichen Spielraum der *Ausgestaltung* besitzt und besonders zwischen dem deutlichen Hervortreten(lassen) eines profilierten „Erzählers" und seinem Zurücktreten, ja Verschwinden(lassen) *fluktuieren* kann. Die Erzählfunktion (in Hamburgers Sinn) kann also auch in der Er/Sie-Erzählung durchaus den *Anschein* eines fiktiven „Erzählers" hervorbringen. Allerdings wird dieser weniger stark personalisiert, individualisiert als seine Kollegen oder Kolleginnen aus der Ich-Erzählung; er bleibt anonym, während sie sich häufig mit Namen und Angaben zur Person vorstellen. Noch weniger kann er mit den Romanfiguren mithalten: Wir nehmen ihn niemals als leibhaftige Gestalt, sondern ausschließlich in seinen sprachlichen Äußerungen wahr, vom Erzählbericht über seine Kommentare bis zur direkten Leseranrede. Wir „sehen" ihn nicht, wie wir die Personen der Handlung „sehen", sondern hören ihn nur.

Und dennoch wäre es falsch, diesen zugleich „persönlichen" und namenlosen Vermittler und seine Aufgabe an der Grenzlinie von (fiktiver) Figurenwelt und (empirischer) Welt des Autors bzw. der Leser zu ignorieren. Am ehesten könnte man diese Aufgabe mit der Rolle und Funktion des Spielleiters[5] am Rande der Bühne, des Regisseurs vergleichen, der ja in aller Regel nicht mit dem Dramatiker selbst identisch ist. Diese metaphorische – und gewiß unzulängliche – Vorstellung der *Rolle* eines fiktiven „Erzählers" (die sich als Rolle des Biographen, Chronisten, Psychologen usw. konkretisieren kann) wird der ambivalenten Natur dieses Zwischenwesens jedenfalls eher gerecht als seine Überhöhung zur Roman*figur* oder

---

5 Eine metaphorische Charakterisierung dieser Art hat Theodor Fontane in der Verteidigung gegen Kritiker gegeben, die das Übergewicht von Erzählerkommentaren in seinem ersten Roman *Vor dem Sturm* (1878) moniert hatten: Die „Stelle, daß der Erzähler nicht mitsprechen darf, weil es gegen das 'epische Stilgesetz' sei, erscheint mir als reine Quackelei. Gerade die besten, berühmtesten, entzückendsten Erzähler, besonders unter den Engländern, haben es *immer* getan. Dies beständige Vorspringen des Puppenspielers in Person hat für mich einen außerordentlichen Reiz und ist recht eigentlich *das*, was jene Ruhe und Behaglichkeit schafft, die sich beim Epischen einstellen soll. Die jetzt modische 'dramatische' Behandlung der Dinge hat zum Sensationellen geführt." (Brief an Wilhelm Hertz, 14.1. 1879).

seine Degradierung zum bloßen Effekt der Erzähl*funktion.* Unter all diesen Vorbehalten also sollten wir den *fiktiven Erzähler* als eine „begriffliche Hilfskonstruktion, ein Kürzel für komplexe Strukturverhältnisse" gelten und wirken lassen[6], ihn dabei klar vom Autor des Erzählwerks unterscheiden und ihn zu guter Letzt auch von den Anführungszeichen befreien, die seine Existenz und Tätigkeit bisher in Frage gestellt haben. Die nachfolgende Analyse einiger Romananfänge, zumeist aus der Feder Thomas Manns, die dem Leitfaden von Stanzels Typologie folgt, dürfte zeigen, daß der Rückgriff auf diesen Arbeitsbegriff für die Textanalyse von Nutzen sein kann.

2. Die personale (bzw. neutrale) Erzählsituation

„Was ist das. – Was – ist das ..."
   „Je, den Düwel ook, c'est la question, ma très chère demoiselle!"
   Die Konsulin Buddenbrook, neben ihrer Schwiegermutter auf dem geradlinigen, weißlackierten und mit einem goldenen Löwenkopf verzierten Sofa, dessen Polster hellgelb überzogen waren, warf einen Blick auf ihren Gatten, der in einem Armsessel bei ihr saß, und kam ihrer kleinen Tochter zu Hilfe, die der Großvater am Fenster auf den Knien hielt.
   „Tony!" sagte sie, „ich glaube, daß mich Gott – "
   Und die kleine Antonie, achtjährig und zartgebaut, in einem Kleidchen aus ganz leichter changierender Seide, den hübschen Blondkopf ein wenig vom Gesichte des Großvaters abgewandt, blickte aus ihren graublauen Augen angestrengt nachdenkend und ohne etwas zu sehen ins Zimmer hinein, wiederholte noch einmal: „Was ist das", sprach darauf langsam: „Ich glaube, daß mich Gott", fügte, während ihr Gesicht sich aufklärte, rasch hinzu: „– geschaffen hat samt allen Kreaturen", war plötzlich auf glatte Bahn geraten und schnurrte nun, glückstrahlend und unaufhaltsam, den ganzen Artikel daher, getreu nach dem Katechismus, wie er soeben, Anno 1835, unter Genehmigung eines hohen und wohlweisen Senates, neu revidiert herausgegeben war. (S. 5)

Der Beginn von Thomas Manns erstem Roman *Buddenbrooks. Verfall einer Familie* (1901) scheint auf den ersten Blick keine „Spuren des Erzähltwerdens", des expliziten Erzählereingriffs, aufzuweisen. Vielmehr entsteht beim Leser der Eindruck, ein vor seinen Augen ablaufendes Geschehen zu betrachten, sich auf dem Schauplatz des Geschehens selbst zu befinden. Diesen Eindruck verbinden wir tra-

---

6 ... und folgen damit einem Vorschlag zur Güte, den Dieter Meindl 1978 in seinem Aufsatz *Zur Problematik des Erzählerbegriffs* (S. 229) vorgebracht hat.

ditionell mit der szenischen Darbietungsweise des Dramas; und hilfsweise wollen wir denn auch diese Form der erzählerischen Präsentation als *Szene* fassen. Welches sind ihre Elemente? Personen treten auf und sprechen wie im Drama in direkter Rede und Wechselrede. Vor allem dieser *Dialog* macht den Schein der Unmittelbarkeit aus; eine Umformung in indirekte Rede würde die Vermittlung durch eine Erzählinstanz stärker hervortreten lassen. Was freilich im Theater durch die unmittelbar visuelle Anschauung gegeben ist, der Handlungsraum in seiner Besonderheit und die Erscheinung der Figuren, muß hier von einer Erzählinstanz benannt und beschrieben werden. Aber diese *Beschreibungen* („Sofa, dessen Polster hellgelb überzogen waren") weisen ebenso wie der äußerst sparsame *Bericht* von äußeren Vorgängen („Die Konsulin Buddenbrook ... warf einen Blick auf ihren Gatten") keine expliziten Einmischungen oder Wertungen des Erzählers auf. Der Text enthält soweit nichts, was nicht auch von einem der Anwesenden oder einem Besucher wahrgenommen und berichtet werden könnte. Selbst die Wendung „blickte aus ihren graublauen Augen angestrengt nachdenkend und ohne etwas zu sehen ins Zimmer hinein", streng genommen ein Grenzfall von „innerem" und „äußerem" Vorgang, könnte als konventionell psychologischer Rückschluß auch in einem Wirklichkeitsbericht benutzt und akzeptiert werden.

Der übergreifende Eindruck ist der einer erzählerischen Objektivität oder Neutralität, die der „Darstellung" im Sinne des Dramas (oder auch des Films) fast näher scheint als der „Erzählung". Die Erzählfunktion bleibt weitgehend auf Wiedergabe äußeren Geschehens beschränkt und trägt nicht zur Profilierung eines fiktiven Erzählers bei. Stanzel nennt diese epische Präsentationsweise die *neutrale Erzählsituation*, die ihrerseits als spezielle Variante der *personalen Erzählsituation* anzusehen sei. „Neutral" heißt dabei: vom Standpunkt eines unsichtbar bleibenden Beobachters (oder einer Kamera) aus, „personal" im engeren Sinn: aus dem Blickwinkel einer der Handlungspersonen selbst.[7] Für beide Varianten aber gilt: „Der

---

7 Bei der Unterscheidung bzw. Anwendung dieser Kategorien entsteht erfahrungsgemäß leicht Verwirrung, die auf eine begriffliche Unentschiedenheit bei Stanzel selbst zurückgeht. In seiner Untersuchung von 1955 hatte er personale und neutrale Erzählsituationen so wie oben plausibel unterschieden (S. 23), dann als „personale bzw. neutrale" zusammengefaßt (S. 93). In dem weiter verbreiteten Büchlein *Typische Formen des Romans* (1964 u.ö.), das sein Konzept erst durchsetzte, ist die neutrale Erzählsituation dann ohne weitere Begründung eliminiert. Meine begrifflich „unscharfe" Erläuterung zum obenstehenden *Buddenbrooks*-Beispiel in der

personale Roman ist (...) ein erzählerloser Roman in dem Sinn, daß der Leser hier nirgends persönliche Züge eines Erzählers ausmachen kann und daher auch gar nicht den Eindruck bekommt, als werde erzählt." (S. 40)

Das ist nun, Stanzels typologischer Orientierung entsprechend, eine sehr apodiktische Aussage, und es fragt sich, ob unser Beispiel ihrer definitorischen Strenge standhält. Eine durchgehend neutrale bzw. personale Erzählweise ist in den *Buddenbrooks* jedenfalls nicht realisiert, wie spätestens der (nun schon übliche) zweite Blick auf den Text zeigt:

... getreu nach dem Katechismus, wie er soeben, Anno 1835, unter Genehmigung eines hohen und wohlweisen Senates, neu revidiert herausgegeben war. Wenn man im Gange war, dachte sie, war es ein Gefühl, wie wenn man im Winter auf dem kleinen Handschlitten mit den Brüdern den Jerusalemsberg hinunterfuhr: es vergingen einem geradezu die Gedanken dabei, und man konnte nicht einhalten, wenn man auch wollte. (S. 5)

Hier fallen zwei Techniken auf, die – in unterschiedlicher Weise – die Neutralität des Erzählens „verletzen" und insofern auch unsere pauschale Bestimmung „neutrale (personale) Erzählsituation" in Frage stellen. Daß Luthers *Kleiner Katechismus* „soeben, Anno 1835, ... neu revidiert herausgegeben" wurde, ist der achtjährigen Tony Buddenbrook wohl unbekannt und dürfte in jedem Fall ihre Auffassungsgabe übersteigen; sie hat schon genug Schwierigkeiten mit dem Ersten Artikel. Hier spricht also zweifellos ein Erzähler – und er spricht vor allem, über die Köpfe der Figuren hinweg,

---

ersten Fassung der vorliegenden Einführung (1972 u.ö., S. 28) konnte Stanzel 1976 zwar zu der berechtigten Präzisierung veranlassen, der *Buddenbrooks*-Beginn enthalte „eigentlich eine neutrale Erzählsituation" (in seinem Aufsatz *Zur Konstituierung der typischen Erzählsituationen*, S. 566), – ihn jedoch nicht dazu bewegen, dieser Situation wieder Heimatrecht in seinem Typenkreis einzuräumen. In der *Theorie des Erzählens* (1979 u.ö.) heißt es in einer Fußnote lakonisch: Der Begriff der neutralen Erzählsituation werde „wegen seiner Mißverständlichkeit nicht weitergeführt" (S. 193), was nun überhaupt nicht einleuchtet. Eher schon ist nachzuvollziehen, daß diese Situation „aus Gründen der Systematik" fallengelassen wurde, wie es im Aufsatz von 1976 heißt. Zweifelhaft bleibt allerdings, ob sie wirklich so „selten" auftritt, wie dort behauptet. Nicht nur szenische Darstellungen nach Art des *Buddenbrook*-Beginns, sondern auch sachlich beschreibende/berichtende Erzählpartien ohne Erzählereinmischungen, wie sie in der amerikanischen Tradition des Detektivromans häufig vorkommen, sprechen für eine Wiederaufwertung der neutralen Erzählsituation. In diesem Sinn argumentiert Ulrich Broich in seinem Aufsatz *Gibt es eine „neutrale Erzählsituation"?* (1983).

zu uns: den Leserinnen und Lesern. Warum? Zu vermuten ist, daß es ihm weniger um den Katechismus als darum geht, ganz nebenbei das Geschehen zu datieren („Anno 1835") und mit der Erwähnung des Senats auch schon auf die Hansestadt Lübeck als Schauplatz hinzudeuten. Diese wichtigen Kontextangaben können durch den szenischen Romanbeginn allein nicht vermittelt werden. (Auf der gleichen Linie liegen die ausführlichen Personenvorstellungen und -charakterisierungen der nachfolgenden Seiten, die uns die Vorgänge und Konflikte des Familienromans erst verständlich werden lassen.) Der Erzähler spricht also mit einer gewissen Autorität, aus überlegenem Wissen heraus; mit einem terminologischem Vorgriff nennen wir ihn den „auktorialen" Erzähler. Die Tonlage, die er hier wählt, seine Anlehnung an den amtlichen Sprachgebrauch, gibt zugleich einen Hinweis auf die besondere Rolle, die er in dieser Geschichte einnimmt: die des *Chronisten*.[8]

Dann aber kommt Tony selbst zu Wort – oder vielmehr: Wir erleben, während sie den Katechismus aufsagt, ihre *Gedanken* mit, und zwar in einer besonderen grammatisch-stilistischen Form, die wir – nochmals vorgreifend – als „erlebte Rede" bezeichnen. Das geht nun zweifellos über die Möglichkeiten eines szenischen Berichterstatters oder einer Kamera hinaus (und gibt unseren Text im übrigen, nach Hamburger, eindeutig als fiktionalen zu erkennen). Uneindeutig bleibt aber die Stimme, die hier spricht. Die Ankündigung „dachte sie", von der ja der gesamte Gedankengang grammatisch abhängt, kann nur vom Erzähler stammen; der Gedankengang selbst aber, in seiner Genauigkeit, „kindlichen" Perspektive und Wortwahl, erscheint als getreue Wiedergabe von Tonys Empfindungen. Es handelt sich also um *personale* Sicht im engeren Sinne, und – da es hier um einen inneren Vorgang geht – um personale *Innensicht*, die im übrigen als Überleitung zu Tonys nächster direkter Äußerung dient.

Welche Folgerungen lassen sich aus diesen Detailbeobachtungen ziehen? Zunächst einmal die, daß die Kategorie der Erzählsituation (hier der personalen oder neutralen) mindestens in diesem Fall, vermutlich aber auch sonst *nicht* zur Charakterisierung des gesamten Werks oder auch nur eines größeren Abschnitts, sondern lediglich zur Klassifizierung kleinerer Erzähleinheiten dienen kann. Man

---

8   Die jüngste Gesamtdeutung des Romans ist Hugh Ridleys *Thomas Mann: Buddenbrooks* (1987); den thematischen und kompositorischen Kontext des Romananfangs und das Erzählmuster der Chronik habe ich in meiner Modellanalyse gleichen Titels (1986, S. 13ff. u. S. 116ff.) diskutiert.

könnte metaphorisch von Bauelementen verschiedener Art sprechen, die in einem Bauwerk in unterschiedlicher Kombination verarbeitet werden können, wobei die Verwendung dieses oder jenes Elements von der erwünschten Funktion an dieser oder jener Stelle abhängig ist. So ergibt sich in unserem Text die Verwendung der *neutralen* Szene zunächst aus der Autorintention, durch einen möglichst unmittelbaren und anschaulichen Erzählbeginn die Aufmerksamkeit der Leser zu fesseln; die Einmischung des *auktorialen* Erzählers sodann aus der Notwendigkeit, dem gleichen Publikum Vorinformationen (Zeit, Ort, Personen des Geschehens) nachzuliefern, die fürs Verständnis nötig sind. Die *personale* Sicht schließlich, die in der gedanklichen Schlittenfahrt zum ersten Mal deutlich wird, zeigt an, daß Antonie im Auf und Ab ihres Schicksals und unter wechselnden Nachnamen immer wieder einmal als Perspektivfigur bzw. als „personales Medium" verwendet wird (woraus der Autor überwiegend humoristische Effekte gewinnt). Das läßt sich beispielsweise am Beginn des Siebten Teils sehen, der genau in der Textmitte eine wichtige thematisch-kompositorische Zäsur bildet:

Taufe! ... Taufe in der Breiten Straße!

Alles ist vorhanden, was Madame Permaneder in Tagen der Hoffnung träumend vor Augen sah; alles: Denn im Eßzimmer am Tische – behutsam und ohne Geklapper, das drüben im Saale die Feier stören würde – füllt das Folgmädchen Schlagsahne in viele Tassen mit kochend heißer Schokolade, die dicht gedrängt auf einem ungeheuren runden Teebrett mit vergoldeten, muschelförmigen Griffen beieinander stehen ... während der Diener Anton einen ragenden Baumkuchen in Stücke schneidet und Mamsell Jungmann Konfekt und frische Blumen in silbernen Dessertschüsseln ordnet, wobei sie prüfend den Kopf auf die Schulter legt und die beiden kleinen Finger weit von den übrigen entfernt hält ...

Nicht lange, und alle diese Herrlichkeiten werden, wenn die Herrschaften sich's im Wohnzimmer und Salon bequem gemacht haben, umhergereicht werden, und hoffentlich werden sie ausreichen, denn es ist die Familie im weiteren Sinne versammelt, wenn auch nicht geradezu im weitesten, denn durch die Oeverdiecks ist man auch mit den Kistenmakers ein wenig verwandt, durch diese mit den Möllendorpfs und so fort. Es wäre unmöglich, eine Grenze zu ziehen ... Die Oeverdiecks aber sind vertreten, und zwar durch das Haupt, den mehr als achtzigjährigen Doktor Kaspar Oeverdieck, regierender Bürgermeister.

Er ist zu Wagen gekommen und, gestützt auf seinen Krückstock und den Arm Thomas Buddenbrooks, die Treppe hinaufgestiegen. Seine Anwesenheit erhöht die Würde der Feier ... und ohne Zweifel: Diese Feier ist aller Würde würdig! Denn dort im Saale, vor einem als Altar verkleideten, mit Blumen geschmückten Tischchen, hinter dem in schwarzem Ornat und schneeweißer, gestärkter, mühlsteinartiger Halskrause ein junger Geistlicher spricht, hält eine reich in Rot und Gold gekleidete, große, stämmige, sorgfältig genährte Person ein kleines, unter Spitzen und Atlasschleifen verschwindendes Etwas auf ihren schwellenden Armen ... ein Erbe! Ein Stammhalter! Ein Buddenbrook! Begreift man, was das bedeutet? (S. 335)

Im Zusammenspiel der typisch „personalen" Erzähltechniken – Stanzel nennt das „Zurücktreten des Erzählers ..., das Vorherrschen szenischer Gestaltung, des Dialogs, der erlebten Rede und der Bewußtseinsspiegelung, und nicht zuletzt die Fixierung des *point of view* der Darstellung im Bewußtsein der Romangestalt" (S. 42f.) – wird die Forderung einer möglichst intensiven Illusion von „Wirklichkeit" weitgehend erfüllt. Die angelsächsische Erzähltheorie hat diese Forderung unter das Schlagwort *showing* (im Gegensatz zu *telling*) gestellt. Der Verzicht auf Erzählereinmischungen sowie die Fixierung eines Blickpunktes (oder mehrerer Blickpunkte) im Figurenbewußtsein bewirkt für die Erzählung grundsätzlich eine Einschränkung des Wahrnehmungsfeldes (und damit des Erzählbaren) nach den Gesetzen subjektiv-psychologischer Perspektivik. Die Wahl eines subjektiven Blickpunktes begrenzt, genauer gesagt, die äußere Wahrnehmung aufs jeweilige Hier und Jetzt (und die Außensicht auf andere Personen), öffnet aber die innere Wahrnehmung der Perspektivfigur für Gedanken, Gefühle, besonders Erinnerungen. Deshalb überwiegt häufig die innere Handlung gegenüber der äußeren Realität, die ihrerseits nur durch die subjektive Wahrnehmung der Perspektivfigur vermittelt wird. Das gilt jedenfalls für konsequent durchgeführtes personales Erzählen, wie wir es etwa bei dem mehrfach erwähnten Henry James oder auch beim frühen James Joyce, bei Franz Kafka[9] oder – mit wechselndem *point of view* – in Virginia Woolfs Roman *Die Fahrt zum Leuchtturm* (1927) finden, wo Ort und Zeit des Geschehens und die Namen der meisten Personen sich erst aus dem Dialog bzw. den Gedanken der jeweiligen Perspektivfigur ergeben. Sie fungiert als „personales Medium", wie Stanzel sagt, oder als „Reflektorfigur" in bezug auf die sie umgebende Realität – eine Funktion, die entweder als visueller *Reflex* (mit Tendenz zur Beschreibung) oder als intellektuell-affektive *Reflexion* (Bewußtseinswiedergabe) ausgeprägt sein kann. Von

---

9 Es sei exemplarisch nur auf den Beginn der Erzählung *Die Verwandlung* (1915) oder die eindrucksvolle Schlußpassage des *Prozeß*-Romans (1925) hingewiesen, die wir später noch analysieren werden. – In der westdeutschen Nachkriegsliteratur ist Martin Walser, dessen Anfänge Kafka sehr verpflichtet waren, wohl der ausdauerndste Virtuose eines typisch personalen Erzählstils.

daher liegt es nahe, daß personales Erzählen thematisch stark zum „Bewußtseinsroman" tendiert, der seinerseits Ausdruck für das historisch gewachsene Interesse an psychischen Prozessen ist. Die detailreiche, assoziative oder zergliedernde Erzählweise solcher Bewußtseinswiedergabe (aber auch die Elemente der direkten Rede und der Beschreibung) führen nach Stanzels Beobachtung dazu, daß personales Erzählen vergleichsweise kurze Zeitabschnitte erfaßt, „oft sogar nur Momente, aber in der ganzen Dichte und Simultaneität der Eindrücke, Gedanken, Erinnerungen und Assoziationen" (S. 49).

Ein eindrucksvolles, wenn auch noch eingegrenztes und in die chronikalische Erzählung eingebundenes Beispiel solcher Bewußtseinsdarstellung ist die berühmte „Schopenhauer-Vision" Thomas Buddenbrooks im Zehnten Teil (S. 558f.) des Romans (der nicht ganz zufällig im gleichen Jahr wie Sigmund Freuds *Traumdeutung* erschien). Die spezifischen Formen und Techniken der Bewußtseinswiedergabe, insbesondere die „erlebte Rede" und den „Bewußtseinsstrom", werden wir im Vierten Kapitel exemplarisch untersuchen.

Kehrseite und Problematik dieses Verfahrens ist die Monotonie, die besonders schnell eintritt, wenn eine einzige subjektive Perspektive durchgehalten wird. Der Wechsel des Blickpunkts zwischen verschiedenen Figuren (die personale *Multiperspektive*) ist eine naheliegende Möglichkeit, diese Gefahr zu vermeiden: Beispiele bieten, bei jeweils unterschiedlicher Akzentuierung von Technik und Autorintention, Romane von Virginia Woolf, von Anna Seghers – vor allem ihr Meisterwerk *Das siebte Kreuz* (1942) –, aber auch manche Detektivromane.

Eine weniger häufige, aber bemerkenswerte Variante – oder besser vielleicht: Radikalisierung personalen (bzw. neutralen) Erzählens ergibt sich, wenn die subjektive Bewußtseinswiedergabe weiter verengt oder völlig eliminiert wird. Das kann so geschehen, daß die Blickpunkt-Figur nur noch als Medium der Wahrnehmung und Beschreibung von Außenwelt fungiert, ohne logische Folgerung oder „subjektive" Assoziationen daran zu knüpfen – etwa in Alain Robbe-Grillets Roman *Der Augenzeuge* (1955), den auch Stanzel schon als Beispiel heranzieht. Noch weiter geht Ernest Hemingway in manchen seiner Kurzgeschichten: Die Erzählperspektive ist dort quasi von außen begrenzt (wie durch das Objektiv einer Kamera) und erfaßt äußere Realität nur mit Hilfe minimaler Beschreibung und ausgedehnter direkter Personenrede. Bewußtseinsprozesse werden vom Text radikal ausgeklammert und eben deshalb in der Lektüre „rekonstruiert": Wir füllen die „Leerstellen" des Textes. Die Kurzgeschichten *Hügel wie weiße Elefanten* und *Die Killer* werden verschiedentlich als exemplarische Muster dieser Erzählsituation zitiert, die *neutral* genannt werden darf. Bei Hemingway liegt die Entscheidung für diese Erzählsituation offensichtlich in seiner Erzählstrategie begründet, psychische Vorgänge auszusparen, um sie desto stärker zur Wirkung zu bringen. Schließlich kann sich die Wahl dieser neutralen Erzählhaltung – für die verschiedentlich auch die Bezeichnung *Camera-eye*[10] vorgeschlagen wurde – auch aus genrespezifischen Notwendigkeiten erklären. So kann der Kriminalroman den Detektiv als Perspektivträger benutzen, ohne – was der Spannung abträglich wäre – dessen Gedanken, Wissensstand und Folgerungen frühzeitig offenlegen zu müssen. Besonders deutliche Beispiele bieten die (literaturhistorisch in enger Nachbarschaft zu Hemingway stehenden) Kurzgeschichten und Romane Dashiell

---

10 Norman Friedmann verwendet *the Camera* 1955 in seiner Skala möglicher Erzählperspektiven als Grenzfall (im Sinne neutralen Erzählens) und zugleich als polaren Gegensatz zur *omniscience;* er vermag jedoch kein ausgeführtes Beispiel einer solchen Kamera-Erzählung zu nennen. Statt dessen verweist er auf den Anfang von Christopher Isherwoods *Leb wohl, Berlin* (1939), wo es heißt: „Ich bin eine Kamera mit offenem Verschluß, nehme nur auf, registriere nur, denke nichts. Registriere den Mann, der sich am Fenster drüben rasiert, und die Frau im Kimono, die ihr Haar wäscht. Eines Tages werde ich alle diese Bilder entwickeln, sorgfältig kopiert und fixiert haben." (S. 5) Diese Stelle bleibt aber ganz metaphorisch bzw. programmatisch; der locker gefügte Episodenroman, Textvorlage für das Musical *Cabaret*, ist als konventionelle Ich-Erzählung mit autobiographischen Elementen angelegt. Dennoch läßt sich über Isherwood die Herkunft der Kamera-Metapher erschließen: *Kamera-Auge* (russ. Kinoglas) ist der Titel eines vieldiskutierten Dokumentarfilms des sowjetrussischen Regisseurs Dsiga Wertow; der Begriff bezeichnet zugleich dessen Aufnahmeprinzip, das ohne ersichtliche Eingriffe von Seiten des Filmers auskommen soll. Das lebhafte Interesse deutscher Intellektueller am Russischen Revolutionsfilm und die Übernahme von Wertows Prinzipien im Film der Weimarer Republik dürften das Konzept auch dem damals in Berlin lebenden Isherwood bekannt gemacht haben. – Im *point of view*-Kapitel seines Buches *Form and Meaning in Fiction* (1975) ersetzt Friedman die Film- durch eine Theatermetapher und spricht nun von „the dramatic mode", also szenischer Präsentation (S. 155f.) Umfassend und differenziert wird die Entwicklung von filmanalogen und filmisch beeinflußten Erzähltechniken (bei französisch oder englisch schreibenden Autoren seit Flaubert und Joyce) beschrieben in Alan Spiegels *Fiction and the Camera Eye* (1976); ergiebig für französische Autoren, besonders im Umkreis des *nouveau roman*, ist Bruce Morrisettes Essaysammlung *Novel and Film* (1985).

Hammetts wie *Der Malteser Falke*[11] oder *Der gläserne Schlüssel* (1930 bzw. 1931). Es ist also, wie oben schon bemerkt, durchaus sinnvoll, die neutrale Erzählsituation zumindest als Variante der personalen gelten zu lassen.

3. Die auktoriale Erzählsituation

Die Geschichte Hans Castorps, die wir erzählen wollen, – nicht um seinetwillen (denn der Leser wird einen einfachen, wenn auch ansprechenden jungen Menschen in ihm kennenlernen), sondern um der Geschichte willen, die uns in hohem Grade erzählenswert scheint (wobei zu Hans Castorps Gunsten denn doch erinnert werden sollte, daß es *seine* Geschichte ist, und daß nicht jedem jede Geschichte passiert): diese Geschichte ist sehr lange her, sie ist sozusagen schon ganz mit historischem Edelrost überzogen und unbedingt in der Zeitform der tiefsten Vergangenheit vorzutragen. (S. 5)

---

11 Ein klassisches Beispiel ist der Beginn des zweiten Kapitels:

„Ein Telephon läutete in der Dunkelheit. Nachdem es dreimal geläutet hatte, knarrten Bettfedern, Finger tasteten auf Holz umher, etwas Kleines, Hartes schlug dumpf auf einen Teppichboden, Bettfedern knarrten erneut, und die Stimme eines Mannes ertönte:

'Hallo... Ja, am Apparat... Tot? ... Ja... Fünfzehn Minuten. Danke.'

Ein Schalter klickte, und eine weiße Schale, die an drei goldglänzenden Ketten von der Deckenmitte herabhing, füllte das Zimmer mit Licht. Spade, barfuß und in grün-weiß kariertem Schlafanzug, saß auf seiner Bettkante. Er starrte finster das Telephon auf dem Tisch an, während seine Hände nach einem Päckchen Zigarettenpapier und einem Beutel mit Bull-Durham-Tabak griffen, die daneben lagen.

Kalte, feuchte Luft strömte durch zwei offene Fenster herein, brachte ein halbes dutzendmal pro Minute das dumpfe Klagen des Nebelhorns von Alcatraz mit. Ein Blechwecker in unsicherer Stellung auf einer Ecke von Dukes *Berühmte Kriminalfälle Amerikas* – mit der Titelseite nach unten – zeigte fünf Minuten nach zwei Uhr an.

Spades fleischige Finger drehten sorgfältig und ohne Hast eine Zigarette, ließen eine genau abgemessene Menge dunkler Tabakflocken in ein gewölbtes Blättchen rieseln und verteilten sie so, daß sie gleich hoch an beiden Enden und leicht vertieft in der Mitte lagen; die Daumen drückten den inneren Rand des Blättchens nach unten und rollten ihn unter den äußeren Rand, den die Zeigefinger herüberdrückten, worauf Daumen und Finger zu den Enden des Papierzylinders glitten, um ihn in Form zu halten, während die Zunge die gummierte Kante anleckte, der linke Daumen und der linke Zeigefinger ein Ende zusammendrückten und der rechte Daumen und Zeigefinger den feuchten Saum feststrichen, dann das andere Ende zwirbelten und das gegenüberliegende zwischen Sam Spades Lippen führten." (S. 17)

Schon dieser erste, etwas monströse Satz aus Thomas Manns Roman *Der Zauberberg* von 1924 versetzt uns in eine (Erzähl-)Situation, die mit dem *Buddenbrooks*-Beginn nur wenig gemein hat. Die Spuren der erzählerischen Vermittlung, die dort erst auf den zweiten Blick sichtbar wurden, sind hier so zahlreich und auffällig, daß man die „Anwesenheit eines persönlichen, sich in Einmengungen und Kommentaren zum Erzählten kundgebenden Erzählers" nach Stanzels Sinn und Typenkreis kaum zu leugnen wagt, – auch wenn Hamburgers Mahnung noch im Ohr klingt, „eingestreute Ich-Floskeln wie ich, wir, unser Held" doch nur als Kunstmittel zu verstehen, mit deren Hilfe der Autor den „Anschein" einer fiktiven Erzählerexistenz erwecken will. Gewiß, wir bewegen uns hier im Bereich des ästhetischen Scheins, der literarischen Verfahren und Techniken, aber *bewirken* sie hier nicht eben, daß wir ein fast persönliches Bild des Erzählers gewinnen? Oder sagen wir besser: eine Vorstellung, einen Eindruck – denn als Person *sichtbar*, innerhalb oder auch außerhalb der erzählten Geschichte, wird dieser Erzähler nie. Wir hören stets nur seine Stimme und machen uns daraufhin, gewissermaßen audiovisuell und zumindest in Umrissen, ein „Bild" von ihm: Selbstbewußt ergreift er das Wort, mit unbezweifelbarer Autorität, seines Vorhabens und seines Urteils sicher – und ziemlich herablassend gegenüber dem Helden der Geschichte. Kein Wunder, daß er im zweiten Satz nicht nur seine höchst persönliche Geschichts- und Erzähltheorie, betreffend die „Zeitform der Vergangenheit" fortsetzt („Das wäre kein Nachteil für eine Geschichte, sondern eher ein Vorteil; denn Geschichten müssen vergangen sein, und je vergangener, könnte man sagen, desto besser für sie in ihrer Eigenschaft als Geschichten"), sondern auch sich selbst vorstellt, wenn nicht mit Namen, so doch mit Berufsangabe und gehörigem professionellen Stolz: „... und für den Erzähler, den raunenden Beschwörer des Imperfekts." (S. 5)

Diese Art und Weise des Erzählens charakterisiert Stanzel mit seinem Begriff *auktoriale Erzählsituation*. Das neugeprägte Adjektiv (zu lat. auctor: Urheber, Verfasser) spielt sowohl auf die behauptete Erfindung der Geschichte durch den Erzähler an (die streng genommen natürlich dem realen Autor zukommt) als auch auf die Autorität des Erzählers in der Präsentation und Bewertung des Geschehens. Das „auszeichnende Merkmal" auktorialen Erzählens ist Stanzel zufolge eben jene Kommentarfunktion des Erzählers, die sich in Erzählereinmischungen, Anreden an den Leser, reflektierenden Abschweifungen ausdrückt: Die Anfangspassage des *Zauberberg* enthält als narrativen Kern lediglich die Feststellung „Die Geschichte Hans Castorps ... ist sehr lange her". Sie wird zunächst ausgeweitet durch intentionale („die wir erzählen wollen") und begründende Einmischungen („nicht um seinetwillen"), sowie durch Bezugnahmen auf den Leser („wird ... kennenlernen"). Sodann gibt die „Vergangenheit" von Hansens Geschichte Anlaß zu einer Abschweifung (das heißt hier: zu einer von dieser Geschichte sich lösenden, verallgemeinernden Erörterung über das Erzählen schlechthin), die zwei volle Absätze ausmacht, ehe der Erzähler schließlich zu seinem eigentlichen Vorhaben, zur Geschichte Hans Castorps zurückkehrt.

Hier könnte nun Widerspruch laut werden. Wer die zitierte Stelle im *Zauberberg* nachschlägt, ein wenig weiterliest und überdies noch Weinrichs *Tempus*-Buch in Erinnerung hat, dem drängen sich kritische Fragen geradezu auf: Gehört die zitierte Stelle überhaupt zum Roman? Steht sie nicht, unter dem doppelsinnigen Titel „Vorsatz" (das heißt „Absichtserklärung" und „Vorrede") noch *vor* dem Ersten Kapitel? Also vor Beginn der Erzählung im strengen Sinne? Und steht sie nicht eben deswegen – weil sie nicht erzählt, sondern Welt *bespricht* (die reale und die noch zu erzählende fiktive) – weitgehend im Präsens (bzw. im Futur)? Tatsächlich kann es scheinen, als sei die „erörternde Rede", wie Thomas Mann selbst formuliert, ein unzulässiges Beispiel für auktoriales Erzählen. Daß wir sie dennoch verwenden, läßt sich auf zwei Argumente stützen: erstens auf die Abhängigkeit der Erörterung vom erwähnten narrativen Kernsatz „Die Geschichte Hans Castorps ... ist sehr lange her" bzw. von den Absichtserklärungen des Erzählers (eine Art Erzählung künftigen Geschehens), die ihre völlige Verselbständigung verhindert. Zweitens ist zu betonen, daß eben diese Integration besprechender Textpartien, von der beiläufigen Wertung, dem eingeflochtenen Erzählerkommentar, der epischen Ankündigung oder Ansprache an den Leser über das ausgedehnte Räsonnement, den essayistischen Einschub bis zur selbständigen Vorrede, grundsätzlich zum formalen Repertoire auktorialen Erzählens gehört.

Aber betrachten wir, um alle Zweifel auszuräumen, auch die ersten zwei Absätze des Ersten Kapitels im *Zauberberg*: Hier wird nun zweifellos *erzählt*, und zwar so, wie es sich nach Stanzel für die auktoriale Situation gehört, in „berichtender Erzählweise", Tatsachen und Geschehnisse konstatierend und zusammenfassend:

Ein einfacher junger Mensch reiste im Hochsommer von Hamburg, seiner Vaterstadt, nach Davos-Platz im Graubündischen. Er fuhr auf Besuch für drei Wochen.
Von Hamburg bis dort hinauf, das ist aber eine weite Reise; zu weit eigentlich im Verhältnis zu einem so kurzen Aufenthalt. Es geht durch mehrerer Herren Länder, bergauf und bergab, von der süddeutschen Hochebene hinunter zum Gestade des Schwäbischen Meeres und zu Schiff über seine springenden Wellen hin, dahin über Schlünde, die früher für unergründlich galten. (S. 7)

Es wird also summarisch erzählt; im Gegensatz zur szenischen Darstellung sprechen wir vom *Erzählerbericht* im engeren Sinne. Man könnte sogar den ersten Satz – einer Forderung Theodor Fontanes[12] entsprechend – als „Keim des Ganzen" bzw. als Resümee des gesamten Romangeschehens ansehen, zumindest wenn man die bedeutungsschwere Pause nach „fuhr ... auf drei Wochen" so füllt, wie es der Erzähler in den Schlußworten des Vorsatzes augenzwinkernd nahelegt: ... *und blieb sieben Jahre!* Aber natürlich wird *nicht nur* erzählt; die Berichtstimme und die Kommentarstimme des Erzählers sind eng verflochten, wobei streng genommen wiederum das besprechende (präsentische) Element überwiegt und das Profil des Erzählers noch deutlicher wird: Er präsentiert sich, ein wenig gravitätisch, als Autorität auf verschiedenen Gebieten, als Psychologe und Menschenkenner, ja als besorgter Reiseleiter und nicht zuletzt als Prosaist mit eigener, etwas altväterlicher Note.

Diese Beobachtungen verallgemeinernd können wir den summarischen *Erzählerbericht* (engl. summary, frz. sommaire) und die *Erzählereinmischung* in ihren verschiedenen Ausformungen (besonders auch als Leseranrede) als diejenigen Elemente festhalten, die auktoriales Erzählen besonders akzentuieren. Hinzu kommt im Bereich der Personenrede bzw. Bewußtseinswiedergabe die *indirekte Rede,* in der die auktorial referierende und summierende Funktion des Erzählers besonders spürbar ist.

Auktoriales Erzählen in diesem Sinn dominiert die ältere europäische Romantradition vom 17. bis zur Mitte des 19. Jahrhunderts (vom konkurrierenden Ich-Roman wird nachfolgend die Rede sein). Thomas Mann stellt sich, anders gesagt, als Nachzügler in die Tradition von Miguel de Cervantes und Henry Fielding, aber auch

---

12 So in einem Brief an Gustav Karpeles (18.8.1880), nachzulesen in Richard Brinkmanns Dokumentation *Dichter über ihre Dichtungen. Theodor Fontane:* „Das erste Kapitel ist immer die Hauptsache, und in dem ersten Kapitel die erste Seite, beinah die erste Zeile ... Bei richtigem Aufbau muß in der ersten Seite der Keim des Ganzen stecken." (Bd. 2, S. 279f.)

von Honoré de Balzac, Charles Dickens und Leo Tolstoi – und natürlich der deutschen Erzähler von Goethe und Jean Paul bis Fontane. Auf seine Weise nutzt er Möglichkeiten, die mit der auktorialen Erzählsituation gegeben sind und in jener Tradition immer wieder variiert werden: die Erzählung weitläufiger Geschehnisse und Zeitabschnitte (häufig genug ganze Lebensgeschichten oder Epochenbilder), die Erörterung moralischer, sozialer oder sonstiger Probleme, zu denen „Held" oder „Geschichte" nur den Anlaß bieten[13]; aber auch die moralische oder intellektuelle Qualifizierung seiner Figuren. Auktoriales Erzählen dient zumeist der Entfaltung einer „humoristischen, ironischen Weltschau" und, wie Stanzel (S. 23) sagt, dem Spiel „mit den Illusionen des Lebens und der Kunst". Besonders kennzeichnend ist die Thematisierung des Erzählvorganges und seiner Probleme, aber auch schließlich die Aufnahme einer (Pseudo-)Kommunikation mit dem „geschätzten Leser".[14] Deutlich

---

13 Daß und wie auktoriale Kommentare und Exkurse, in Weinrichs Sinn „besprechende" Textpartien, von wichtigen Autoren des 19. Jahrhunderts wie Balzac, Tolstoi oder Victor Hugo – bei zunehmender Konkurrenz mit der Presse – noch gern, ausführlich und manchmal geradezu volkserzieherisch zur Vermittlung von Sachinformationen, Kenntnissen, aber auch Wertungen genutzt werden, hat Mary McCarthy in ihrem Vortrag *Ideas and the Novel* (1980) instruktiv dargelegt (S. 31-45).

14 Wir können, wie oben am Beispiel des *Zauberberg*, die Ebene der erzählerischen Einmischungen, der Kommentare, Abschweifungen (oder „Ausschweifungen", wie Jean Paul sagt), der Vor- und Nachreden als Durchdringung von Rede (besprochener Welt) und Erzählung (erzählter Welt) verstehen. Damit ist eine vielfach variierbare Möglichkeit gegeben, das kommunikative System der Fiktion mit dem der Realität (besonders der realen Autor-Leser-Kommunikation) zu konfrontieren bzw. zu kombinieren, ineinander zu schachteln usw., wobei dann auch der Erzählvorgang selber thematisiert wird. Ein Beispiel ist der Beginn des 25. und letzten Kapitels in Jean Pauls Roman *Siebenkäs* (1796): „Ich sehe jeden Tag mehr, daß ich und die übrigen 1 000 000 099 Menschen nichts sind als Gefüllsel von Widersprüchen, von unheilbaren Nullitäten und von Vorsätzen, deren jeder seinen Gegenmuskel (musc. antagonista) hat – andern Leuten widersprechen wir nicht halb so oft als uns selber –; dieses letzte Kapitel ist ein neuer Beweis: ich und der Leser haben bisher auf nichts hingearbeitet als auf das Beschließen des Buchs – und jetzo, da wir daran sind, ist es uns beiden äußerst zuwider. Ich tue doch etwas, wenn ich – soviel ich kann – das Ende desselben, wie das Ende eines Gartens, der auch voll Blumenstücke ist, etwa bestens verberge und manches sage, was das Werklein allenfalls verlängert.
Der Inspektor sprang mit der Burg einer muskulösen, vollen Brust ins Freie ...". (S. 576)
Potenziert werden diese Möglichkeiten, wenn sie mit der vorgeblichen

wird vor allem auch der Abstand, die Überlegenheit des Erzählers gegenüber Geschichte und Figuren: die für auktoriales Erzählen so typische *epische Distanz*, die in unserem Beispielfall stark humoristisch bzw. ironisch eingefärbt ist. All das ließe sich noch weiter am *Zauberberg* illustrieren; daß sein Verfasser unter den weltliterarisch bedeutenden Autoren des frühen 20. Jahrhunderts fast der einzige ist, der sich mit Vorliebe am auktorialen Modell orientiert, steht auf einem anderen Blatt.

Wir haben bislang auktoriales Erzählen von seinen bevorzugten Erzählweisen her bestimmt. Hinzu kommt allerdings, nicht weniger konstitutiv, eine bestimmte *Erzählperspektive*, für die traditionell (etwa bei Spielhagen) und in der neueren Diskussion (1955 bei Stanzel wie Friedman) der Begriff der Allwissenheit (engl., frz. omniscience) bzw. des *allwissenden Erzählers* steht. Für Friedman bezeichnet die erzählerische Allwissenheit „eine völlig unbegrenzte – und deshalb schwer zu kontrollierende Perspektive [point of view]. Die Geschichte kann ganz nach Belieben unter irgendeinem oder unter allen Blickwinkel(n) betrachtet werden: von einem gottgleichen Aussichtspunkt jenseits von Zeit und Raum, von der Mitte aus, vom Rand oder frontal von vorn. Nichts kann den Erzähler [author] hindern, eine dieser Perspektiven einzunehmen, oder beliebig oft

Allwissenheit des Erzählers gekoppelt sind, die dann geradezu als „Allmacht" gegenüber Figuren und Handlung erscheint, die wie Marionetten je nach Belieben in Gang gesetzt oder angehalten werden. Verfremdende, humoristische, bisweilen groteske Effekte entstehen besonders dann, wenn Fiktionalwelt und Realwelt ineinandergeschoben werden, so daß der Erzähler, ja der Autor mit bürgerlichem Namen inmitten seiner fiktionalen Geschöpfe auftaucht oder eine fiktionale Figur in die Autorenwelt hineingenommen wird. So spricht Jean Paul seinen Romanhelden als Informanten und Leser zugleich an: „Inzwischen wird mein Freund Siebenkäs, der diese Darstellung noch früher in die Hand bekommt als selber der Setzer, mirs nicht verargen, daß ich auch seinen Frühstücksfehler – hab ich ihn doch aus seinem eignen Munde – der Welt entdecke." (S. 291) Ein schönes, auch literatursoziologisch instruktives Beispiel für das allmähliche Hinüberblenden von der Realebene des Autors und seiner Leser (die natürlich teilweise auch fingiert sein mag) auf die Figurenebene bieten die diversen Vor- und Zwischenreden Jean Pauls zum *Siebenkäs* (S. 9ff., 135ff.). – Man mag darüber streiten, ob derartige Verfahren und Effekte, die jedenfalls die Immanenz und Illusion personalen Erzählens sprengen, die Fiktionalität eher betonen oder dekonstruieren. Aus dem Blickwinkel des 19. Jahrhunderts, von James und Flaubert, erscheinen sie gewiß überholt, weil illusionszerstörend. Gegenwärtige Tendenzen, im Sinne einer *metafiction* den Erzählvorgang zugleich zu präsentieren, zu reflektieren und zu brechen, finden in Autoren wie Laurence Sterne oder Jean Paul hingegen interessante Vorläufer.

von einer zur andern zu wechseln." (S. 1171) Daß der Ausdruck „Allwissenheit" selbst, sowohl wegen seines quasi religiösen Beiklangs wie auch wegen der Akzentuierung des „Wissens" nicht besonders glücklich ist, wurde verschiedentlich kritisch bemerkt[15], hat aber seine Durchsetzung nicht verhindert. Streng genommen geht es um die Frage des erzählerischen Blickwinkels (bzw. der Selektion erzählerischer Information). In der auktorialen Erzählsi-

---

15 Insbesondere neuere Autoren scheint er zur Ironisierung einzuladen, wie wir schon an Flauberts Äußerung sahen, der Autor solle in seiner Schöpfung schweigen wie Gott in der seinen. James Joyce legt dem Helden seines Romans *Ein Portrait des Künstlers als junger Mann* (1916) eine ganz ähnliche Bemerkung in den Mund. Die Gattungstrias von Lyrik, Epik und Dramatik deutet dieser als zunehmende Entpersönlichung: „Das ästhetische Bild in der dramatischen Form ist das Leben geläutert und reprojiziert von der menschlichen Imagination. Das Mysterium der ästhetischen Schöpfung ist vollbracht wie das der materiellen. Der Künstler, wie der Gott der Schöpfung, bleibt in oder hinter oder jenseits oder über dem Werk seiner Hände, unsichtbar, aus der Existenz hinaussublimiert, gleichgültig, und manikürt sich die Figernägel." (S. 490) Das wird also explizit vom Drama gesagt, kann aber sinngemäß auch von der dramatisierten, nicht-auktorialen Erzählung à la Flaubert gelten. Ganz auf die polemische Note gestimmt sind, zwei Jahrzehnte später, Bemerkungen von Jean Paul Sartre, die man in seinem Essayband *Situationen* (dt. 1965) nachlesen kann. Schon 1939 hatte er gegen seinen konventionell erzählenden Kollegen François Mauriac polemisiert, der sich göttliche Allwissenheit und Allmacht anmaße: „Gott ist kein Künstler; Mauriac auch nicht." (S. 29) Und auch die nächste Autorengeneration nimmt diesen Topos auf. Weit zurückgreifend fragt Alain Robbe-Grillet, wichtiger Praktiker und Programmatiker des *nouveau roman*, in seinem Essayband *Argumente für einen neuen Roman* (1965): „Wer beschreibt die Welt in den Romanen Balzacs? Wer ist dieser allwissende, allgegenwärtige Erzähler, der an allen Orten gleichzeitig ist, der gleichzeitig die Vorder- und die Kehrseite der Dinge sieht, ... der zugleich Gegenwart, Vergangenheit und Zukunft eines jeden Abenteuers kennt? Das kann nur Gott sein." (S. 87) Natürlich hält Robbe-Grillet, der sich seinerseits auf Flaubert, Dostojewski, Proust, Kafka, Faulkner und Beckett beruft, die gottgleiche Sicht und Erzählweise in der modernen Welt und im modernen Roman für völlig überholt, ja für ideologisch verfälschend; er betreibt als Erzähler konsequenterweise eine Radikalisierung personalen bzw. neutralen Erzählens. Aber auch aus strikt erzähltheoretischer bzw. -logischer Sicht läßt sich der Begriff der „Allwissenheit" im Kontext fiktionaler Texte kritisieren. Gérard Genette zufolge ist er schlicht widersinnig: „der Autor muß nichts wissen, da er alles erfindet." (Dagegen könnte man allenfalls fragen, wie es mit dem fiktiven Erzähler steht?) In seinem *Nouveau discours du récit* (1983) schlägt Genette den Begriff der „vollständigen Information" (information complète) vor, die dann logischerweise weniger den Erzähler als vielmehr den Leser zum „allwissenden" macht (S. 49).

tuation ist dieser Blickwinkel *grundsätzlich* weder raum-zeitlich noch (psycho-)logisch eingeschränkt – eben dies im Unterschied zur personalen oder auch zur Ich-Erzählsituation. Der auktoriale Erzähler kann nicht nur innerhalb seiner Geschichte, sondern auch in deren Vor-Geschichte zurückgreifen und die Zukunft vorwegnehmen. Er kann uns erzählen, was an einem beliebigen Ort oder an mehreren Orten gleichzeitig geschieht; er kann uns die Gedanken und Empfindungen der Personen, prinzipiell *aller* Personen seiner Geschichte mitteilen – und all dies, ohne sich oder sein „Wissen" jemals legitimieren zu müssen. Es scheint, als hätten wir Leser mit dem auktorialen Erzähler einen besonders großzügigen und vertrauensvollen Pakt geschlossen...

Wenn er sich trotz dieser prinzipiell unbegrenzten Möglichkeiten in jedem konkreten Text *tatsächlich* beschränkt, die Vorgeschichte seiner Geschichte nicht *ad infinitum* verfolgt, nicht alle Gedanken aller Personen ausbreitet, so hat dies einen ebenso elementaren wie banalen Grund in der Erzählökonomie. Jede Erzählung würde andernfalls buchstäblich zur unendlichen Geschichte: unabschließbar für den Erzähler, ungenießbar für die Leser. „Auktorial" bleibt die Erzählung aber insofern, als diese Selektion und Perspektivierung scheinbar ganz der Willkür des Erzählers selbst überlassen scheint. In Wahrheit folgt sie natürlich den Erzählstrategien des Autors, das heißt einer auch inhaltlich-thematisch bestimmten Selektion: *nur* die Geschichte Hans Castorps – und aus dieser Lebensgeschichte wieder *nur* ein bestimmter Ausschnitt...

Schlagen wir der Anschaulichkeit halber nochmals das Erste Kapitel des *Zauberberg* auf. Nach der Einführung des „Helden" (den er ein zweites Mal als *einfachen* jungen Mann charakterisiert und erneut mit Namen vorstellt – damit den Zusammenhang zwischen Vorsatz und Erstem Kapitel betonend) gerät der Erzähler wiederum ins weitschweifige Räsonnieren: „Zwei Reisetage entfernen den Menschen ... seiner Alltagswelt" usw. usw., und knüpft das Erlebnis seines Helden nun als besonderen Fall dieser Lebensweisheit an:

Dergleichen erfuhr auch Hans Castorp. Er hatte nicht beabsichtigt, diese Reise sonderlich wichtig zu nehmen, sich innerlich auf sie einzulassen. Seine Meinung vielmehr war gewesen, sie rasch abzutun, weil sie abgetan werden mußte, ganz als derselbe zurückzukehren, als der er abgefahren war, und sein Leben genau dort wieder aufzunehmen, wo er es für einen Augenblick hatte liegenlassen müssen. Noch gestern war er völlig in dem gewohnten Gedankenkreis befangen gewesen ... (S. 8)

Seine auktoriale Kompetenz nutzt der Erzähler also gleich in zweifacher Hinsicht: als zeitliche Rückwendung auf eine vor dem Beginn der Geschichte liegenden Vorvergangenheit (korrekterweise im Plusquamperfekt!) und als unmittelbaren Einblick in die „Absichten, Meinungen und Gedanken" seiner Figur. Beide Techniken werden uns im Dritten bzw. Vierten Kapitel noch näher beschäftigen.

Ein letztes Beispiel aus diesem mit *Ankunft* überschriebenen Kapitel: Gegen „acht Uhr" abends hat der Zug die „Paßhöhe überwunden" und rollt „nun bequemer dahin":

Man hielt an einer kleinen Station, es war Davos-Dorf, wie Hans Castorp draußen ausrufen hörte, er würde nun binnen kurzem am Ziele sein. Und plötzlich vernahm er neben sich Joachim Ziemßens Stimme, seines Vetters gemächliche Hamburger Stimme, die sagte: „Tag, du, nun steige nur aus"; und wie er hinaussah, stand unter seinem Fenster Joachim selbst auf dem Perron, in braunem Ulster, ganz ohne Kopfbedeckung und so gesund aussehend wie in seinem Leben noch nicht. Er lachte und sagte wieder:

„Komm nur heraus, du, geniere dich nicht!"

„Ich bin aber noch nicht da", sagte Hans Castorp verdutzt und noch immer sitzend.

„Doch, du bist da. Dies ist das Dorf. Zum Sanatorium ist es näher von hier. Ich habe 'nen Wagen mit. Gib mal deine Sachen her."

Und lachend, verwirrt, in der Aufregung der Ankunft und des Wiedersehens reichte Hans Castorp ihm Handtasche und Wintermantel, die Plaidrolle mit Stock und Schirm und schließlich auch „Ocean steamships" hinaus. Dann lief er über den engen Korridor und sprang auf den Bahnsteig ... (S. 9)

Der Erzähler scheint hier nun buchstäblich zurückzutreten, wir erleben Hansens Ankunft und die erste Begegnung mit dem Vetter, den er besuchen will, scheinbar ganz unmittelbar, plastisch, anschaulich – als eine kleine Szene und somit als ein typisches Bauelement personalen Erzählens. Was zu beweisen war: Auch ein so massiv auktorial stilisierter Text wie der Beginn des *Zauberberg* kommt nicht ganz ohne personale Elemente aus – jedenfalls dann nicht, wenn es auf den Eindruck von Unmittelbarkeit, Lebendigkeit des Geschehens ankommt. Umgekehrt muß im *Buddenbrooks*-Beispiel die Unmittelbarkeit der Eingangsszene, die das Leserinteresse auf sich zieht, bald durch die Stimme eines auktorialen Erzählers „gestört" werden, um Informationen einzubringen, die aus der Szene selbst nicht zu entnehmen sind. Und mit dieser Erinnerung und Mahnung, die „typischen Erzählsituationen" nicht als durchgängige und starre Muster, sondern als leicht veränderbare, kombinierbare und sich ergänzende Einstellungen einer insgesamt flexiblen Erzähloptik zu verstehen, erlauben wir uns auktorialerweise schon hier, was der *Zauberberg*-Erzähler sich erst nach 750 Seiten gestattet: Wir lassen Hans Castorp, „des Lebens treuherziges Sorgenkind", ziemlich unbekümmert und zumindest vorläufig „aus den Augen". (S. 757)

4. Die Ich-Erzählsituation

Indem ich die Feder ergreife, um in völliger Muße und Zurückgezogenheit – gesund übrigens, wenn auch müde, sehr müde (so daß ich wohl nur in kleinen Etappen und unter häufigem Ausruhen werde vorwärtsschreiten können), indem ich mich also anschicke, meine Geständnisse in der sauberen und gefälligen Handschrift, die mir eigen ist, dem geduldigen Papier anzuvertrauen, beschleicht mich das flüchtige Bedenken, ob ich diesem geistigen Unternehmen nach Vorbildung und Schule denn auch gewachsen bin. Allein, da alles, was ich mitzuteilen habe, sich aus meinen eigensten und unmittelbarsten Erfahrungen, Irrtümern und Leidenschaften zusammensetzt und ich also meinen Stoff vollkommen beherrsche, so könnte jener Zweifel höchstens den mir zu Gebote stehenden Takt und Anstand des Ausdrucks betreffen, und in diesen Dingen geben regelmäßige und wohlbeendete Studien nach meiner Meinung weit weniger den Ausschlag, als natürliche Begabung und eine gute Kinderstube. An dieser hat es mir nicht gefehlt, denn ich stamme aus feinbürgerlichem, wenn auch liederlichem Hause (...). (S. 5)

Dies ist die Eingangspartie aus Thomas Manns Roman *Bekenntnisse des Hochstaplers Felix Krull,* der 1954 mit dem Untertitel *Der Memoiren erster Teil* veröffentlicht wurde. Sie steht hier als ein – erstes – Beispiel für Stanzels dritten Idealtyp: die *Ich-Erzählsituation.* Diese Benennung wie auch der allgemein übliche Begriff „Ich-Erzählung" scheinen zunächst ganz selbstverständlich, finden sich doch bereits in dem kurzen Zitat fünfzehn Personal- bzw. Possesivpronomina der Ersten Person Singular. Und doch sind einige grundsätzliche Vorüberlegungen (und später weitere Textbeispiele) nötig. Wir haben schließlich bemerkt, daß auch der auktoriale Erzähler sich in der Ich- oder Wir-Form zu Worte melden kann, um dann doch die Geschichte eines *anderen,* sei es des einfachen jungen Menschen Hans Castorp, des Armenadvokaten Firmian Siebenkäs oder des armen Ritters Don Quijote, in der Dritten Person, als „Er/Sie-Erzählung" mitzuteilen. In Abgrenzung davon soll also von Ich-Erzählung nur gesprochen werden, wenn die Erste Person der Grammatik den Erzähler *und* eine mit ihm identische Handlungsfigur – oft, aber nicht notwendigerweise die Hauptfigur – bezeichnet.

Anders gesagt: Das Erzähler-Ich steht hier nicht mehr außerhalb oder an der Schwelle der Handlungs- und Figurenwelt, sondern *in ihr*, sei es im Zentrum, sei es am Rand des Geschehens. Und wenn dies Ich in seiner gegenwärtigen Erzählerrolle nicht *handelt*, so hat es dies doch früher getan: Was sonst hätte es zu *erzählen?*

Unser Beispieltext scheint Ich-Erzählung in diesem Sinne zu bieten; er definiert sich ausdrücklich als solche, macht den erzählerischen Selbstbezug geradewegs zum Programm. Er weist aber auch die charakteristische Struktur der Ich-Erzählung auf: Ein fiktiver Erzähler tritt als leibhaftige (wenn auch nur in eigenen Äußerungen faßbare) und zumeist im Titel oder Text namentlich ausgewiesene Person[16] auf, die ihre vorgebliche Vergangenheit erzählt (mit Hamburger könnten wir fast sagen: berichtet). Die Ich-Form bezeichnet, wie oben verlangt, sowohl den Erzähler: „meine Geständnisse" – wie auch eine Handlungsfigur: „meine ... Erfahrungen, Irrtümer und Leidenschaften". Diese Ausgangssituation bewirkt nun eine Verschiebung des erzählerischen Gefüges, vor allem des Erzählwinkels und der Zeitverhältnisse gegenüber auktorialen oder personalen Erzähltexten.

Zunächst scheint die epische Distanz des auktorialen Erzählens aufgehoben. Der Ich-Erzähler steht nicht außerhalb oder über der Welt, die er erzählend aufbaut, er steht – oder stand doch einst – in ihr, als Figur unter Figuren. Er erzählt, wie Felix Krull uns pathetisch versichert, lediglich „eigenste" Erlebnisse, oder doch Vorgänge, die er miterlebt, beobachtet bzw. sonst auf plausible Weise erfahren hat. Unmittelbarkeit und Authentizität werden erkauft durch eine starke Eingrenzung des Blickfeldes: statt erzählerischer Allwissenheit die Beschränkung auf den persönlichen Gesichtskreis. Andere, grammatisch: Dritte Personen können nur von außen beschrieben werden, Mitteilungen über ihr Innenleben müssen wiederum durch Informationen verbürgt sein oder bleiben spekulativ. Hingegen kann das Erzähler-Ich selbst introspektiv sehr genau ausgelotet werden, womit sich die Ich-Erzählung dem *point of view*

---

16 Ein anonym bleibender Erzähler im Ich-Roman darf so wenig beim Namen des Autors genannt werden wie der Erzähler im Er/Sie-Roman. Auf ein frappierendes Beispiel hat Genette in *Discours du récit* hingewiesen: In Prousts *Auf der Suche nach der verlorenen Zeit* ist die Erzählgegenwart auf das Jahr 1925 bezogen; Marcel Proust aber starb 1922 (und schrieb die fraglichen Partien 1913). Genette kommentiert: „Marcel" – das ist der Deckname der Proust-Kritik für den Erzähler – „ist nicht Proust, und deshalb keineswegs verpflichtet, mit ihm zu sterben." (S. 236, vgl. 126f.)

personalen Erzählens, noch deutlicher aber dem Wirklichkeitsbericht annähert, für die vergleichbare Wahrnehmungs- und Informationsgrenzen gelten.

Dabei bleibt die Ich-Erzählung (oder unsere Lesehaltung ihr gegenüber) seltsam doppeldeutig. Wir lesen beispielsweise ein Buch, das im Titel als selbstverfaßte Lebensgeschichte eines gewissen Krull avisiert wird, während doch die Verfasserangabe *Thomas Mann* auf demselben Titelblatt diese Behauptung dementiert, das heißt als Fiktion zu erkennen gibt. Wir werden also Herrn Krull gewiß nicht als historische Persönlichkeit und den Text nicht als authentisches Memoirenwerk verstehen; wohl aber erwarten wir, daß dieser Text *den Regeln* authentischer Memoiren folgt. Kurz und paradox gesagt: Auch und gerade als erzählende Fiktion darf er von den *spezifischen* Mitteln fiktionalen Erzählens keinen Gebrauch machen.[17]

---

17 Käte Hamburger bestimmt, im Rahmen ihrer dichtungslogischen Argumentation durchaus konsequent, Ich-Erzählung schlechthin als „fingierte Wirklichkeitsaussage" (S. 222) und grenzt sie damit kategorial und grundsätzlich aus dem Bereich der erzählerischen Fiktion aus, den sie durch die Er/Sie-Erzählung ausgefüllt sieht. Tatsächlich kann man Erzählwerke vom Typus *Felix Krull* oder *Doktor Faustus* ihrer Struktur nach als fingierte, „vorgetäuschte" Memoiren oder Biographien verstehen, in denen die Form des Präteritums nicht „episch" funktioniert (also Fiktionalität anzeigt), sondern als „fingiertes historisches Präteritum" das Geschehen in der Vergangenheit des (fingierten) Berichterstatters ansiedelt.

Andererseits reagieren wir als Leser auf einen solchen Text, der ja durch das Nebeneinander der Namen von realem und fingiertem Verfasser deutlich als „Erfindung" des ersteren deklariert ist, nicht sehr viel anders als auf einen Er/Sie-Roman. Die strukturelle Analogie zur „echten" Autobiographie oder Biographie wirkt als Strategie der Wirklichkeits-Illusion, setzt aber das Bewußtsein, daß hier eine Fiktion im Sinne der Erdichtung vorliegt, nicht außer Kraft. Hinzu kommt, daß gerade auch solche Texte, fast zwangsläufig, von „fiktionalen" Erzähltechniken (im engeren Sinn) Gebrauch machen, etwa bei der Vergegenwärtigung weit zurückliegender Szenen und Gespräche. Der Versuch, diese Ambivalenzen theoretisch aufzulösen, den logischen Status der Ich-Erzählung eindeutig zu bestimmen, hat nun zu einer ebenso langwierigen wie letztlich unergiebigen Kontroverse geführt. Weder Hamburger noch ihre Kontrahenten (etwa schon Lämmert in *Bauformen des Erzählens*, S. 72 und 262) kommen in ihrem Streben nach eindeutiger Zuordnung mit der Tatsache zurecht, daß Ich-Erzählung aus der Überlagerung einer Fiktionalitätserklärung (Verfasserangabe und Titel), eines „nicht-fiktionalen" Tempusgebrauchs und einer fiktionalisierenden Oberflächenstruktur ihren eigenen Charakter und Reiz bezieht. Insgesamt scheinen mir, trotz verbleibender Differenzen, Stanzels Bemerkungen in *Theorie des Erzählens* (S. 220ff.) und Meindls Aufsatz (1978) plausibel.

Tatsächlich lehnt sich Ich-Erzählung dieser Art relativ eng an bestimmte *nichtfiktionale Gebrauchsformen* der Literatur an: die Autobiographie[18] oder die Memoiren, das Tagebuch oder den Brief. Im Titel unseres Beispieltextes bezieht sich schon die Gattungsbezeichnung *Bekenntnisse* auf die Grundstruktur der Autobiographie und zitiert mehr oder weniger ironisch mindestens zwei traditionsstiftende Werke, die *Bekenntnisse* des Aurelius Augustinus (*Confessiones*, um 400) und des Jean-Jacques Rousseau (*Les Confessions*, 1782/89). Der Untertitel ordnet den Text einer Variante der autobiographischen Form zu, eben den *Memoiren* als Lebensbericht öffentlich wirksamer und bekannter Personen. Die Kombination dieses geradezu massiven Traditionsbezugs mit Krulls Berufsbezeichnung (und dem spezifischen Inhalt seiner Lebenserinnerungen) macht dann die humoristische oder parodistische Einfärbung des Werkes aus. Schließlich ist auch die zitierte Anfangspartie, aller Ich-Formeln ungeachtet, keineswegs originell, sondern zitiert und parodiert ihrerseits eine Konvention autobiographischen Schreibens.[19]

---

18 Autobiographische Texte kommen in einer großen Bandbreite pragmatischer und dichterischer Formen vor: vom amtlich geforderten „Lebenslauf" über die Beichte oder das psychoanalytische Gespräch, über Brief und Tagebucheintragung bis zum Gedicht (etwa Bertolt Brechts *Vom armen B.B.* oder Gottfried Benns *Teils-teils*). Als Autobiographie im engeren Sinne verstehen wir jedoch einen rückblickenden Prosabericht in der Ersten Person, den eine historisch reale Person über ihr eigenes Leben gibt. Dabei kann entweder das Privatleben, besonders der Bildungsgang bis zur Übernahme einer sozial verantwortlichen Rolle („Autobiographie") oder das berufliche und öffentliche Wirken („Memoiren") im Vordergrund stehen; eine Unterscheidung, die Bernd Neumann in seinem Buch *Identität und Rollenzwang. Zur Theorie der Autobiographie* (1970) klar herausgearbeitet hat. Daß solche „Selberlebensbeschreibungen" (Jean Paul) stets über die bloße Rekapitulation hinaus auf die Interpretation, ja bisweilen willkürliche Konstruktion gelebten Lebens drängen, zeigen zahllose ältere und neuere Texte. Ein wirkungsgeschichtlich besonders einflußreiches Beispiel solcher Selbstdeutung und Selbststilisierung ist zweifellos Goethes *Dichtung und Wahrheit*.

19 „Ich beginne ein Unternehmen, das ohne Beispiel ist und das niemand nachahmen wird. Ich will meinesgleichen einen Menschen in der ganzen Naturwahrheit zeigen, und dieser Mensch werde ich sein.

Ich allein. Ich lese in meinem Herzen und kenne die Menschen. Ich bin nicht wie einer von denen geschaffen, die ich gesehen habe; ich wage sogar zu glauben, daß ich nicht wie einer der Lebenden gebildet bin. Wenn ich nicht besser bin, so bin ich wenigstens anders. Ob die Natur wohl oder übel daran tat, die Form zu zerstören, in die sie mich gegossen hatte, kann man erst beurteilen, nachdem man mich gelesen hat.

Es ist jedenfalls sinnvoll, innerhalb der Ich-Erzählsituation einen Typus des *autobiographischen Romans* oder *Memoirenromans* zu bestimmen und abzugrenzen – und zwar weniger inhaltlich als strukturell. Daß ein solcher Roman sich mit der Realbiographie seines Autors berührt oder fast decken *kann*, ist naheliegend, für uns aber unerheblich.[20] Daß er es keinesfalls *muß*, zeigen im übrigen die *Krull*-Memoiren. Das grundlegende Strukturelement, das die pseu-

---

Mag die Posaune des Jüngsten Gerichts wann immer erschallen, ich werde mit diesem Buch in der Hand mich vor den obersten Richter stellen. Ich werde laut sagen: 'Sieh, so handelte ich, so dachte ich, so war ich! Ich habe das Gute und das Böse mit dem gleichen Freimut erzählt ...'" (S. 9) – Die Prognose, mit der Rousseau beginnt: dies Werk werde einzigartig bleiben, ist literaturhistorisch folgenreich widerlegt worden. Seine *Bekenntnisse* haben – nicht nur was die Rhetorik des Erzählbeginns angeht – prägend und stilbildend auf die Entwicklung der europäischen Autobiographie gewirkt.

20 Die Grenze zwischen Roman und Autobiographie ist fließend sowohl in inhaltlich-thematischer wie in struktureller Hinsicht. Beiden geht es um die Konstituierung und Bewährung individueller Identität im Rahmen und in der Auseinandersetzung mit der gesellschaftlichen Realität. Gerade in der deutschen Literatur ist die Entwicklung beider Formen eng verknüpft, es kommt zu zahlreichen Varianten, Grenzfällen und Überschneidungen. So wird etwa autobiographischer Bericht durch die Er-Form objektiviert wie in dem zunächst anonym erschienen Werk *Heinrich Stillings Jugend* (1777), dessen Verfasser Johann Heinrich Jung erst in einer fünften Fortsetzung (1835) seine Identität mit dem Helden offenlegt und sein Werk nun in der Ich-Form, „in meiner eigenen Person" beschließt. Konsequenter ist sein Zeitgenosse Karl Philipp Moritz, der seine Jugendgeschichte *Anton Reiser. Ein psychologischer Roman* (1785) überschreibt und sich selbst als Herausgeber bezeichnet. Ein moderner Autor wie Peter Weiss camoufliert seine autobiographisch fundierten Ich-Erzählungen *Abschied von den Eltern* und *Fluchtpunkt* (1961 bzw. 1962) lediglich durch die Genrebezeichnung „Erzählung" bzw. „Roman". Solche poetologischen Verschiebungen mögen der Objektivierung oder auch dem literarischen Persönlichkeitsschutz geschuldet sein. Andererseits ist sehr früh zu beobachten, daß auch in der offen deklarierten Autobiographie fiktionale Techniken (im Sinne auktorialen bzw. personalen Erzählens) verwendet werden, und zwar dort, wo der gattungsspezifische Anspruch des „wahrhaften" Erzählens (des Wirklichkeitsberichts) durch das literarästhetische Postulat des „anschaulichen" Erzählens (der Fiktion) ergänzt werden soll. Goethe macht schließlich aus dieser erzähltechnischen Not eine Tugend, d.h. ein ästhetisches Programm, indem er den Gebrauch „einer Art von Fiktion" innerhalb der Autobiographie rechtfertigt, um „das eigentliche Grundwahre" eines Lebens zum Ausdruck zu bringen (Brief an Ludwig I. von Bayern, 12.1.1830). Zu diesem Problemfeld gibt Klaus Detlef Müllers Untersuchung über *Autobiographie und Roman* (1976) interessante Hinweise.

do-autobiographische Ich-Erzählung von der Autobiographie übernimmt, ist die zeitliche *Retrospektive* aus der (manchmal genau da-
tierten) Erzähl- oder Schreibgegenwart. Anders als in der Er/Sie-
Erzählung wird hier nun zweifelsfrei *vergangenes* Geschehen – die
Vergangenheit des Ich-Erzählers – erzählt: Auch hier läßt sich also
eine „epische Distanz" feststellen, die aber als *Zeiten*abstand, nicht
als grundsätzliche Differenz der Seinsbereiche von Erzähler und
Geschehen (wie in der auktorialen Erzählung) verstanden werden
muß.

Grammatisch *verdeckt* der durchgängige Gebrauch der Ersten
Person Singular die Tatsache, daß zwei verschiedene Ich-Instanzen
auftreten: Ein „Ich", das einst gewisse Ereignisse erlebte, und ein
anderes, das sie nach mehr oder weniger langer Zeit erzählt. Ein
beliebiges Beispiel für das Nebeneinander (bzw. die Distanz) beider
findet sich zu Beginn des Fünften Kapitels der *Krull*-Memoiren:

Forsche ich nun in meiner Seele nach weiteren Jugendeindrücken, so habe
ich des Tages zu gedenken, da ich die Meinen zum erstenmal nach Wiesbaden ins Theater begleiten durfte. (S. 20)

Das Wechselspiel von *erzählendem* und *erlebendem Ich*, das Leo Spitzer 1928 erstmals an der Erzählprosa Marcel Prousts beobachtete,
ist zumindest für die pseudo-autobiographische Variante der Ich-
Erzählung konstitutiv.[21] Es drückt eine Differenz und Spannung,
wo nicht gar einen Bruch in der Identität des Erzählers aus: Er
schreibt aus der Rückschau, ist gealtert und kennt mindestens teilweise die Folgen des vergangenen Geschehens. Aufgrund seiner
Lebenserfahrung, veränderter Auffassungen und Maßstäbe betrachtet er das Tun und Treiben seines früheren Ich mit Abscheu, Kritik,
Ironie oder auch Nachsicht, jedenfalls mit Distanz. In seinen aus-
drücklichen (Wert-)Urteilen nähert er sich in gewisser Weise auch
wieder dem Gestus des auktorialen Erzählers an.[22]

---

21 Es ist klar, daß das erzählende Ich in diesem Erzählmodell sich auf
mehrere Zeitstufen seines früheren Erlebens rückbeziehen kann, ja sogar
auf eine Vergangenheit vor seiner Geburt. Die zweipolige Ich-ich-Struktur
kann also zu einer subtilen Schichtung von Zeitstufen und Ich-Instanzen
ausgebaut werden. Ohne Zweifel ist Proust der größte Virtuose solch
temporaler Differenzierung: An einem einzigen Absatz seines Roman-
werks *Auf der Suche nach der verlorenen Zeit* hat Gérard Genette in *Discours
du récit* nicht weniger als neun differenzierte (und miteinander in Beziehung gesetzte) Zeit- und Ich-Stufen aufgezeigt (S. 84f.).
22 In der neueren autobiographischen Erzählliteratur wird die Spannung
zwischen erzählendem und erlebendem Ich und damit das Thema der
Identitätskrise bisweilen durch die Verwendung von Personalpronomina

Die Dialektik von Einst und Jetzt folgt in der älteren Autobiographie dem ursprünglich religiösen Muster von sündhaftem Leben, Bekehrung und Bekenntnis, wie es Augustinus modellhaft vorgegeben hatte. Und auch im frühen Ich-Roman mit quasi-autobiographischer Struktur, etwa in Hans Jakob Christoffel von Grimmelshausens *Abenteuerlichem Simplicissimus* (1669) oder in Daniel Defoes *Moll Flanders* (1722), erzählt die Ich-Figur – Stanzel zufolge – ihre Lebensgeschichte, „nachdem sie eine Wandlung durch Reue, Bekehrung oder Einsicht durchgemacht hat ... Die Geschichte des früheren ausschweifenden und gesetzlosen Lebens wird vom Sünder selbst unter dem Aspekt seiner späteren Läuterung erzählt." (S. 31) Dieses Grundmodell wird in der weiteren Entwicklung – sowohl der Autobiographie wie des autobiographischen Romans – aus dem religiösen Bezugsrahmen gelöst und säkularisiert. Wo es nicht parodistisch genutzt wird wie in *Felix Krull*, mag es zur Beschreibung eines individuellen Bildungsprozesses bis hin zur Übernahme sozialer Verantwortung oder einer künstlerischen Tätigkeit dienen: Goethes Autobiographie *Dichtung und Wahrheit* (1811-33) oder die autobiographischen Romane von Peter Weiss, *Abschied von den Eltern* und *Fluchtpunkt* (1961/62), sind Beispiele dafür. Andererseits kann, unter dem Einfluß abenteuerlichen Erzählens, die Retrospektive durch einen *point of view* relativiert werden, der an der Erlebnisebene orientiert ist. In manchen Episoden des *Simplicissimus* oder in *Huckleberry Finns Abenteuer* von Mark Twain (1884) wird geradezu personal erzählt. *Die Blechtrommel* von Günter Grass (1959) macht diese Erzähloptik durch die gelegentliche Verwendung der Dritten Person für das erlebende Ich besonders deutlich:

... wenn man mir meine Trommel nehmen wollte, schrie ich vom Turm herab, ohne daß meine Trommel im Spiel war.
Niemand wollte Oskar die Trommel nehmen, trotzdem schrie er. (S. 83)

---

der Dritten oder sogar der Zweiten Person besonders akzentuiert. So verwendet Christa Wolf in *Kindheitsmuster* (1976) das „Du" in Form eines Selbstgesprächs zur Bezeichnung der erzählenden, ein „Sie" zur Bezeichnung der erlebenden Ich-Instanz, während das „Ich" erst am Ende des Erzählprozesses, als sichtbarer Ausdruck einer im Erinnerungs- und Schreibprozeß wiedergewonnenen persönlichen Identität, auftaucht. Hingegen benutzt Max Frisch in seiner autobiographischen Erzählung *Montauk* (1975) die Dritte Person (Er) für das erzählende bzw. das erlebende Ich der nahen Vergangenheit, die Erste Person (Ich) in Verbindung mit seinem realen Namen aber in weit zurückgreifenden autobiographischen Erinnerungen.

Betrachten wir nun eine *zweite Variante* der Ich-Erzählung, die – obgleich retrospektiv strukturiert – das erlebende Ich des Erzählers nicht in den Mittelpunkt des Erzählgeschehens stellt. Auch dafür bietet uns Thomas Mann ein literaturhistorisch prominentes Beispiel:

> Mit aller Bestimmtheit will ich versichern, daß es keineswegs aus dem Wunsche geschieht, meine Person in den Vordergrund zu schieben, wenn ich diesen Mitteilungen über das Leben des verewigten Adrian Leverkühn, dieser ersten und gewiß sehr vorläufigen Biographie des teuren, vom Schicksal so furchtbar heimgesuchten, erhobenen und gestürzten Mannes und genialen Musikers, einige Worte über mich selbst und meine Bewandtnisse vorausschicke. (S. 7)

Der erste Satz des Romans *Doktor Faustus* (1947) ähnelt dem des *Felix Krull:* Auch hier stellt das erzählende/schreibende Ich sein literarisches Projekt vor. Im Unterschied zu den Hochstapler-Memoiren allerdings soll es nun nicht, oder doch nur ganz sekundär um die „eigene Person" gehen, sondern um die Lebensbeschreibung, „Biographie" eines anderen, eben des Komponisten und Jugendfreundes Adrian Leverkühn. Der Erzähler beginnt, wie wir im zweiten Absatz erfahren, „heute, den 23. Mai 1943, zwei Jahre nach Leverkühns Tode", mit seiner Arbeit – wodurch letztlich der Untertitel des Romans nur kalendarisch präzisiert wird: *Das Leben des deutschen Tonsetzers Adrian Leverkühn erzählt von einem Freunde.* Dieser (fiktive) Erzähler stellt sich, in der Rolle des Biographen, zu Beginn des II. Kapitels mit Namen und Herkunft vor und gewinnt als „Dr. phil. Serenus Zeitblom" für die Leser einen relativ klaren Umriß.

Inwiefern weicht dies alles nun vom Erzählmodell *Felix Krull* ab? Die Zeitstruktur ist im *Doktor Faustus* zwar viel präziser herausgearbeitet, aber nicht grundsätzlich verschieden. Neben dem primären Erzählgeschehen, also Leverkühns Lebenslauf, wird auch dessen Niederschrift durch Zeitblom sehr genau datiert, und zwar in die Jahre 1943 bis 1945. Das deutet bereits die Intention des Autors an: Er will die Lebens- und Leidensgeschichte Leverkühns, geboren 1885, und damit die Vorgeschichte des Nationalsozialismus in Deutschland mit dessen katastrophaler Schlußphase verschränken. Deshalb läßt er den Erzähler/Biographen die Datierung seiner Schreibgegenwart mit persönlichen, aber auch historisch-politischen Kommentaren verbinden, so daß sie trotz geringeren Umfangs als Kontrapunkt zur Vergangenheitsebene und der dort erzählten Biographie wirkt. Bemerkenswert an der so entstandenen *Zweischich-*

tenerzählung ist, daß die epische Distanz zwischen beiden Zeitebenen beim Fortschreiten der Erzählung notwendigerweise abnimmt, bis ein Schlußpunkt der Erzählhandlung (hier die geistige Verwirrung bzw. der Tod Leverkühns) – oder in ähnlichen Werken die Schreibgegenwart selbst erreicht ist. Strukturell könnte man hier eine Kombination von *Memoirenroman* (in der biographischen Variante) und *Tagebuchroman* sehen.[23]

Noch wichtiger als diese Zeitstruktur ist für den biographischen Roman des Typus *Doktor Faustus* jedoch die Verschiebung des Erzählwinkels: Das erlebende Ich des Erzählers spielt im vergangenen Geschehen nur eine Nebenrolle (oft die des Augenzeugen); ins Zentrum rückt eine Dritte Person, der geniale Freund. Die gestalterischen Möglichkeiten dieses *point of view* liegen auf der Hand: In der Perspektive des biederen Biographen wird Leverkühns Genialität besonders konturiert, zugleich aber ans „normale" Leben und seine Maßstäbe rückgebunden. (Hinzu kommt, daß aufgrund von Leverkühns Schicksal ein quasi-autobiographisches Werk nach dem Muster des *Krull* nicht plausibel wäre.) Als Freund des Künstlers ist Zeitblom nicht nur Biograph, er hat vielmehr wichtige Ereignisse und Zeitabschnitte *miterlebt* und kann nun als Gewährsmann erzählen. Einerseits vermag er aus persönlicher Anschauung und Erinnerung Vorgänge zu berichten, die den Recherchen eines späteren Biographen möglicherweise verborgen blieben, und nutzt diese Lizenz auch bis an den Rand der Glaubwürdigkeit.[24] Andererseits

---

23 Dem gleichen Modell folgt ein (auch thematisch mit *Doktor Faustus* eng verwandter) Roman von Hans Henny Jahnn, *Die Niederschrift des Gustav Anias Horn, nachdem er neunundvierzig Jahre alt geworden war* (1949f.), das Mittelstück der Trilogie *Fluß ohne Ufer*. Hier sind die autobiographische und die Tagebuchebene noch konsequenter miteinander verschränkt bis hin zum Tod des Erzählers (für den Ich-Roman stets ein Darstellungsproblem besonderer Art). Eine Analyse der Erzählstruktur habe ich in meiner Dissertation von 1968 versucht, die jetzt unter dem Titel *Hans Henny Jahnns Romantrilogie „Fluß ohne Ufer"* wieder vorliegt.

24 Skeptische Einwendungen bringt der Biograph Zeitblom gewissermaßen präventiv vor, ohne sie doch ausräumen zu können: „Bei meiner Darstellung, meinen Berichten möge der Leser nicht fragen, woher denn das einzelne mir so genau bekannt ist, da ich ja nicht immer dabei, dem verewigten Helden dieser Biographie nicht immer zur Seite war. Es ist richtig, daß ich wiederholt durch längere Zeiträume von ihm getrennt lebte ..." (S. 149) Eine Passage, die solche Skepsis auf sich ziehen könnte, das berühmte Teufelsgespräch des Künstlers im 25. Kapitel, wird vorsichtigerweise als „Dokument", als „Aufzeichnung" (S. 221) Leverkühns in den Text eingeschaltet und insofern legitimiert.

bleibt der Erzählwinkel – anders als in einer „von außen" verfaßten Biographie – durch seinen Ich-Standpunkt im Personengefüge bestimmt. Seine Erzählerrolle ist nicht die des „wissenschaftlichen" Biographen, der aus historischer Distanz und in der Er/Sie-Form schreibt, sondern die des sich erinnernden Augenzeugen.

Mit diesem Begriff übersetzen wir eine im Englischen bzw. Französischen gebräuchliche Bezeichnung für diese Variante der Ich-Erzählung: das *Ich als Augenzeuge* (engl. I as witness; frz. je témoin). Dieses Erzählmodell wird häufig verwendet, wenn – wie auch in unserem Beispiel – das Außerordentliche des erzählten Geschehens oder einer Figur im Horizont der Normalität hervortreten soll. Geradezu gattungsprägend wurde diese Konstruktion für den *Detektivroman* bzw. die *Detektivgeschichte*. Edgar Allan Poe hatte sie 1843 mit seiner Erzählung *Der Doppelmord in der Rue Morgue* eingeführt, Arthur Conan Doyle in seinen Detektivgeschichten und Kurzromanen, beginnend mit *Eine Studie in Scharlachrot* (1888) und *Die Abenteuer des Sherlock Holmes* (1892), perfektioniert. Erst aus der Perspektive seines handfesten und ein wenig bornierten Begleiters Dr. Watson gewinnen dort Holmes' detektivische Fähigkeiten ihren genialen Zug. Watson funktioniert gewissermaßen als Stellvertreter der Leser in der Erzählung, als Perspektivfigur, vor allem aber als Informationsfilter. Seine Begriffsstutzigkeit ist nur die psychologische Hülle dafür, daß Beobachtungen, Folgerungen und Erkenntnisse des genialen Detektivs erzähltechnisch solange zurückgehalten oder dosiert werden, wie es für die Lesewirkung – vor allem also für den Aufbau von „Spannung" – erforderlich ist.[25] Das Struk-

---

25 Nachteil dieser Konstruktion, bei der die Ich-Instanz gewissermaßen in eine handelnde und eine beobachtende/erzählende Figur aufgespalten wird, ist der Zwang, stets *gemeinsam* aufzutreten. In einer Kriminalliteratur mit realistischem Anspruch wird dies zunehmend als unplausibel empfunden. Wie aber ist Ich-Erzählung der Hauptfigur, also des Detektivs selbst, mit der partiellen Informationssperre zu vereinbaren, die für den Spannungsaufbau nötig ist? Dashiell Hammett, Raymond Chandler und ihre Nachfolger aus der sogenannten *hard boiled school* haben auf diese Frage mit einer Schreibweise geantwortet, die Gedanken und Bewußtseinsprozesse des Ich-Erzählers weithin ausspart: eine Art *neutrale* Ich-Erzählung, wie sie der folgende Ausschnitt aus Hammetts erstem Roman *Rote Ernte* (1929) drastisch vorführt:

„Ich öffnete die Augen im gedämpften Licht der Morgensonne, das durch die zugezogenen Vorhänge drang.

Ich lag im Eßzimmer auf dem Boden, mit dem Gesicht nach unten und dem Kopf auf dem linken Unterarm. Mein rechter Arm war gerade

turelement der zeitlichen Retrospektive hingegen spielt für diese Erzählungen so gut wie keine Rolle – sie sind deshalb, auch wenn Watson sie als „Erinnerungen" präsentiert, nicht (auto)biographisch im engeren Sinne strukturiert.

Wir haben bislang *drei Varianten* der Ich-Erzählsituation unterscheiden können: den Memoirenroman mit Retrospektive und Zentralstellung des Erzählers *(Felix Krull)*, den biographischen Roman mit Retrospektive und Randstellung des Ich-Erzählers *(Doktor Faustus)*, die Detektiverzählung ohne ausgeprägte Retrospektive und mit Randstellung des Ich-Erzählers *(Sherlock Holmes)*. Es bleibt logischerweise eine *vierte* Möglichkeit, in der die Zentralstellung des Ich-Erzählers ohne zeitliche Retrospektive (bzw. Ich-ich-Differenzierung) durchgeführt wird. Literarhistorisch hat sie sich in einem relativ festen und zeitweise überaus populären Romantyp ausgebildet: im *Brief- oder Tagebuchroman.*

Das 18. Jahrhundert hatte den Brief als Mittel nicht nur der pragmatischen Kommunikation, sondern auch der Erkundung und Aufzeichnung, der Mitteilung und des Austauschs von Gedanken und Empfindungen subjektiver, ja intimer Natur entdeckt. Neben die beliebten „empfindsamen Briefwechsel" trat sehr bald eine fiktionale Variante, eben der Briefroman, der von England aus den Kontinent eroberte und als wirksames Medium zur Verbreitung und Verfeinerung spezifisch bürgerlicher Normen, Denkweisen und Empfindungen diente. Erzähltheoretisch ist wichtig, daß im Briefroman der Blickwinkel des Ich als Hauptfigur zumeist vorherrscht, jedoch mit der Sicht des Ich als Augenzeugen abwechseln oder sich verbinden kann. Weiterhin läßt sich der Briefroman *monoperspekti-*

---

ausgestreckt. Meine rechte Hand hielt den runden, blauweißen Griff von Dinah Brands Eispfriem. Sein nadelspitzer Spieß von sechs Zoll Länge stak in Dinah Brands linker Brust.

Sie lag auf dem Rücken, tot. Ihre langen, muskulösen Beine waren zur Küchentür hin ausgestreckt. Ihr linker Strumpf hatte vorn ein Laufmasche.

Langsam, sanft, so als könnte ich sie aufwecken, ließ ich den Eispfriem los, zog meinen Arm an und stand auf.

Mir brannten die Augen. Meine Kehle und mein Mund waren heiß, trocken. Ich ging in die Küche, fand eine Flasche Gin, kippte sie mir gegen den Mund und hielt sie so, bis ich Atem holen mußte. Auf der Küchenuhr war es sieben-ein-undvierzig.

Mit dem Gin in mir ging ich ins Eßzimmer zurück, knipste die Lichter an und besah das tote Mädchen.

Viel Blut war nicht zu sehen ..." (S. 187)

visch – als Brieffolge eines oder einer Schreibenden – oder *multiperspektivisch*, als Briefwechsel mehrerer Schreiber(innen), ausgestalten. Schließlich ist die zeitliche Retrospektive (und damit die Spannung von erzählendem und erlebendem Ich) für diesen Romantyp nicht strukturell bedeutsam (wenn auch nicht ausgeschlossen). In den fiktiven Briefen wechselt, wie in echten, vor allem der Bericht über kurz zuvor Geschehenes, das der Erinnerung noch sehr präsent ist, mit dem unmittelbaren Ausdruck augenblicklicher Befindlichkeit und natürlich mit Erörterungen zeitloser („besprechender") Art. Betrachten wir, da uns Thomas Mann nicht mehr weiterhelfen kann, die ersten Briefsätze aus dem berühmtesten dieser Romane, Johann Wolfgang von Goethes *Die Leiden des jungen Werther* (1774):

Wie froh bin ich, daß ich weg bin! Bester Freund, was ist das Herz des Menschen! Dich zu verlassen, den ich so liebe, von dem ich unzertrennlich war, und froh zu sein! Ich weiß, Du verzeihst mir's. Waren nicht meine übrigen Verbindungen recht ausgesucht vom Schicksal, um ein Herz wie das meine zu ängstigen? Die arme Leonore! Und doch war ich unschuldig. Konnt' ich dafür, daß, während die eigensinnigen Reize ihrer Schwester mir eine angenehme Unterhaltung verschafften, daß eine Leidenschaft in dem armen Herzen sich bildete! Und doch – bin ich ganz unschuldig? (S. 7)

Der erste Satz impliziert kürzlich Geschehenes, eine Abreise oder Flucht, doch offenbar weniger als Ereignis denn als Anlaß für eine Empfindung: „Wie froh bin ich ...!" Daran schließt sich eine Reflexion an, so grundsätzlich wie nur möglich („was ist das Herz des Menschen!"), die ihrerseits eng mit der Anrede an den Adressaten des Briefes verbunden ist, den wir auch als kommunikativen Statthalter aller realen Leserinnen und Leser ansehen dürfen. Durchgehendes Thema der Passage ist die Qualität zwischenmenschlicher Bindungen und Gefühle. Der Fall der „armen Leonore", in seinen Umrissen nur angedeutet, dient als „historisches" (das heißt in Werthers und Goethes Sprachgebrauch: narratives, berichtendes) Briefelement vor allem der Auslösung weiterer Reflexionen und Selbstzweifel. Dabei ist ein Wechselspiel zwischen erlebendem und erzählendem Ich nur noch schwach, bei starker Verkürzung der Zeitdistanz, im Wechsel von Präteritum und Präsens zu erkennen: „Und doch war ich unschuldig ... Und doch – bin ich ganz unschuldig?"

In der Niederschrift wechseln also Phasen kurzfristig rückblickender Erzählung mit dem Ausdruck des strikt gegenwärtig Empfundenen ab; in diesen Gefühlsdeskriptionen ist die Zeitdifferenz von Erleben und Erzählen völlig aufgehoben in einer momentanen Ich-Identität. Der damit verbundene Effekt der Unmittelbarkeit steigert die Identifikationsbereitschaft der Lesenden und hat zweifellos zum literarhistorischen Erfolg nicht nur des *Werther*, sondern des Briefromans schlechthin beigetragen.

Kehrseite solch unmittelbarer Wirkung der Briefe, die man ja als schriftliche Form direkter Rede verstehen kann, ist eine gewisse Schwierigkeit, den Lesern den situativen Kontext zu verdeutlichen, der für das Verständnis der Briefäußerungen nötig ist. Da eine Instanz nach Art des auktorialen Erzählers zunächst fehlt, kann dieses Problem nur durch implizite Information in den Briefen selbst gelöst werden. So werden etwa die Fragen, die der Beginn des ersten *Werther*-Briefes notwendigerweise stellt – wer ist weg? von wo? warum? – durch den Verweis auf die „arme Leonore" zumindest notdürftig beantwortet. (Hier zeigt sich, daß solche Informationen weniger an den fiktiven Adressaten, dem man ohnehin Vorkenntnisse zuschreiben dürfte, als an die realen Leser und Leserinnen gerichtet sind.) In aller Regel werden diese impliziten Informationen aber ergänzt durch Angaben, die nicht aus den Federn der Briefpartner geflossen sind. Schon der Titel gehört dazu: In unserem Fall bewertet er nicht nur Werthers Schicksal, sondern identifiziert ihn erst einmal als „Verfasser" der folgenden Aufzeichnungen. In anderen Beispielen mag er eine moralische Bewertung des Geschehens ausdrücken; die *Gefährlichen Liebschaften* von Choderlos de Laclos (1782) sind ein Beispiel dafür. Dort wie im *Werther* und vielen weiteren Texten aber schützt die Autorinstanz, die sich im Titel, in Vor- und Nachbemerkungen, Fußnoten zu den Briefen, eingefügten Kommentaren usw. vernehmen läßt, die Rolle eines vorgeblichen Sammlers, Bearbeiters und Herausgebers von Briefen vor. Wir dürfen uns also einen – meist sehr zurückhaltenden – Kollegen des fiktiven Erzählers vorstellen, der diesmal nicht aus vorgeblicher Allwissenheit, sondern aus (ebenso fiktiven) Dokumenten schöpft. Diese *Herausgeber*- oder auch *Archivfiktion* ist ein beliebter Kunstgriff in vielen Briefromanen und strukturell verwandten Texten.[26]

---

26 Besonders wichtig wird sie in multiperspektivischen Romanen, wo sie die zum Verständnis nötige Koordination der verschiedenen Perspektiven bzw. Texte gewährleisten muß, wie Volker Neuhaus in seiner Arbeit über *Typen multiperspektivischen Erzählens* (1971) gezeigt hat.

Im *Werther* gewinnt sie zunehmend an Gewicht, beginnend mit dem ersten Satz der Vorbemerkung: „Was ich von der Geschichte des armen Werther nur habe auffinden können, habe ich mit Fleiß gesammelt und lege es euch hier vor und weiß, daß ihr mir's danken werdet." Zunächst dient dies der erzählerischen Plausibilität, identifiziert nochmals den Briefverfasser, macht die Verfügung über Werthers Briefe und Aufzeichnungen als Resultat eines Nachforschungs- und Sammelprozesses glaubhaft und legitimiert die Publikation schließlich mit der angezielten affektiven Wirkung. Über die erzähllogische Ebene hinaus wird die Herausgebervorbemerkung also kommunikativ genutzt, schließlich sogar zum Instrument einer sehr präzisen Rezeptionssteuerung gemacht:

Und du gute Seele, die du eben den Drang fühlst wie er, schöpfe Trost aus seinem Leiden, und laß das Büchlein deinen Freund sein, wenn du aus Geschick oder eigener Schuld keinen nähern finden kannst. (S. 7)

Im zweiten Teil des Romans, wenn Werthers Aufzeichnungen immer diskontinuierlicher und verwirrter werden, übernimmt der fiktive Herausgeber dann wieder informierende Funktion, füllt Geschehnislücken, unterrichtet die Leserschaft von Ereignissen, die das schreibende Ich nicht zu erfassen und mitzuteilen vermag – zuletzt von seinem Tod: „Die Lunge röchelte noch fürchterlich ... Um zwölfe mittags starb er." (S. 124)[27] Die Herausgeberfiktion schafft alles in allem einen minimalen Erzählrahmen (im Sinne der Er/Sie-Erzählung), in dem sich die Unmittelbarkeit der Ich-Erzählung erst entfalten kann, und gibt darüber hinaus wichtige Fingerzeige für Rezeption und Deutung des Textes.

Der Typus des Briefromans, kulturgeschichtlich eng an die bürgerliche Briefkultur gebunden, verliert im 19. Jahrhundert rasch, schon vor dem Siegeszug der modernen Kommunikationsmedien, an Bedeutung. Seine besondere erzähltechnische Leistung, die unmittelbare Wiedergabe von aktuellen Empfindungen und Gedanken, wird zunehmend von der personalen Er/Sie-Erzählung und ihren neuen Verfahren, besonders der erlebten Rede übernommen. Erstaunlicherweise heißt dies aber nicht, daß die Ich-Erzählung schlechthin überholt oder veraltet wäre (wie man es in gewissem Sinne von der auktorialen Erzählsituation sagen kann). Neben der autobiographisch-retrospektiven Variante, die sich als ebenso unverwüstlich wie wandlungsfähig erweist, kommt es im 20. Jahr-

---

27 Der Tod des Ich-Erzählers ist ein sprachlogischer Grenzfall dieser Erzählsituation, aber auch schon des personalen Erzählens.

hundert zu Formexperimenten vielfacher Art[28] und schließlich auch zur Ausbildung einer neuartigen Ich-Erzählform, die unmittelbare Ausdrucksqualität besitzt, ohne noch die Fiktion des Briefschreibens vorauszusetzen. Zu ihr haben Autoren wie Arthur Schnitzler und Franz Kafka, James Joyce und William Faulkner, Albert Camus und Samuel Beckett beigetragen. So verschieden ihre Texte auch sein mögen, gemeinsam haben sie den Erzählgestus des *monologischen Sprechens*. Ganz offensichtlich entsprechen sie damit einer historisch neuen, als Vereinzelung, Entfremdung, Isolation faßbaren Ich-Erfahrung, die sich vom „kommunikativen" Weltbild des Briefromans radikal unterscheidet. Insofern es aber eine spezifische Form der *Personenrede* ist, die solche Erzähltexte konstituiert, sollen sie auch erst im entsprechenden Kapitel näher betrachtet werden.

---

28 So erlebt die Ich-Form etwa auch in der deutschsprachigen Nachkriegs- und Gegenwartsliteratur eine Renaissance – und beweist dabei erneut ihre Variationsbreite. *Die Blechtrommel* von Günter Grass, 1959, ist – ungeachtet ihrer pikaresken Elemente – unzweifelhaft als Memoirenroman konzipiert (schon ihr Erzählbeginn parodiert Goethes *Dichtung und Wahrheit*). Martin Walsers *Halbzeit* dagegen, 1960, nutzt die Ich-Perspektive unter dem Einfluß Prousts, und mit deutlicher Affinität zum personalen Erzählen, als Mittel der Introspektion. Bei Max Frisch wird die Ich-Form, vielfach gebrochen, in den Romanen *Stiller* (1954), *Homo faber* (1957) und *Mein Name sei Gantenbein* (1964) als Möglichkeit genutzt, die Identitäts-Problematik des modernen Menschen zu thematisieren. Heinrich Böll hat die Ich-Form des Erzählens seit seinen Anfängen gepflegt: Zunächst schien sie besonders geeignet, um die kollektiven Erfahrungen von Krieg und Nachkrieg in Kurzgeschichten literarisch zu transformieren. Später variiert Böll ihre Möglichkeiten in komplexeren Langformen. Der Roman *Und sagte kein einziges Wort* (1953) wird strikt als Komplementärperspektive eines Ehepaares durchgeführt, *Ansichten eines Clowns* (1963) hingegen als Mischung dialogischer und monologischer Partien konzipiert, die ihrerseits autobiographische Rückblicke einschließen. (Hier löst der Telefonroman den Briefroman ab...) Bölls bedeutendster Roman schließlich, *Gruppenbild mit Dame* (1972), ist strukturell mit Thomas Manns *Doktor Faustus* verwandt: Der sogenannte „Verf.", ein Ich-Augenzeuge, recherchiert die Biographie seiner (in diesem Fall noch lebenden) Protagonistin. Vergangenheit und Erzählgegenwart verschmelzen im *happy-end* am Romanende: Der „Verf." gibt seine Erzähldistanz auf und fügt sich heiratend ins Personal und in die Geschichte ein, die er erzählt.

5. „So wunderlich sind diese Elemente zu verschlingen..."
Für und wider Stanzels Romantypologie

Franz K. Stanzel hat sein Konzept der typischen Erzählsituationen über fünfunddreißig Jahre hinweg gegen diverse Einwände verteidigt und 1979, in der umfangreichen *Theorie des Erzählens,* noch einmal eine Neubegründung und zugleich Differenzierung versucht. Differenzierung liegt insofern in der „Logik" dieses Konzepts, als die Behauptung von erzählerischen Idealtypen an sich schon die empirische Existenz einer Vielzahl von Einzelphänomenen (also Texten) voraussetzt (die man *nur* innerhalb der Typologie als „Varianten", „Mischtypen" oder „atypische" Texte bezeichnen darf). Diesen Aspekt betont nun auch Stanzel unter dem Stichwort „Dynamisierung der Erzählsituation" (S. 89-108) stärker. Problematischer als solche Differenzierung ist schon der Versuch einer kategorialen Neubegründung, die auf die sachlich zutreffende, als *Kritik* aber deplazierte Feststellung reagiert, seine Typologie der Erzählsituationen sei keine Systematik im strengen Sinne. Das erinnert an die polemische Frage, mit der Bertolt Brecht auf den Vorwurf geantwortet hat, sein episches Theater sei nicht „dramatisch" genug: „Wie soll eine Linde mit jemandem diskutieren, der ihr vorwirft, sie sei keine Eiche?" In unserem Fall ist die Lage noch schwieriger, weil Stanzel selbst sich zwischen Linde und Eiche nicht recht entscheiden kann: Indem er zu seiner Verteidigung den System- oder Theoriecharakter seines Konzepts betont, provoziert er erst weitere Kritik.

Nehmen wir beispielsweise den Typenkreis, auf dem Stanzel seine Erzählsituationen anordnet, und den er einem berühmten gattungspoetischen Aperçu Goethes[29] entlehnt. Dieser Zirkel ist in-

---

29 In seinen *Noten und Abhandlungen zu besserem Verständnis des West-östlichen Diwans* (1819) bestimmt Goethe „drei echte Naturformen der Poesie: die klar erzählende, die enthusiastisch aufgeregte und die persönlich handelnde: Epos, Lyrik und Drama. Diese drei Dichtweisen können zusammen oder abgesondert wirken ... So wunderlich sind diese Elemente zu verschlingen, die Dichtarten bis in's Unendliche mannichfaltig; und deßhalb auch so schwer eine Ordnung zu finden, wonach man sie neben oder nach einander aufstellen könnte. Man wird sich aber einigermaßen dadurch helfen [!], daß man die drei Hauptelemente in einem Kreis [!] gegen einander über stellt und sich Musterstücke [!] sucht, wo jedes Element einzeln obwaltet. Alsdann sammle man Beispiele, die nach der einen oder nach der andern Seite hinneigen, bis endlich die Vereinigung von allen dreien erscheint und somit der ganze Kreis in sich geschlossen ist." (S. 118f.)

sofern attraktiv für Stanzel, als er einen abgestuften, gleichsam gleitenden Übergang zwischen verschiedenen Erzählsituationen abzubilden erlaubt. Problematisch ist er, insofern er die Geschlossenheit eines Systems suggeriert. Tatsächlich ist, was Goethe selbst als ein „Schema" und Hilfsmittel der Veranschaulichung versteht, für eine theoretische Grundlegung kaum geeignet (und Stanzel hat denn auch keinen weiterführenden Versuch in *dieser* Richtung unternommen).

Er versucht in der *Theorie des Erzählens* (besonders S. 68-89) vielmehr, den angeblichen Systemcharakter seines Entwurfs dadurch zu erweisen, daß er dem runden (und etwas wackeligen) Gebäude drei erzähltheoretische Kategorien als Stützpfeiler einzieht: drei kategoriale Achsen, die jeweils zwischen Gegensatzpaaren eingespannt sind. Die erste Kategorie ist die der *Person;* hier ist entweder Identität oder Nichtidentität der „Seinsbereiche" von Erzähler und Figuren gegeben (die erstere in der Ich-Erzählung, die letztere in der Er/Sie-Erzählung). Die zweite Kategorie nennt Stanzel *Perspektive;* dabei sind Außenperspektive (im auktorialen Erzähltext) und Innenperspektive (im personalen Text) zu unterscheiden. Dritte Kategorie ist der *Modus* des Erzählens, wobei Stanzel dem Erzählermodus (dominant im auktorialen und Ich-Erzählen) einen Reflektormodus (im personalen Erzählen) gegenüberstellt. Die Sanierungsaktion führt somit, vereinfacht und mit Textbeispielen versehen, zu dem Bild auf der nachstehenden Seite (S. 81).

Im Sinne der Differenzierung bietet Stanzels *Theorie des Erzählens* eine Fülle von nuancierten Beobachtungen, neuen Gesichtspunkten und anregenden Textbeispielen. Das kann hier nicht referiert, sondern sollte nachgelesen werden. Aber noch so viel Differenzierung macht aus der Typologie keine Systematik oder Theorie im strikten Sinne; dafür sind auch die neu eingeführten Fundierungskategorien nicht eindeutig und klar genug. Es bleibt dabei: Stanzel trifft sich in einer Art von Selbstmißverständnis mit den Mißverständnissen seiner Kritiker. So wenig wie sie mag er sich offenbar damit abfinden, daß seine typischen Erzählsituationen nun einmal ein empirisch, das heißt aus der Beobachtung vielfältiger Erzähltexte gewonnenes Konzept darstellen: Ein Konzept, das sich gerade wegen seines nichtsystematischen Charakters flexibel anwenden und fortschreiben läßt und sich instrumentell – als eine Art erzähltheoretischer Werkzeugkasten – in zahllosen Einzeluntersuchungen und Interpretationen bewährt hat. Diese kaum noch bestrittene Brauchbarkeit ergibt sich aber gerade aus der Tatsache, die Stanzel wie

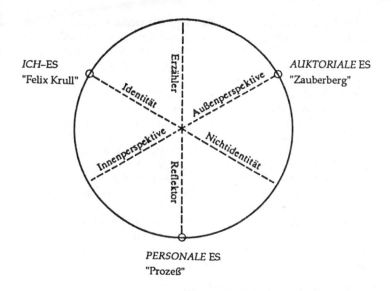

ICH–ES
"Felix Krull"

AUKTORIALE ES
"Zauberberg"

Erzähler

Identität

Außenperspektive

Innenperspektive

Nichtidentität

Reflektor

PERSONALE ES
"Prozeß"

manchen seiner Kritiker unangenehm ist; einer der klarsichtigeren unter ihnen, Jürgen H. Petersen, hat sie in seinem Forschungsbericht von 1980 treffend auf den Punkt gebracht: „Daß er mit seinen weder zureichend deduzierten noch klar genug abgegrenzten Kategorien manche poetische Erscheinungen – und zwar überzeugend – zu beschreiben vermag, hängt damit zusammen, daß Stanzels schillernde Begriffe stets Teile der komplexen Momente poetischer Texte abdecken. Die Literaturwissenschaft – dies muß zu Stanzels Gunsten ebenfalls hervorgehoben werden – hat es nun einmal nicht, wie strukturalistisch orientierte Textlinguistik, mit der Tiefenstruktur, also dem Invariablen und mithin 'Einfachen', sondern mit der Oberflächenstruktur, also mit dem Komplexen zu tun." (S. 611) Diese Qualität bestätigt sich übrigens auch angesichts von Werken, die Merkmale unterschiedlicher Erzählsituationen auf unkonventionelle oder experimentelle Weise abwandeln und kombinieren.[30]

---

[30] So zeigt Petra Günther in ihrer Essener Magisterarbeit über *Erzähltechnik in der „Ästhetik des Widerstands"* von Peter Weiss (1989), daß auch die komplexe Bauform und fluktuierende Schreibweise dieses Werkes „mit den Kriterien konventioneller erzähltechnischer Ansätze", insbesondere dem Stanzels, „noch beschreibbar" sind. „Selbst da, wo die distinktiven Merkmale der Termini nicht mehr greifen, wo es zu einer Neutralisierung

Die Diskussion um Stanzels Konzept, die weder so kontinuierlich noch ganz so erbittert geführt wurde wie die um Käte Hamburgers Thesen, soll hier nicht nachgezeichnet werden. Mehrfach wurde die instrumentelle Brauchbarkeit von Stanzels Beschreibungsmerkmalen anerkannt, die theoretisch-systematische Grundlegung aber bemängelt. (Bei Hamburger war es eher umgekehrt: Man führte gegen die Stringenz ihrer erzähllogischen Tiefenstruktur zumeist empirische Beobachtungen, abweichende Phänomene auf der Textoberfläche an.) Greifen wir also nur wenige typische – und in gewissem Sinne weiterführende – Positionen der Kritik heraus: eine erste, die Stanzels Typenbildung als analytisch unzureichend tadelt, eine zweite, die im Rahmen dieser Typologie Veränderungen vorschlägt, und eine dritte, die ihre Einbettung in eine übergreifende historische Dimension einklagt.

Als Sprecher der *ersten* Kritikergruppe[31] wähle ich Gérard Genette, der in einer Arbeit von 1983 auf Stanzels *Theorie des Erzählens* eingeht und zugleich einräumt, daß die französische Narratologie diese Auseinandersetzung bislang zu ihrem Nachteil versäumt ha-

---

der begrifflichen Oppositionen kommt, besitzt eben dieses Versagen herkömmlicher Beschreibungskriterien noch und gerade Erkenntniswert. Der Einsatz eines erzähltheoretischen Analysemodells hat kein literarisches Werturteil zum Ziel, sondern die Selbstaufklärung über Leseeindrücke." (S. 113)

31 Ihr ist auch der bereits zitierte Jürgen H. Petersen zuzurechnen, der in zwei Aufsätzen von 1977 und 1981 nicht nur die Stärken und Schwächen von Stanzels Typologie deutlich macht, sondern ihr auch seine eigenen *Kategorien des Erzählens* gegenüberstellt. Ein vergleichsweise konfuses Exempel der Stanzel-Kritik liefert dagegen Hermann Wiegmann unter dem Titel *Typologie und Systematik in der Erzähltheorie* (1981). In seinen Augen legt gerade Stanzels „differenzierte Position" (in der *Theorie des Erzählens*) „die grundlegende Schwäche seiner prinzipiellen Typologie ... noch eindringlicher bloß". Beispielsweise sei „diffus, was Stanzel auktorial nennt. Er versteht darunter und auch Adepten wie Jochen Vogt zweierlei, nämlich epische Allwissenheit und fiktionszerstörendes Auffälligmachen des Erzählens selbst durch Einmischungen, Anreden an den Leser und dergleichen." (S. 178) Auf die Gefahr hin, nun erst recht als ein solcher zu gelten, erlaubt sich der Adept einzuwenden, daß es hier weniger um Diffusität als um Komplexität geht: Sogenannte Allwissenheit und Erzählerkommentar bzw. Leseranrede stellen zwei distinkte Merkmale dar, die idealtypisch („auktorial"), aber auch atypisch kombiniert und variiert werden können – woraus dann wiederum eine Vielzahl unterschiedlicher Werkprofile und Lektüreerfahrungen resultiert. Stanzels „Schwäche" würde ich, wie gesagt, eher in seinem Ehrgeiz sehen, diese Typologie von komplexen „Situationen" zu einem geschlossenen System analytischer Kategorien ummünzen bzw. aufwerten zu wollen.

be. Er grenzt Stanzels Verfahren als „synthetisch", ja „synkreti-stisch", von seinem eigenen, „analytischen" Verfahren ab. Stanzel sei von der „umfassenden Anschauung einer gewissen Zahl kom-plexer Tatsachen" ausgegangen, den sogenannten Erzählsituatio-nen. „Die Sache ist einfach die, daß Stanzel als Ausgangspunkt die unbezweifelbare empirische Beobachtung wählt, daß die überwäl-tigende Mehrheit der literarischen Erzählungen sich auf die drei Situationen verteilt, die er mit Recht 'typisch' nennt. Erst nachträg-lich, und vor allem in seinem letzten Buch, geht er daran, diese Situationen nach drei elementaren oder grundlegenden Kategorien zu analysieren, die er Person ..., Modus ... und Perspektive nennt." (S. 78) Damit aber ist er nicht mehr allzuweit von Genette selbst entfernt, der seine Theorie des Erzähltextes mit den gleichen oder ähnlichen Kategorien zu begründen sucht.[32] Im Blick auf Stanzel bewertet er, wie vor ihm schon Dorrit Cohn, Person und Modus als grundlegend, die Kategorie der Perspektive als eher sekundär. So ergibt es sich, daß wir Stanzels Typenkreis, leicht verformt, in Genettes schematischer Darstellungsform durchaus wiederfinden.

Modus \ Person	Ich	Er / Sie
Auktorial	"Felix Krull"	"Zauberberg"
Personal		"Prozeß"

---

32 In seiner grundlegenden Abhandlung *Discours du récit. Un essai de méthode* (1972), 1983 um das „Postskriptum" *Nouveau discours du récit* ergänzt, das den Dialog mit seinen Kritikern fortführt, hat Genette eine umfas-sende formalistische Theorie des Erzählens entwickelt. Der Titel dieses „methodologischen Versuchs" kann sowohl als „Abhandlung über die Erzählung" wie auch als „Erzählrede" verdeutscht werden. Er bezeichnet also den Gegenstand der Untersuchung *und* diese selbst. Seine leitenden Kategorien gewinnt Genette im Anschluß an die strukturale Linguistik und Texttheorie, gelegentlich auch auf die traditionelle Rhetorik und Poetik zurückgreifend. Es sind dies insbesondere die Kategorien der *Zeit* (le temps), in sich differenziert unter den Aspekten von Abfolge, Dauer und Häufigkeit (ordre, durée, fréquence); der Erzählweise bzw. des *Modus* (le mode) und der Person bzw. *Stimme* (la voix). Er versucht in gewisser

Reduziert sich die Alternative Stanzel/Genette also auf die Vorliebe für mollige oder eckige Formen, zirkuläre oder binäre Schemata? Nicht ganz. Ein Unterscheidungsmerkmal liegt im theoretischen Status und der Zielsetzung der Konzepte: Genette entwickelt ausdrücklich und „wesentlich ein Verfahren der Analyse", das heißt der begrifflichen Zerlegung, wenn man so will: der Dekonstruktion. Ihm geht es prinzipiell um die Erkenntnis, Differenzierung und Systematisierung der „allgemeinen Elemente", der nicht weiter reduzierbaren erzählerischen Universalien, die dieses (wie jedes andere) Einzelwerk zu einer (je eigenen) „spezifischen Synthese, einer einzigartigen Totalität" (S. 68) kombiniert.

Stanzel hingegen versteht zumindest in seinem Büchlein von 1964 die „Typologie des Romans" als ein „ordnendes Prinzip", das die Formenvielfalt dieser Gattung überschaubar und beschreibbar machen soll (S. 7). Die „Zuordnung eines Romans zu einem Typus muß an diesem Roman ein ihn bestimmendes *Gestaltungsgefüge* sichtbar werden lassen." (S. 10) Der Begriff Gestaltungsgefüge, unübersehbar aus einer spätidealistisch-„morphologischen" Literaturästhetik stammend (und insofern typisch für die deutschsprachige Diskussion der fünfziger Jahre) macht deutlich: Stanzel beläßt die Gegenstände seiner Typologie in ihrer Komplexität; er zerlegt sie nicht analytisch in ihre konstruktiven Elemente. Dementsprechend sind auch die verschiedenen Erzählsituationen zusammengesetzte (synthetische) Kategorien: Sie umfassen vor allem Person und Modus (dann auch *point of view* und Personenrede). In einer gewissen Weise handelt es sich um abstrahierende Beschreibungen der Erzählkonstrukte selbst. Konsequenterweise bestimmt Stanzel die „Ty-

---

Weise also die verschiedenen Aspekte erzählender Prosa zu integrieren, die Hamburger, Lämmert, Stanzel und Cohn in jeweils einzelnen Studien untersuchen – und legt damit die derzeit ambitionierteste und geschlossenste Erzähltheorie vor. Sein Hauptaugenmerk gilt jedoch unverkennbar den temporalen Strukturen und „Erzählebenen"; dies wie auch ein auffälliges Defizit bei den Formen der Personenrede und Bewußtseinswiedergabe erklärt sich teilweise daraus, daß er durchgehend einen quasiautobiographischen Ich-Roman, Prousts *Suche nach der verlorenen Zeit*, als Beispieltext heranzieht.

Leider fehlt noch immer eine deutsche Übersetzung, während eine englische Fassung inzwischen vorliegt: *Narrative Discourse. An Essay in Method* (1980). Eine knappe Zusammenfassung seines Kategoriensystems enthält der Band *Erzählperspektive empirisch* von Hans-Werner Ludwig und Werner Faulstich (S. 35-45). Genette selbst weist 1983 auf inhaltliche Parallelen und Überschneidungen mit Lämmert und Stanzel hin (S. 21f.; 77ff.); einen detaillierten Vergleich mit Stanzel zieht Dorrit Cohn in ihrem Aufsatz *The Encirclement of Narrative* (1981).

pologie des Romans" letztlich als „Interpretationshilfe" (S. 10), ein methodischer Ansatz, der sich vielfach bewährt hat und auch durch die mehr oder weniger subtilen Differenzierungen und theoretischen Hilfskonstruktionen der *Theorie des Erzählens* nicht grundsätzlich verändert wird.

Repräsentativ für die *zweite* kritische Position ist die amerikanische Germanistin Dorrit Cohn. Sie hat Stanzels *Theorie des Erzählens* 1981 eine detaillierte Besprechung mit dem Titel *The Encirclement of Narrative* (etwa: Die eingekreiste Erzählung) gewidmet. Darin drückt sie ihre hohe Wertschätzung dieser Arbeit aus, weist auf Probleme und Unstimmigkeiten hin und schlägt schließlich einige „freundschaftliche Ergänzungen" bzw. Verbesserungen „innerhalb von Stanzels System" (S. 179ff.) vor. Wir nehmen nur diejenigen auf, die für unsere eigenen Überlegungen wichtig sind. Zunächst plädiert sie (wie nach ihr Genette) für die Ausschaltung der *Perspektiven*-Achse: Innen- oder Außenperspektive konstituiert sich ihrer Meinung nach als eine Funktion des Erzählmodus (auktorial/erzählerorientiert oder personal/reflektororientiert). Damit bleiben lediglich zwei Stützpfeiler intakt. Sodann erklärt sie den von Stanzels Typenkreis suggerierten gleitenden, gleichsam unkontrollierten *Übergang* von der personalen Er/Sie-Erzählung zur Ich-Erzählung zur „geschlossenen Grenze", weil ein Übergang eben nur in Form des – auffälligen – Pronominalwechsels vom Er/Sie zum Ich oder umgekehrt bewerkstelligt werden kann.[33] Schließlich unterscheidet Cohn schärfer als Stanzel verschiedene Varianten oder *Typen der Ich-Erzählung* (wie wir dies im vorigen Abschnitt ebenfalls getan haben). Der eine, den sie „dissonant" nennt, beruht auf der Optik des „erzählenden Ich" und ist wesentlich durch die Ich-ich-Distanz, die zeitliche Rückwendung konstituiert. Stanzel, der die Differenzen ebenfalls sieht, versteht diesen Typ als „klassische Form" des Ich-

---

33 Wir haben bereits einige Beispiele – Grass, Frisch, Christa Wolf – genannt, die diesen Wechsel als eine privilegierte Technik zeitgenössischen Erzählens ausweisen – aber nur insofern und *weil* er als Wechsel, wenn nicht als Bruch empfunden wird. So kann auch Genette in *Discours du récit* einerseits die konstitutive Unterscheidung von Er/Sie-Erzählung (récit hétérodiégétique) und Ich-Erzählung (récit homodiégétique) bekräftigen (S. 252), andererseits aber einräumen, daß der moderne Roman diese grammatische Grenze „wie manch andere überschritten hat und nicht zögert, zwischen Erzähler und Figur(en) eine variable oder gleitende Beziehung zu stiften, ein pronominales Schwindelgefühl, das sich einer freieren Logik und einer komplexeren Vorstellung von der 'Persönlichkeit' verdankt." (S. 254)

Romans (S. 268f.). Cohns Paradebeispiel ist die *Suche nach der verlorenen Zeit,* wir könnten aber auch *Felix Krull* oder *Doktor Faustus* zitieren. Im anderen, „konsonanten" Typ bestimmt das „erlebende Ich" die Sicht; er scheint in der modernen Erzählkunst immer häufiger aufzutreten. Cohn nennt Knut Hamsuns *Hunger* (1890) als radikal durchgeführtes Beispiel; aus neuerer Zeit wären Werke des *nouveau roman* oder die Monologromane Becketts zu nennen. In gewissem Sinne tendiert aber auch schon der traditionelle Brief- oder Tagebuchroman nach Art des *Werther* zur „konsonanten" Ich-Erzählung. Damit gelangt Cohn (S. 179) zu einer Korrektur des Stanzelschen Typenkreises, der sich nun (unter sinngemäßer Verdeutschung und Hinzufügung unserer eigenen Beispiele) wie folgt ausnimmt:

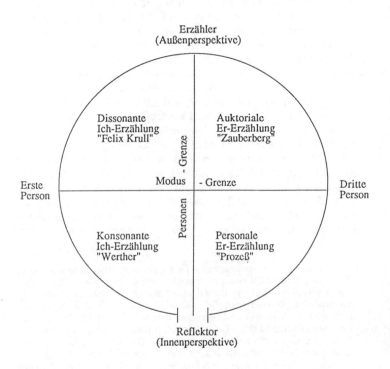

Diese Korrektur führt in gewisser Weise zu Stanzels einfacherer Konzeption von 1955/1964 zurück – ein weiteres Indiz dafür, daß seine bleibende Bedeutung mehr in der Entschiedenheit des Zugriffs und dem Mut zur hilfsweisen Typisierung als in der systematischen Fundierung liegt.

Kehren wir für einen Augenblick nochmals zu Genette zurück. Er nimmt Cohns Variante des Typenkreises auf und setzt sie in seine Matrix um, fügt aber seinerseits die von Stanzel voreilig aufgegebene „neutrale" Erzählsituation wieder ein, so daß er schließlich *sechs* Varianten aufführen kann. Wir geben das Schema sinngemäß, das heißt unter Beibehaltung „Stanzelscher" Termini und mit unseren üblichen Beispielen:

Erzähl- situation Person	auktorial	personal	neutral
Er / Sie	"Zauberberg"	"Prozeß"	"Malteser Falke"
Ich	"Felix Krull"	"Werther"	"Rote Ernte"[34]

Damit aber genug von den Möglichkeiten, die Stanzelsche Typologie zu transformieren und zu ergänzen. Wenden wir uns der *dritten* und in gewissem Sinne weitreichendsten, methodisch grundsätzlichsten Kritik zu. Ihr profiliertester Sprecher ist Robert Weimann, ein Anglist und Literaturtheoretiker aus der DDR. Sein wichtiger Aufsatz *Erzählsituation und Romantypus*, 1966 in der Literaturzeitschrift *Sinn und Form* veröffentlicht, kann als Beispiel für die kritische Aneignung „formalistischer" Methoden durch eine undogmatisch-marxistische Literaturwissenschaft gelten.[35] Stanzels Konzept

---

34 Daß ich ebenso wie Genette die Romane Hammetts gleich zweimal bemühe, sagt nicht nur etwas über die Lieblingsbücher von Erzähltheoretikern, sondern auch über das spärliche Vorkommen des sechsten Typus, der „neutralen Ich-Erzählung". Als weiteres prominentes Beispiel nennt Genette den Roman *Der Fremde* (1942) von Albert Camus; dessen Erzählhaltung wird genauer diskutiert in Bruce Morisettes Essayband *Novel and Film* (1985), S. 95ff.

35 Zunächst hatte Weimann seine Kategorien am literarhistorischen Material des älteren englischen Romans erarbeitet und 1962 eine Studie über *Erzählerstandpunkt und point of view* veröffentlicht. – Eine ähnliche Inten-

wird zunächst recht positiv beurteilt: Weimann referiert ausführlich seine Typologie, mit der besonders die komplexe Bauform des einzelnen Erzählwerks erfaßt werden könne, und konzediert: Der „praktische Nutzen eines Systems typischer Formen ist unbestritten. Gerade das amorphe Material, aus dem die Gattung so undurchsichtig baut, macht ein Durchleuchten ihres Gefüges so dankenswert." (S. 117) Er erwähnt lobend Stanzels „pragmatische Unbefangenheit" und seinen „methodischen Eklektizismus" (S. 112) und kritisiert – ebenfalls mit Recht – seine theoretischen Begründungsversuche (Idealtypus nach Max Weber, Typenkreis nach Goethe) als „zu beiläufig" und nicht tragfähig (S. 117). Die grundsätzliche und produktive Provokation liegt für den marxistischen Literaturtheoretiker jedoch in der *Enthistorisierung* literarischer Formen, die Stanzels Typologie mit sich bringt. Tatsächlich hatte dieser die typischen Romanformen ja als „überzeitliche Konstanten" proklamiert, ihnen „ahistorische Konstanz" zugeschrieben (S. 8f.) – auch wenn er wenige Seiten später, und völlig zutreffend, die meisten auktorial erzählten Werke „der großen Tradition des Romans" vom 17. bis zur Mitte des 19. Jahrhunderts zurechnen muß, während der personale Typus „erst spät (...), nämlich seit der zweiten Hälfte des 19. Jahrhunderts" (S. 39) hervorgetreten sei.

Die hier sichtbare methodische Inkonsequenz macht Weimann zum Ansatzpunkt seiner kritischen Diskussion, die folgerecht auf eine *Historisierung der Typologie* hinausläuft. Ihm geht es darum, nicht nur Inhalte, sondern auch formale Kategorien im realhistorischen Prozeß zu fundieren bzw. ihren geschichtlichen Wandel zu fassen. Dabei darf dann auch Stanzels Begriffsrepertoire nicht unverändert bleiben; Weimann kann die kategoriale Ausschaltung des (realhistorischen) Autors zugunsten des „Erzählers" oder der „Erzählfunktion" im Sinne von Hamburger, Stanzel oder auch Wolfgang Kayser ebensowenig akzeptieren wie eine bloß technische Auffassung des *point of view* in der Tradition von Henry James: „Eine Romantheorie, die den *ästhetischen* Zusammenhang zwischen fiktiver Welt und historischer Wirklichkeit zerstört, kann das kom-

---

tion verfolgt, unter Bezug auf Weimann wie auf Stanzel, der nach wie vor lesenswerte Aufsatz *Darbietungsformen des Erzählens* (1967) von Inge Diersen. Weimanns Bemühungen sieht sie, bei Einwänden im Detail, grundsätzlich „durch das Bemühen gekennzeichnet, den gesamten Komplex der Darbietungsprobleme aus der formal-technischen Betrachtung zu lösen, den er in einigen Richtungen der bürgerlichen Literaturtheorie erfährt, und den Zusammenhang zu den Inhaltsfragen des Kunstwerks und zur Weltanschauung der Autoren herzustellen." (S. 631)

plexe Phänomen des Erzählerstandpunktes nicht gut ergründen." (S. 121) Weimann etabliert also neben, oder besser: *vor* dem Erzähler und dem *point of view* jeweils eine Kategorie zur Bezeichnung des realen Texturhebers und seiner geschichtlich determinierten Weltsicht:

Die den optischen, akustischen und erzähltechnischen Blickpunkt des auktorialen oder personalen Erzähler-Mediums bestimmende Erzählsituation nennen wir *point of view* oder *Erzählwinkel*. Das die sozialen und ethischen Erzähleinstellungen bestimmende Verhältnis des Autor-Erzählers zu der Wirklichkeit als seinem Stoff und zum Publikum als seinen Lesern nennen wir den *Erzählerstandpunkt*. Ist der point of view eine Kategorie der 'Fiktion' (die sich in auktorialer, szenischer und Ich-Darbietung, in Panorama und Detailszene bekundet), so bleibt der Erzählerstandpunkt eine reale Kategorie (die dem Autor-Erzähler zugeordnet und in ihren sozialen und geistigen Voraussetzungen historisch und biographisch erhellbar ist). (S. 124)

Der jeweils realisierte Erzählwinkel ist also funktional zum Erzählerstandpunkt, nicht im Sinne schematischer Abhängigkeit, sondern mit einer großen Variationsbreite, er ist „Agent einer Einstellung, die er verwirklichen hilft" (S. 122). Beide Größen schließlich sind als „Komponenten einer künstlerisch umfassenden *Erzählperspektive*" zu verstehen; sie „umschließt (als Oberbegriff) sowohl inhaltliche als auch formkünstlerische Einstellungen; in einem perspektivisch integrierten Romanwerk verkörpert sie die Einheit beider." (S. 125)

Das mag zunächst verwirrend klingen, trägt aber tatsächlich nicht nur zu einer Differenzierung des Vokabulars, sondern auch zur Präzisierung von Strukturanalysen und zum besseren Verständnis der Gattungsgeschichte als *Formgeschichte* bei. Es wird nun beispielsweise möglich, den auch von Stanzel beobachteten Trend zum personalen Erzählen quasi geschichtsphilosophisch, jedenfalls aber als Ausdruck historisch realen Wandels zu verstehen: In der Epoche des aufsteigenden Bürgertums artikuliert sich das zunehmende Selbstbewußtsein eines Autor-Erzählers, aber auch sein grundsätzlicher Einklang mit seiner Klasse (und dem zeitgenössischen Publikum) exemplarisch im *auktorialen* Erzählgestus. Im Gang der historischen Entwicklung jedoch, in der das Individuum sich immer stärker als vereinzeltes, isoliertes und bedrohtes, der Autor sich zunehmend als Außenseiter der Gesellschaft, Randfigur seiner eigenen Klasse erfährt, drängt sich *personales* Erzählen in seiner subjektiven Beschränkung *und* Vertiefung geradezu auf (und bildet den Übergang zu modernen Erzählweisen, die im 20. Jahrhundert die Krisen und den Zerfall der Ich-Identität reflektieren). Ein analoger

Strukturwandel ist auch unter der scheinbaren grammatisch-perspektivischen Einheitlichkeit der *Ich*-Form zu erkennen: Das Erzähler-„Ich" (oder „Wir") des 17. oder 18. Jahrhunderts spricht selbstgewiß, behauptet Authentizität des Erzählten, dasjenige des 19. oder 20. Jahrhunderts nutzt die Erste Person immer stärker zum Ausdruck von Selbstzweifel und Identitätskrisen. Weimann umreißt diesen Wandel der Erzählperspektive (also des Erzählerstandpunkts *und* des Erzählwinkels) wie folgt: Im „frühen bürgerlichen Roman" habe sich bereits ein „persönlicher Erzähler konstituiert, der seine Individualität zum Angelpunkt erzählerischer Wirklichkeitsgestaltung" erhebt, zugleich aber „noch eine echte, überindividuelle Beziehung zum Publikum" besitzt und „stolz seine Zugehörigkeit zur aufsteigenden bürgerlichen Gesellschaft" artikuliert. Die innere Dynamik der bürgerlich-kapitalistischen Gesellschaft treibt nun, verstärkt seit der Mitte des 19. Jahrhunderts, einen Konflikt zwischen Individuum und gesellschaftlicher Wirklichkeit hervor, den man in gewissem Sinne als Triebfeder des Romans schlechthin verstehen kann (und vielfach so verstanden hat). Er schlägt auch auf die Erzählform durch: „Die schon latente Polarität zwischen beiden Aspekten verschärft sich und beginnt, die Struktur der Erzählerperspektive, den Zusammenhang und die Qualität von Erzählerstandpunkt und point of view, immer stärker zu bestimmen." Unter diesem Gesichtspunkt führt Weimann seine letzte terminologische Neuerung ein: „so ist auch in der Perspektive des Erzählers zwischen einer sozialen und einer 'individuellen' Komponente zu unterscheiden (wobei die individuelle Komponente wiederum zugleich auch Ausdruck überindividueller Faktoren sein kann)." Die *Sozialperspektive* drückt die historische, soziale, nationale, ideologische Determinierung des „künstlerischen Subjekts" aus; sie definiert und begrenzt seinen „individuellen Erlebnis- und Erfahrungsbereich" und seine Erkenntnismöglichkeiten. Die *Individualperspektive* hingegen „verweist auf die subjektiv-kritische Form der Verarbeitung und Abwandlung all jener Erfahrungen, Ideen und Ideale, die dem Schaffensprodukt des Künstlers eigen sind und es von gesellschaftlich herrschenden Einstellungen differenzieren". Anders formuliert: „die Sozialperspektive bildet die Grundlage des gemeinsamen Stils aller Künstler einer Epoche; sie erklärt die ähnliche Bewertung und Darstellungsform der in den Werken einer Epoche widergespiegelten Erscheinungen. Die Individualperspektive bildet die Grundlage des Personalstils; ihre Konsequenzen reichen gleichfalls bis in die Struktur von Erzählerstandpunkt und point of view,

d.h. bis in die entsprechenden sprachlich-syntaktischen Stilformen."
(S. 130)

Weimanns Vorschläge sind – nach über zwanzig Jahren – immer noch der konsequenteste und produktivste Versuch, Stanzels Unterscheidungen aus ihrer typologischen Beschränkung zu befreien, sie für eine historisch fundierte Theorie der Erzählformen und eine historisch differenzierende Interpretationspraxis zu retten. Bedauerlich bleibt nur, daß Weimann selbst dieses Programm nicht systematisch weiterverfolgt hat[36] – und Stanzel seinerseits nicht in der Lage ist, methodisch angemessen auf Weimanns produktive Kritik zu reagieren, wie seine knappen Bemerkungen in der *Theorie des Erzählens* (S. 38) hinlänglich zeigen. In der „Schlußbemerkung" des gleichen Buches konzediert er zwar – mehr oder weniger unter dem Evidenzdruck der selbstgewählten Beispiele – einen Zusam-

---

36 Ausdrücklich auf Weimann und seine analytischen Kategorien beruft sich Klaus Ludwig in seiner *Buddenbrooks*-Analyse von 1976. Darüber hinaus könnte man sich – um ein Beispiel nur anzudeuten – eine Untersuchung vorstellen, die die Vielfalt deutschsprachiger Erzählliteratur um 1900 mit Stanzels/Weimanns Kategorien zu erfassen suchte. Deutlich zeichnet sich da ein dominanter *Erzählerstandpunkt* ab, der durch die Rand- oder Außenseiterstellung der literarischen Intelligenz zur hochkapitalistisch und imperialistisch geprägten Gesellschaft bestimmt ist. Darin drückt sich Distanz zu den dominierenden sozialen Prozessen (Industrialisierung, Technisierung, Verstädterung) und den politischen Tendenzen von Imperialismus und „Verpreußung" aus. Untersuchen könnte man weiterhin, wie durch die variierende Ausgestaltung der Perspektive, also spezifische *Erzählwinkel*, unverwechselbare Werkprofile (Individualperspektiven) entstehen. Zum Beispiel nutzt Heinrich Mann in *Im Schlaraffenland* (1900), *Professor Unrat* (1905) und noch im *Untertan* (1916/18) in der Nachfolge Flauberts den personalen Erzählwinkel zum satirisch-entlarvenden Blick auf die zeitgenössische Realität. Sein jüngerer Bruder kombiniert in den hinlänglich bemühten *Buddenbrooks* (1901) auktoriale und personale Erzähloptik, Chronik und psychologischen Roman, die Beschwörung einer 'besseren' Vergangenheit und die Analyse des problematischen Individuums. Rainer Maria Rilke schließlich radikalisiert in den *Aufzeichnungen des Malte Laurids Brigge* (1904) die Ich-Form zum Protokoll drohender Ich-Fragmentierung und bedrohlichen Wirklichkeitszerfalls. Aber selbst die Autoren der sogenannten Heimatkunstbewegung dürften sich mit ihrer Neigung zu auktorialem Rückblick und erzählerischer Allwissenheit (als erzähltechnischem Pendant einer regressiven Gegenwartskritik) in dieses Bild einfügen. Es sollte also durchaus möglich sein, in der dialektischen Ausdifferenzierung von Erzählerstandpunkt und Erzählwinkel, von Sozial- und Individualperspektive dem je einzelnen Werk gerecht zu werden und eine Vielzahl von Texten als epochenspezifisches und in sich differenziertes Ensemble zu erfassen.

menhang zwischen Typologie und gattungsgeschichtlicher Evolution: „Das Formenkontinuum des Typenkreises ist auch aufzufassen als theoretisches Programm der Möglichkeiten des Erzählens, das in der Geschichte von Roman, Novelle und Short Story nach und nach verwirklicht wird." (S. 300) Es gelingt ihm aber nicht, sein selbstgewähltes Schema zu durchbrechen oder ernstlich zu relativieren, jenen Zusammenhang näher zu bestimmen und sich damit zur Frage nach den historischen und gesellschaftlichen Faktoren des Formwandels durchzuringen.

Drittes Kapitel: Die Zeit der Erzählung

> The White Rabbit put on his spectacles. „Where shall I begin,
> please your Majesty?" he asked.
> „Begin at the beginning," the King said gravely, „and go on
> till you come to the end: then stop."
>
> Lewis Carroll: *Alice's Adventures in Wonderland*

1. Unvermeidliche Vorüberlegungen

Jede Erzählung hat einen Anfang und ein Ende, zwischen denen
etwas *geschieht*: darin gleicht sie dem Leben – und deshalb hat man
immer wieder, von Aristoteles bis Musil, das Erzählen anthropolo-
gisch zu begründen versucht. Anders gesagt: Grundlage der Erzählung ist *die Zeit* als Abfolge von Ereignissen – und deshalb bietet
uns die Zeitgestaltung eines Erzähltextes, also seine zeitliche Er-
streckung, Gliederung, Reihung und Perspektivik, einen wichtigen
Zugang zu seiner Strukturanalyse.

Von den drei „Naturformen der Poesie", die Goethe unterschied,
steht die Epik in einem besonders engen und komplizierten Verhältnis zur Zeit. Das zeigt der Vergleich mit der Dramatik, die ja
ebenfalls Geschehnisse in zeitlicher Abfolge wiedergibt: Ein Vorgang
dauert auf der Bühne, also in der dramatischen Fiktion, ebenso
lange wie im Theaterfoyer oder „draußen im Leben".[1] Wie schon

---

1 „Es gibt keine Kluft zwischen der Zeit, die Tell zum Spannen der Armbrust
   benötigt, und der Zeit, in der dieser Vorgang dem Publikum gezeigt
   wird. Es gibt in der Regel ebensowenig eine Spanne zwischen der Zeit,
   die ein Dialog sich nimmt, und der, die währenddessen für den Zuhörer
   abläuft (...). Die Distanz fehlt auch in epischen Partien des Dramas. Ein
   Bote kann zwar wie der Erzähler über seinen Nachrichtenstoff frei ver-
   fügen, er kann raffen und dehnen; aber das betrifft nur den Inhalt der
   Botschaft, das *Mitgeteilte*, nicht aber den Vorgang der *Mitteilung*. So ist
   das eigentlich dramatische Geschehen in der Regel den gleichen zeitlichen
   Bedingungen unterworfen wie Vorgänge in der Wirklichkeit." So charakterisiert Peter Pütz in seinem Standardwerk *Die Zeit im Drama* (1970) die
   temporale Grundstruktur der Bühnenkunst (S. 52).

Aristoteles in seiner *Poetik* schreibt, werden im Drama menschliche Handlungen, also auch die Sprech-Handlungen des Dialogs, in der Weise nachgeahmt, daß „alle Figuren als handelnde und in Tätigkeit befindliche auftreten" (S. 9). Deshalb ist die dramaturgische Forderung einer „Einheit der Zeit" nicht willkürlich, sondern in der Repräsentationsform des Dramas angelegt: „die Tragödie versucht, sich nach Möglichkeit innerhalb eines einzigen Sonnenumlaufs zu halten oder nur wenig darüber hinauszugehen" (S. 17). Es geht also darum, die Handlungszeit durch normative Begrenzung an die Darstellungszeit anzugleichen, mindestens anzunähern. Und wenn im „offenen Drama" von Shakespeare bis Brecht und darüber hinaus diese Forderung nicht mehr so streng befolgt wird, so bleibt doch das grundsätzliche Problem bestehen: Handlungszeiträume, die den Zeitrahmen der Darstellung wesentlich überschreiten, können nur durch *Auslassungen* verkürzt und damit darstellbar gemacht werden. Da vergehen dann während einer Pause oder eines Szenenwechsels leicht einige Jahre, was dem Publikum meist durch zusätzliche Hinweise verdeutlicht wird.[2]

Die Tragödie, so die zeitgebundene Unterscheidung des Aristoteles, benutze bei der Nachahmung von Handlungen „den Rhythmus, die Melodie und den Vers"; das Epos zählt er dagegen zu jener Art Dichtung, „die allein die Sprache verwendet" (S. 5). Nach zweitausend Jahren europäischen Sprechtheaters wird man den Einsatz von Tanz und Musik gewiß nicht mehr als Kriterium des Dramatischen schlechthin sehen; zeitlos stichhaltig bleibt aber die Bestimmung der theatralischen Nachahmung durch „handelnde Gestalten", die uns mit ihren Interaktionen zugleich auch einen Handlungsraum real vor Augen führen. Wenn hingegen die erzählende Dichtung generell, wie das antike Epos, „allein die Sprache verwendet", so bedeutet diese offensichtliche Einschränkung doch auch eine Erweiterung ihrer Möglichkeiten. In der Nachahmung mit dem „Material" (wie schon Aristoteles sagt) der Sprache kann sie Gestalten, Handlungen und Geschehnisabläufe in der Vorstellung evozieren, die über die Dauer ihrer je eigenen Realisierung hinausge-

---

2 Ein hübsches Beispiel gibt Federico García Lorcas kleines Stück *Doña Rosita bleibt ledig oder Die Sprache der Blumen* (1935). Es umfaßt annähernd zwanzig Jahre Handlungszeit bei einem Textumfang von nur vierzig Seiten; der Dritte Akt beginnt mit der Regieanweisung „Es sind zehn Jahre vergangen". Hinzu kommen Zeitsprünge innerhalb der Szenen (Filmschnitten vergleichbar), die durch implizite Zeitangaben im Dialog oder durch den Wechsel der Damenmode kenntlich werden...

hen. Mit den Worten des Aristoteles: „Das Epos ... verfügt über unbeschränkte Zeit" (S. 17). Erzähltexte können eine Zeitdauer, die unsere – existentielle oder situative – Erlebnisfähigkeit übersteigt, so verkürzen, daß wir sie jedenfalls imaginär miterleben können. Hans Castorp bleibt, wie wir wissen, sieben Jahre auf dem Zauberberg, aber ein paar Ferientage genügen für die Lektüre seiner Geschichte. Und notfalls kann ich sie sogar noch kürzer nacherzählen: „Hans Castorp bleibt sieben Jahre auf dem Zauberberg."

Das klingt banal, rührt aber wiederum an anthropologische Grundlagen: Letztlich ist es die Zeitlichkeit oder Endlichkeit unserer Existenz, die uns geradezu zwingt, Geschichten zu verkürzen, und es ist die Sprache, die uns dies ermöglicht.

Daß die Zeit der Erzählung keine einfache, sondern mindestens eine zweifache Angelegenheit ist, hat man seit Aristoteles immer wieder bemerkt und in verschiedenen Begriffspaaren oder -triaden auszudrücken gesucht. Er unterscheidet Handlungen in der Realität, *praxis*, einen ausgewählten Geschehniszusammenhang, *logos*, der als *mythos*, Erzählung, sprachlich repräsentiert wird. In den zwanziger Jahren unseres Jahrhunderts trifft die literaturtheoretische Schule der Russischen Formalisten die grundlegende Unterscheidung von *fabula* (der Stoff, die Summe der Ereignisse) und *sjužet* (ihre erzählerische Verknüpfung). Etwa zur gleichen Zeit, aber mit einem anderen Akzent, stellt der englische Romancier und Literaturwissenschaftler E.M. Forster die Begriffe *story* („Erzählung von Ereignissen in ihrer zeitlichen Folge") und *plot* („Erzählung von Ereignissen, die den Akzent auf die Kausalität legt") gegenüber.[3]

Eberhard Lämmert, von dem in diesem Kapitel noch ausführlich die Rede sein wird, folgt Forster in etwa mit den Begriffen *Geschichte* („story") und *Fabel* (im Sinn von „plot", also konträr zur Terminologie der Russischen Formalisten). Er deutet an, daß man allenfalls noch die Kategorie *Stoff* (das noch unstrukturierte Geschehen) vor-

---

3 Da Forsters Beispiel mindestens genauso berühmt geworden ist wie diese Unterscheidung selbst, sei die Stelle hier im Original zitiert: „Let us define a plot", schreibt er in *Aspects of the Novel* (1927).„We have defined a story as a narrative of events arranged in their time-sequence. A plot is also a narrative of events, the emphasis falling on causality. 'The king died and then the queen died', is a story. 'The king died, and then the queen died of grief', is a plot. The time-sequence is preserved, but the sense of causality overshadows it. Or again: 'The queen died, no one knew why, until it was discovered that it was through grief at the death of the king.' This ist a plot with a mystery in it, a form capable of high development." (S. 93f.)

schalten könnte – eine Dreiteilung, die einerseits auf Aristoteles zurückweist, andererseits aber auch neuere Konzepte vorwegnimmt. Im Anschluß an Einsichten der strukturalen Linguistik hat sich in den letzten Jahrzehnten besonders in Frankreich und den USA[4] die grundsätzliche Unterscheidung von *histoire/story* einerseits, *discours/discourse* andererseits durchgesetzt: Die erstgenannten Begriffe meinen einen (realen oder imaginären) Ereignisablauf in der Zeit, sagen wir: einen Verkehrsunfall, die zweiten die sprachliche Repräsentation dieses Ablaufs: in einer Zeitungsmeldung oder auch in Musils Mann ohne Eigenschaften. Karlheinz Stierle schließlich erweitert diese Dichotomie in seinem Aufsatz von 1973 zu einem dreigliedrigen Modell der Textkonstitution mit den Ebenen *Geschehen* (Lämmerts „Stoff"), *Geschichte* (histoire), *Text der Geschichte* (discours). In seiner Arbeit von 1977 weist Stierle ergänzend darauf hin, daß die Struktur einer Geschichte und damit auch ihr Text von „leitenden Konzepten", den „zentralen Relevanzgesichtspunkten der Geschichte" her determiniert werden. Solche Konzepte treten oft in Form von Oppositionen auf (in *Buddenbrooks* zentral: Lebenstüchtigkeit und -untüchtigkeit – woraus sich der Verlauf einer Verfallsgeschichte ergibt) und konstituieren gewissermaßen eine eigene narrative Ebene, die „der abstrakten Konzepte, unter denen die Geschichte steht." (S. 220)

Ein hübsches Beispiel erzähltheoretischer Begriffsverwirrung? Gewiß. Aber sie fördert ein linguistisch wie erzähltheoretisch relevantes Phänomen zutage: Eine Tiefenstruktur (die Grundunterscheidung *histoire/discours*) wird an der sprachlichen Oberfläche in variierenden Formulierungen ausgedrückt. Doch kehren wir zu unserem eigentlichen Interesse an der *zeitlichen* Struktur des Erzählwerks zurück. Es dürfte plausibel sein, daß der „Text der Geschichte" in aller Regel andere zeitliche Relationen aufweist als die „Ge-

---

4 Ein ebenso typisches wie lesenswertes Beispiel dafür ist Seymour Chatmans Buch *Story and Discourse* (1978), der Versuch einer umfassenden Erzähltheorie in strukturalistischer Tradition, und dort besonders das einführende Kapitel. Daß Chatman die deutschsprachige Theorietradition nicht oder nur vom Hörensagen kennt (wie sein Verweis auf „Gunther Muller", S. 62, zeigt), bringt ihn freilich um einige interessante Differenzierungs- und Vergleichsmöglichkeiten. – Eine etwas genauere terminologische und forschungsgeschichtliche Übersicht über die „Ebenen narrativer Texte" und weitere Literaturhinweise bietet das 3. Kapitel (S. 65-77) im *Arbeitsbuch Romananalyse*, herausgegeben von Hans-Werner Ludwig (1982).

schichte". Das kann den zeitlichen Umfang, die Dauer betreffen, aber auch die Abfolge der erzählten Einzelereignisse. „Die Bauformen einer Erzählung", schreibt Eberhard Lämmert, „erhalten ihre Kontur erst dadurch, daß die monotone Sukzession der erzählten Zeit beim Erzählen auf verschiedene Weise verzerrt, unterbrochen, umgestellt oder gar aufgehoben wird." (S. 32) Wir beginnen unsere nähere Betrachtung nun mit den Aspekten der zeitlichen Verzerrung und Unterbrechung – und zwar wieder einmal auf dem *Zauberberg*...

2. Erzählzeit und erzählte Zeit

„Die Erzählung ... hat zweierlei Zeit: ihre eigene erstens, die musikalisch reale, die ihren Ablauf, ihre Erscheinung bedingt; zweitens aber die ihres Inhalts, die perspektivisch ist, und zwar in so verschiedenem Maße, daß die imaginäre Zeit der Erzählung fast, ja völlig mit ihrer musikalischen zusammenfallen, sich aber auch sternenweit von ihr entfernen kann." (S. 570) Die Beobachtung, die Thomas Mann seinem erzählenden Stellvertreter in die Feder diktiert, wird sich Jahrzehnte nach Erscheinen des *Zauberberg*-Romans als literaturwissenschaftliche Goldgrube erweisen: Dutzende von Doktorarbeiten, ungezählte Textinterpretationen beuten sie aus. Zuvor mußte sie freilich akademisch-seriös umformuliert werden, was ihrer Klarheit und Eleganz nicht unbedingt zugute kam: „Die Erzählung ist ein Sprachleib mit seinem eigenen, von der erzählten Begebenheit völlig zu scheidenden Werdevorgang und Werdegesetz. Und doch ist diese Verschiedenheit so geartet, daß der Sprachleib ganz und gar darauf angelegt ist, das von ihm Erzählte anschaubar zu machen, es zu vergegenwärtigen. Das Erzählen aber ist ein zeitlicher Vorgang."

Dies ist ein Zitat aus Günther Müllers Bonner Antrittsvorlesung *Die Bedeutung der Zeit in der Erzählkunst* von 1946 (S. 250), in deren zeittypischer Diktion sich die analytische Trennung von *histoire* („erzählte Begebenheit") und *discours* („Sprachleib") mit einer problematischen Organismusvorstellung verbindet. Uns soll hier nur der analytische Ansatz interessieren, den Müller nachfolgend in einer Reihe von programmatischen Aufsätzen und Einzeluntersuchungen ausarbeitet, die in dem Sammelband *Morphologische Poetik* (1968) nachzulesen sind. Der analytische – und für die Erzähltheorie folgenreiche – Kern von Müllers Darlegung ist die „Beziehung von Erzählzeit und erzählter Zeit" (S. 257), in erster Linie die perspektivische Verkürzung, die er *Zeitraffung* nennt. Über die Analyse solcher Raffungen und ihrer Funktionen für den konkreten Erzähltext will Müller den temporalen Aufbau, die innere Gliederung, das *Zeitgerüst* eines Werkes aufdecken. Auch für seinen Schüler Lämmert ist dies „der zunächst sicherste Weg, das Verhältnis von erzählter Wirklichkeit und sprachlicher Wiedergabe zu fassen." (S. 23) Schließlich will Müller (und in eingeschränktem Maße auch Lämmert) über die vergleichende Analyse von Erzähltexten und ihren Zeitgerüsten zur Konturierung verschiedener Grundtypen des erzählerischen Aufbaus und damit zu einer „Typologie der Erzählkunst" (S. 267) selbst gelangen.[5]

Wir abstrahieren, wie erwähnt, weitgehend von diesem typologischen oder – wie Müller sagt – „morphologischen" Zielpunkt seiner Untersuchung und halten uns an die analytischen Kategorien von Erzählzeit und erzählter Zeit, Zeitraffung und Zeitgerüst, die im literaturwissenschaftlichen Wortschatz inzwischen fest verankert sind. Dabei beziehen wir uns auf Eberhard Lämmerts Standardwerk *Bauformen des Erzählens* (zuerst 1955), in dem er jene Kategorien systematisiert und zu einer umfassenden Erzähltheorie[6] auszubauen sucht.

---

5 In ihrem instruktiven Aufsatz *Morphologische Poetik und Bauformen des Erzählens* rekonstruiert Helga Bleckwenn die wissenschaftsgeschichtlichen Implikationen des Ansatzes von Müller und Lämmert. Sie zeigt, wie Müllers Ausarbeitung einer sogenannten morphologischen Poetik im Trend germanistischer Selbstentnazifizierung nach 1945 lag, wobei Goethe mit seiner Vorstellung von Morphologie als einer universellen Gestaltlehre auf wiederum sehr zeittypische Weise den Entlastungszeugen abgeben mußte. Sie zeigt aber auch, wie *ein* Element dieser Poetik, die Untersuchung des erzählerischen Zeitgerüsts, zu einem funktional wichtigen Analyseinstrument weiterentwickelt wird, ohne daß Müller dies in seiner Tragfähigkeit und seinen Grenzen genau erkannt hätte. Bleckwenn sieht den Ansatz von Müller und Lämmert mithin als eine funktionale und analytisch ausgerichtete Variante der sogenannten werkimmanenten Interpretation (neben der stärker gefühlsorientierten „Stilkritik" Emil Staigers oder Wolfgang Kaysers), als einen deutschen Sonderweg zur strukturalen Analyse von Erzähltexten. Daß Lämmerts Buch von 1955 erst in den späten sechziger Jahren, während der programmatischen Abkehr von der Werkimmanenz, verstärkt rezipiert wird, bestätigt sie und mich in dieser Auffassung.

6 Bemerkenswert ist, daß *Bauformen des Erzählens* von der neueren internationalen Erzählforschung noch durchaus ernst genommen und aktuell diskutiert wird. Gérard Genette räumt in seinem *Nouveau discours du récit* (1983) eine grundsätzliche Konvergenz zwischen Lämmerts „zeitmor-

Was bei Thomas Mann die „musikalisch-reale Zeit" der Erzählung heißt, die Spanne also, die von der sprachlichen Realisierung, von der Lektüre gefüllt wird, bezeichnen Müller und Lämmert als *Erzählzeit*. Dieser allgemein üblich gewordene Begriff ist gleichwohl nicht ohne Mißverständlichkeit; präziser wäre es, von „Lesezeit" zu sprechen. Man könnte sie empirisch messen, wird aber statt dessen – aus praktischen Gründen – ihr räumliches Äquivalent, den Textumfang nach Druckseiten bzw. Zeilen erfassen. Dieser Erzähl- oder Lesezeit steht die innere Zeiterstreckung des Erzählgeschehens gegenüber (bei Thomas Mann „Zeit des Inhalts"), jene Zeitdauer also, die das erzählte Geschehen in Wirklichkeit ausfüllen würde. Diese *erzählte Zeit* läßt sich aus den expliziten oder impliziten Zeitangaben im Text (manchmal als Datierung fiktiven Geschehens im Rahmen der historischen Zeit) erschließen. Analytisch nutzbar werden diese Kategorien freilich erst, wenn sie aufeinander bezogen sind; wenn also das „verschiedene Maß" bestimmt wird, in dem die imaginäre und musikalische Zeit in einem bestimmten Werk, oder noch genauer: in einzelnen Partien eines Werkes zueinander stehen. Wir bezeichnen diese Relation als das *Erzähltempo* eines Textes bzw. einer Textpartie.

Nehmen wir als Beispiel *Buddenbrooks*, den bekanntesten deutschen Generationenroman, dessen erzählte Zeit ziemlich genau 42 Jahre umfaßt, von Mitte Oktober 1835 (vgl. S. 5, 8) bis Herbst 1877 (vgl. S. 643). Setzt man dies nun in Relation zu den 642 Druckseiten der hier benutzten Taschenbuchausgabe, so ergibt eine grobe Rechnung das durchschnittliche Erzähltempo von 24 Tagen je Seite; beim *Zauberberg* mit 753 Seiten und einer erzählten Zeit von sieben Jahren das deutlich geringere Tempo von dreieinhalb Tagen je Seite. In Thomas Manns Roman *Lotte in Weimar* (1939), der auf 293 Seiten einen Zeitraum von etwa 30 Tagen (vgl. S. 7, 288) erzählt, sind es dann – wiederum nur als Durchschnittsrechnung – zwei Stunden und 27 Minuten je Seite. Natürlich ist eine solche Durchschnittsrechnung nur begrenzt aussagekräftig; Erzählungen haben mit Autofahrten zumeist den häufigen und starken Tempowechsel gemein. Er wird beim Blick auf kleinere Texteinheiten deutlich. *Lotte*

---

phologischem" und seinem eigenen rhetorisch-strukturalistischen Ansatz ein, wenn er sich auch von der „synthetischen", das heißt auf übergreifende Aufbauformen abzielenden Arbeitsrichtung des deutschen Kollegen distanziert (S. 21f.). Zuvor hatte bereits Dorrit Cohn in ihrem Aufsatz *The Encirclement of Narrative* (1981) „a close correlation" zwischen den von Lämmert erfaßten Zeitstrukturen und Genettes Kapiteln „Ordre" und „Durée" (Zeitfolge bzw. Zeitdauer) konstatiert.

in Weimar erzählt, genauer besehen, sogar nur einige Stunden an verschiedenen Tagen und überbrückt den größten Teil jenes Zeitraums durch Sprünge und knappe Überleitungen. Der Erste Teil von *Buddenbrooks* präsentiert auf 36 Seiten etwa siebeneinhalb Stunden (zwölfeinhalb Minuten je Seite); das Achte Kapitel im Siebenten Teil umfaßt hingegen etwa achtzehn Monate auf einer einzigen Seite. Und auch innerhalb dieser Partien schwankt das Tempo noch erheblich; eine detaillierte Analyse müßte also immer kleinere Texteinheiten erfassen.[7]

Aber gehen wir nochmals einen Schritt zurück. In all diesen Beispielen ist die Erzählzeit deutlich knapper als die erzählte Zeit; dies ist aber nicht notwendig so. Vielmehr sind drei prinzipielle Möglichkeiten zu unterscheiden: Sind Erzählzeit und erzählte Zeit gleich lang, so spricht man von *zeitdeckendem* Erzählen. Es wird meist nur in einzelnen Textpartien, besonders bei der Wiedergabe direkter Personenrede (und damit in Annäherung an die Zeitstruktur des Dramas) aufzufinden sein; sehr ausgeprägt ist dieser Erzählstil beispielsweise in der Prosa des deutschen Naturalismus. Noch seltener ist die Erzählzeit länger als die erzählte Zeit; in moderner Romanprosa findet sich dies *zeitdehnende* Erzählen, der Zeitlupentechnik des Films vergleichbar, vor allem bei der sprachlichen Wiedergabe schnell ablaufender Bewußtseinsprozesse. Ein bezeichnendes Beispiel dafür bietet der Abschnitt 5 im Ersten Teil von Virginia Woolfs Roman *Die Fahrt zum Leuchtturm* (1927). Das – äußere – Geschehen besteht darin, daß Mrs. Ramsay ihrem zappeligen kleinen Sohn den Strumpf anprobieren möchte, den sie für ihn strickt: Er „war noch zu kurz, mindestens um einundeinenhalben Zentimeter" (S. 37). Die Episode nimmt jedoch mehr als fünf Seiten in Anspruch, was Erich Auerbach in seiner Studie *Der braune Strumpf* (1946) damit erklärt hat, daß in „dieses ganz geringfügige Ereignis ... ständig andere Elemente eingeflochten" werden, „die,

---

7 Korrekter – nach den Regeln der Physik wie der Straßenverkehrsordnung – wäre es natürlich, das Erzähl-„Tempo" andersherum, nach dem Muster km/h zu errechnen. Das hat zum Beispiel Hermann Broch in seinem Joyce-Essay für den *Ulysses* getan: „Wenn sechzehn Lebensstunden auf 1200 Seiten beschrieben werden, das ist 75 Seiten pro Stunde, mehr als eine Seite jede Minute, nahezu eine Zeile für jede Sekunde..." (S. 70). Für *Lotte in Weimar* hieße das etwa 9 Seiten je Tag; bei Texten mit ausgedehnter erzählter Zeit und entsprechend starker Zeitverkürzung wie *Zauberberg* und *Buddenbrooks* ergeben sich jedoch so niedrige und damit unanschauliche Werte (0,29 bzw. 0,059 Seiten je Tag), daß wir lieber bei unserer gewohnten literaturwissenschaftlichen Rechnungsführung bleiben.

ohne doch seinen Fortgang zu unterbrechen, weit mehr Zeit zum Erzähltwerden verlangen, als er selbst gedauert haben kann. Es handelt sich dabei überwiegend um innere Bewegungen, das heißt solche, die sich im Bewußtsein von Personen vollziehen; und zwar nicht bloß von Personen, die an dem äußeren Vorgang beteiligt sind, sondern auch von Unbeteiligten, zur Zeit gar nicht Anwesenden". (S. 491f.)

Am weitaus häufigsten und wichtigsten ist jedoch die entgegengesetzte Variante zeitlicher „Verzerrung": das *zeitraffende* Erzählen, in Analogie zur Zeitraffertechnik des Films. Die geradezu anthropologische Notwendigkeit zeitraffenden Erzählens[8] liegt auf der

---

8 Wiederum war der Erzähler Thomas Mann den Literaturwissenschaftlern um mindestens eine Nasenlänge voraus: 1944, im letzten Band von *Joseph und seine Brüder*, läßt er den Erzähler wieder einmal über Fragen seines Handwerks räsonnieren: Es „ist auf die Dauer völlig unmöglich, das Leben zu erzählen, so, wie es sich einstmals selber erzählte. Wohin sollte das führen? Es führte ins Unendliche und ginge über Menschenkraft. Wer es sich in den Kopf setzte, würde nicht nur nie fertig, sondern erstickte schon in den Anfängen, umgarnt vom Wahnsinn der Genauigkeit. Beim schönen Fest der Erzählung und Wiedererweckung spielt die Aussparung eine wichtige und unentbehrliche Rolle. Weislich üben auch wir sie auf Schritt und Tritt; denn es ist unsere vernünftige Absicht, fertig zu werden mit einer Besorgung, die ohnehin mit dem Versuch, das Meer auszutrinken, eine entfernte Ähnlichkeit hat, aber nicht bis zu der Narrheit getrieben werden darf, wirklich und buchstäblich das Meer der Genauigkeit austrinken zu wollen." (Bd. 3, S. 1108f.) Günther Müller zitiert dies 1946 in *Die Bedeutung der Zeit in der Erzählkunst* (S. 254f.).

Aber schon zweihundert Jahre früher hatte ein Gründervater des modernen Romans, Laurence Sterne, dem Problem eine noch schärfere, ja geradezu absurde Wendung gegeben. Den Ich-Erzähler von *Leben und Meinungen des Tristram Shandy, Gentleman* (1760) läßt er das zu geringe Erzähltempo, die mangelnde Beschleunigungskraft seiner Erzählmaschine beklagen: Er kämpft gegen die zu erzählende Zeit fast wie Don Quijote gegen die Windmühlenflügel – bis schließlich erzählte (Lebens-)Zeit und Erzählzeit (aufgespalten in eine Schreib- und eine Lesezeit) sich in einem wahrhaft metafiktionalen Zeitstrudel verschlingen und dem Leser fast schwarz vor Augen wird:

„Ich bin in diesem Monat ein ganzes Jahr älter als um diese Zeit vor zwölf Monaten, und da ich, wie Sie sehen, fast in die Mitte meines vierten Bandes gelangt bin – und nicht weiter als zu meinem ersten Lebenstag, – zeigt dies überzeugend, daß ich eben jetzt noch dreihundertvierundsechzig Tage mehr Leben zu schreiben habe denn damals, als ich damit anfing; so daß ich, statt wie ein normaler Autor mit dem, was ich daran getan habe, in meinem Werk voranzukommen, – im Gegenteil um so viele Bände zurückgeworfen bin. – Wenn jeder Tag meines Lebens ein so ereignisreicher Tag wie dieser Tag sein soll – und warum nicht? –

Hand: Die erzählte Zeit eines Romans, die einige Jahre oder gar Jahrzehnte, einen Lebenslauf oder die Abfolge mehrerer Generationen umfaßt, kann auch auf vielen hundert Seiten nicht „vollständig" – zeitdeckend reproduziert werden. Notwendigerweise also müssen gewisse Zeitspannen ganz übersprungen, ausgelassen bzw. mehr oder weniger stark gerafft werden. Solche Aussparungen oder Raffungen sind nach Lämmert das „negativ kennzeichnende Prinzip allen Erzählens" (S. 83) – was man nicht falsch verstehen darf: Für die Textkonstitution spielen sie eine positive, konstruktive Rolle. Wie Scharniere verbinden und gliedern sie die Geschichte; darüber hinaus können sie aber auch zur thematischen Akzentuierung oder zum Aufbau einer bestimmten Lektürehaltung eingesetzt werden, wie wir noch sehen werden.

Beginnen wir mit der *Aussparung* oder dem Zeitsprung, gewissermaßen als Extremfall der Zeitraffung. „Zweiundeinhalb Jahre später...": so ähnlich wie der Zweite Teil von *Buddenbrooks* (S. 41) beginnen zahllose Erzählabschnitte in unzähligen Texten. Hier aber heißt dies: Wir befinden uns, zweiundeinhalb Jahre nach dem so breit erzählten Festabend im neuerworbenen Haus, nun also im Frühjahr 1838. Zweieinhalb Jahre des Geschehens sind nicht in die Geschichte aufgenommen worden, man darf vermuten: weil nichts geschehen ist, was für ihr Konzept, den inhaltlich-thematischen Aspekt ihrer Verknüpfung, wichtig wäre. Der Zeitsprung wird in diesem Fall *explizit* erwähnt und in seiner zeitlichen Dauer *bestimmt*.[9] Deutlich ist dabei seine verknüpfende und abgrenzende Doppelfunktion; hier wird sie vergleichsweise konventionell gehandhabt. Hinzu kommt, daß die Auslassung zwischen zwei Kapiteln mit einem drucktechnischen Einschnitt zusammenfällt und hier nun wirklich so erscheint, wie sie im Französischen genannt wird: *le blanc*, die weiße Lücke im Text. Andere Aussparungen können folglich in formaler Hinsicht *implizit* genannt werden: Die Lücke des Geschehens wird im Text der Geschichte nicht erwähnt,

---

und nähmen die Ereignisse und Meinungen ebensoviel Beschreibung in Anspruch – und aus welchem Grund sollten sie gekürzt werden? und da ich bei diesem Tempo 364mal schneller leben müßte, als ich schreibe – so würde, bitte, Euer Wohlgeboren, daraus folgen, daß ich, je mehr ich schreibe, um so mehr zu schreiben haben werde – und daß Euer Wohlgeboren, je mehr Euer Wohlgeboren lesen, um so mehr zu lesen haben werden.

Wird dies gut für Euer Wohlgeboren Augen sein?" (S. 331)

9 Mit diesen Bezeichnungen folge ich Genette, der die Auslassung in *Discours du récit* unter dem rhetorischen Begriff der Ellipse abhandelt (S. 139ff.).

kann aber vom Leser, der dem zeitlichen Ablauf der Geschichte folgt, als „bestimmte" oder „unbestimmte" Zeitspanne erschlossen werden. Unter dem Aspekt der Dauer sind schließlich explizit/*unbestimmte* Auslassungen nach dem Muster „einige Zeit später" überaus häufig.[10]

Aber auch das scheinbar so einfache *Buddenbrooks*-Beispiel hat es noch in sich. Im allgemeinen wird man davon ausgehen, daß ereignislose oder ereignisarme Zeiträume ausgelassen (oder auch gerafft werden). Wenn der Held einer Geschichte schläft, geschieht zwar etwas (für seine physische Reproduktion nicht ganz Unwichtiges), das der Erzähler aber stillschweigend übergehen kann. Auch zwischen 1835 und 1838 müßte in der (fiktiven) Welt der Buddenbrooks allerhand geschehen sein; aber offenbar nichts, was für das *Konzept* ihrer Geschichte (einer *Verfalls*geschichte, wie wir wissen) bedeutsam wäre. Diese – oder vielmehr ihr Text – setzt nun wie folgt wieder ein:

Zweieinhalb Jahre später, um die Mitte des April schon, war zeitiger als jemals der Frühling gekommen, und zu gleicher Zeit war ein Ereignis eingetreten, das den alten Johann Buddenbrook vor Vergnügen trällern machte und seinen Sohn aufs freudigste bewegte. (S. 41)

Was hier im doppelten Sinn „Ereignis" heißen darf, die Geburt der Tochter Clara, ist nun wieder als Element der Geschichte (genauer: als trügerische Vorausdeutung) konzipiert; denn aller Freudigkeit zum Trotz wird Clara jung und elend zugrunde gehen – und eben deshalb gehört schon ihre Geburt in den Text der Verfallsgeschichte.

Aber natürlich kann die generelle Funktion, das *Un*wichtige auszulassen, umgekehrt werden und dann sehr effektvoll zur thematischen Akzentuierung, ja zur Konstitution eines Erzähltextes beitragen. Ein erzählerisch subtiles, thematisch brisantes und literarhistorisch prominentes Beispiel ist die explizit, aber beiläufig (nämlich durch einen Gedankenstrich und ein nachgestelltes „bald darauf") ausgesparte Ohnmacht der Marquise von O... in Heinrich von Kleists gleichnamiger Erzählung (S. 118): ein geheimnisvolles Geschehen, dessen Enträtselung überhaupt erst die Geschichte konstituiert. Hier und in ähnlich pikanten Fällen lenkt das offensichtliche *Verschweigen* bzw. die nachgeschobene *Andeutung* das Interesse

---

10 Implizit und unbestimmt wäre wohl die Auslassung zwischen Hans Castorps erzwungener Abreise vom Zauberberg und seinem schattenhaften Auftauchen auf einem Schlachtfeld des französischen oder flandrischen Flachlandes zu nennen (S. 753ff.), ehe dann auch sein künftiges Schicksal in einer Art von Auslassung versinkt...

aufs Verschwiegene: Auf das beispielsweise, was geschieht, nachdem unser Hans Castorp nach sieben Monaten seiner sieben Jahre sich spätabends, festlich gestimmt, von der schönen Clawdia Chauchat verabschiedet – um ihr dann doch, wie wir vermuten, auf ihr Zimmer zu folgen und den zuvor geliehenen Bleistift[11] zurückzugeben. Was da geschehen mag, geschieht in einem *blanc* bzw. in der Imagination des Lesers. Thomas Mann jedenfalls läßt dies Geschehen hinter der leeren Doppelseite zwischen dem Fünften und dem Sechsten Kapitel verschwinden (S. 363) und seinen Hans Castorp, hanseatisch wohlerzogen, darüber schweigen. Weniger diskret, ja geradezu geschwätzig ist der Erzähler. Er teilt uns mit, daß seit jenem Karnevalsabend „sechs Wochen verflossen seien" (explizit/bestimmt); füllt dieses große *blanc* dann aber mindestens teilweise: unter anderem mit einem kleinen *blanc*, wenn er von jenem Abend spricht, als „Hans Castorp die Bekanntschaft Clawdia Chauchats gemacht hatte und dann so viel später auf sein Zimmer zurückgekehrt war als der dienstfromme Joachim" (explizit/unbestimmt). Und um unsere Neugier zu befriedigen (oder weiter zu erregen?) fügt er in die Zeitangabe, die das Ende des großen *blanc* anzeigt, einen Hinweis ein, der wiederum das kleine zu einem Teil ausfüllt – und unserer Phantasie immer noch weiten weißen Raum läßt:

... seit jener Fastnacht, in der Hans Castorp sich von Frau Chauchat einen Bleistift geliehen, ihr später denselben auch wieder zurückgegeben und auf Wunsch etwas anderes dafür empfangen hatte, eine Erinnerungsgabe, die er in der Tasche trug, waren nun schon sechs Wochen verflossen ... (S. 368)

Dies könnte uns genügen, um die Kompliziertheit einer scheinbar so einfachen Technik zu demonstrieren, wie es das Nicht-Erzählen, das Verschweigen oder Auslassen ist. Aber Thomas Mann genügt es natürlich nicht: Er läßt seinen Erzähler die Art, wie er all dies erzählt oder nicht erzählt, auch noch auktorial kommentieren und liefert damit ein weiteres Teilstück seiner erzählten Erzähltheorie.[12]

---

11 Zur Interpretation nicht nur dieses Aufschreibgeräts, sondern des Romans insgesamt verweise ich auf das Kapitel, das Erhard Schütz in seiner grundlegenden Epochendarstellung *Romane der Weimarer Republik* (1986) dem *Zauberberg* gewidmet hat.

12 Damit steht er übrigens selbst schon in einer ehrwürdigen Tradition. Ein Autor, der fast kontinuierlich die Länge und das Geschehen einzelner Kapitel oder Bücher im Roman, also Erzählzeit und erzählte Zeit kommentiert, ist etwa Henry Fielding; ein klassisches Beispiel das Erste Kapitel im Dritten Buch von *Tom Jones* (1749) mit der Überschrift „Bringt wenig oder Nichts". Tatsächlich erinnert es den „Leser" an die „Absicht"

Es geht um die Abreise von Mme. Chauchat am Morgen nach dem Faschingsfest...

ihre vorläufige Abreise nach Daghestan, ganz östlich über den Kaukasus hinaus. Daß diese Abreise vorläufiger Art, nur eine Abreise für diesmal sein solle, daß Frau Chauchat wiederzukehren beabsichtigte, – unbestimmt wann, aber daß sie einmal wiederkommen wolle oder auch müsse, des besaß Hans Castorp Versicherungen, direkte und mündliche, die nicht in dem mitgeteilten fremdsprachigen Dialog gefallen waren, sondern folglich in die unsererseits wortlose Zwischenzeit, während welcher wir den zeitgebundenen Fluß unserer Erzählung unterbrochen und nur sie, die reine Zeit, haben walten lassen. Jedenfalls hatte der junge Mann jene Versicherungen und tröstlichen Zusagen erhalten, bevor er auf Nr. 34 zurückgekehrt war; denn am folgenden Tage hatte er kein Wort mehr mit Frau Chauchat gewechselt ... (S. 368)

Zweihundert Seiten später, in einem wiederum mit Reflexionen über Zeit und Erzählung gespickten Kapitel, wird dann auch das Verbleiben der Dame im wilden Daghestan explizit als (aus Hansens Sicht) unbestimmte, *neben* der erzählten Handlung verlaufende Auslassung präsentiert (S. 572). Damit aber genug von dieser „Zwi-

---

des auktorialen Erzählers, „große Zeitabschnitte zu überspringen, in denen sich nichts ereignete, was in einer Chronik wie der vorliegenden verzeichnet zu werden verdiente". Diese Grundfunktion der Auslassung wird dann aber nicht nur produktionsästhetisch, mit der „Bequemlichkeit" des Erzählers, sondern auch *rezeptionsästhetisch*, mit dem „Nutzen und Vorteil des Lesers" begründet: „denn abgesehen davon, daß wir ihn auf diese Weise davor bewahren, seine Zeit mit einer Lektüre zu vergeuden, die ihm weder Freude noch Gewinn bringt, geben wir ihm bei allen solchen Stellen" – in der Sprache neuerer Literaturtheorie wären das Unbestimmtheits- oder *Leerstellen* – „Gelegenheit, mit Hilfe des hervorragenden Scharfsinns, über den er verfügt, die leeren Zeiträume mit seinen eigenen Mutmaßungen auszufüllen". Nachfolgend gibt der Erzähler vor, solche Mutmaßungen der Leser über die ausgelassene Zeitspanne zu referieren, – erzählt also in Wirklichkeit doch selbst, zumindest partiell, das Ausgelassene, und schließt mit einem erneuten Kompliment an sein Publikum und der expliziten Bestimmung des Erzählsprungs: „Da wir uns bewußt sind, daß der größte Teil unserer Leser diese Fähigkeit [des Scharfsinns und der Urteilskraft] in hohem Maße besitzt, haben wir ihnen einen Zeitraum von zwölf Jahren gelassen, an dem sie sich üben können; und stellen jetzt unseren Helden im Alter von vierzehn Jahren vor ..." (S. 117ff.) – Die Bedeutung von „Leerstellen" für die Konstitution und Lektüre von Erzähltexten hat, auch anhand von Fielding-Beispielen, Wolfgang Iser in seinen Büchern *Der implizite Leser* (1972, besonders S. 57ff.) und *Der Akt des Lesers* (1976, besonders S. 257ff.) herausgearbeitet. Zur Einführung in die Fragestellung eignet sich besonders sein Vortrag *Die Appellstruktur der Texte – Unbestimmtheit als Wirkungsbedingung literarischer Prosa* (1971).

schenzeit"[13], die sich als doch nicht ganz so wortlos erwiesen hat.
Wenden wir uns nun den Zeitraffungen im engeren Sinn zu.

---

13 Das berühmteste *blanc* der neueren Erzähliteratur findet sich im Schluß-
teil von Flauberts Roman *Lehrjahre des Gefühls* (1869); Marcel Proust hat
es in einem Essay *Über den „Stil"* *Flauberts* (1920) gedeutet: „Eines seiner
Verdienste, das mich am meisten berührt, weil ich darin den Erfolg der
bescheidenen Anstrengungen erkenne, die ich selbst unternommen habe,
ist, daß er mit Meisterschaft den Eindruck der Zeit zu vermitteln versteht.
Nach meiner Meinung ist das Schönste in der *Education Sentimentale* nicht
ein Satz, sondern eine Auslassung. Flaubert hat vorher auf langen Seiten
die kleinsten Handlungen Frédéric Moreaus beschrieben. Frédéric sieht,
wie ein Polizist mit einem Degen auf einen Aufständischen losgeht, der
tot zu Boden stürzt. 'Und Frédéric erkannte staunend Sénécal!' [Es geht
hier um die Revolution von 1848; der Polizist wie sein Opfer sind der Ju-
gendfreunde Moreaus – J.V.] Hierauf folgt eine Auslassung, eine riesige
Auslassung, und ohne die Spur eines Übergangs werden nun statt der
Viertelstunden Jahre, Jahrzehnte zum Zeitmaß (ich nehme die letzten
Worte, die ich zitiert habe, noch einmal auf, um diesen ungeheuren
Wechsel der Geschwindigkeit ohne jede Vorbereitung zu zeigen): 'Und
Fréderic erkannte staunend Sénécal.
Er reiste. Er lernte die Melancholie der Dampfschiffe kennen, das frö-
stelnde Erwachen im Zelt...
Er kehrte zurück.
Er verkehrte in der Gesellschaft...
Gegen Ende des Jahres 1867...'" (S. 85)
  Proust ist also, genau genommen, von einer Kombination aus Aus-
sparungen und extrem starker iterativ-durativer Raffung fasziniert. Und
er steht mit seiner Bewunderung nicht allein. Ganz ähnlich hatte vorher
schon Georg Lukács in seiner *Theorie des Romans* (1916) Flauberts Roman
und seine Zeitgestaltung gerühmt. *Lehrjahre des Gefühls* sei der einzige
Roman des 19. Jahrhunderts, „der die wahre epische Objektivität" erreicht
habe, „die Zeit" als „das vereinigende Prinzip" der Erzählung deutlich
mache (S. 111). Aber auch Henry James bezeichnet die bewußte Stelle in
seinem Essay *Gustave Flaubert* (1902) als „denkwürdig" (S. 168); und
schließlich ist ein weiterer Autor zu nennen, der sie (wie den ganzen
Romanschluß) als erklärter Schüler Flauberts geradezu nachkonstruiert
hat. José Maria Eça de Queiroz, der bedeutendste portugiesische Romancier des ausgehenden 19. Jahrhunderts, läßt den Helden seines Familienromans *Die Maias* (1888) ähnliche Enttäuschungen erleben wie Flaubert
seinen Fréderic. Er läßt ihn auf weite Reisen gehen und wieder zurückkehren und dabei viel, viel Zeit vergehen. Anschaulich macht er dies im
Anschluß an die Äußerung eines Freundes von Carlos:
  „'Dennoch gehen die Jahre vorüber, Vilaça', fügte er hinzu. 'Und mit
den Jahren vergeht außer China alles auf Erden.'
  Und dieses Jahr verstrich. Menschen wurden geboren. Menschen star-
ben. Saaten reiften, Bäume welkten. Weitere Jahre vergingen.

  Ende 1886 feierte Carlos Weihnachten in der Nähe von Sevilla ..."
(S. 784)

3. Möglichkeiten der Zeitraffung. Mit einer Modellanalyse

Die erzählerische *Zeitraffung* leistet eine nach Intensität und Art variable perspektivische Verkürzung der Geschehensdauer. Die Frage der Raffungsintensität haben wir unter dem Stichwort Erzähltempo bereits abgehandelt. Was die verschiedenen *Raffungsarten* angeht, so hat schon Müller in seiner Antrittsvorlesung „drei Hauptarten" unterschieden: erstens das „Überspringen" von Zeiträumen (also die Aussparung), zweitens das „Zusammenraffen der Ereignisse in große Schritte" und drittens die Raffung „in die allgemeinen Züge einer übergänglichen Zuständlichkeit", die durch die grammatischen Kategorien „iterativ" und „durativ" näher charakterisiert wird (S. 259). Lämmert spricht dann von Aussparung, *sukzessiver* und *iterativ-durativer Raffung* – und differenziert noch weiter. Dies wollen wir uns wiederum an einem Textbeispiel deutlich machen. Um neben der Struktur einer Raffung und ihrer Funktion für eine bestimmte Textstelle auch ihre Bedeutung für das Textganze, für Konzept und Thematik der Geschichte zeigen zu können, wählen wir ausnahmsweise einen erzählenden Kurztext. Johann Peter Hebels Kalendergeschichte *Unverhofftes Wiedersehen* aus dem Jahr 1811 ist ein Meisterstück deutscher Erzählprosa; der Philosoph Ernst Bloch hat sie gar „die schönste Geschichte der Welt" genannt. Ihre virtuose Zeitgestaltung trägt zu dieser Wirkung wesentlich bei und hat den Text zu einem beliebten Gegenstand für Interpreten und Erzähltheoretiker[14] gemacht.

(1) In Falun in Schweden küßte vor guten fünfzig Jahren und mehr ein junger Bergmann seine junge hübsche Braut und sagte zu ihr: „Auf Sankt Luciä wird unsere Liebe von des Priesters Hand gesegnet. Dann sind wir Mann und Weib, und bauen uns ein eigenes Nestlein." (2) „Und Friede und Liebe soll darin wohnen", sagte die schöne Braut mit holdem Lächeln, „denn du bist mein einziges und alles, und ohne dich möchte ich lieber im Grab sein als an einem andern Ort." (3) Als sie aber vor St. Luciä der Pfarrer zum zweitenmal in der Kirche ausgerufen hatte: „So nun jemand Hindernis wüßte anzuzeigen, warum diese Personen nicht möchten ehelich zusammenkommen," – da meldete sich der Tod. (4) Denn als der Jüngling den andern Morgen in seiner schwarzen Bergmannskleidung an ihrem Haus vorbeiging, der Bergmann hat sein Totenkleid immer an, da klopfte er zwar noch einmal an ihrem Fenster, und sagte ihr guten Morgen, aber keinen

---

14 Erzähltheoretisch wichtig ist vor allem die Modellanalyse von Karlheinz Stierle *Die Struktur narrativer Texte* (1977): Sie demonstriert insbesondere die Schichtung des Erzählwerkes anhand von Begriffen (Geschehen, Geschichte, Text der Geschichte), die wir bereits oben übernommen haben.

guten Abend mehr. (5) Er kam nimmer aus dem Bergwerk zurück, und sie saumte vergeblich selbigen Morgen ein schwarzes Halstuch mit rotem Rand für ihn zum Hochzeittag, sondern als er nimmer kam, legte sie es weg, und weinte um ihn und vergaß ihn nie. (6) Unterdessen wurde die Stadt Lissabon in Portugal durch ein Erdbeben zerstört, und der Siebenjährige Krieg ging vorüber, und Kaiser Franz der Erste starb, und der Jesuitenorden wurde aufgehoben und Polen geteilt, und die Kaiserin Maria Theresia starb, und der Struensee wurde hingerichtet. (7) Amerika wurde frei, und die vereinigte französische und spanische Macht konnte Gibraltar nicht erobern. (8) Die Türken schlossen den General Stein in der Veteraner Höhle in Ungarn ein, und der Kaiser Joseph starb auch. (9) Der König Gustav von Schweden eroberte russisch Finnland, und die Französische Revolution und der lange Krieg fing an, und der Kaiser Leopold der Zweite ging auch ins Grab. (10) Napoleon eroberte Preußen, und die Engländer bombardierten Kopenhagen, und die Ackerleute säeten und schnitten. (11) Der Müller mahlte, und die Schmiede hämmerten, und die Bergleute gruben nach den Metalladern in ihrer unterirdischen Werkstatt. (12) Als aber die Bergleute in Falun im Jahr 1809 etwas vor oder nach Johannis zwischen zwei Schachten eine Öffnung durchgraben wollten, gute dreihundert Ellen tief unter dem Boden, gruben sie aus dem Schutt und Vitriolwasser den Leichnam eines Jünglings heraus, der ganz mit Eisenvitriol durchdrungen, sonst aber unverwest und unverändert war; also daß man seine Gesichtszüge und sein Alter noch völlig erkennen konnte, als wenn er erst vor einer Stunde gestorben, oder ein wenig eingeschlafen wäre, an der Arbeit. (13) Als man ihn aber zu Tag ausgefördert hatte, Vater und Mutter, Gefreundte und Bekannte waren schon lange tot, kein Mensch wollte den schlafenden Jüngling kennen oder etwas von seinem Unglück wissen, bis die ehemalige Verlobte des Bergmanns kam, der eines Tages auf die Schicht gegangen war und nimmer zurückkehrte. (14) Grau und zusammengeschrumpft kam sie an einer Krücke an den Platz und erkannte ihren Bräutigam; und mehr mit freudigem Entzücken als mit Schmerz sank sie auf die geliebte Leiche nieder, und erst als sie sich von einer langen heftigen Bewegung des Gemüts erholt hatte: „Es ist mein Verlobter", sagte sie endlich, „um den ich fünfzig Jahre lang getrauert hatte, und den mich Gott noch einmal sehen läßt vor meinem Ende. Acht Tage vor der Hochzeit ist er unter die Erde gegangen und nimmer heraufgekommen." (15) Da wurden die Gemüter aller Umstehenden von Wehmut und Tränen ergriffen, als sie sahen die ehemalige Braut jetzt in der Gestalt des hingewelkten kraftlosen Alters und den Bräutigam noch in seiner jugendlichen Schöne, und wie in ihrer Brust nach 50 Jahren die Flamme der jugendlichen Liebe noch einmal erwachte; aber er öffnete den Mund nimmer zum Lächeln oder die Augen zum Wiedererkennen; und wie sie ihn endlich von den Bergleuten in ihr Stüblein tragen ließ, als die einzige, die ihm angehöre, und ein Recht an ihn habe, bis sein Grab gerüstet sei auf dem Kirchhof. (16) Den andern Tag, als das Grab gerüstet war auf dem Kirchhof und ihn die Bergleute holten, schloß sie ein Kästlein auf, legte ihm das schwarzseidene Halstuch mit roten Streifen um, und begleitete ihn alsdann in ihrem Sonntagsgewand, als wenn es ihr Hochzeittag und nicht der Tag seiner Beerdigung wäre. (17) Denn als man ihn auf dem Kirchhof ins Grab legte, sagte sie: „Schlafe nun wohl, noch einen Tag oder zehen im kühlen

Hochzeitbett, und laß dir die Zeit nicht lang werden. Ich habe nur noch wenig zu tun, und komme bald, und bald wird's wieder Tag. – Was die Erde einmal wiedergegeben hat, wird sie zum zweitenmal auch nicht behalten", sagte sie, als sie fortging, und noch einmal umschaute.

Beim ersten Blick auf den Text tritt die *gliedernde* Funktion der zentralen Raffung besonders hervor: der starke Wechsel des Erzähltempos schafft drei *Erzählphasen*. Die *erste* ist wiederum aus drei nur knapp angedeuteten Szenen bzw. Geschehnissen aufgebaut: Brautkuß, Aufgebot und Abschied. In der ersten Szene scheint personales oder gar neutrales Erzählens noch zu dominieren; sie ist überwiegend aus direkter Wechselrede, also zeitdeckend aufgebaut. Die zweite Szene indessen führt mit der allegorischen Personifizierung eines Geschehens („da meldete sich der Tod") aus dem Raum des äußerlich faßbaren bzw. subjektiv wahrnehmbaren Geschehens hinaus, wie es von personalem Erzählen erfaßt werden kann. Man muß sie als auktorialen Erzählereingriff verstehen, ähnlich wie die räsonnierende Einmischung „der Bergmann hat sein Totenkleid immer an" (4). Auktoriales Erzählen dominiert also bereits im Übergang zur zweiten Erzählphase. In den ersten 18 Zeilen bzw. 5 Sätzen (Erzählzeit) werden also nur einige ausgewählte Ereignisse gereiht, die sich innerhalb weniger Tage (erzählte Zeit) abspielen. Noch genauer müßten wir sagen: Das Herausgreifen dieser drei Szenen aus einem Gesamtverlauf von drei Tagen *ist* bereits eine Zeitraffung; der überwiegende Teil dieser Zeit wird *nicht* erzählt.

Dann aber wird wesentlich stärker, ja extrem gerafft. Die ausgedehnte Raffung konstituiert hier selbst eine ganze, die *zweite* Erzählphase (5/6-11): Eine Erzählzeit von nur 15 Zeilen soll den Ablauf eines halben Jahrhunderts veranschaulichen, dem nach dem Unglückstod des Bergmanns die ganze Welt, damit auch seine junge Braut unterworfen ist, während sein Leichnam ihm paradoxerweise entrückt scheint. Hebel erreicht seine erzählerische Wirkung durch Kombination mehrerer Techniken. Erstens weitet er den Erzählwinkel, der vorher auf einen engen, zunächst idyllisch scheinenden Privatbereich begrenzt war, ins Globale und Welthistorische. Von der zurückgebliebenen Braut ist nur noch überleitend (und bereits stark raffend) die Rede: „und vergaß ihn nie" (5). Dann aber wird in der scheinbar regellosen Aufzählung historischer Ereignisse der Fluß der Zeit angedeutet, ja er wird geradezu spürbar, wobei die souveräne raum-zeitliche Überschau eine wahrhaft auktoriale Erzählhaltung anzeigt (und hier in engem Zusammenhang mit der Gattung und Wirkungsabsicht der Kalendergeschichte steht).

Diese Aufzählung aber, zweitens, geschieht raffend und rhythmisierend. Zunächst werden siebzehn historisch-politische Ereignisse in syndetischer Reihung („und ... und ... und") benannt. Dennoch ist die Aufzählung gegliedert: Die ersten fünfzehn Ereignisse lassen zumeist sich in Dreiergruppen ordnen, wobei als drittes jeweils der Tod einer historischen Person steht. Die Satzschlüsse in Satz 6, 8 und 9 betonen diese Gruppierung zusätzlich; Unregelmäßigkeiten treten in Satz 6, 7 und 8 auf. Insgesamt aber entsteht ein fast monotoner (aufgrund der Unregelmäßigkeit eben: ein *fast* monotoner) Dreier-Rhythmus, in dem die Gleichförmigkeit des Zeitablaufs über alle Ereignisse hinweg ihren Ausdruck findet. Die Ereignisse, die aus der ungeheuren Fülle dieses halben Jahrhunderts (Geschehen) ausgewählt werden, sind im historischen Sinne herausragende Geschehnisse, von denen die meisten den Aspekt des Vergehens, Scheiterns tragen (dies läßt bereits einen Rückschluß auf das Konzept der Geschichte zu). Zur Geschichte geordnet werden sie linear und quasi parallel zur historischen Chronologie. Dieses Prinzip nennt Lämmert *sukzessive Raffung*, „eine in Richtung der erzählten Zeit fortschreitende Aufreihung von Begebenheiten. Die Grundformel dieser Raffungsart ist das Dann ... und dann ..., das wir bereits ... als Grundformel des Erzählvorgangs herausstellten." (S. 83) Der hohen Raffungsintensität wegen ist unsere Stelle als sukzessive *Sprungraffung* (im Gegensatz zur *Schrittraffung*) zu klassifizieren.

Hebel rafft aber, drittens, nicht nur sukzessiv. Die erzählerische Raffinesse liegt nicht zuletzt in der Kombination mit einer anderen Raffungstechnik. Der Übergang geschieht *gleitend* innerhalb einer Dreiergruppe: „Napoleon eroberte Preußen, und die Engländer bombardierten Kopenhagen, und die Ackerleute säeten und schnitten." (10) Nicht mehr herausragende Geschehnisse, sondern überdauernde Zustände bzw. regelmäßig wiederholte Tätigkeiten werden benannt: „und die Ackerleute säeten und schnitten. Der Müller mahlte, und die Schmiede hämmerten, und die Bergleute gruben nach den Metalladern in ihrer unterirdischen Werkstatt." (11) Hier liegt eine *iterativ-durative Raffung* vor, wie Lämmert sie definiert: Sie „faßt einen mehr oder weniger großen Zeitraum durch Angabe einzelner, regelmäßig sich wiederholender Begebenheiten (iterativ) oder allgemeiner, den ganzen Zeitraum überdauernder Gegebenheiten (durativ) zusammen. Beide Formen treten nicht selten eng verflochten auf und haben die gleiche Grundtendenz, ruhende Zuständlichkeit zu veranschaulichen; daher sind sie in einer Kategorie zusammengefaßt. Ihre Grundformeln sind: Immer wieder in dieser Zeit ... oder Die ganze Zeit hindurch ..." (S. 84)

Was besagt nun die Kombination von sukzessiver und iterativ-durativer Raffung bei Hebel? Neben der Abfolge der historisch einmaligen Ereignisse geht das alltägliche Leben seinen gleichbleibenden Gang. Oder: Privates Schicksal und die großen Staatsaktionen bleiben einerseits eingebunden in das System gesellschaftlicher Arbeit, das seinerseits eng mit der Natur, ihren Ressourcen und ihrem Zeitrhythmus verschränkt ist; andererseits, zumindest in Hebels Perspektive, eingebunden in die christliche Heilsordnung, die Zeit grundsätzlich aufzuheben vermag.[15] Erzähltechnisch wird in dieser Raffung der Blickwinkel unmerklich wieder auf die beiden Brautleute und ihr Schicksal gerichtet. Die Erwähnung Kopenhagens (10) bringt eine erste Annäherung an den skandinavischen Schauplatz, die iterativ-durative Passage nennt Tätigkeiten, die *auch* in Falun ausgeübt werden, besonders deutlich bei der Erwähnung der „Bergleute ... in ihrer unterirdischen Werkstatt" (11). Hieran schließt sich dann bruchlos die Rückkehr auf den engen ursprünglichen Schauplatz und, mit ziemlich genauer Datierung, in die Sukzession der privaten Geschichte an: „im Jahre 1809, etwas vor oder nach Johannis" (12).

Relativ breit, in langsamem Erzähltempo, ist schließlich die *dritte* Erzählphase gehalten, die wiederum aus zwei Szenen, dem eigentlichen unverhofften Wiedersehen und dem Abschied „auf dem Kirchhof" (17) besteht. Nun zeigt sich, wie auch auf dem privaten Schauplatz der Ablauf der Zeit seine Wirkung getan hat: Die „junge hübsche Braut" (1) erscheint „in der Gestalt des hingewelkten kraftlosen Alters" (15), während der Tote von den Wirkungen der Zeit verschont und also „jung" blieb. Der Zeitablauf beherrscht das Leben schlechthin; entziehen kann man sich ihm allein um den Preis des Todes. Aber das mag bereits die Sicht des Lesers sein, der aus modernem Zeitbewußtsein heraus spricht; in Hebels Erzählung wird dies Bewußtsein von der radikalen Zeitlichkeit der Existenz noch aufgefangen durch die christlich verbürgte Heilsgewißheit einer Ewigkeit jenseits der Zeit, eines Lebens jenseits des Todes. Die wahrhaft „zeitlose" Treue der Braut erscheint als weltlicher Reflex solcher Ewigkeit und insofern als zumindest subjektiv wirksame Überwindung der Zeit.

---

15 Vor Ernst Bloch (*Nachwort zu Hebels Schatzkästlein*, 1965) hat schon Walter Benjamin auf diese „unvergleichliche Stelle" hingewiesen und sie in seinem Essay *Der Erzähler* (1936/37) kommentiert, den wir im Fünften Kapitel diskutieren werden.

Es ist nicht zu übersehen, daß wir mit der Analyse des Zeitgerüsts nach Müller und Lämmert fast unmerklich einen Interpretationsansatz gefunden haben, der auf die thematische Schicht des Textes, auf das *Konzept der Geschichte* im Sinne Stierles zielt. Diesen Ansatz könnte man unter Einbeziehung anderer Textkonstituenten – in erster Linie der Bildlichkeit, die quasi quer zum Zeitgerüst steht – weiter verfolgen.

Unter unserem speziellen Blickwinkel bleibt wichtig, daß Hebel die epische Zeitraffung mit großer Virtuosität einsetzt, insbesondere ihre ambivalente Funktion: Zeit zu überspringen und Zeit zu verdeutlichen, meisterlich nutzt und auf den thematischen Kern seiner Erzählung bezieht: die Dialektik von Zeit und Ewigkeit. Dies geschieht, wie im einzelnen zu sehen war, vor allem durch die Veränderungen des *point of view* bei extremer Beschleunigung (und erneuter Verlangsamung) des Erzähltempos und durch die Kombination verschiedener Raffungstechniken. Hebel nutzt, anders gesagt, die Techniken der Zeitraffung (an der Grenzlinie von traditionaler und moderner Weltsicht) schon ansatzweise wie die moderne Erzählliteratur. In ihr wird die Zeit zu einem, ja zu dem zentralen Thema schlechthin. Man könne fast sagen, schreibt beispielsweise Georg Lukács um 1915 in seiner *Theorie des Romans*, „die ganze innere Handlung des Romans ist nichts als ein Kampf gegen die Macht der Zeit." (S. 109) Raffungstechniken bleiben auch für moderne und avantgardistische Autoren und Autorinnen ein wichtiges Mittel, um jene Macht und den symbolischen Kampf gegen sie zu versprachlichen. „Um uns den Flug der Zeit bewußt zu machen, haben es die Romanschriftsteller nötig, den Lauf des Zeigers stark [im Original: follement, wahnsinnig] zu beschleunigen und den Leser zehn, zwanzig, dreißig Jahre in zwei Minuten durchmessen zu lassen." Das steht im großartigsten dieser modernen Zeit-Romane, in Marcel Prousts *Auf der Suche nach der verlorenen Zeit*.[16] Und ähnliche Reflexionen kann man, wie wir schon gesehen haben, seitenlang in Thomas Manns *Zauberberg* nachlesen.

---

16 Fast grotesk wirkt das Beispiel, mit dem Proust im nächsten Satz dieses Prinzip zugleich illustriert und auf die Spitze treibt: „Oben auf der Seite hat man sich von einem hoffnungsvollen Liebhaber getrennt, und unten auf der nächsten findet man einen Achtzigjährigen wieder, der auf dem kleinen grasbestandenen Hof eines Altersheims mühselig seinen täglichen Spaziergang absolviert und dabei kaum auf die an ihn gerichteten Fragen Rede stehen kann, da er das Vergangene längst vergessen hat." (Bd. 3, S. 76)

Erwähnen wir zum Schluß einen Text, der so gut wie keine Erzählerreflexionen, aber virtuose Raffungen aufweist; einen Text, der Hebels Meisterstück an rhythmischem Feingefühl bei der Zeitbehandlung nicht nachsteht. Virginia Woolf hat ihren schon erwähnten Roman *Die Fahrt zum Leuchtturm* in drei Teilen aufgebaut. Der erste, *Der Ausblick,* erzählt vergleichsweise breit (145 Seiten) und in multiperspektivisch-personaler Sicht den Ablauf eines Ferientages an der See, vom Nachmittag bis in die Nacht. Geplant ist eine Fahrt zum Leuchtturm, die wegen ungünstigen Wetters nicht zustande kommen wird. Der zweite Teil ist (fast überdeutlich) *Die Zeit vergeht* überschrieben und in zehn kurze Abschnitte eingeteilt. Er beginnt noch in der gleichen Nacht mit einigen kleinen Szenenausschnitten, um dann stetig das Erzähltempo zu steigern:

Aber was ist schließlich eine einzige Nacht? Nur eine kurze Spanne, besonders wenn das Dunkel sich so bald lichtet und so bald schon ein Vogel zu singen, ein Hahn zu krähen beginnt, ein schwaches Grün auf der Wölbung der Welle gleich einem sich wendenden Blatt lebhafter wird. Nacht jedoch folgt auf Nacht. Der Winter hat ein ganzes Spiel dieser dunkeln Karten im Vorrat und teilt sie gleichmäßig und gerecht mit unermüdlichen Fingern aus. Sie werden länger; sie werden dunkler. (S. 157)

Bei allem, was die englische Avantgardistin vom badischen Kalendermann unterscheiden mag – hier wie dort ist es die Kombination verschiedener Raffungstechniken miteinander und mit einer subtilen Zeitsymbolik, die die erzählerische Wirkung begründet. Der Übergang vom exemplarischen zum raffenden Erzählen, von der einen Nacht zu den vielen aufeinander folgenden Nächten, ist im Textausschnitt schon deutlich. Anschließend werden nun, als Sprungraffung auf der sukzessiven Ebene, einige biographisch-historische Ereignisse benannt: eine Hochzeit, der Tod mehrerer Handlungsfiguren, der Erste Weltkrieg, das Erscheinen eines Buches. Dies geschieht in knappen Worten, die in Klammern gesetzt sind: gewissermaßen die Schwundstufe der Erzählerinstanz in diesem radikal personalen Roman. Zwischen diesen Sprüngen wird nun aber, anhand des leerstehenden Ferienhauses und der umgebenden Natur, die Zeit als solche spürbar gemacht: Sukzessive und iterativ-durative Raffungen greifen auf subtile, manchmal kaum zu unterscheidende Weise ineinander und werden, wie gesagt, von einer ausdrucksstarken Zeitmetaphorik gestützt: „Nacht für Nacht, sommers und winters, hielten das Getümmel der Stürme, die pfeilgleich schwirrende Stille schönen Wetters ungestört Hof." (S. 166) Die Leser verlieren den Sinn für die sukzessive Chronologie; die iterative Abfolge und Wiederkehr der Tages-und Jahreszeiten setzt sich durch, bis zuletzt die zeitliche Gliederung selbst sich aufzulösen scheint – „denn Tag und Nacht, Monat und Jahr flossen gestaltlos ineinander" – und nur die Vision eines Zustandes vor oder nach aller Zeit bleibt, in dem „das Weltall in roher Verwirrung und mutwilliger Lust ziellos mit sich selbst rang und raste" (S. 166).[17]

Dem wirken dann freilich wieder kurze, detailliert erzählte Abschnitte entgegen, in denen (wiederum personal) der resignierte Kampf der Putzfrau gegen den Verfall des Hauses erzählt wird. Darin wird dann auch, „ganz plötzlich" (S. 172), die Ankündigung der Familie reflektiert, sie „kämen vielleicht über den Sommer her" (S. 172). Wir sind ohne Zweifel wieder in der kalendarischen Sukzession. Noch im gleichen Abschnitt, „eines Abends im September" (S. 175), wird die Ankunft der ersten Gäste gemeldet. Der zehnte und letzte Abschnitt erinnert an den ersten, man geht zu Bett und erwacht früh und alles „sah ganz so aus, wie es vor Jahren immer ausgesehen hatte." (S. 176) Erst im dritten Teil, *Der Leuchtturm*, wird dann die Dauer der gerafften Zeit bestimmt. Einigen Altersangaben und ganz explizit einem personalen Rückblick läßt sich schließlich entnehmen, daß der Ferientag des ersten Teils „vor zehn Jahren" (S. 236) spielte. Erst jetzt, unter vielfach veränderten Umständen, wird die Fahrt zum Leuchtturm stattfinden, die damals für den nächsten Tag geplant war...

Wie man hier schon sehen kann, wird vor allem die *iterative Zeitraffung* verschiedentlich zu einer eigenständigen Bauform weiterentwickelt, die die Raffung großer Zeiträume und ihre inhaltliche Ausfüllung zugleich ermöglicht. Ein *mehrfach* wiederkehrender Ablauf kann *einmal* erzählt, dabei aber als gleichförmig sich wiederholender und damit typischer Ablauf gekennzeichnet werden. Dieser Aspekt bietet sich besonders bei rückblickender Erzählung an, wenn es um die Erinnerung und Darstellung weiter, aber in der genauen Chronologie nicht mehr rekonstruierbarer Zeitfolgen geht. Häufig bestimmt ein solcher *Iterativ*, wie wir in Anlehnung an Genette[18] formulieren, die Kindheitsepisoden von Autobiographien oder autobiographischen Romanen:

---

17 Auf ähnliche Weise metaphorisch geprägt ist die folgende kleine Raffung aus Musils *Mann ohne Eigenschaften:* „Die Tage schaukelten und bildeten Wochen. Die Wochen blieben nicht stehen, sondern verkränzten sich. Es geschah unaufhörlich etwas." (S. 445)

18 Er unterscheidet in *Discours du récit* unter der Kapitelüberschrift „Fréquence" (Häufigkeit) grundsätzlich die Aspekte des „singulativen", „re-

Wir Knaben hatten eine sonntägliche Zusammenkunft, wo jeder von ihm selbst verfertigte Verse produzieren sollte. Und hier begegnete mir etwas Wunderbares, was mich sehr lange in Unruh setzte. Meine Gedichte, wie sie auch sein mochten, mußte ich immer für die besten halten.

Die iterativen Angaben „sonntäglich" und „immer [wieder]" kondensieren hier, im Ersten Buch von Goethes *Dichtung und Wahrheit* (S. 34), mehrere gleichartige Ereignisse zu *einem* typischen. Ähnliches widerfährt natürlich auch Hans Castorp, der schon nach kurzer Zeit die einförmigen Sanatoriumstage als flüchtig und monoton zugleich erlebt, als „Einerleiheit" und „Ewigkeitssuppe". Bald schon erscheint ihm „eine 'lange' Reihe von Tagen" als „immer derselbe Tag" (S. 195): „Der Normaltag war klar gegliedert und fürsorglich organisiert, man kam rasch in Trott und gewann Geläufigkeit, wenn man sich seinem Getriebe einfügte." (S. 112) Der Erzähler setzt diese psychologische Erfahrung seinerseits technisch um, indem er – nicht ohne dies wieder erzähltheoretisch zu kommentieren (S. 195) – Hansens krankheitsbedingte Bettruhe iterativ erzählt, eben als einen (durch sukzessiv-singuläre Einschübe ein wenig entmonotonisierten) *Normaltag*[19], an dessen Ende plötzlich „drei Wochen" vergangen sind (S. 216).

---

petitiven" und „iterativen" Erzählens und zeigt in einer sehr differenzierten Analyse den „Iterativ" als Prousts bevorzugte Erzählweise auf (S. 145-182). Besonders ausgeprägt ist sie in den berühmten Partien des Ersten Bandes, in denen der Erzähler seine früheren Ferienaufenthalte in Combray, die gleichförmigen Tage dort und den Wechsel der beiden „typischen" Spaziergänge nach Méséglise oder Guermantes in eine ganze Serie von ineinander gestaffelten Iterativen faßt (S. 68-247). Was an diesen Partien beobachtbar ist, das Hervortreten einer räumlichen, topographischen Strukturierung anstelle der zurücktretenden Chronologie, gilt für iteratives Erzählen ganz allgemein. Für Hans Henny Jahnns Romanwerk *Fluß ohne Ufer* habe ich dies, im Vergleich mit Proust, schon in meiner Dissertation gezeigt (S. 73-78).

19 Den Begriff des Normaltages hat Hans Robert Jauß bereits 1955 in seiner Studie *Zeit und Erinnerung in Marcel Prousts „A la recherche du temps perdu"* übernommen und als typische Bauform nicht nur bei Thomas Mann, sondern vor allem bei Proust nachgewiesen. Genette führt Jauß zwar im Literaturverzeichnis auf, bezieht sich aber nicht ausdrücklich auf ihn.

4. Ordnungswidrigkeit in der Erzählung. Mit weiteren Textbeispielen

Auslassung und Raffung haben, für sich gesehen, keine Auswirkung auf die chronologische Abfolge, die *Ordnung* der verbleibenden Geschehnisse im Text der Geschichte. Aber auch die *„Umstellung* von Partien der erzählten Zeit im Laufe des Erzählens" ist, wie Lämmert betont (S. 34), ein wichtiges und vielfältig einsetzbares episches Aufbaumittel. Genette, dessen *Discours du récit* sich hier besonders eng mit den *Bauformen des Erzählens* berührt, nennt sie *Anachronie* (S. 78ff.). Sie läßt die *Ordnung des Geschehens* und die *Ordnung der Erzählung* auseinandertreten. Möglich wird dies, weil der Erzähler in seiner Geschichte – wie wir alle in unseren Gedanken, Empfindungen und Phantasien – nicht an das Jetzt-und-Hier des (erzählten bzw. erlebten) Geschehens gebunden ist. Einbildungskraft und Sprache ermöglichen sowohl den Rückschritt in die Vergangenheit und deren sprachliche Evokation (Erinnerung) als auch den, freilich ungewisseren Vorgriff in die Zukunft (etwa als Wunsch oder Furcht). In der Erzählung sind Ordnungswidrigkeiten nicht strafbar, sondern geradezu notwendig: Wiederum wird die anthropologische Verankerung des Erzählens deutlich. Welche strukturellen und erzähltechnischen Konsequenzen ergeben sich?

Durch Umstellungen können komplizierte Werkstrukturen entstehen, die sich der schematischen Darstellung entziehen und nur in einer detaillierten Einzelanalyse aufzudecken sind. Vor allem im experimentellen Erzählen der Moderne und Postmoderne spielt dies – bis hin zur bewußten Fragmentierung und Verrätselung der Geschehenschronologie – eine Rolle. Wir wollen aber zunächst auf zwei Grundformen der chronologischen Umstellung hinweisen, die fast in jedem Erzählwerk in der einen oder anderen Form vorkommen und insofern auch zu den Konventionen herkömmlichen Erzählens zu rechnen sind. Abschließend soll dann ein kurzer Seitenblick auf zwei (bei genauerem Hinsehen nicht mehr ganz) einfache Texte zumindest andeuten, welche konstruktiven und thematischen Möglichkeiten mit der Verwendung oder Vermeidung von Anachronien verbunden sind.

Lämmert systematisiert zwei Formen bzw. *Richtungen* der zeitlichen Umstellung als Bauformen des Erzählens: die Rückwendung und die Vorausdeutung. Da sie nach ihrer Stellung im Erzählkontinuum, nach Reichweite und Umfang sowie nach ihrer Zugehörigkeit zu Erzählerbericht oder Personenrede beträchtlich variieren können, ist eine weitergehende Unterscheidung nötig.

Die *Rückwendung* (in Genettes Terminologie: die *Analepse*) läßt sich definieren als Unterbrechung der fiktiv-gegenwärtigen Handlungsfolge und Einschub von Ereignissen, die schon früher stattgefunden haben und jetzt nachgetragen werden. Einen gewissen Sonderfall bildet für Lämmert die *Vorzeithandlung*: eine eigenständige, in sich abgeschlossene Erzählung innerhalb der Erzählung, die chronologisch vor der Haupt- oder Gegenwartshandlung, aber auf der gleichen Zeitachse mit ihr liegt. (Dies letztere unterscheidet sie von „fiktionalen" Erzählungen einer Figur innerhalb der Erzählung, wie sie etwa in Novellenzyklen vorkommen.) Eine Vorzeithandlung kann die Haupthandlung thematisch reflektieren wie zum Beispiel die kleine Novelle *Die wunderlichen Nachbarskinder* in Goethes Roman *Die Wahlverwandschaften* (1809). Sie kann ein rätselhaftes Geschehen der Haupthandlung nachträglich aufklären, woraus vor allem der Abenteuer-, Schauer- und Kriminalroman Nutzen zieht. Vorzeithandlungen können aber auch, wie in manchen Novellen oder Novellenzyklen, die Gegenwartshandlung zum bloßen Anlaß des Erzählens, zum situativen Rahmen herabstufen.

„Beginn einer Vorzeithandlung bedeutet also Wechsel der Handlungsebene", definiert Lämmert, eine *Rückwendung* im engeren Sinne hingegen „die Ausweitung der Gegenwartshandlung durch Hineinnahme von Vergangenheit" (S. 102). Häufig sind solche Rückwendungen in ergänzender, erklärender Funktion knapp gehalten; es gibt freilich Grenzfälle, „Übergänge", wie Lämmert einräumen muß, wo eine Rückwendung nach Reichweite und Umfang die Gegenwartshandlung in den Hintergrund drängt bzw. von der Vorzeithandlung nicht mehr eindeutig abzugrenzen ist. Und das in geradezu kanonischen Texten wie Homers *Odyssee* (um 700 v. Chr.): Deren Gegenwartshandlung, vom Erzähler in der dritten Person vorgetragen, umfaßt eine erzählte Zeit von gerade vierzig Tagen, nur die letzte Phase von Odysseus' Heimkehr. Die zwanzigjährige Vorgeschichte wird rückblickend in zwei aneinander anschließenden Rückwendungen bzw. Analepsen gerafft: Am Hofe der gastfreundlichen Phäaken trägt ein Sänger Lieder vom Kampf um Troja vor (8. Gesang), worauf Odysseus selbst die Geschichte seiner jahrelangen Irrfahrt bis zur Handlungsgegenwart, das heißt der Landung bei den Phäaken erzählt (9. bis 12. Gesang). Danach wird die Handlung mehr oder weniger sukzessiv zu Ende geführt. Hier wird also eine nach Umfang und Reichweite außerordentlich große Rückwendung vor allem wohl aus wirkungsästhetischen Gesichtspunkten eingefügt.

Daß die Ich-Form, in der Odysseus erzählt, eine besonders starke Affinität zur Rückwendung besitzt, gilt über Jahrtausende hinweg, auch wenn sich in der modernen Prosa die Strukturen verkomplizieren. Genette hat jedenfalls gezeigt, daß die zweieinhalbtausend Seiten von Prousts Romanwerk fast nur aus einer Serie von fünf unterschiedlich umfangreichen Analepsen bestehen, die direkt oder indirekt von der Eingangssituation des Protagonisten abhängig sind, also von jenem berühmten ersten Satz[20]: „Lange Zeit bin ich früh schlafen gegangen." (S. 9)

Eine standardisierte Bauform ist im Vergleich damit die sogenannte *aufbauende Rückwendung* als jeweils *zweite* Erzählphase von Texten, die *medias in res,* mit einem unmittelbar szenischen Erzähleinsatz oder auch mit einer exakten Datierung beginnen. Diese Verbindung zweier Techniken versucht einerseits das Leserinteresse zu gewinnen, Identifikation oder Spannung aufzubauen, andererseits aber die zum Verständnis einer Situation nötigen Kontextangaben und Informationen zu liefern. Auch die aufbauende Rückwendung läßt sich von den Anfangsversen der *Ilias* und der *Odyssee*[21] bis in die Gegenwart verfolgen. Wir finden sie bei Rousseau und Balzac, bei Fielding und Dickens, bei Goethe, Kleist und Fontane, bei Kafka und Musil. Sie kann einen halben Satz oder ein ganzes Kapitel umfassen; sie kann vom Erzähler vorgebracht werden wie das Zweite Kapitel im *Zauberberg,* das die Kindheits- und Jugendjahre Hans Castorps bis exakt zum Antritt jener Reise nach-

---

20 Die nicht minder berühmten Proustschen Augenblicke des „unwillkürlichen Erinnerns" dienen, jenseits aller Psychologie, als erzähltechnische Scharniere für solche Rückwendung. Strukturell besonders interessant ist die externe Analepse, die die abgeschlossene Erzählung *Eine Liebe von Swann* umfaßt (und die Lämmert wohl als Vorzeithandlung kategorisieren würde); aber auch die letzte, zum Schluß hin offen bleibende, das heißt in die Schreibgegenwart übergehende Rückwendung, die von Bd. 1, S. 507 an auf etwa zweitausend Seiten den Großteil der Lebensgeschichte (von den Pariser Jugendjahren an) fortlaufend, wenn auch stark iterativ erzählt und damit die Ausgangshandlung, von der sie zunächst als Erinnerungsschicht abhängig war, quasi verdrängt: Genaueres in Genettes *Discours du récit,* S. 85ff.

21 In der *Ilias* zeigen die ersten Verse, nach Genette (S. 80), ein fast regelmäßiges Rückschreiten über mehrere Stufen an; in der *Odyssee* würde ich dagegen die Verse 1 bis 19 als Kombination von aufbauender Rückwendung und auktorialer Vorausdeutung (mit dem Übergang in Vers 16f.) deuten.

trägt, von der das Erste Kapitel berichtet. (Die trügerische Vorausdeutung „Er fuhr … auf drei Wochen" steht fast wortgleich als dritter Satz im Ersten und als letzter im Zweiten Kapitel und funktioniert wie ein Scharnier, das Gegenwartshandlung und Rückwendung zusammenschließt.) Die aufbauende Rückwendung kann aber auch als Personenrede, das heißt als eigenständige Erzählung in die Gegenwartshandlung eingebettet werden. So unterhält beispielsweise im Zweiten bis Achten Kapitel von Goethes Roman *Wilhelm Meisters Lehrjahre* (1795/96) der junge Held die in seinen Armen sanft entschlummerte Mariane – in Wirklichkeit also die wachen Leser und Leserinnen – mit der Geschichte seiner Kindheit und Theaterleidenschaft. Die Wirkung dieses Verfahrens läßt sich im Vergleich mit der fragmentarischen Erstfassung *Wilhelm Meisters theatralische Sendung,* die von Anfang an chronologisch fortlaufend erzählt, besonders anschaulich studieren.

Ein komplementäres Baumuster bietet die *auflösende Rückwendung* als letzte oder zweitletzte Erzählphase eines Textes. Sie resümiert ein bislang nur teilweise erzähltes Geschehen nochmals „von Anfang an" – meist stark gerafft und mit Konzentration auf die Lücken und Geheimnisse der Geschichte, die sie auffüllt oder aufklärt. Diese Bauform ist verständlicherweise vor allem in der Tradition von Detektivgeschichte und Detektivroman standardisiert und variiert worden. Die Standardversion bietet Arthur Conan Doyle in vielen Sherlock-Holmes-Geschichten oder auch in seinem Kurzroman *Der Hund von Baskerville* (1902), in dessen letztem Kapitel *Ein Rückblick* der geniale Detektiv seinem biederen Helfer Watson eine Privatlektion über den „Ablauf der Ereignisse insgesamt" gibt (S. 192ff.). Allerlei Variationen liefert Agatha Christie, die ihren Detektiv gern vor versammelter Verdächtigenschar dozieren läßt. „'Wir sind vollzählig', sagte Poirot, 'und können jetzt beginnen.'" So im 23. Kapitel (S. 198) von *Alibi* (1926), wo die Auflösung dann über vier Kapitel hingezogen wird und nicht nur kriminalistisch, sondern auch erzähltheoretisch[22] verblüfft. Raymond Chandler läßt

---

22 Das 27. Kapitel ist eine zweite, von Poirot provozierte auflösende Rückwendung in Form eines Bekennerbriefs. Erzähltheoretisch kontrovers ist aber nicht die Zeitgestaltung, sondern die Erzählperspektive bzw. die Verläßlichkeit des Erzählers: „Es gibt einen Roman von Agatha Christie, in dem die ganze Erfindung darin besteht, den Mörder hinter der ersten Person der Erzählung zu verstecken. Der Leser sucht den Täter hinter jedem 'Er' der Erzählung; er verbirgt sich in dem 'Ich'." Roland Barthes sieht hierin die Doppeldeutigkeit fiktionalen Erzählens schlechthin zugespitzt, wie er 1953 in seinem Essay *Am Nullpunkt der Literatur* (S. 36)

seinen Philip Marlowe die Bauform der auflösende Rückwendung meist in wortkarge Schlußdialoge verpacken, wie etwa in *Der große Schlaf* (1939); und natürlich erfüllt auch ein Geständnis des Täters, wie im 27. Kapitel von *Alibi* und in manchen *Maigret*-Romanen von Georges Simenon, den Tatbestand der auflösenden Rückwendung. Das läßt schließlich an die Verbrechensromane Fjodor M. Dostojewskis denken: In *Schuld und Sühne* (1867) kann man das Zwei-Zeilen-Geständnis des Raskolnikow, nach 776 Seiten, zwar nicht als auflösende Rückwendung im erzähllogischen Sinne bezeichnen, weil wir seinen Doppelmord hinreichend drastisch miterlebt haben – auf psychologischer Ebene jedoch hat diese Aussage durchaus eine ähnliche Funktion.

Damit kommen wir zur *eingeschobenen Rückwendung*, die überall im Erzählzusammenhang auftreten kann. Lämmert unterscheidet nach Umfang und Funktion drei Varianten: Der *Rückschritt* holt, in gewisser Analogie zur aufbauenden Rückwendung, an einem Handlungseinschnitt etwa „die besondere 'Geschichte' eines Gegenstandes oder einer Person bis zu ihrem Eintritt in die Handlung in mehr oder weniger großen Schritten" nach (S. 112). Ein konventionell-unauffälliges Beispiel steht zu Beginn des Achten Teils von *Buddenbrooks*: Dort wird „Herr Hugo Weinschenk, seit einiger Zeit Direktor im Dienste der Städtischen Feuerversicherungsgesellschaft" und Tonys künftiger Schwiegersohn, ins Haus und den Roman eingeführt (S. 372). Sehr viel umfangreicher und berühmter ist das sechste Kapitel von Flauberts *Madame Bovary* (1857), das deren klösterliche Erziehung nachträgt, nachdem das Augenmerk des Erzählers zunächst auf ihren Gatten und dessen Vorgeschichte gerichtet war. Lämmerts zweite Kategorie ist der *Rückgriff*: ein punktueller Verweis auf ein Faktum der Vergangenheit, das nicht mehr als Handlungsablauf rekapituliert wird; seine dritte der *Rückblick* einer Figur auf ihre Vergangenheit, etwa als „visionäre Austiefung des gegenwärtigen Erlebnisses durch eine Lebensüberschau" (S. 129). So darf man im *Unverhofften Wiedersehen* wohl die bewegte Äußerung der alten Frau verstehen: „'er ist mein Verlobter', sagte sie endlich, 'um den ich fünfzig Jahre lang getrauert hatte und den mich Gott noch einmal sehen läßt vor meinem Ende. Acht Tage vor der Hochzeit ist er unter die Erde gegangen und nimmer heraufgekommen.'" (14)

---

ausführt. In seiner späteren *Einführung in die strukturale Erzählanalyse* (1966) wertet er das Verfahren eher negativ, als „plumpen Trick" (S. 128, Anm. 54). Weitere Gesichtspunkte trägt Genette in seinen Abhandlungen von 1972 und 1983 (S. 212 bzw. 45) bei.

Den vielfältig variierbaren Rückbezügen, die das Erzählgeschehen in der fiktiven Vergangenheit fundieren, den Erzählverlauf aber retardieren, steht als dynamisch vorwärtsweisende Struktur die *Vorausdeutung* (in Genettes Terminologie: *Prolepse)* gegenüber. Sie nimmt einen späteren Punkt innerhalb der erzählerischen Chronologie vorweg (intern) oder greift über deren Endpunkt hinaus (extern). Damit ist natürlich keineswegs garantiert, daß ein bestimmtes Ereignis dann auch wirklich eintritt. Auch die aufs Ende der Erzählung gerichtete Spannung bei der Lektüre wird durch diese häufig ungenauen oder nur anspielenden Verweise nicht gemindert, sondern in aller Regel verstärkt. Dabei kann man prinzipiell zwei erzähllogische Qualitäten unterscheiden.

Zukunftsungewisse Vorausdeutungen nennen wir mit Lämmert alle Aussagen oder Empfindungen von Handlungsfiguren über ihre Zukunft, aber auch Erzählerbemerkungen, die den Erlebnishorizont der Figuren nicht durchbrechen. Ihre „Zukunfts-Ungewißheit", die sich subjektiv im Modus der Hoffnung oder der Furcht, des Glaubens oder Wünschens ausdrückt, entspricht nach Lämmert der „Lebenswirklichkeit" (S. 143). Auch hierfür bietet das *Unverhoffte Wiedersehen* Beispiele: – „Auf Sankt Luciä wird unsere Liebe von des Priesters Hand gesegnet. Dann sind wir Mann und Weib und bauen uns ein eigenes Nestlein." Die freudige Erwartung des jungen Bergmanns zu Beginn der Erzählung wird ebenso wie die subjektive Gewißheit seiner Braut als trügerisch entlarvt. Und streng – das heißt erzähllogisch – genommen müssen auch ihre Schlußworte als zukunftsungewiß gelten (wobei diese Ungewißheit freilich vom Aussagegehalt, der unerschütterlichen Glaubensgewißheit eines Ewigen Lebens überdeckt wird, sodaß letztlich kein „offener Schluß" entsteht). Einen solchen Schluß kann (oder will) hingegen der auktoriale Erzähler des *Zauberberg* nicht vermeiden, wenn er seinem Helden mitten in der Materialschlacht zuruft: „Fahr wohl – du lebest nun oder bleibest! Deine Aussichten sind schlecht; das arge Tanzvergnügen, worein du gerissen bist, dauert noch manches Sündenjährchen und wir möchten nicht hoch wetten, daß du davonkommst." (S. 756). Eine wahrhaft zukunftsungewisse Vorausdeutung oder, anders gesagt, eine über das *Finis operis* hinausreichende Auslassung...

Zukunftsgewisse Vorausdeutungen richten hingegen die Aufmerksamkeit der Leser direkt auf ein angekündigtes Ereignis, eine später in die Handlung tretende Person, den Ausgang einer Erzählphase oder der Erzählung selber. Erzähllogisch handelt es sich um Elemente auktorialen Erzählens (Zukunftsgewißheit als Aspekt der „Allwissenheit") oder auch der Ich-Erzählung. Deren Erzähler kann aufgrund seiner Retrospektive vom Zeitniveau der erzählten Handlung aus zumindest soweit in die „Zukunft" verweisen, wie diese in der Vergangenheit seiner Schreibgegenwart liegt. Dagegen können die Figuren der erzählerischen Fiktion, wie wir alle in der Lebenswirklichkeit, nicht zukunftsgewiß vorausdeuten (es sei denn, sie würden im Rahmen der Fiktion ihrerseits als auktoriale oder Ich-Erzähler fungieren).

Auch die Vorausdeutung hat standardisierte Formen ausgebildet, die jedoch weniger gewichtig sind als die entsprechenden Rückwendungen. Die *einführende Vorausdeutung* kündigt eine Figur, ein Thema, das Geschehen oder seinen Ausgang schon im Titel, Vorwort oder am Erzählbeginn an. Formelhafte Ausprägung findet sie schon in der antiken und mittelalterlichen Epik, dem Vorbild von *Ilias* und *Odyssee* folgend. In der gleichen Traditionslinie kann man den europäischen Roman des 17. und 18. Jahrhunderts sehen, wo sich die Titelangabe mitunter zu einer Kurzfassung der Erzählung auswächst wie in Daniel Defoes epochemachendem Werk *Das Leben und die unerhörten Abenteuer des Robinson Crusoe eines Seemanns aus York, der achtundzwanzig Jahre lang ganz allein auf einer unbewohnten Küste von Amerika lebte, nahe der Mündung des großen Orinoko-Stromes, wohin er durch einen Schiffbruch verschlagen worden war, bei dem alle Mann außer ihm umkamen. Mit einem Bericht, wie er zuletzt auf ebenso merkwürdige Weise durch Piraten befreit wurde* (1719).[23] Aber auch realistische und klassisch-moderne Erzählwerke machen von der einführenden Vorausdeutung Gebrauch; sei es, daß *Buddenbrooks* im Untertitel als *Verfall einer Familie* avisiert, das heißt sowohl der Verlauf der Geschichte als auch ihr Konzept benannt wird; sei es,

---

23 Schließlich noch ein postmodernes Gegenstück aus der amerikanischen Gegenwartsliteratur (1969), wo die vorausdeutende Inhaltsangabe nur noch ein Element unter anderen ist und der Titel nicht mehr (oder nicht mehr vorrangig) der Bekräftigung des Geschehens, sondern eher der metafiktionalen Verrätselung dient: *Schlachthof 5 oder Der Kinderkreuzzug von Kurt Vonnegut jr. einem Deutsch-Amerikaner der vierten Generation, der jetzt in angenehmen Verhältnissen in Cape Cod lebt (und zuviel raucht), der vor langer Zeit als Angehöriger eines Infanterie-Spähtrupps kampfunfähig als Kriegsgefangener Zeuge des Luftangriffs mit Brandbomben auf Dresden, „das Elb-Florenz" war und ihn überlebte, um die Geschichte zu erzählen. Dies ist ein Roman, ein wenig in der telegraphisch-schizophrenen Art von Geschichten von dem Planeten Tralfamadore, von wo die Fliegenden Untertassen herkommen. Friede.*

daß der *Zauberberg*-Erzähler seiner Leserschaft schon im Vorsatz, also vor Eintritt in die Erzählchronologie verspricht, sie werde alsbald „einen einfachen, wenn auch ansprechenden jungen Menschen ... kennenlernen" (S. 5).

Abschließende Vorausdeutungen am Ende der Erzählung weisen in eine nicht mehr erzählte Zukunft, die oftmals als Gegenwart der Leser vorgestellt wird: „und wenn sie nicht gestorben sind, so leben sie noch heute...". *Eingeschobene Vorausdeutungen*, die sich auf Verlauf und Ausgang der Gesamterzählung oder einzelner Phasen beziehen können, treten besonders an Einschnitten und Wendepunkten des Geschehens oder auch des Textes, beispielsweise am Kapitelanfang oder -ende auf.

Alle Formen und Varianten der Rückwendung und Vorausdeutung tragen zur *epischen Integration* des Erzähltextes bei, sie schaffen Korrespondenzen, Vor- und Rückverweise zwischen mehr oder weniger weit entfernten Stellen der Erzählfolge – so wie auf anderer Ebene wiederkehrende Bilder oder Symbole, etwa in Form des Leitmotivs. Die „epische Prosakomposition" wird, nach einem Wort Thomas Manns, der all diese Verfahren gepflegt und perfektioniert hat, zu einem „geistigen Themengewebe". Untersuchen wir zum Schluß dieses Kapitels an ein oder zwei Beispielen, wie sich Umstellungen der Geschehensfolge, die über die punktuelle Funktion von Rückwendung oder Vorausdeutung hinausgehen, auf die Geschichte und ihren Text auswirken. Wir kehren zunächst (und zum letzten Mal) zum *Unverhofften Wiedersehen* zurück.

Hebels Kalendergeschichte bringt Geschehnisse, die im Abstand von fünfzig Jahren an einem bestimmten Schauplatz, und andere, die in dieser Zwischenzeit an verschiedenen Orten ablaufen, in eine zeitliche Folge. Da es sich weitgehend um historisch überlieferte Ereignisse handelt, können wir mit einiger Präzision überprüfen, ob die Zeitfolge in der erzählten Zeit (im Text der Geschichte) sich an die Chronologie des Geschehens (bzw. der Geschichte im doppelten Sinn) hält oder ob sie von ihr abweicht. Wir erstellen zu diesem Zweck ein (zugegeben grobes) Schema, das die Handlungszeit der einzelnen Sätze vermerkt (direkte oder indirekte Personenrede gilt dabei als Bestandteil des übergeordneten Satzes; ihre Zeitstruktur wird vorerst nicht berücksichtigt).

(1,2) unbestimmte Zeit vor St. Luciä (13. Dezember), ca. 1754
(„vor guten fünfzig Jahren und mehr": Publikation 1811)
(3) Sonntag vor St. Luciä (vgl. 14: „acht Tage vor der Hochzeit")

(4) „den andern Morgen"
(5) „selbigen Morgen" → unbestimmte Dauer („nimmer", „nie")
(6) „Unterdessen ..."
1. November 1755, Erdbeben von Lissabon
1756-63 Siebenjähriger Krieg
18. August 1765, Franz Joseph †
21. Juli 1773, Verbot des Jesuitenordens
1771 bzw. 1795, Erste und Zweite polnische Teilung
29. November 1780, Maria Theresia †
26. April 1772, Hinrichtung des dänischen Ministers Struensee
4. Juli 1776, Unabhängigkeitserklärung der USA
1779-1783, Belagerung Gibraltars
(7) 1788, Russisch-Türkischer Krieg
20. Februar 1790, Kaiser Joseph †
(8) 1788-89, Schwedisch-Russischer Krieg
1. März 1792, Leopold II †
1789ff., Französische Revolution, Napoleonische Kriege
(9) 1806, Napoleon erobert Preußen
1807, Beschießung Kopenhagens → unbestimmte Dauer
(10) unbestimmte Dauer (sinngemäß: während der ganzen Zeit)
(11) „1809 etwas vor oder nach Johannis" (24. Juni)
(12-14) am gleichen Tag, zeitlich anschließend
(15) am „andern Tag"
(16) am gleichen Tag, zeitlich anschließend

Nun läßt sich zusammenfassen: Die Abfolge der Ereignisse im Text der Geschichte folgt – sofern wir uns auf den *Erzählerbericht* beschränken – der historischen Chronologie bis auf zwei kleine Unstimmigkeiten: Der Tod Maria Theresias und derjenige Leopolds II. stehen zu früh – ganz offenbar, weil Hebel hier die chronologische Korrektheit dem gestalterischen Gesichtspunkt des Satzrhythmus unterordnet. Jedenfalls haben diese beiden Umstellungen keinen wesentlichen Einfluß auf den Gesamteindruck bzw. auf das Konzept der Geschichte: den unaufhaltsamen Ablauf der äußeren Zeit zur Sprache zu bringen.

Wenn wir nun aber doch einen Blick auf die Ebene der direkten *Personenrede* werfen, so zeigt sich, daß sowohl in den anfänglichen (trügerischen) Vorausdeutungen (1f.), wie auch in der Erläuterung der alten Frau nach Auffinden des Leichnams (14), wie auch schließlich in ihren Abschiedsworten (17) diese Dimension der einsinnig vergehenden Zeit transzendiert wird, und zwar sowohl in Richtung auf die Vergangenheit wie in Richtung auf die (teils als Ewigkeit gedachte) Zukunft. Wir haben diese Äußerungen ja erzähltechnisch auch schon als Rückblick bzw. als Vorausdeutungen klassifiziert. Im Blick auf den Text der Geschichte könnten wir nun vielleicht sagen: Die Dimensionen der objektiven äußeren Zeit (Erzählerbericht) und der subjektiven inneren Zeit (Personenrede) stehen hier kontrapunktisch[24] zueinander. Das Konzept der Geschichte, auch dies wäre zu präzisieren, liegt in eben dieser Dialektik von äußerer und innerer Zeit, in der Perspektive der Zeitüberwindung aus subjektiver Gewißheit, aus Erinnerung, Treue und Glauben.

Nun könnte man aber diese Geschichte auch ganz anders erzählen. Wir sehen dabei von den dichterischen Fassungen ab, die andere Autoren dem seit 1720 überlieferten, in Deutschland um 1800 bekannt gewordenen Stoff gegeben haben und fragen lediglich nach den Konsequenzen von „Umstellungen" der Ereignisfolge. Dazu vergleichen wir in unserer Hebel-Ausgabe (S. 413f.) den Text, den der Kalendermann als Quelle benutzt hat:

Dichteraufgabe
Man fand einen ehemaligen Bergmann in der schwedischen Eisengrube zu Falun, als zwischen zween Schachten ein Durchgang versucht wurde. Der Leichnam, ganz mit Eisenvitriol durchdrungen, war anfangs weich, wurde aber, sobald man ihn an die Luft gebracht, so hart wie Stein. Fünfzig Jahre hatte derselbe in einer Tiefe von dreihundert Ellen in jenem Vitriolwasser gelegen: und niemand hätte die unveränderten Gesichtszüge des verunglückten Jünglings erkannt, niemand die Zeit, seit welcher er in dem Schachte gelegen, gewußt, da die Bergchroniken, sowie die Volkssagen bei der Menge der Unglücksfälle in Ungewißheit waren, hätte nicht das Andenken der geliebten Züge eine alte treue Liebe bewahrt. Denn als um den kaum hervorgezogenen Leichnam das Volk, die unbekannten jugendlichen Gesichtszüge betrachtend steht, da kommt an Krücken und mit grauem Haar ein Mütterchen mit Thränen über den geliebten Toten, der ihr verlobter Bräutigam gewesen, hinsinkend, die Stunde segnend, da ihr noch an den Pforten des Grabes ein solches Wiedersehen gegönnt war, und das Volk sah mit Verwunderung die Wiedervereinigung dieses seltenen Paares, da sich das eine im Tode jugendliche Aussehen, das andere bei dem Verwelken und Veralten des Leibes die jugendliche Liebe treu und unverändert erhalten hatte: und wie bei der fünfzigjährigen Silberhochzeit der noch jugendliche Bräutigam starr und kalt, die alte und graue Braut voll warmer Liebe gefunden wurde.

---

24 Stierle weist in seiner Analyse *Die Struktur narrativer Texte* auf subtile Zeitumstellungen in den Sätzen 3 bis 5, also auf der Ebene des Erzählerberichts hin, die aber mit der obigen Deutung ohne weiteres vereinbar sind (S. 225f.).

Diese Geschichte wird also allein durch die Szene des Wiedersehens konstituiert. (Wir haben gesehen, daß und wie Hebel diesem epischen Zeitkern eine doppelte Vorgeschichte, die des Brautpaares und die der Weltgeschichte vorschaltet; er bzw. der auktoriale Erzähler ordnet den Geschichtsverlauf einsinnig chronologisch, so daß die Kernszene nun etwa die zweite Texthälfte ausmacht.) Der Quellentext weiß von dieser Vorgeschichte nichts, sie bleibt (über die bloße Identifizierung hinaus) ganz im „Andenken", in der Erinnerung des „Mütterchens" eingeschlossen. Dadurch aber legt er ein alternatives Erzählmuster mindestens ebenso nahe wie das von Hebel gewählte. Die Kernszene besteht, genauer betrachtet, aus drei Phasen: Bergung des Leichnams, Geheimnis seiner Identität, Identifizierung durch die Braut. Naheliegend wäre es nun, im Moment des Wiedersehens, also nach den ersten beiden Phasen, die eine gewisse Erzählspannung aufgebaut haben, ausführlich in die Vergangenheit des Brautpaares zurückzugreifen, seine Vorgeschichte nachzutragen und damit zugleich das Geheimnis des Leichnams aufzulösen. Das könnte ein auktorialer Erzähler, sehr viel plausibler aber noch die Braut selber tun, die damit als Ich-Erzählerin in die Geschichte einträte. Mit Hilfe einer Rückwendung würde also die chronologische Abfolge Vorgeschichte/Nachgeschichte umgekehrt: der Text gibt uns erst die Nachgeschichte (das Geheimnis), dann die Vorgeschichte (die Lösung).[25]

Dieses Erzählmuster, das selbstverständlich in sehr viel komplexeren Strukturen realisiert werden kann als in dem hier angedeuteten Fall, nennen wir mit Dietrich Weber *analytische Erzählung* und unterscheiden sie von der *synthetischen Erzählung,* die so wie Hebels

---

25 Wiederum anders, nach den Regeln journalistischer Berichterstattung, ist der folgende Text aus der *Westdeutschen Allgemeinen Zeitung* vom 24. Juli 1986 strukturiert, den man versuchsweise auch „fiktional" umschreiben könnte:
„Bergführer lag 72 Jahre tot im Gletschereis
ZÜRICH (rtr)
72 Jahre lang lag die Leiche des Schweizer Bergführers Johannes Nägeli eingefroren im Eis des Oberaargletschers im Berner Oberland, bevor sie in der vergangenen Woche gefunden und geborgen wurde. Nach Angaben der Polizei gelang die Identifizierung des im Sommer 1914 im Alter von 66 Jahren verunglückten Bergführers aufgrund von Hinweisen aus der Bevölkerung sowie bei dem Toten gefundener Gegenstände. Nägeli hatte sich damals in einer Hütte des Schweizerischen Alpenclubs aufgehalten und war auf dem Rückweg in seine Heimatgemeinde Willigen auf dem Gletscher abgestürzt. An das plötzliche Verschwinden Nägelis können sich noch viele ältere Bewohner erinnern."

Text die Geschichte sukzessiv chronologisch aufbaut. Wichtig ist, daß analytisches Erzählen in diesem Sinne nicht grundsätzlich komplizierter oder künstlicher angelegt ist als das synthetische. Im Gegenteil: Es entspricht durchaus der *Struktur unserer Erfahrung*, in der wir ja unablässig mit Situationen konfrontiert sind, die sich erst nachträglich, etwa durch Rückfragen, aufklären[26] und verstehen lassen. Weber weist in seiner *Theorie der analytischen Erzählung* (1975) darauf hin, daß zumindest die einfache analytische Erzählung „in einer Erfahrungsgeschichte" aufgeht (S. 27). Demgegenüber könnte man paradoxerweise Hebels synthetisch aufbauendes Erzählen als „künstlich" verstehen, weil es die Übersicht und die ordnende Hand des auktorialen Erzählers voraussetzt. Es orientiert sich, anders gesagt, an der *historischen Sukzession* der Chronik, was dem „Ka-

---

26 Gewiß nicht der einzige, aber vielleicht der wichtigste und zweifellos der beliebteste Schauplatz analytischen Erzählens ist die Detektivliteratur (samt mehr oder weniger eng verwandten Traditionen wie romantische Novellistik und Schauerroman). Liebhaber dieses Genres haben sein Grundmuster in diesem Sinne beschrieben, ohne noch den von Weber vorgeschlagenen Terminus zu kennen. So schreibt Ernst Bloch in seiner *Philosophischen Ansicht des Detektivromans* (1965): Vor dem „ersten Wort, vor dem ersten Kapitel geschah etwas, niemand weiß es, scheinbar auch der Erzähler nicht. Ein dunkler Punkt ist als noch unerkannter da, von dem her und zu dem hin sich die ganze Wagenladung der folgenden Ereignisse in Bewegung setzt, eine Untat, meist eine mörderische, steht vor Anfang. In allen anderen Erzählformen entwickeln sich die Taten wie Untaten vor einem durchaus anwesenden Leser, hier dagegen ist er bei einer Untat, einer den Tag scheuenden, obzwar besonders fertig ins Haus gelieferten, nicht dabei gewesen, sie liegt im Rücken der Geschichte, muß ans Licht gebracht werden, und dies Herausbringende ist selber und allein das Thema." (S. 327) Ähnlich schon Bertolt Brecht in seinen Notizen *Über die Popularität des Kriminalromans* aus den dreißiger Jahren: „Der Mord ist geschehen. Was hat sich da zuvor zusammengezogen? Was war geschehen? Was für eine Situation war entstanden? Nun, man kann es vielleicht erschließen." (S. 321) Eine erste literaturtheoretisch stringente Analyse dieses erzählerischen Modells hat schließlich Viktor Schklowskij, einer der Begründer der Formalistischen Schule, 1929 in seinem Aufsatz *Die Kriminalerzählung bei Conan Doyle* gegeben, wo es u.a. heißt: „Man kann so erzählen, daß das Geschehene unverständlich wird, in der Geschichte 'Geheimnisse' auftreten, die erst später gelöst werden ... Dem ... entspricht oft eine Umstellung der Chronologie. Dabei kann allein schon diese zeitliche Umstellung, d.h. daß ein Ereignis ausgelassen wird und erst dann beschrieben wird, wenn schon die Folgen davon zu Tage getreten sind, oft zur Schaffung des Geheimnisses dienen." (S. 76) Alle drei Essays sind in meiner Sammlung *Der Kriminalroman* (1971) abgedruckt.

lendermann" Hebel wohl ansteht; unsere analytische Gegenge-
schichte folgt hingegen subjektiver Zeiterfahrung, der *Logik der Erinnerung.*

Unter diesem Stichwort betrachten wir einen vergleichbaren Text.
Zwei Denkmäler heißt eine autobiographische Skizze von Anna Seghers aus dem Jahr 1965, die in ihrer Ausdruckskraft (und in ihrer
komplizierten Einfachheit) Hebels Kalendergeschichte kaum nachsteht.

(1) In der Emigration begann ich eine Erzählung, die der Krieg unterbrochen
hat. (2) Ihr Anfang ist mir noch in Erinnerung. (3) Nicht Wort für Wort,
aber dem Sinn nach. (4) Was mich damals erregt hat, geht mir auch heute
noch nicht aus dem Kopf. (5) Ich erinnere mich an eine Erinnerung.

(6) In meiner Heimat, in Mainz am Rhein, gab es zwei Denkmäler, die
ich niemals vergessen konnte, in Freude und Angst auf Schiffen, in fernen
Städten. (7) Eins ist der Dom. – (8) Wie ich als Schulkind zu meinem
Erstaunen sah, ist er auf Pfeilern gebaut, die tief in die Erde hineingehen
– damals kam es mir vor, beinahe so tief wie der Dom hochragt. (9) Ihre
Risse sind auszementiert worden, sagte man, in vergangener Zeit, da wo
das Grundwasser Unheil stiftete. (10) Ich weiß nicht, ob es stimmt, was uns
ein Lehrer erzählte: Die romanischen und gotischen Pfeiler seien haltbarer
als die jüngeren.

(11) Dieser Dom über der Rheinebene wäre mir in all seiner Macht und
Größe im Gedächtnis geblieben, wenn ich ihn auch nie wiedergesehen hätte.
(12) Aber ebensowenig kann ich ein anderes Denkmal in meiner Heimatstadt
vergessen. (13) Es bestand nur aus einem einzigen flachen Stein, den man
in das Pflaster einer Straße gesetzt hat. (14) Hieß die Straße Bonifaziusstraße?
(15) Hieß sie Frauenlobstraße? (16) Das weiß ich nicht mehr. (17) Ich weiß
nur, daß der Stein zum Gedächtnis einer Frau eingefügt wurde, die im
ersten Weltkrieg durch Bombensplitter umkam, als sie Milch für ihr Kind
holen wollte. (18) Wenn ich mich recht erinnere, war sie die Frau des
jüdischen Weinhändlers Eppstein. – (19) Menschenfresserisch, grausam war
der erste Weltkrieg, man begann aber erst an seinem Ende mit Luftangriffen
auf Städte und Menschen.

(20) Darum hat man zum Gedächtnis der Frau den Stein gesetzt, flach
wie das Pflaster, und ihren Namen eingraviert. – (21) Der Dom hat die
Luftangriffe des zweiten Weltkriegs irgendwie überstanden, wie auch die
Stadt zerstört worden ist. (22) Er ragt über Fluß und Ebene. (23) Ob der
kleine flache Gedenkstein noch da ist, das weiß ich nicht. (24) Bei meinen
Besuchen hab ich ihn nicht mehr gefunden.

(25) In der Erzählung, die ich vor dem zweiten Weltkrieg zu schreiben
begann und im Krieg verlor, ist die Rede von dem Kind, dem die Mutter
Milch holen wollte, aber nicht heimbringen konnte. (26) Ich hatte die Absicht,
in dem Buch zu erzählen, was aus diesem Mädchen geworden ist.

Schon die erste Lektüre läßt Gemeinsamkeiten, aber auch Unter-
schiede zu Hebels Text erkennen (wobei wir von der historischen

Differenz einmal absehen wollen). Beide Texte handeln von der Zeit, von Tod und Zerstörung, und von subjektiven Versuchen, ihnen zu widerstehen. Bei Hebel artikulieren sie sich als Treue und Glaubensgewißheit, bei Seghers – gewissermaßen säkularisiert – als Erinnerung und Literatur. Jenseits solch inhaltlich-historischer Differenzen fällt aber auch ein erzähltechnischer Unterschied ins Auge: auktoriale Erzählung bei Hebel, autobiographischer Bericht[27] bei Seghers. Wir schematisieren ihren Text nach dem schon bewährten Verfahren:

(1) Nach 1933, 1939-45
(2,3) Schreibgegenwart: 1965
(4) 1933-39/1965 („heute")
(5) 1965/ vor 1939/ unbestimmt zurückgreifend
(6) unbestimmte Vergangenheit (Kinderjahre?)/ andauernd bis heute („niemals vergessen")
(7) unbestimmt/ überdauernd
(8) um 1910/ unbestimmt/ überdauernd/ um 1910
(9) um 1910/ unbestimmt zurückgreifend: „in vergangener Zeit"
(10) 1965/ um 1910
(11) überdauernd: 1910 bis 1965
(12) 1965
(13-15) um 1920
(16) 1965
(17) 1965/ um 1920/ 1917-18
(18) 1965/ vor 1917-18
(19) 1914-18
(20) um 1920
(21) 1944/45
(22) überdauernd/ 1965
(23) 1965
(24) zwischen 1947 und 1965
(25) vor 1939/ vor 1945/ 1917-18
(26) vor 1939/ nach 1917-18 ...

---

27 Hinweise zur autobiographischen Dimension gibt die Seghers-Biographie von Kurt Batt (1980). Daneben sind konzeptionelle Querverbindungen zum erzählerischen Werk der Exilzeit, insbesondere zu der Erzählung *Der Ausflug der toten Mädchen*, erschienen um 1943 in Mexiko, unübersehbar.

Auch hier soll keine ausführliche Interpretation versucht werden (obwohl eine solche, anders als bei Hebel, noch fehlt). Aber schon auf den ersten Blick wird deutlich, wie unterschiedlich das Zeitgerüst in diesem Fall ausfällt. Und zwar verschieden sowohl von der einsinnigen Sukzession in Hebels *Unverhofftem Wiedersehen* als auch von der analytischen Variante, deren Zeitstruktur durch eine einzige erinnernde Rückwendung geprägt ist. Anna Seghers' *Zwei Denkmäler* ist vielmehr durch eine Zickzack-Bewegung, ein permanentes Pendeln zwischen verschiedenen Zeitebenen strukturiert. Das ist insofern zwanglos möglich, als diese verschiedenen Ebenen (Kindheitsjahre um 1910, Erster Weltkrieg, Emigration und Zweiter Weltkrieg, Schreibgegenwart um 1965) in der Erinnerung des (autobiographisch) schreibenden Ich präsent sind und nun schreibend/erinnernd in Beziehung zueinander gesetzt werden. Damit werden – ähnlich wie bei Hebel – nicht nur unterschiedliche Zeitstufen, sondern auch verschiedene Ereigniskomplexe miteinander verknüpft: private Erfahrungen der Autorin, aber auch anderer Personen, und weltgeschichtliche Ereignisse, die hier wie bei Hebel destruktiv-kriegerischer Natur sind. Und auch bei Seghers wird der Versuch thematisch, Zeit, Krieg und Tod zumindest symbolisch zu überwinden, nicht in christlicher Glaubensgewißheit und Treue freilich, aber doch auch als *bewahrende Erinnerung*.

Deren Medium ist die *Erzählung* selber: diejenige, die die Autorin einst plante und unter der Übermacht von Krieg und Vertreibung nicht realisieren konnte – und an deren Stelle nun der vorliegende Text die Erinnerung an Mutter und Tochter wachhält, auch wenn er die Lebens- oder Leidensgeschichte eines jüdischen Mädchens, das im Deutschland der Zwischenkriegszeit aufwuchs, aus naheliegenden Gründen *nicht erzählen*[28] kann. So wird die Erinnerung,

---

28 Man könnte diese unerzählte (unerzählbare?) Lebensgeschichte als offenen Erzählschluß, als ein durch Zeit- und Lebensgeschichte erzwungenes *blanc*, eine Leerstelle im Sinne Isers ansehen und in der Lektüre – gewiß nicht gegen die Intention der Autorin – zu füllen versuchen. Was ist aus jenem Mädchen geworden? Konnte es der kollektiv verordneten Vernichtung im Faschismus entgehen? Fragen, die zu neuen Geschichten führen könnten... Die folgende hat Esther Hargittai (15 J.) aus Budapest in meinem Kurs an der University of Hawaii geschrieben:
„Das Kind blieb zwei Tage lang allein zu Hause. Sie weinte und weinte. Eine Frau kam und nahm die kleine Eppstein mit. Sie hat sich um das Mädchen gekümmert. Als es 15 Jahre alt war, erzählte die Frau ihm, was im Krieg passiert war. Das Mädchen war sehr betrübt, aber auch sehr dankbar. Die Dame unterrichtete es privat, bis sie im Jahr 1932 gestorben ist. Das Mädchen, das Greta hieß, war jetzt alt genug, um

das „Gedächtnis" und seine literarische Form: eben die Erzählung als „Kraft der Schwachen" (Anna Seghers) gegen die übermächtig-gewaltsame Geschichte zum Thema des Textes. Das wird, ähnlich wie bei Hebel, auch auf der paradigmatischen Ebene durch eine Bildlichkeit und Symbolik akzentuiert, die ganz auf die Gegensätze von Groß und Klein, Dauer und Vergehen, Erinnerung und Vergessen abstellt. Auf der syntagmatischen Ebene aber, der hier unser Hauptinteresse gilt, werden der Prozeß, die Mühen und Gefährdungen der Erinnerungsarbeit in der Schreibbewegung selbst, im Hin und Her zwischen den verschiedenen Zeitebenen, anders gesagt: in der mehrfachen Umstellung der erzählerischen Zeitfolge, auch strukturell anschaulich.

5. Das Problem mit der Gleichzeitigkeit

„Niemand kann an allen Ecken und Enden gleichzeitig sein." Ein alltäglicher Stoßseufzer, gewiß. Aber in Christa Wolfs Prosatext *Sommerstück* (1989) bezieht er sich auf ein grundsätzliches Problem der Erzählerin und des Erzählens schlechthin: „Die Schwierigkeit ist, wie übrigens immer, die Gleichzeitigkeit der vielen Ereignisse in die lineare Erzählung einzubinden." (S. 135) Eben dieser Schwierigkeit sind auch wir bisher ausgewichen, insofern die Analyse der erzählerischen Zeitordnung mehr oder weniger von der Vorstellung eines einzigen, in sich linearen Geschehensablaufs geleitet war, der im Text der Geschichte dann allenfalls gedehnt, gerafft oder auch neu geordnet wird – so wie man die Perlen auf einer Schnur anders ordnen kann. Tatsächlich kommt aber ein halbwegs linearer Ereigniszusammenhang nur aufgrund einer Auswahl oder Selektion zustande, die neben dem Erzählten unendlich viel Geschehenes unerzählt läßt. Anders gesagt: Mit jener Schematisierung haben wir

---

allein weiterzuleben. Aber nach einem Jahr kamen wieder schwere Zeiten. An einem Tag hörte Greta Leute, die ihre Nachbarin mitnahmen. Diese Nachbarin hatte ein kleines Kind. Sie hatte schon einmal in einem Krieg gelebt und wollte das nie wieder erleben. Sie nahm das Kind, und zusammen sind sie so weit weggefahren, wie man nur konnte. Das Ziel war Australien. Die Leute dort waren ganz freundlich und haben den beiden geholfen. Greta wollte Ärztin werden. Sie begann Medizin zu studieren. Nach einigen Monaten hat sie einen Mann kennengelernt, der gleiche Interessen hatte. Sie haben sich ineinander verliebt und nach einem Jahr geheiratet. Nach einigen Jahren schwerer Arbeit hatten sie genug Geld, um ein Obdach für Flüchtlinge zu eröffnen. Dort haben sie vielen Leuten geholfen, ein neues Leben zu beginnen."

eine Grundstruktur unserer Welterfahrung, die *Vielfältigkeit gleichzeitiger Ereignisse und Wahrnehmungen* ausgeklammert. Will aber die Erzählprosa und will insbesondere der moderne Roman an dem Anspruch festhalten, „das Leben" auf fiktive Weise, im Modus der Vorstellungskraft wiederzugeben, so werden sie sich um Techniken mühen müssen, die jenes Problem wenn schon nicht lösen, so doch überspielen können.

Sein Kern liegt – wie gesagt – darin, daß „Ereignisse" oder „Handlungen" nicht nur nacheinander, sondern auch gleichzeitig stattfinden, daß sie also zeitlich *und* räumlich verteilt sind. Die Sprache hingegen, und insbesondere die Erzählrede, ist wesentlich als einspurige zeitliche Abfolge, als „eine endlos lange Zeile" strukturiert (worüber die flächige Ausdehnung einer Druckseite nicht täuschen darf).

Läßt sich also die *Simultanität von Geschehen* überhaupt in die *Linearität des Erzählens* umsetzen? Diese Frage steht im Kontext von altehrwürdigen Versuchen, die Möglichkeiten verschiedener Künste zu klären. In seiner berühmten Abhandlung *Laokoon oder über die Grenzen der Malerei und Poesie* (1766) kommt etwa Gotthold Ephraim Lessing zu einer grundsätzlichen und folgenreichen *medialen Differenzierung:* Die Malerei (oder generell die bildende Kunst) benutze „nebeneinander geordnete Zeichen" und erfasse deshalb „auch nur Gegenstände, die nebeneinander oder deren Teile nebeneinander existieren", also Körper. Die Poesie (allgemeiner gesagt die Literatur, und in unserem Sinn vor allem die erzählende) benutze hingegen „artikulierte Töne in der Zeit" und könne deshalb „auch nur Gegenstände ausdrücken, die aufeinander oder deren Teile aufeinander folgen", also Handlungen (S. 244). Diese sehr fundamentale (Lessing sagt: aus den „ersten Gründen" hergeleitete) Unterscheidung wirft mindestens so viel Fragen auf, wie sie beantwortet. Wir können ihnen hier nicht nachgehen[29], sondern nur konstatieren, daß die Erzählprosa schon vor, besonders aber nach Lessing sich hartnäckig an eben der Aufgabe abmüht, die sie offensichtlich nicht lösen kann.

Wie also kann man als Erzähler „an allen Ecken und Enden

---

29 Eine ist die Frage, ob und wie Poesie als Sukzessionskunst das gegenständliche Nebeneinander beschreiben könne und dürfe. Hans Christoph Buch diskutiert sie, an Beispielen und Kontroversen des 18. bis 20. Jahrhunderts, in seiner nach wie vor instruktiven Untersuchung *Ut Pictura Poesis. Die Beschreibungsliteratur und ihre Kritiker von Lessing bis Lukács* (1972).

gleichzeitig" sein? Oder, genauer gefragt, wie kann man zumindest den Lesern den Eindruck erzählerischer Allgegenwart vermitteln? Lämmert diskutiert die „Gliederung und Verknüpfung mehrsträngiger Erzählungen" ausführlich, aber wesentlich als handwerkliches Problem konventionellen Erzählens, im Blick auf die „verschiedenen Fäden einer Handlung" oder die „Verschachtelung mehrerer Handlungsstränge" (S. 43ff.). Tatsächlich ergeben sich Verknüpfungsprobleme schon da, wo zu einer Handlungslinie ein historischer Hintergrund gegeben oder eine Handlung auf mehrere Schauplätze verteilt wird. Ein probates Mittel, der Leserschaft zu signalisieren, sie möge sich das an zweiter Stelle erzählte Ereignis doch bitte als gleichzeitig mit dem ersten denken, kennen wir übrigens schon: die Rückwendung, die in diesem Fall mit einer adverbialen Bestimmung der Gleichzeitigkeit verbunden wird: „*Unterdessen* wurde die Stadt Lissabon in Portugal durch ein Erdbeben zerstört ..." In Hebels Geschichte, die nun doch nochmals zitiert sei, gilt dies für die gesamte Raffung der Sätze 6 bis 10: Die historischen Ereignisse sind als gleichzeitig mit der fünfzigjährigen Verschüttung des Bergmanns zu denken, ebenso wie (auf einer dritten Parallelebene) die durativen Tätigkeiten in Satz 11.

Ähnliche Beispiele liefert zuhauf Heinrich von Kleist, dessen Erzählungen ja oft durch ein hohes Erzähltempo und mehrere Schauplätze (also durch Sukzession *und* Simultanität) geprägt sind. „So standen die Sachen für den armen Kohlhaas in Dresden, *als* der Kurfürst von Brandenburg zu seiner Rettung aus den Händen der Übermacht und Willkür auftrat ..." (S. 84) Oder: „*Inzwischen* waren in dem Hause des Kommandanten die lebhaftesten Auftritte vorgefallen. Die Obristin" – das ist die Mutter der Marquise von O... „war über die zerstörende Heftigkeit ihres Gatten ... äußerst erbittert." (S. 147) Es geht hier also darum, über den Rückgriff einen einheitlichen Erzählfaden herzustellen, wobei an den Verknüpfungsstellen gewisse Ereignisse als simultan, überlappend erscheinen.

Die Problematik der Simultanität im linearen Medium der Erzählrede radikalisiert sich jedoch in der modernen Romanprosa. Es geht nicht mehr nur um handwerkliche Verknüpfungstechniken, sondern viel grundsätzlicher darum, ob die Prosa eine ihrerseits dynamischer, vielfältiger und komplexer gewordene Welt noch adäquat reflektieren kann. Die moderne, industriell, technisch und großstädtisch geprägte Massengesellschaft, die sich im 19. und 20. Jahrhundert in Europa und Amerika etabliert, bringt auch ein neues, bisweilen bedrohliches Bewußtsein von der unendlichen Vielfältigkeit des Weltgeschehens mit sich. Neue Transport- und Kommunikationsmedien übermitteln bzw. produzieren eine kaum noch überschaubare Informationsfülle. Das führt, wie wir noch sehen werden, die traditionellen Formen des Erzählens in eine Krise, spielt ihnen aber auch wieder Mittel der Erneuerung zu.

Der Philosoph Günther Anders konstatiert in seinem Aufsatz *Der verwüstete Mensch* (1931), im Blick auf Alfred Döblin und seinen Roman *Berlin Alexanderplatz* (1929), die „Tatsache der Gleichzeitigkeit, des Nebeneinanders aller Dinge" sei die „metaphysische Panik" des Erzählers Döblin, „das schlechte Gewissen über die Versäumnis der Welt". (S. 19ff.) Und weiter: „Was erschreckt? Daß in einem gleichen Schnittpunkt der Weltzeit, im gleichen Jetzt, dies und dies da ist, dies und dies geschieht, daß trotz dieses Generalnenners 'Jetzt' jedes Wesen, jedes Einzelne, in dem Welt sich verkörpert, an allem anderen Seienden vorbeilebt, vorbei-ist; und so schon eigentlich 'vorbei ist', ehe es – im üblichen zeitlichen Sinne –, vorbei ist; ... daß das Ganze des Seins, das durch das alles zusammenfassende Wort 'Jetzt' angezeigt und berufen zu sein scheint, imaginär bleibt ... Dieses Einzelsein ist der eigentlich metaphysische Skandal dieser Welt." (S. 19) Anders' philosophische Zeitanalyse (ihr entsprechen bei anderen zeitgenössischen Theoretikern Schlüsselbegriffe wie „Verdinglichung" oder „Geworfenheit") benennt auch ein grundsätzliches Problem des Erzählens in der Moderne; und immer wieder haben moderne Autoren nach Strategien gesucht, diesem Weltzustand erzählerisch zu begegnen.

In der Mitte des 19. Jahrhunderts bringt Karl Gutzkow den Begriff „Roman des Nebeneinander" ins Spiel. Theodor Fontane wird von einem Autor unserer Tage, Alexander Kluge, in seiner Preisrede als Erfinder eines „Vielfältigkeitsromans" gerühmt (S. 12), der die Dominanz einer Handlung zurückdränge und statt dessen „den Zusammenhang vieler Handlungen und die Reflexion ausbreitet" (wobei besonders die Fontaneschen Figurengespräche Medium der Vielfältigkeit werden). Ebenfalls 1979, in seinem Filmbuch *Die Patriotin*, diskutiert Kluge das Problem anhand seiner eigenen Filmarbeit; das läßt sich aber durchaus auf die Erzählprosa rückbeziehen. „Genau dies ist nach meiner Vorstellung Erzählkino, nämlich Geschichten erzählen, und was ist die Geschichte eines Landes anderes, als die weiteste Erzählfläche überhaupt ... Nicht *eine* Geschichte, sondern *viele* Geschichten ... Das bedeutet: Montage. Es kann kein Zweifel sein, daß die Erzählung eines Einzelschicksals, in 90 Min.

ausgebreitet, geschichtliche Materie nur durch dramaturgischen In-
zest wiedergeben kann. Der rote Faden drückt Erfahrung aus dem
Film heraus. Montage ist in der Filmgeschichte 'die Formenwelt
des Zusammenhangs'" (S. 40f.) – anders gesagt, ein Verfahren,
Gleichzeitigkeit herzustellen oder mindestens zu suggerieren. Beim
Erzähler Kluge führt dies letztlich zur Auflösung der konventionellen Erzählform, zu einem aus zahlreichen Geschichten, Handlungen oder Handlungsfragmenten, Reflexionen, auch Bildern, Skiz-
zen, Statistiken montierten „Gitterroman".[30]

Aber damit greifen wir literaturhistorisch wie mediengeschicht-
lich vor. Erinnern wir lieber daran, daß zumindest einige der neuen
Medien, die die bedrohliche Überfülle des Gleichzeitigen transpor-
tieren, auch Muster seiner Bewältigung anbieten und insofern dem
Problem Simultanität/Linearität eine – auch erzählerisch relevante
– neue Wendung geben. Zu denken wäre etwa an die (illustrierte)
Presse und – vor allem – an den Film. In der Zeitung stehen, anders
als im Buch, Berichte über verschiedenartige, mehr oder weniger
gleichzeitige Ereignisse „nebeneinander"; zwar kann man auch hier
nur einen nach dem andern lesen, immerhin aber die Reihenfolge
selbst bestimmen oder willkürlich von einem zum andern springen.
Die Illustrierte kombiniert auf zunehmend vielfältige Weise Bild
und Text, reproduziert das Nebeneinander im Raum und das Nacheinander in der Zeit. Und der Film scheint schließlich die traditionelle Laokoon-Problematik definitiv zu überwinden, indem er die
Bilder zuerst laufen und bald darauf auch sprechen lehrt: Was in
der Illustrierten noch auseinanderfällt, wird nun in einem Bild- und
Sprachprozeß verschmolzen.

Der sprachlichen Erzählung gegenüber liegen die Vorteile der
filmischen Bilderzählung im Bereich des Räumlich-Simultanen. Wir
können, beispielsweise, in einem Buddenbrooks-Film gleichzeitig Tonys Katechismus-Vortrag und ihren Disput mit dem Opa verfolgen,
die Einrichtung des Landschaftszimmers bewundern und die Erscheinung ihrer Eltern und Großeltern studieren. Wir nehmen also

---

30 Den Begriff oder besser die Metapher eines „gitterartigen Romans" verwenden Oskar Negt und Alexander Kluge 1981 in ihrem gesellschafts-
   theoretischen Werk Geschichte und Eigensinn (S. 733) in geschichtsphilo-
   sophischem Kontext. Aber man könnte auch die Struktur von Kluges
   Prosabüchern, oder einzelner Partien daraus, als „gitterartig" beschreiben.
   Ich denke besonders an die mehrfach umgearbeitete Schlachtbeschreibung,
   zuerst 1964, aber auch an Lernprozesse mit tödlichem Ausgang von 1973
   und an Neue Geschichten. Hefte 1-18 (1977). Zu diesem Zusammenhang
   auch mein Aufsatz Der ratlos-rastlose Erzähler Alexander Kluge (1986).

in einem Bild oder wenigen Bildern Informationen auf, die der Erzähler in einem mehrseitigen Nacheinander von Eingangsszene, fünf Personenporträts und einer Ortsbeschreibung präsentieren muß. Eine avancierte Filmtechnik und -dramaturgie kann nicht nur im *flashback* (als Entsprechung zur Rückwendung), sondern vor allem in der Überblendung oder im *split-screen*-Verfahren (mehrere Bilder nebeneinander auf der Leinwand) Simultanität im genauen Sinn abbilden. „Das Filmkunstwerk ... bedient sich eines multidimensionalen Mediums, das sowohl zeitliches Nacheinander als auch räumliches Nebeneinander, dazu noch die Bewegung, den Ton und letztlich die Simultaneität synchron ablaufender Vorgänge darzustellen in der Lage ist." So resümiert Adam Bisanz[31] die Leistungsmöglichkeit des Films, den er als das strukturprägende, „prävalente Medium der Erzählkunst im 20. Jahrhundert" sieht, „ein überaus versatiles Vehikel zur Vermittlung narrativer Inhalte, das nicht nur das Erbe des Romans mit adäquateren Techniken fortsetzt, sondern diesen selbst in seiner Struktur regeneriert hat." (S. 198, 185)

Der letzte Hinweis ist plausibel, aber nicht neu. Rückwirkungen filmischer Technik auf die des Erzählens wurden von verschiedenen Autoren bereits früh prognostiziert. Zitieren wir stellvertretend zwei oder drei. Bertolt Brecht weist 1931 in seinem Essay *Der Dreigroschenprozeß* darauf hin, „daß die alten Formen der Übermittlung ... durch neu auftauchende nicht unverändert" bleiben, und zwar weder im rezeptiven noch im produktiven Bereich: „Der Filmesehende liest Erzählungen anders. Aber auch der Erzählungen schreibt, ist seinerseits ein Filmesehender. Die Technifizierung der literarischen Produktion ist nicht mehr rückgängig zu machen. Die Verwendung von Instrumenten bringt auch den Romanschreiber, der sie selbst nicht verwendet, dazu, das, was die Instrumente können, ebenfalls können zu wollen ..." (S. 165f.) Zwischen Wollen und Können tut

---

31 Bisanz' Aufsatz *Linearität versus Simultaneität im narrativen Zeit-Raum-Gefüge* (1976) ist ein brauchbarer Problemaufriß. Die informativste und – in ihren exemplarischen Partien – anschaulichste deutsche Darstellung des vielfältigen Wechselspiels von Film und (Erzähl-)Literatur hat Joachim Paech geliefert. Sein Buch *Literatur und Film* (1988) diskutiert in historischer und systematischer Perspektive sowohl die frühe „Literarisierung des Films" als auch die spätere Entwicklung einer „filmischen Schreibweise" in der Literatur, von der Tolstoi und Brecht sprechen. Ergänzend wären Spiegels *Fiction and the Camera Eye* (1976) und Morrissettes *Novel and Film* (1985) heranzuziehen.

sich das Problem der Technik, in diesem Fall der Erzähltechnik auf. Unter dem Aspekt der Simultanität ergibt sich, daß die sprachliche Erzählung ihre Existenzbedingung der linearen Sukzession nicht aufheben, aber durch die Nachahmung von Montageformen, die Presse, Fotografie und Film entwickelt haben, zumindest den *Anschein von Simultanität* erzeugen kann. Sehr früh hat etwa die Möglichkeit des Films, die Geschehenssukzession zu beschleunigen und die Perspektive zu wechseln, den realistischen Erzähler Leo Tolstoi fasziniert. In einem Interview aus dem Jahre 1908 sagt er geradezu eine „Revolution" der Literatur voraus: „Dieser schnelle Szenenwechsel, dieses Ineinander von Gefühl und Erfahrung – das ist viel besser als die schwerfällige und langwierige Art zu schreiben, an die wir gewöhnt sind. Das ist lebensnäher. Auch im Leben vollziehen sich Wechsel und Übergänge blitzartig vor unseren Augen und die Gefühle sind wie ein Wirbelsturm."[32] Und ein wichtiger Erzähler der jungen Generation, Alfred Döblin, notiert wenig später, in seinem Manifest *An Romanautoren und ihre Kritiker* (1913): „Die Darstellung erfordert bei der ungeheuren Menge des Geformten einen Kinostil ... Von Perioden, die das Nebeneinander des Komplexen wie das Hintereinander rasch zusammenzufassen erlauben, ist umfänglicher Gebrauch zu machen. Rapide Abläufe, Durcheinander in bloßen Stichworten. Das Ganze darf nicht erscheinen wie gesprochen, sondern wie vorhanden." (S. 17)

Man muß einschränkend sagen, daß die Möglichkeit des „schnellen Szenenwechsels", der „rapiden Abläufe" in der Erzählprosa, so sehr sie von der filmischen Technik und Wahrnehmungsweise angeregt und befördert wird, auch früher schon erprobt wurde – unter anderem wieder von dem „Nachrichtentechniker" Kleist. Eine dramatische Szene zu Anfang der *Marquise von O...* (1808) zeigt uns, wie mehrere Ereignisse vermittels hohen Erzähltempos und des mehrfach verwendeten Zeitadverbs „eben (als)", das in etwa einem Filmschnitt oder Kameraschwenk entspricht, zu einer „Fast-Simultanität" zusammengeschlossen werden:

---

32 Die ältere erzähltheoretische Literatur kannte Tolstois Äußerungen, die ich nach Paechs *Literatur und Film* (S. 122) zitiere, nur vom Hörensagen. So schreibt ihm Friedman (1955) den Begriff des Kamera-Auges zu, ohne jedoch eine genaue Quelle angeben zu können.

Eben als die russischen Truppen, unter einem heftigen Haubitzenspiel, von außen eindrangen, fing der linke Flügel des Kommandantenhauses Feuer und nötigte die Frauen, ihn zu verlassen. Die Obristin, *indem* sie der Tochter, die mit den Kindern die Treppe hinabfloh, nacheilte, rief, daß man zusammenbleiben, und sich in die unteren Gewölbe flüchten möchte; doch eine Granate, die, *eben in diesem Augenblicke,* in dem Hause zerplatzte, vollendete die gänzliche Verwirrung in demselben. Die Marquise kam, mit ihren Kindern, auf den Vorplatz des Schlosses, wo die Schüsse schon, im heftigsten Kampf, durch die Nacht blitzten, und sie, besinnungslos, wohin sie sich wenden solle, wieder in das brennende Gebäude zurückjagten. Hier, unglücklicher Weise, begegnete ihr, da sie *eben* durch die Hintertür entschlüpfen wollte, ein Trupp feindlicher Scharfschützen, der, bei ihrem Anblick, plötzlich still ward, die Gewehre über die Schultern hing, und sie, unter abscheulichen Gebärden, mit sich fortführte. Vergebens rief die Marquise, von der entsetzlichen, sich unter einander selbst bekämpfenden, Rotte bald hier, bald dorthin gezerrt, ihre zitternden, durch die Pforte zurückfliehenden Frauen, zu Hülfe. Man schleppte sie in den hinteren Schloßhof, wie sie *eben,* unter den schändlichsten Mißhandlungen, zu Boden sinken wollte, *als,* von dem Zetergeschrei der Dame herbeigerufen, ein russischer Offizier erschien, und die Hunde, die nach solchem Raub lüstern waren, mit wütenden Hieben zerstreute. Der Marquise schien er ein Engel des Himmels zu sein. (S. 117f.)

Zu erinnern ist auch daran, daß die traditionellen Varianten *multiperspektivischen Erzählens,* insbesondere der Briefroman, bereits ein – zugestandenermaßen behäbiges – Strukturmodell für die Erzählung simultaner Ereignisse im textlichen Nacheinander entwickelt hatten. Der moderne Roman, und hier vor allem derjenige, der die Erfahrung der Großstadt mit ihren Massen, ihrem Tempo, ihren technischen Medien thematisiert, entwickelt es in gewisser Weise weiter. Er läßt unterschiedliche Handlungen bzw. Handlungsfragmente in schneller Folge alternieren, um die Pluralität von Personen und Schicksalen anzudeuten. Und er trägt in Form von *Montagen* oder *Assoziationen* weitere Ereignisse (auch von unterschiedlichen Schauplätzen) zusammen, die die Simultanität des Weltgeschehens als Hintergrund aufbauen.

Exemplarisch sind diese Techniken von John Dos Passos in seinem Roman *Manhattan Transfer* (1925) durchgeführt worden; stilbildend wirkten besonders Montagen von Schlagzeilen und Meldungen, die sogenannten „Newsreel"-Passagen in Anlehnung an die Filmwochenschau. Von Don Passos beeinflußt, wenn auch ein wenig provinzieller, ist Döblins Schreibweise in *Berlin Alexanderplatz;* als Beispiel ein Exkurs, der unter dem Titel „Lokalnachrichten" einen in sich simultanen, lokal- und zeitspezifischen Hintergrund zur Geschichte des Franz Biberkopf liefert, die während dieser Zeit ausgeblendet bleibt:

Lokalnachrichten

Das war in Berlin in der zweiten Aprilwoche, als das Wetter schon manchmal frühlingsmäßig war und, wie die Presse einmütig feststellte, herrliches Osterwetter ins Freie lockte. In Berlin erschoß damals ein russischer Student, Alex Fränkel, seine Braut, die 22jährige Kunstgewerblerin Vera Kaminskaja, in ihrer Pension. Die gleichaltrige Erzieherin Tatjana Sanftleben, die sich dem Plan, gemeinsam aus dem Leben zu scheiden, angeschlossen hatte, bekam im letzten Augenblick Angst vor ihrem Entschluß und lief fort, als ihre Freundin schon leblos zu Boden lag. Sie traf eine Polizeistreife, erzählte ihr die furchtbaren Erlebnisse der letzten Monate und führte die Beamten an die Stelle, wo Vera und Alex tödlich verletzt lagen. Die Kriminalpolizei wurde alarmiert, die Mordkommission entsandte Beamte an die Unglücksstelle. Alex und Vera wollten heiraten, aber die wirtschaftlichen Verhältnisse ließen die eheliche Vereinigung nicht zu.

Weiterhin sind die Ermittlungen über die Schuldfrage an der Straßenbahnkatastrophe an der Heerstraße noch nicht abgeschlossen. Die Vernehmungen der beteiligten Personen und des Führers Redlich werden noch nachgeprüft. Die Gutachten der technischen Sachverständigen stehen noch aus. Erst nach ihrem Eingang wird es möglich sein, an die Prüfung der Frage heranzutreten, ob ein Verschulden des Führers durch zu spätes Bremsen vorliegt oder ob das Zusammenwirken unglücklicher Zufälle die Katastrophe veranlaßte.

An der Börse herrschte stiller Freiverkehr; die Freiverkehrskurse lagen fester im Hinblick auf den eben zur Veröffentlichung gelangenden Reichsbankausweis, der ein sehr günstiges Bild zeigen soll bei einer Abnahme des Notenumlaufs um 400 Millionen und der des Wechselbestandes um 350 Millionen. Man hörte 18. April gegen 11 Uhr I.G.Farb. 260 einhalb bis 267, Siemens und Halske 297 einhalb bis 299; Dessauer Gas 202 bis 203, Zellstoff Waldhof 295. Für deutsches Erdöl bestand bei 134 einhalb einiges Interesse.

Um noch einmal auf das Straßenbahnunglück in der Heerstraße zu kommen, so befinden sich alle bei dem Unfall schwerverletzten Personen auf dem Weg der Besserung.

Schon am 11. April war der Redakteur Braun durch Waffengewalt aus Moabit befreit. Es war eine Wildwestszene, die Verfolgung wurde eingeleitet, von dem stellvertretenden Präsidenten des Kriminalgerichts wurde sofort der übergeordneten Justizbehörde eine entsprechende Meldung gemacht. Zurzeit werden die Vernehmungen der Augenzeugen und der beteiligten Beamten noch fortgesetzt.

Weniger beschäftigt sich um diese Zeit die Öffentlichkeit Berlins mit dem Wunsch einer der bedeutendsten amerikanischen Autofabriken, Angebot kapitalkräftiger deutscher Firmen zu erlangen für Alleinvertretung konkurrenzloser Sechs- bis Achtzylinderwagen für Norddeutschland. (S. 167f.)

Simultanität *äußeren* Geschehens steht hier im Mittelpunkt des Interesses; den Strom *inneren* Geschehens, in dem Gleichzeitigkeit und Nacheinander ineinander zu fließen beginnen, bringt eine andere Technik des modernen Romans zur Sprache: der sogenannte *stream of consciousness*, den James Joyce perfektioniert und durchgesetzt hat. Wir werden ihn aber nicht unter dem Aspekt der erzählerischen Zeit, sondern der Wiedergabe von Personenrede und -bewußtsein, und folglich im nächsten Kapitel behandeln.

Viertes Kapitel: Personenrede und Bewußtseinsdarstellung

> Wer erzählt hier eigentlich, Gesine.
> Wir beide. Das hörst du doch, Johnson.
>
> Uwe Johnson: *Jahrestage. Aus dem Leben von Gesine Cresspahl*

1. Erzählerbericht und Personenrede

„Zweierlei Zeit" der Erzählung haben wir mit Thomas Manns Hilfe im vorigen Kapitel studiert: Das war letztlich nur ein bestimmter – eben der zeitliche – Aspekt ihres fundamentalen Doppelstatus als narrativer Akt und als narrative Aussage. Wenn wir nun nach den „Stimmen" fragen, die in der Erzählung laut werden, können wir ebenfalls von der Spannung zwischen ihrer „Aktstruktur" und ihrer „Aussagestruktur" ausgehen, die Eberhard Lämmert schon früh konstatiert hat.[1] Zunächst ist jede Erzählung ein Sprechakt des Erzählers; ihre Aussage aber umfaßt teilweise wiederum Sprechakte: die Äußerungen der Figuren, von denen manche ihrerseits „Erzählungen" sind und als solche der Doppelung von Akt und Aussage unterliegen...

Anders und hoffentlich klarer gesagt: In den allermeisten Erzähltexten wechselt die Stimme des Erzählers mit den Figurenstim-

---

1 „Die Rede ist als *Sprechakt* in derselben Weise festgelegt wie andere wortlose Aktionen. Der Inhalt der Rede jedoch, die *Aussage*, ist keineswegs an eine zeitliche Sukzession gebunden. Sie umgreift Gegebenheiten, die durchaus fern und außerhalb des gelebten Moments liegen können, und konstelliert sie auf eine aktuelle Bedeutung hin. Man kann speziell über Aktionen reden, bevor, während und nachdem sie vollzogen sind, die Rede nimmt vorweg, bewahrt und spiegelt sie, und das in einer eigenmächtigen Reihenfolge." (S. 196) Lämmerts grundlegende Unterscheidung ist um so bemerkenswerter, als sie – im Umfeld der „morphologischen Poetik" – noch in Unkenntnis der sprachwissenschaftlichen oder semiotischen Theorien erfolgte, die man heute zu ihrer Begründung und Vertiefung heranziehen könnte.

men ab; oft überlagern sie sich – wie wir sehen werden – auf schwer entwirrbare Weise. Eben dies galt lange als ein ästhetisches Argument gegen die „Mischgattung" des Romans; heute sieht man diese Mehrstimmigkeit ganz im Gegenteil als die besondere Qualität, die unübertroffene Darstellungsfähigkeit der Erzählprosa schlechthin an.[2] Vor allem der moderne Roman hat seit dem 19. Jahrhundert immer neue Verfahren der Rede- und Bewußtseinswiedergabe entwickelt – und damit die Möglichkeiten des Erzählens grundsätzlich erweitert und vertieft. Aber schon zweieinhalbtausend Jahre vor der Durchsetzung von erlebter Rede und *stream of consciousness*-Technik sieht Aristoteles den Wechsel von Erzähler- und Figurenstimme als das Wesen der epischen Dichtung – und lobt Homer, weil er möglichst oft hinter die handelnden und sprechenden Figuren zurücktrete. Und in unseren Tagen definiert der Philosoph

---

2 Der russische Literaturtheoretiker Michail Bachtin hatte bereits 1929, in der Erstfassung seines Buches *Probleme der Poetik Dostojewskis*, dessen Romane als wesentlich und neuartig *polyphone*, eine Vielzahl von Figurenstimmen entfaltende Werke charakterisiert und damit gegen den herkömmlich-*monologischen*, von der Erzählerstimme dominierten Roman (und andere Genres) abgesetzt: „*Die Vielfalt selbständiger und unvermischter Stimmen und Bewußtseine, die echte Polyphonie vollwertiger Stimmen ist tatsächlich die Haupteigenart der Romane Dostoevskijs.* In seinen Werken wird nicht eine Vielzahl von Charakteren und Schicksalen in einer einheitlichen, objektiven Welt im Lichte eines einheitlichen Autorenbewußtseins entfaltet, sondern eine *Vielfalt gleichberechtigter Bewußtseine mit ihren Welten* wird in der Einheit eines Ereignisses miteinander verbunden, ohne daß sie ineinander aufgehen. Die Haupthelden Dostoevskijs sind der schöpferischen Absicht des Künstlers nach *nicht nur Objekte des Autorenwortes, sondern auch Subjekte des eigenen unmittelbar bedeutungsvollen Wortes* ... Dostoevskij ist der Schöpfer des *polyphonen Romans*. Er hat ein wesentlich neues Roman-Genre geschaffen. Deshalb läßt sich sein Werk auch nicht in irgendwelche Kategorien unterbringen oder in eines jener literarhistorischen Schemata einordnen, die wir gemeinhin auf Erscheinungen des europäischen Romans anwenden ... So sind alle Elemente der Romanstruktur bei Dostovskij höchst originell; sie alle sind von dieser neuen künstlerischen Aufgabe geprägt, die nur er sich zu stellen und in ihrem ganzen Umfang zu lösen vermochte: von der Aufgabe, eine polyphone Welt zu schaffen und die verfestigten Formen des europäischen, im wesentlichen *monologischen* (homophonen) Romans zu zerstören." (S. 10f.)

Über Dostojewski und seine unbestreitbare Vorliebe für die (direkte) Personenrede hinaus wird man die immer stärkere Entfaltung solcher Polyphonie, die Pluralisierung des erzählerischen Diskurses als eine grundsätzliche Entwicklungslinie des modernen Romans ansehen dürfen, die sich bei Bachtins Zeitgenossen – wie Joyce, Dos Passos, Döblin – auch in diversen Formen der Montage ausdrückt.

Paul Ricoeur in seiner Untersuchung *Zeit und Erzählung* den Erzähltext geradezu als die *„Rede eines Erzählers, der berichtet, was seine Figuren sagen"* (Bd. 2, S. 150), – und beruft sich dabei ausdrücklich auf die *Poetik* des Aristoteles.[3]

Nehmen wir diese Definition als Ausgangspunkt – zusammen mit Käte Hamburgers These, daß in der erzählerischen Fiktion wie nirgends sonst auch die Gedanken und Gefühle Dritter Personen sprachlich artikuliert werden können. Damit ist unser Thema abgesteckt: Wir diskutieren die Formen und Techniken der Wiedergabe von *Personenrede und Figurenbewußtsein* in ihrem Wechselspiel mit dem *Erzählerbericht*. Dieser konventionelle (und ein wenig mißverständliche) Begriff soll alle Textelemente bezeichnen, die unmittelbar dem Erzähler bzw. der Erzählinstanz zuzuschreiben sind, wobei neben der „berichtenden" Funktion im engeren Sinne (nach Weinrich: neben dem Erzählen) auch andere Funktionen (das Besprechen) eine Rolle spielen. Eberhard Lämmert hat in *Bauformen des Erzählens* vier verschiedene „Erzählweisen" unterschieden, deren Zusammenspiel den sogenannten Erzählerbericht konstituiert und jedem Erzähltext ein spezifisches Profil verleiht.

Da ist zunächst der (fiktionale) *Bericht* im engeren Sinn, die straffe Rekapitulation eines Geschehensablaufs, „mehr zur Feststellung als zur tatsächlichen Illusionierung der Vorgänge" (S. 82). Häufig dient er dem umrißhaften Entwurf eines Handlungszusammenhangs, hat „rahmende" oder „stützende" Funktion. Unter zeitlichem Aspekt neigt er zur Raffung; die iterative Zeitraffung läßt sich als Grundform des Berichts überhaupt verstehen: *und dann ... und dann ...* Schließlich läßt der Bericht die Mittelbarkeit des erzählten Geschehens und die Vermittlungsfunktion des Erzählers deutlich hervortreten, ohne sie jedoch zu problematisieren. Dies gilt auch, wenn die Äußerungen einer oder mehrerer Figuren berichtet werden: Solche *Redeberichte* registrieren das Faktum einer Äußerung, ohne ihren Inhalt näher zu referieren oder der Figur das Wort

---

3 Die „erzählte Welt ist die Welt der Romanfigur und wird vom Erzähler erzählt. Nun ist der Begriff der Romanfigur fest in der narrativen Theorie verankert, sofern die Erzählung keine Handlungs*mimesis* sein könnte, ohne zugleich eine *mimesis* handelnder Menschen zu sein; nun sind aber handelnde Menschen in dem weiteren Sinne, den die Handlungssemantik dem Akteur verleiht, denkende und fühlende Menschen, ja solche, die von ihren Gedanken, Gefühlen und Handlungen sprechen können. Damit wird es möglich, den Begriff der *mimesis* der Handlung auf die Romanfigur und von der Romanfigur auf ihre Rede [und auf ihre Gedanken und Gefühle – J.V.] zu übertragen." (Bd. 2, S. 150)

zu erteilen. Es ist vornehmlich die Aktstruktur der Personenrede, kaum ihre Aussagestruktur, die in den Erzählerbericht aufgenommen wird, wie etwa in der Schlußszene von *Buddenbrooks:* „Dann kam Frau Permaneder auf das Leben zu sprechen, nahm es von seiner wichtigsten Seite und stellte Betrachtungen an über Vergangenheit und Zukunft, obgleich über die Zukunft fast gar nichts zu sagen war." (S. 644) Der Redebericht beschleunigt das Erzähltempo, löst sich weitgehend vom Wortlaut der Personenrede und rückt sie zugleich in eine bestimmte – bei Tony meist: ironische – Perspektive. Fungiert das Personengespräch als dominierende Erzählebene (wie öfters in Fontanes Romanen), so können Redeberichte aber auch umfangreicher werden und als kleine Szenarien die Gesprächspartner mit ihren Eigenarten wie auch die kommunikative Situation charakterisieren.[4] Zumeist aber hat die Bauform des Redeberichts,

---

4 Das nachfolgende Beispiel entstammt einem der berühmten Fontaneschen Tischgespräche und findet sich im Dritten Kapitel seines letzten Romans *Der Stechlin* (1899).

„Sehr, sehr anders ging das Gespräch an der entgegengesetzten Seite der Tafel. Rex, der, wenn er dienstlich oder außerdienstlich aufs Land kam, immer eine Neigung spürte, sozialen Fragen nachzuhängen, und beispielsweise jedesmal mit Vorliebe darauf aus war, an das Zahlenverhältnis der in und außer der Ehe geborenen Kinder alle möglichen, teils dem Gemeinwohl, teils der Sittlichkeit zugute kommende Betrachtungen zu knüpfen, hatte sich auch heute wieder in einem mit Pastor Lorenzen angeknüpften Zwiegespräch seinem Lieblingsthema zugewandt, war aber, weil Dubslav durch eine Zwischenfrage den Faden abschnitt, in die Lage gekommen, sich vorübergehend statt mit Lorenzen mit Katzler beschäftigen zu müssen, von dem er zufällig in Erfahrung gebracht hatte, daß er früher Feldjäger gewesen sei. Das gab ihm einen guten Gesprächstoff und ließ ihn fragen, ob der Herr Oberförster nicht mitunter schmerzlich den zwischen seiner Vergangenheit und seiner Gegenwart liegenden Gegensatz empfinde – sein früherer Feldjägerberuf, so nehme er an, habe ihn in die weite Welt hinausgeführt, während er jetzt 'stabiliert' sei. 'Stabilierung' zählte zu Rex' Lieblingswendungen und entstammte jenem sorglich ausgewählten Fremdwörterschatz, den er sich – er hatte diese Dinge dienstlich zu bearbeiten gehabt – aus den Erlassen König Friedrich Wilhelms I. angeeignet und mit in sein Aktendeutsch herübergenommen hatte. Katzler, ein vorzüglicher Herr, aber auf dem Gebiete der Konversation doch nur von einer oft unausreichenden Orientierungsfähigkeit, fand sich in des Ministerialassessors etwas gedrechseltem Gedankengang nicht gleich zurecht und war froh, als ihm der hellhörige, mittlerweile wieder frei gewordene Pastor in der durch Rex aufgeworfenen Frage zu Hilfe kam. 'Ich glaube herauszuhören', sagte Lorenzen, 'daß Herr von Rex geneigt ist, dem Leben draußen in der Welt vor dem in unserer stillen Grafschaft den Vorzug zu geben!" (S. 28f.)

wie Lämmert betont, bloß raffende, gliedernde und überbrückende Funktion: „Kleine Redeberichte werden ... der direkten wie der indirekten Rede zwischengefügt, um einzelne Gesprächspartien abzuteilen, vor allem aber, um eine längere Gesprächsdauer wahrscheinlich zu machen." (S. 235)

Im Gegensatz zum Bericht ist die *szenische Darstellung* eine nicht oder nur wenig raffende Erzählweise, die das Geschehen scheinbar unmittelbar präsentiert. Dieser Eindruck wird vor allem durch die Integration der – direkten und dialogischen – Personenrede erweckt, mit der sich die erzählerische Szene streckenweise der dramatisch-szenischen Präsentation annähert.[5]

---

5 Der idealtypische Gegensatz von Bericht und szenischer Darstellung ist, unter wechselnder Terminologie, seit langem ein Gemeinplatz der Erzähltheorie. In der angelsächsischen Diskussion wird er im Anschluß an Henry James und besonders seit Percy Lubbocks einflußreichem Buch *The Craft of Fiction* (1921) unter der Devise *telling* (Erzählen) contra *showing* (Zeigen) abgehandelt. Hierzulande kontrastiert Stanzel „berichtende Erzählung" und „szenische Darstellung" und beruft sich in den *Typischen Formen des Romans* gleich einleitend (S. 3, 11ff.) auf den lateinischen Rhetoriker Quintilian. Tatsächlich läßt sich diese Unterscheidung noch weiter zurückverfolgen: Im Dritten Buch seines Dialogs *Der Staat* (Politeia), um 375 v. Chr., handelt Platon von der Einteilung bzw. den Verfahren der Dichtkunst, die er insgesamt und grundsätzlich als Bericht oder Erzählung von „Ereignissen" versteht. Sie könne nun entweder als „einfache Erzählung" nur die Stimme des Dichters laut werden lassen (so im lyrischen Dithyrambus), oder als „Erzählung, die durch Nachahmung (mimesis) zustande kommt", nur Personenrede verwenden (wie Komödie und Tragödie), oder schließlich „beide Arten zugleich" verwenden, also Dichter- bzw. Erzählerstimme und Personenrede kombinieren. So verfahre etwa Homer, wenn er am Anfang der *Ilias* zunächst „selber erzählt", dann aber spricht, als ob er die Handlungsfigur „Chryses selbst sei". Der Vortrag des epischen Dichters (Erzählers) „wird beides enthalten, Nachahmung und einfache Erzählung". (S. 81ff.) Das ist für uns ein entscheidender Punkt: Innerhalb der epischen Dichtung wird also die Spannung, die den Gegensatz von Dramatik und Lyrik begründet, noch einmal wirksam (und differenziert, wie wir heute sagen würden, verschiedene Erzählsituationen aus). Platon seinerseits hegt aber, aus metaphysischen bzw. moralphilosophischen Gründen, ein starkes Mißtrauen gegen das Prinzip der Nachahmung (also der suggestiven Dramatisierung), was ihn etwa zu der erzähltechnischen Forderung führt, daß zwar ein tugendhafter Charakter und sein Handeln im Medium der Personenrede „nachgeahmt" werden dürfe, bei der Darstellung des Lasters jedoch der weniger anschauliche und gefährliche Erzählerbericht zu verwenden sei (S. 84). Nachahmung entspricht bei Platon also dem *showing*, der Dramatisierung, der personalen Erzählsituation. Gegen diese Sicht wertet die *Poetik* des Aristoteles den Begriff der *mimesis* grundsätzlich auf und

Den beiden „zeitlichen" Erzählweisen, Bericht und Szene, stellt Lämmert zwei „zeitlose" gegenüber: Eine ist die *Beschreibung*, die den augenblicklichen oder dauernden Zustand einer Sache oder Person, ihre äußerlich faßbare Erscheinung „festhält" und damit in gewisser Weise aus dem erzählerischen Zeitablauf herausnimmt. (Oder vielleicht eher – wie uns der *Buddenbrooks*-Beginn mit Biedermeiermöbeln und zeitgenössischer Mode anschaulich zeigt – ins Geschehen, dessen Tempo verzögernd, einfügt?) Die zweite „zeitlose" Erzählweise nennt Lämmert *Erörterung*: Hier löst sich die Stimme des Erzählers vom Geschehensablauf, tauscht ihre „erzählende" Funktion gegen eine „besprechende" ein, artikuliert allgemeine Sachverhalte und Fragestellungen. Dies kann in der zugespitzten Form der Sentenz, in abschweifenden Kommentaren und Reflexionen, schließlich in umfangreichen (und zur Verselbständigung neigenden) essayistischen Partien geschehen – wir erinnern nur an den *Vorsatz* des *Zauberberg*-Erzählers, der die nachfolgende Erzählung und ihren Helden zum Gegenstand solcher Erörterung macht.

Dem Erzählerbericht, der all diese Erzählweisen umfaßt und miteinander kombiniert, steht nun die *Personenrede* als Gesamtheit aller Äußerungen entgegen, die erkennbar einer Handlungsfigur zugeordnet sind. Wir schlagen ihr, obwohl es zunächst paradox erscheint, auch diejenigen Textstellen zu, in denen die *unausgesprochenen* Gedanken oder Empfindungen einer Figur mitgeteilt werden: Dabei handelt es sich, erzähltechnisch gesehen, um ein eng verwandtes Phänomen.

Mit dem Auftreten der Personenrede (und der Bewußtseinswiedergabe) in der Erzählung verdoppelt sich die Doppelstruktur von Erzählakt und Erzählaussage ein weiteres Mal. Denken wir an Tony und ihre gedankliche Schlittenfahrt auf der ersten Romanseite: Sie ist *zunächst* ein Erzählakt des Erzählers, der sich zu seiner Aussage,

---

macht ihn nun zum Inbegriff aller dichterischen Verfahren (weswegen wir ihn, wie Käte Hamburger oder Paul Ricoeur, nicht als „Nachahmung", sondern als „Darstellung" übersetzen sollten). In der Unterscheidung jener Verfahren (oder Gattungen) geht Aristoteles dann wieder konform mit Platon: Es sei möglich, „entweder zu berichten – in der Rolle eines anderen, wie Homer dichtet, oder so, daß man unwandelbar als derselbe spricht – oder alle Figuren als handelnde und in Tätigkeit befindliche auftreten zu lassen." (S. 9) Fast scheint es, als würde Aristoteles hier schon eine personale und eine auktoriale Variante des Erzählens unterscheiden wollen... Auf Deutungsprobleme, die diese Stelle – sprachlich „eine der schwierigsten in der 'Poetik'" – auch weiterhin aufwirft, geht der Kommentar von D.W. Lucas (1967) ein (S. 66f.).

eben Tonys Gedankengang, zeitdeckend oder gar -dehnend verhält. Auf einer *zweiten*, der Figurenebene, ist dieser Gedankengang ein (stummer) Erzählakt des kleinen Mädchens (in der Form der „erlebten Rede"), der sich zu seinem Inhalt, nämlich der vorgestellten oder erinnerten Schlittenfahrt, zeitraffend verhält. Es entsteht also eine Doppelung des *Erzählniveaus*[6], eine „Erzählung in der Erzählung". Damit wird plausibel, daß in der Personenrede als „Erzählung" einer Handlungsfigur – und besonders in ihrer „direkten" Form – wiederum alle Erzählweisen auftreten können, die wir vom Erzählerbericht her kennen. „Berichte sukzessiver wie iterativ-durativer Art, Beschreibungen, Bilder, Reflexionen, Sentenzen, selbst noch einmal szenische Darstellung mitsamt Redewiedergabe können in einer insgesamt vergegenwärtigten Szene durch das Medium der Personenrede erzählt werden." (S. 201) Ein kleines Exempel für dieses *dritte* Erzählniveau, Personenrede in der Personenrede (im Erzählerbericht), liefert Bruder Christian, wenn er im Zweiten Kapitel aus der Schule plaudert:

„Wir haben furchtbar gelacht", fing er an zu plappern, während seine Augen im Zimmer von einem zum anderen gingen. „Paßt mal auf, was Herr Stengel zu Siegmund Köstermann gesagt hat." Er beugte sich vor, schüttelte den Kopf und redete eindringlich in die Luft hinein: „Äußerlich, mein gutes Kind, äußerlich bist du glatt und geleckt, ja, aber innerlich, mein gutes Kind, da bist du schwarz..." Und dies sagte er unter Weglassung des 'r' und indem er 'schwarz' wie 'swarz' aussprach – mit einem Gesicht, in dem sich der Unwille über diese 'äußeliche' Glätte und Gelecktheit mit einer so überzeugenden Komik malte, daß alles in Gelächter ausbrach. (S. 12)

Mit Christians Schulgeschichte haben wir bereits eine spezifische *Form* der Personenrede zitiert: Schon die antike Grammatik und Rhetorik kennt für die Wiedergabe einer Rede innerhalb einer anderen die beiden Techniken der *oratio recta* und der *oratio obliqua*, der „geraden" und der „schiefen" Rede. Die *direkte* und die *indirekte Rede*, wie wir nun sagen, finden in Texten aller Art, pragmatischen

---

6 Ein neues (höheres) Erzählniveau wird nach Genettes Terminologie immer dann erreicht, wenn eine erzählte Figur ihrerseits eine Erzählung hervorbringt, wenn aus der Erzählaussage ein neuer Erzählakt erwächst und so weiter ... Berücksichtigt man neben der Hierarchisierung verschiedener Erzählniveaus auch das zeitliche bzw. logische Verhältnis der jeweiligen Erzählhandlung zueinander, so lassen sich nicht nur Bauformen wie Rückwendung und Vorgeschichte, sondern auch komplizierte Rahmenstrukturen präzise erfassen und systematisieren. Seine gedrängten Ausführungen im Kapitel *Voix* von *Discours du récit* hat Genette in seinem Nachtrag von 1983 präzisiert (S. 52ff.).

wie dichterischen, Verwendung und werden häufig auch miteinander kombiniert. Besondere strukturelle Bedeutung gewinnen sie aber im Erzähltext, wo sie – wie schon angedeutet – an der Konstitution mehrerer Erzählniveaus ebenso mitwirken wie an der Festlegung eines bestimmten Erzählwinkels.

In beiden Redeformen wird die jeweils sprechende Figur bzw. der Redeakt durch eine sogenannte *inquit*-Formel (von lat. inquit, er sagt), ein *verbum dicendi* (von lat. dicere, sagen) bezeichnet.[7] Diese Formel hat grammatisch meist den Status eines Hauptsatzes. In der *direkten Rede* wird die Äußerung der Person sodann völlig unverändert zitiert. Konventionellerweise – aber nicht immer – sind *inquit*-Formel und Personenrede durch Satzzeichen (Doppelpunkt, Komma) getrennt, die Rede selbst erscheint in Anführungszeichen.

„Wenn es ein warmer Schlag ist", *sprach Tony* und nickte bei jedem Wort mit dem Kopfe, „so schlägt der Blitz ein. Wenn es aber ein kalter Schlag ist, so schlägt der Donner ein!"

Direkte Rede bringt die subjektive Qualität der Äußerung unmittelbar und plastisch zur Geltung, während indirekte Rede eher die Tatsache, die kommunikative Funktion und allgemeine Tendenz einer Äußerung vermerkt –

Herr Buddenbrook aber war böse auf diese Weisheit, er *verlangte* durchaus *zu wissen*, wer dem Kinde diese Stupidität *beigebracht habe*... (S. 8f.)

In *indirekter* Rede bleibt die Erzählerstimme führend, die Personenstimme schwingt begleitend mit. Der Erzähler *zitiert* nicht, sondern *referiert* oder *erzählt* die Personenrede. Er kann sich an deren Wortlaut halten, häufiger jedoch wird er sie zusammenfassend verkürzen und nur besonders markante Wendungen – „diese Stupidität" – hervorheben. Jedenfalls steht die indirekte Rede im Nebensatz, in grammatischer Abhängigkeit vom *verbum dicendi* im Hauptsatz; sie erhält keine Anführungszeichen und indikativische Verbformen werden in den Konjunktiv verschoben. Die sprechende Figur selbst wird in indirekter Rede schließlich durch Personalpronomina der Dritten Person bezeichnet (wir schreiben unser Textbeispiel fort:

---

7 Natürlich kann, besonders bei längeren Wortwechseln, das *verbum dicendi* eingespart und Monotonie vermieden werden, solange die Zuordnung von Sprecher und Rede noch klar ist. Eine ebenso hübsche wie gezielte, nämlich auf die Neugier der Leser zielende Verwirrubung stellt das Weglassen der *inquit*-Formeln in den ersten *Buddenbrooks*-Zeilen dar: Erst nach einer halben Seite sind beide Sprecher des Dialogs identifiziert und dessen Bedeutung einsichtig.

„Er, der alte Buddenbrook, *sei* das, parbleu, nicht gewesen; *ihm liege* so etwas durchaus fern!")

Indirekte und direkte Personenrede zählen durch die Jahrhunderte zum Grundbestand erzählerischer Technik, wobei die direkte Form überwiegt und sicher auch die ältere ist. Ihre grundsätzlichen Qualitäten lassen sich leicht bestimmen: Direkte Rede wirkt unmittelbar, der Leser vernimmt wie im Drama die Figur selbst; andererseits unterbricht sie spürbar den Erzählfluß – und dies um so stärker, je ausgedehnter sie ist. Indirekte Rede hingegen fügt sich diesem Fluß ein, ihr Tempo kann vom Erzähler jederzeit verändert werden. Andererseits ist ihre Intensität geringer; die grammatische Verschiebung in den Konjunktiv und die Dritte Person bewirkt eine Distanzierung sowohl des Erzählers wie der Leser von der Person und ihrer Rede. Betrachten wir diesen Kontrast nochmals anhand zweier komplexerer Beispiele. Ein mittelloser Student – Sankt Petersburg, Mitte des vorigen Jahrhunderts – sucht eine Pfandleiherin auf:

„Was wünschen Sie?" fragte die Alte in scharfem Ton, nachdem sie ins Zimmer getreten war und, wie vorher, sich gerade vor ihn hingestellt hatte, um ihm genau ins Gesicht blicken zu können.
„Ich bringe ein Stück zum Verpfänden. Da ist es!"
Er zog eine alte, flache silberne Uhr aus der Tasche. Auf dem hinteren Deckel war ein Globus dargestellt. Die Kette war von Stahl.
„Das frühere Pfand ist auch schon verfallen. Vorgestern war der Monat abgelaufen."
„Ich will Ihnen für noch einen Monat Zinsen zahlen. Haben Sie noch Geduld."
„Es ist bei mir, Väterchen, ob ich mich noch gedulden oder Ihr Pfand jetzt verkaufen will."
„Was geben Sie mir auf die Uhr, Aljona Iwanowna?"
„Sie kommen immer nur mit solchen Trödelsachen, Väterchen. Die hat ja so gut wie gar keinen Wert. Auf den Ring habe ich Ihnen das vorige Mal zwei Scheinchen gegeben; aber man kann ihn beim Juwelier für anderthalb Rubel neu kaufen."
„Geben Sie mir auf die Uhr vier Rubel; ich löse sie wieder aus; es ist ein Erbstück von meinem Vater. Ich bekomme nächstens Geld."
„Anderthalb Rubel, und die Zinsen vorweg, wenn es Ihnen so recht ist."
„Anderthalb Rubel!" rief der junge Mann.
„Ganz nach Ihrem Belieben!"
Mit diesen Worten hielt ihm die Alte die Uhr wieder hin. Der junge Mann nahm sie und war so *ergrimmt,* daß er schon im Begriff stand wegzugehen; aber er *besann* sich noch schnell eines andern, da ihm *einfiel,* daß er an keine andre Stelle gehen konnte und daß er auch noch zu einem andern Zweck gekommen war.
„Nun, dann geben Sie her!" sagte er in grobem Ton. (S. 12f.)

Die direkte Personenrede ist dialogisch, ja geradezu dramatisch zugespitzt; der Wortwechsel begleitet die Handlung nicht nur, er *ist* – als Interaktion zwischen den Gesprächspartnern oder vielmehr -gegnern – die Handlung. Zumindest die Rede des Besuchers hat aber noch eine andere, unausgesprochene Funktion: Sie dient seiner wahren Intention und verdeckt sie zugleich. Denn Raskolnikow ist, wie wir als Leser wissen, in Wahrheit gekommen, um eine Gelegenheit zur Ermordung der Pfandleiherin auszukundschaften. In anderen Situationen, und Fjodor M. Dostojewskis Roman *Schuld und Sühne* (1867) ist auch daran reich, wird die direkte Personenrede mehr oder weniger weit von der Handlung abschweifen und zum Medium von Erörterungen aller Art werden.[8] In diesem Werk ist direkte Personenrede (auch in der Form des „Selbstgesprächs") die vorherrschende Erzählweise, die auch den Erzählerbericht weit zurückdrängt. In Dialogen und Monologen werden die labyrinthischen Empfindungen, Spekulationen und Gewissensprobleme Raskolnikows ebenso ausgebreitet wie seine sozialen Beziehungen; und die *direkte*, quasi-dramatische Form der Personenrede, ihre Nähe zur Figur, ihren Gedanken und Gefühlen, hat in Verbindung mit einer vorher unbekannten Intensität der psychologischen Introspektion zur epochalen Wirkung dieses Werkes in ganz Europa beigetragen.

Vergeblich wird man in *Schuld und Sühne* hingegen, über viele hundert Seiten hinweg, die Form der indirekten Rede suchen. Ihr distanzierender, relativierender Gestus paßt nicht in die aufgewühlte Seelenlandschaft des Romans. Indirekte Rede tritt bezeichnenderweise erst auf, als Raskolnikow seine Schuld gestanden, seinen Seelenfrieden gefunden und seinen Strafprozeß fast überstanden hat:

---

8 Eine weitere wichtige Funktion direkter Rede im Erzähltext ist die indirekte Charakterisierung der sprechenden Person durch Besonderheiten ihres persönlichen Idioms. In unserem Dostojewski-Zitat spielt sie zwar keine Rolle; aber der vorlaute Christian Buddenbrook nutzt sie parodierend – so wie viele, besonders realistisch-psychologische Autoren. Die charakterisierende Unterscheidung von Redeweisen kann sich sowohl auf historisch und sozial geprägte Sprachvarianten beziehen (des alten Buddenbrook Gemisch aus bodenständigem Platt und Bildungsfranzösisch) als auch auf individuelle Dispositionen und Sprach-Eigenheiten (Tonys zunehmende Neigung, in unpassenden Klischees zu sprechen). In der deutschen Romantradition sind Thomas Mann und vor ihm Theodor Fontane wohl die größten Virtuosen individualisierender Personenrede, auf die andere Erzähler, wie etwa Franz Kafka, weitgehend verzichten.

Alles dies diente als starke Stütze für die *Schlußfolgerung, daß* Raskolnikow mit einem gewöhnlichen Mörder, Räuber und Dieb nicht auf eine Stufe gestellt werden könne, sondern daß hier denn doch etwas anderes vorliege. Zum größten Verdruß derjenigen, die diese Ansicht vertraten, machte der Verbrecher selbst so gut wie gar keinen Versuch sich zu verteidigen; auf die ausdrückliche Frage, was ihn denn eigentlich zu dem Mord und dem Raub veranlaßt habe, *antwortete er* mit größter Klarheit und überraschender Offenheit, die Ursache seiner ganzen Handlungsweise *sei* seine üble Lage gewesen, seine völlige Armut und Hilflosigkeit und der Wunsch, sich die ersten Schritte auf seiner Laufbahn mit Hilfe von wenigstens dreitausend Rubeln zu ermöglichen, die er bei der Getöteten zu finden gehofft habe. Den Entschluß zum Mord habe er infolge seines leichtsinnigen, kleinmütigen Charakters gefaßt; überdies habe er sich auch noch infolge von Entbehrungen und Mißerfolgen in gereizter Stimmung befunden. Und auf die Frage, was ihn denn zu der Selbstanzeige bewogen habe, erwiderte er offen, daß dies eine Wirkung aufrichtiger Reue gewesen *sei*. Das alles machte schon beinahe den Eindruck allzu großer Derbheit.

Das Urteil fiel milder aus, als nach der Schwere des verübten Verbrechens eigentlich zu erwarten gewesen war... (S. 780)

Die zunehmende Distanzierung von der Hauptperson, deren Gefühlsregungen wir zuvor aus nächster Nähe verfolgen konnten, wird hier überaus deutlich. Der Erzähler spricht aus der Perspektive eines Gerichtsreporters. Wir spüren die zunehmende Entfernung von Figur und Geschehen geradezu räumlich – und *indirekte* Rede ist dafür die geeignete Technik, weil sie die Erzählinstanz zwischen sprechende Figur und Leser schaltet, weil sie die Wortwechsel soweit verkürzt, daß nicht mehr sicher ist, ob sie der Figurenrede noch wörtlich folgen oder sie sinngemäß zusammenfassen. Nicht einmal die Sprecher sind in jedem Fall zu identifizieren: Indirekte Rede faßt auch mehrere Äußerungen einer oder verschiedener Figuren zusammen, kann die Auffassung einer Gruppe oder Institution (wer zieht in unserem Beispiel die „Schlußfolgerung"?) oder gar „Volkes Stimme" wiedergeben. Und nicht zuletzt relativiert sie durch die konjunktivische Form das Gesprochene als subjektive Meinung; sie setzt sozusagen hinter jede Personenrede ein Fragezeichen. In aller indirekten Rede schwingt auch ein Unterton der Ungewißheit, Zweifel an der Glaubwürdigkeit der Rede mit – bis hin zur Möglichkeit bewußter Täuschung und Unwahrhaftigkeit.[9]

---

9 Auch pragmatische Texte, besonders Presseberichte und juristische Protokolle, nutzen die indirekte Rede, um eine Äußerung definitiv dem jeweiligen Sprecher zuzuschreiben und damit – etwa bei Zeugenaussagen oder Politikerreden – als potentiell unzutreffend zu charakterisieren. Drohender Monotonie soll der Wechsel von direkter und indirekter Rede, aber auch die „freie" indirekte Rede in Form konjunktivischer Hauptsätze

Schematisch könnte man sagen: Direkte Personenrede wirkt szenisch unmittelbar, vergegenwärtigend und zeitdeckend – und hat von daher starke Affinität zur *personalen* Erzählsituation. Indirekte Rede wirkt berichtend, mittelbar, distanzierend und raffend – und entspricht insofern *auktorialer* Erzählhaltung. Andererseits ist nicht zu übersehen, daß gerade im älteren – überwiegend auktorial gehaltenen Roman – die direkte Rede stark vertreten ist. Tatsächlich haben Erzähler seit langem von beiden Redeformen und ihrer Kom-

---

entgegenwirken: „'Uns kann nichts mehr in Erstaunen versetzen', sagte Gorbatschow. Er riet Jugendlichen, die ihm zujubelten und 'Gorbi, hilf uns' riefen, nicht in Panik zu verfallen. Schwierigkeiten und Aufgaben, die in der Zukunft auf sie zukämen, würden gemeinsam gelöst werden. Die Sowjetunion habe gelernt, wie eine Sache voranzubringen und zu verteidigen sei. 'Gefahren warten nur auf jene, die nicht auf das Leben reagieren', sagte er ... Zu Honecker seien die Beziehungen gut und kameradschaftlich." *(Frankfurter Allgemeine Zeitung, 7.10.1989)*

Ein ähnlicher Effekt der Distanzierung und Relativierung ergibt sich auch, wenn indirekte Rede als dominante Form in fiktionalen Texten verwendet wird. Markante Beispiele, auch von mehrfach ineinander geschachtelten indirekten Reden, findet man in den Romanen und Erzählungen Thomas Bernhards – wie auch in seinem kurzen Text *Behauptung*:
„Ein Mann aus Augsburg ist allein deshalb in die Augsburger Irrenanstalt eingeliefert worden, weil er sein ganzes Leben bei jeder Gelegenheit behauptet hatte, Goethe habe als Letztes *mehr nicht!* und nicht *mehr Licht!* gesagt, was allen mit ihm in Berührung gekommenen Leuten mit der Zeit und auf die Dauer derartig auf die Nerven gegangen sei, daß sie sich zusammengetan hatten, um die Einweisung dieses auf so unglückliche Weise von seiner Behauptung besessenen Augsburgers in die Irrenanstalt zu erwirken. Sechs Ärzte hätten sich geweigert, den Unglücklichen in die Irrenanstalt einzuweisen, der siebente habe eine solche Einweisung sofort veranlaßt. Dieser Arzt ist, wie ich aus der *Frankfurter Allgemeinen Zeitung* erfahren habe, dafür mit der Goetheplakette der Stadt Frankfurt ausgezeichnet worden."

Eine wahre *tour de force* indirekter Rede bietet Uwe Johnsons *Skizze eines Verunglückten* (1981), die erzählerische Bilanz eines verfehlten Lebens: Ein einleitender Satz fungiert – in Anlehnung an die Gebrauchsform des Interviews – als eine Art pauschale *inquit*-Formel: „Herr Dr. J. Hinterhand (1906-1975) gestattete seit Juni 1975 die folgenden Berichtigungen, Ausführungen, Auskünfte und Nachträge." Hiervon logisch abhängig, aber in Form der „freien" indirekten Rede, wird nun Hinterhands Lebensbericht referiert, vom ersten Satz – „Nach seiner Entlassung aus dem Staatsgefängnis bei Ossining am Hudson, 1957, habe er in New York City als seinen Wohnsitz sich fügen müssen" (S. 9) – bis zum letzen: „In der Folge habe er eine eigene Form der Todesstrafe gefunden, abzuleisten durch Ableben." (S. 76) Unter vornehmlich linguistischem Interesse untersucht die Essener Dissertation von Marlies Becher den *Konjunktiv der indirekten Redewiedergabe* (1989) in diesem Text.

bination Gebrauch gemacht. Der Wechsel zwischen beiden Formen, auch innerhalb einer einzigen Redesituation, gibt dem Erzähler die Möglichkeit, Perspektive und Tempo zu variieren und so der Monotonie entgegenzusteuern, die immer droht, wenn allzulange Personenreden den Erzähler verstummen lassen. Direkte und indirekte Rede werden also gern kombiniert, um eine Szene zugleich gedrängt und anschaulich wirken zu lassen, Figuren- und Erzählerstimme in Balance zu halten. Das folgende kleine Beispiel entstammt einem älteren Roman, dem *Abenteuerlichen Simplicissimus Teutsch* des Hans Jakob Christoffel von Grimmelshausen (1668), und berichtet von einem Verhör, dem der närrische junge Titelheld und Ich-Erzähler unterzogen wird:

Als ich vor den Gubernator gebracht wurde, fragte er mich, wo ich herkäme? Ich aber antwortet, ich wüßte es nicht. Er fragt weiter: „Wo willst du dann hin?" Ich antwortet abermal: „Ich weiß nicht." „Was Teufel weißt du dann", fragte er ferner, „was ist dann dein Handtierung?" Ich antwortet noch wie vor, ich wüßte es nicht. Er fragte: „Wo bist du zu Haus?" und als ich wiederum antwortet, ich wüßte es nicht, verändert er sich im Gesicht, nicht weiß ich, obs aus Zorn oder Verwunderung geschahe? (S. 101)

Am Rande läßt sich hier bemerken, daß direkte wie indirekte Personenrede grundsätzlich auch in der Ich-Erzählung verwendet werden, wobei das (erlebende) Ich als Figur unter Figuren zum Subjekt von Personenrede wird; bei indirekter Redewiedergabe entfällt lediglich die Verschiebung in die Dritte Person.

Noch wichtiger wird die Kombination verschiedener Redeformen, wenn der Erzähler komplexe Gespräche aufbaut. Das kann man etwa an Theodor Fontanes Tischgesprächen studieren, die einerseits ein Netz von Interaktionen zwischen den Gesprächsteilnehmern und -teilnehmerinnen knüpfen (und insofern „Handlung" sind bzw. vertreten), andererseits die Möglichkeit bieten, indirekt eine Vielfalt von Ereignissen, Figuren, Orten, Fragestellungen in den Roman zu integrieren, die von der Handlung selbst nicht zusammengehalten werden können. Hier werden der Personenrede Funktionen der Information, vor allem aber der Reflexion, des Räsonnements und der Wertung übertragen, die der Erzähler selbst nicht mehr direkt wahrnehmen kann oder will.[10] Ähnliches gilt

---

10 Fontanes Gespräche sind also, wie wir schon im vorigen Kapitel andeuteten, sein wichtigstes Verfahren, die zunehmende Unübersichtlichkeit und Komplexität der modernen Gesellschaft, die er sehr genau registrierte, noch erzählen zu können, ohne die herkömmliche Romanform aufzubrechen; sie sind das tragende Moment dessen, was Alexander Kluge dann den Fontaneschen „Vielfältigkeitsroman" nennt.

von den Weltanschauungsdebatten und ästhetischen Diskursen, die der Autor des *Zauberberg* und des *Doktor Faustus* an seine Figuren delegiert. Dabei macht es die „Abstraktheit" der Themen besonders dringlich, Monotonie in der *Form* der Gesprächswiedergabe zu vermeiden. Wir zitieren einen kleinen Ausschnitt aus dem letztgenannten Werk; jugendbewegte Studenten diskutieren, kurz nach 1900, über das „Wesen des Staates":

„Ach, Deutschlin, was redest du", sagte Arzt. „Wir wissen doch als moderne Soziologen ganz gut, daß auch der Staat von nützlichen Funktionen bestimmt ist. Da ist die Rechtsprechung, da ist die Sicherheitsgewährung. Und dann leben wir doch überhaupt in einem ökonomischen Zeitalter, das Ökonomische ist einfach der geschichtliche Charakter dieser Zeit, und Ehre und Würde helfen dem Staat keinen Deut, wenn er es nicht versteht, die ökonomischen Verhältnisse von sich aus richtig zu erkennen und zu leiten."

Deutschlin gab das zu. Aber er leugnete, daß Nützlichkeitsfunktionen die *wesentliche* Begründung des Staates seien. Die Legitimierung des Staates liege in seiner Hoheit, seiner Souveränität, die darum unabhängig vom Wertschätzen einzelner bestehe, weil sie – sehr im Gegensatz zu den Flausen des Contrat Social – *vor* dem einzelnen da sei. Die überindividuellen Zusammenhänge hätten nämlich ebensoviel Daseinsursprünglichkeit wie die einzelnen Menschen, und ein Ökonom könne vom Staat eben darum nichts verstehen, weil er von seiner transzendentalen Grundlegung nichts verstehe. Von Teutleben sagte darauf:

„Ich bin gewiß nicht ohne Sympathie mit der sozialreligiösen Bindung, die Arzt befürwortet; besser als gar keine ist sie allemal, und Matthäus hat nur zu recht, wenn er sagt, daß alles darauf ankommt, die rechte Bindung zu finden. Um aber recht zu sein, um zugleich religiös und politisch zu sein, muß sie volkhaft sein, und was ich mich frage, ist, ob aus der Wirtschaftsgesellschaft heraus ein neues Volkstum entstehen kann. Seht euch im Ruhrgebiet um: Da habt ihr Sammelzentren von Menschen, aber doch keine neuen Volkstumszellen. Fahrt mal im Personenzug von Leuna nach Halle! Da seht ihr Arbeiter zusammensitzen, die über Tariffragen ganz gut zu sprechen wissen, aber daß sie aus ihrer gemeinsamen Betätigung irgendwelche Volkskräfte gezogen hätten, das geht aus ihren Gesprächen nicht hervor. In der Wirtschaft herrscht mehr und mehr die nackte Endlichkeit..."

„Das Volkstum ist aber auch endlich", erinnerte ein anderer, es war entweder Hubmeyer oder Schappeler, ich kann es nicht mit Bestimmtheit sagen. „Das dürfen wir als Theologen nicht zulassen, daß das Volk etwas Ewiges sei." (S. 122f.)

Ein fast rhythmischer Wechsel von direkter und indirekter Rede läßt die Diskussion einerseits anschaulich, nah, zeitdeckend, andererseits mittelbar, distanziert, gerafft erscheinen – und nur in diesem Fluktuieren wird sie für den Leser überhaupt erträglich. Kleine Redeberichte raffen, setzen Einschnitte („Deutschlin gab das zu") und geben dem Augenzeugen und Erzähler Zeitblom die Möglichkeit, „der Wiedergabe dieses Gesprächs" quasi-auktorial „ein Ende" zu setzen, denn: „In Wirklichkeit hatte es keines oder ging doch noch lange, bis tief in die Nacht hinein, weiter..." (S. 126)

2. Gedankenbericht oder „psycho-narration"?

Wir gehen zur Analyse derjenigen Techniken über, die das Bewußtsein, also die *unausgesprochenen* Gedanken, Wahrnehmungen und Gefühle von Handlungsfiguren wiedergeben, – und zwar in der Annahme, daß die grammatischen Formen der direkten und indirekten Personenrede wie des auktorialen Redeberichts grundsätzlich auch dies Unausgesprochene mitteilen können, sofern nur die *inquit*-Formel durch *verba credendi* (von lat. credere, glauben, meinen), also durch Verben des Denkens, Wahrnehmens oder Fühlens ersetzt wird. Dabei wird sich zeigen, daß besonders die direkte Rede in der Entwicklungsgeschichte des modernen Romans auf bemerkenswerte Weise „modernisiert" wird. Daneben ist eine Technik zu diskutieren, die ganz auf die subtile Wiedergabe subjektiver Empfindungen „spezialisiert" ist, den Roman des späten 19. und frühen 20. Jahrhunderts dominiert und im Deutschen „erlebte Rede" genannt wird. Um in diesem unübersichtlichen Gelände die Orientierung zu behalten, beginnen wir jedoch mit derjenigen Technik, die – analog zum Redebericht – streng genommen nicht zur Personenrede, sondern zum Erzählerbericht zu rechnen wäre.

Wenn wir sie etwas schwerfällig *Gedankenbericht* nennen, so mag darin anklingen, daß es sich um ein traditionelles, im älteren Roman weit verbreitetes Verfahren handelt. Die Autoren des 17. und 18. Jahrhunderts sind, besonders wenn sie in der Dritten Person erzählen, weniger am Innenleben ihrer Personen als an ihren äußeren „Schicksalen" (wir würden sagen: an *action)* interessiert und berichten deshalb, wo es nicht zu vermeiden ist, von Gedanken und Empfindungen in wahrhaft auktorialer, ja autoritärer Manier: nach Belieben zusammenfassend, wertend und zensierend, aber auch verschweigend – ohne die Figuren in irgendeiner Weise selbst zu Wort kommen zu lassen. Die „Aktstruktur" dominiert, ganz ähnlich wie in vielen Redeberichten, eindeutig über die „Aussagestruktur". Und auch wo ein solcher Empfindungsbericht Breite und Differenziertheit gewinnt, wie im nachfolgenden Beispiel aus *Wilhelm Meisters Lehrjahre* (1795/96), wird die erdrückende Überlegenheit des Erzählers – wenigstens auf den ersten Blick – nicht in Frage gestellt:

So brachte Wilhelm seine Nächte im Genusse vertraulicher Liebe, seine Tage in Erwartung neuer seliger Stunden zu. Schon zu jener Zeit, als ihn Verlangen und Hoffnung zu Marianen hinzog, fühlte er sich wie neu belebt, er fühlte, daß er ein anderer Mensch zu werden beginne; nun war er mit ihr vereinigt, die Befriedigung seiner Wünsche ward eine reizende Gewohnheit. Sein Herz strebte, den Gegenstand seiner Leidenschaft zu veredeln, sein Geist, das geliebte Mädchen mit sich emporzuheben. In der kleinsten Abwesenheit ergriff ihn ihr Andenken. War sie ihm sonst notwendig gewesen, so war sie ihm jetzt unentbehrlich, da er mit allen Banden der Menschheit an sie geknüpft war. Seine reine Seele fühlte, daß sie die Hälfte, mehr als die Hälfte seiner selbst sei. Er war dankbar und hingegeben ohne Grenzen.

Auch Mariane konnte sich eine Zeitlang täuschen; sie teilte die Empfindung seines lebhaften Glücks mit ihm. Ach! wenn nur nicht manchmal die kalte Hand des Vorwurfs ihr über das Herz gefahren wäre! Selbst an dem Busen Wilhelms war sie nicht sicher davor, selbst unter den Flügeln seiner Liebe. (S. 33f.)

Wir bemerken den raffenden Grundzug dieses Berichts über Wilhelms „inneren Zustand", die Souveränität der Wertungen, auch die Sicherheit, mit der der Erzähler Marianens Selbsttäuschung durchschaut (hat sie doch neben dem lieben Wilhelm noch einen ungeliebten Verlobten), – aber auch den expressiven, fast schon subjektiven Einschlag im vorletzten Satz des Zitats. Denn während die Analyse von Marianens – und dann wieder Wilhelms – Gefühlen noch anderthalb Seiten weitergeht (und damit das gesamte Neunte Kapitel im Ersten Buch füllt), fällt dieser Satz unüberhörbar aus dem Duktus des Gedankenberichts heraus. Im mitfühlenden „Ach!" des Erzählers ist die überlegene Distanz zu seinen Figuren aufgehoben; man glaubt geradezu den Stoßseufzer des geplagten Mädchens selbst zu hören. Tatsächlich ist hier grammatisch nicht zu entscheiden, ob weiterhin der Erzähler berichtet oder ob er die Empfindungen Marianens selbst laut werden läßt, bevor er wieder in die Rolle des abgeklärten Berichterstatters und Menschenkenners zurückschlüpft. Mit anderen Worten: Wir stehen hier an der Schwelle, die den „Gedankenbericht" von der „erlebten Rede" trennt, die im 19. Jahrhundert zur bevorzugten Form der Bewußtseinswiedergabe werden wird. Davon in Kürze mehr; zuvor aber noch einiges zum Gedankenbericht.

Dorrit Cohn bezeichnet in ihrem für die Fragestellung dieses Kapitels grundlegenden Buch *Transparent Minds* (1978) diese Technik als *psycho-narration*. Das klingt sehr viel moderner als „Gedankenbericht" – und weist insofern darauf hin, daß auch neuere Erzähler diese Form noch benutzen. Das sind einerseits Autoren wie Thomas Mann, die – als Minderheit unter ihren Zeitgenossen –

generell zur auktorialen Erzählhaltung neigen. Andererseits lassen sich, mit Dorrit Cohns Hilfe, drei thematische Schwerpunkte für die Verwendung von *psycho-narration* erkennen, die man auch bei personal orientierten Autoren und Autorinnen wie Flaubert, James, dem frühen Joyce, Virginia Woolf, Hermann Broch belegen kann. Es handelt sich dabei stets um Situationen, in denen eine Erzählfigur nicht fähig oder willens ist, ihre Wahrnehmungen, Gedanken oder Gefühle auch nur „stumm" zu artikulieren, wo also die Techniken des stummen Selbstgesprächs, der erlebten Rede oder des Inneren Monologs nicht greifen. Das gilt *erstens* sehr häufig für die Gedanken und Gefühle von Kindern. So im Zweiten Kapitel des *Zauberberg*, das als aufbauende Rückwendung von Hansens Kindheit, besonders aber vom Verlust beider Eltern und seines Großvaters – und von seiner Reaktion auf diese Schicksalsschläge berichtet:

In den drei oder vier Monaten, seit sein Vater gestorben war, hatte er den Tod vergessen; nun erinnerte er sich, und alle Eindrücke von damals stellten sich genau, gleichzeitig und durchdringend in ihrer unvergleichbaren Eigentümlichkeit wieder her.

Aufgelöst und in Worte gefaßt, hätten sie sich ungefähr folgendermaßen ausgenommen. Es hatte mit dem Tode eine fromme, sinnige und traurig-schöne, das heißt geistliche Bewandtnis und zugleich eine ganz andere, geradezu gegenteilige, sehr körperliche, sehr materielle, die man weder als schön noch als sinnig, noch als fromm, noch auch nur als traurig eigentlich ansprechen konnte. (S. 31)

... und so weiter und so fort: Eine halbe Seite lang expliziert der Erzähler die Ambivalenz eines unverwechselbar Thomas Mannschen Todesbegriffs; Gesichtspunkte also, die als auktoriale Vorausdeutungen wichtig sind, die jedoch „der kleine Hans Castorp wohl bemerkte, wenn auch nicht mit Worten sich eingestand" (S. 31) – oder vielmehr: die er aufgrund seiner kognitiv-sprachlichen Entwicklungsstufe nicht zu artikulieren vermag. Die gleiche Gedankenlesekunst übt der Erzähler *zweitens*, wenn er eine Figur mitsamt ihren Gedanken und Emotionen ironisieren will, indem er ihr das Recht vorenthält, ihre Empfindungen *selbst* zur Sprache zu bringen. Wie alle Verliebten ist auch Hans Castorp in Gefahr, lächerlich zu wirken, als er mehr und mehr dem morbiden Charme der Mme. Chauchat erliegt:

Vorderhand allerdings stand es so mit ihm, daß er angefangen hatte, die Gemütsbewegungen, Spannungen, Erfüllungen und Enttäuschungen, die ihm aus seinen zarten Beziehungen zu der Patientin erwuchsen, als den eigentlichen Sinn und Inhalt seines Ferienaufenthaltes zu betrachten, ganz ihnen zu leben und seine Laune von ihrem Gedeihen abhängig zu machen.

Die Umstände leisteten ihrer Pflege den wohlwollendsten Vorschub, denn man lebte bei feststehender und jedermann bindender Tagesordnung auf beschränktem Raum beieinander ... (S. 153)

Ganz „von oben herab" berichtet der Erzähler von den Anstalten des jungen Mannes, die ihm offenbar ziemlich unreif erscheinen. Und wenn er ausnahmsweise eine Wendung zitiert, die Hans selber sagen oder denken könnte – „dies ... fand Hans famos" (die Chance einer scheinbar zufälligen „Begegnung" nämlich) – so geschieht auch das nur, um sie durch diese Wortwahl als naiv zu belächeln. *Drittens* wird *psycho-narration* verwendet, wenn die Wahrnehmungen oder Empfindungen einer Figur der Kontrolle ihres wachen Bewußtseins entzogen sind, also in Träumen, rausch- oder krankhaften Halluzinationen oder visionären Erlebnissen. Dabei „schaut" die Figur vor allem *Bilder*, visuelle Eindrücke, ohne sie sogleich kognitiv verarbeiten zu können. Der Gedankenbericht kann dies „Schauen" in Erzählsprache umsetzen, wobei konsequenterweise die Verben des Denkens durch solche des Sehens ersetzt werden. Visionäre Erfahrungen spielen in manchen Werken Thomas Manns geradezu eine Schlüsselrolle. Neben Cohns Beispiel aus *Der Tod in Venedig* wären mindestens noch das sogenannte Schopenhauer-Erlebnis Thomas Buddenbrooks' und das *Schnee*-Kapitel aus dem *Zauberberg* anzuführen. Beide setzen die Vision mit Hilfe von *psycho-narration* in Szene, die von anderen Techniken gestützt wird. Hans Castorp befindet sich – in seinem zweiten Bergwinter, aber schon gegen Ende des Buches – auf einem wagemutigen Skiausflug, schläft ermattet ein und „schaut" nun die Traumvision einer mediterranen Ideallandschaft, in der Leben und Tod, Bestialität und Humanität dicht beieinander stehen:

In der Betrachtung des Standbildes wurde Hans Castorps Herz aus dunklen Gründen noch schwerer, angst- und ahnungsvoller. Er getraute sich kaum und war doch genötigt, die Gestalten zu umgehen und hinter ihnen die nächste doppelte Säulenreihe zurückzulegen: Da stand ihm die metallene Tür der Tempelkammer offen, und die Knie wollten dem Armen brechen vor dem, was er mit Starren erblickte. Zwei graue Weiber, halbnackt, zottelhaarig, mit hängenden Hexenbrüsten und fingerlangen Zitzen, hantierten dort drinnen zwischen flackernden Feuerpfannen aufs gräßlichste. Über einem Becken zerrissen sie ein kleines Kind, zerrissen es in wilder Stille mit den Händen – Hans Castorp sah zartes blondes Haar mit Blut verschmiert – und verschlangen die Stücke, daß die spröden Knöchlein ihnen im Maule knackten und das Blut von ihren wüsten Lippen troff. Grausende Eiseskälte hielt Hans Castorp in Bann. Er wollte die Hände vor die Augen schlagen und konnte nicht. Er wollte fliehen und konnte nicht. Da hatten sie ihn schon gesehen bei ihrem greulichen Geschäft, sie schüttelten die blutigen Fäuste nach ihm und schimpften stimmlos, aber mit letzter Gemeinheit, unflätig, und zwar im Volksdialekt von Hans Castorps Heimat. Es wurde ihm so übel, so übel wie noch nie. Verzweifelt wollte er sich von der Stelle reißen – und so, wie er dabei an der Säule in seinem Rücken seitlich hingestürzt, so fand er sich, das scheußliche Flüsterkeifen noch im Ohr, von kaltem Grausen noch ganz umklammert an seinem Schuppen im Schnee, auf einem Arme liegend, mit angelehntem Kopf, die Beine mit den Skihölzern von sich gestreckt. (S. 520f.)

Dies ist nur die Schlußpartie des Traums, zugleich Gipfelpunkt des Schrecklichen. Doch während Hans zuvor, im Blick auf eine liebliche Küstenlandschaft und ihre „verständig-heitere, schöne junge Menschheit", noch als Träumender zu einer Art von Kommentar, teils in erlebter, teils in direkter Rede fähig war („'Das ist ja reizend!' dachte Hans Castorp von ganzem Herzen. 'Das ist ja überaus erfreulich und gewinnend!'"), verschlägt es ihm nun in seinem eigenen Traum die Sprache. Überwältigt vom Schreckensbild, vermag er nur noch zu „sehen" und ist unfähig zu handeln: „Er wollte fliehen und konnte nicht." *Psycho-narration* macht diesen Zustand der Hilf- und Bewußtlosigkeit erzählbar; nur flüchtige Spuren von erlebter Rede („Es wurde ihm so übel, so übel wie noch nie") tönen sie subjektiv ab. Hansens Erwachen wird dann konsequenterweise als Übergang von „Bildern" zu „Gedanken", von *psycho-narration* zum Selbstgespräch in direkter Rede inszeniert:

Es war jedoch kein rechtes und eigentliches Erwachen: er blinzelte nur, erleichtert, die Greuelweiber los zu sein, doch war es ihm sonst wenig deutlich, noch auch sehr wichtig, ob er an einer Tempelsäule liege oder an einem Schober, und er träumte gewissermaßen fort – nicht mehr in Bildern, sondern gedankenweise, aber darum nicht weniger gewagt und kraus.
„Dacht ich's doch, daß das geträumt war", faselte er in sich hinein. „Ganz reizend und fürchterlich geträumt. Ich wußte es im Grunde die ganze Zeit, und alles hab ich mir selbst gemacht – ... Schönes wie Scheußliches ..." (S. 521)

Damit beginnt ein zweieinhalbseitiger Monolog in direkter Rede, in dem Hans „aufgeweckt" als Deuter seiner eigenen Traumbilder spricht. *Daß* er dies vermag, ist ein Aspekt des Bildungsromans, den Thomas Mann seinem einfachen, wenn auch ansprechenden Helden zugeschrieben hat – und insofern genrespezifisch: Die Ablösung der *psycho-narration* durch Personenrede reflektiert die Emanzipation der Handlungsfigur als Sprachfindung. Für das Konzept von *psycho-narration* typischer sind Beispiele, die Cohn etwa bei Musil und Hermann Broch (S. 42f., 53f.) findet. Dort werden die visuellen Wahrnehmungen, die affektiven und mentalen Prozesse der Figuren *vom Erzähler* begrifflich oder metaphorisch gedeutet, was seine grundsätzliche Überlegenheit ausdrückt.

Es zeigt sich also, daß gerade die Technik der Bewußtseinswiedergabe, die der Figur selbst *nicht* das Wort erteilt, überraschend tief in deren Psyche hinabreicht: in diejenigen Bereiche des Vor- und Unbewußten, die vom erlebenden Subjekt *nicht* in Worte (oder artikulierte Gedanken) gefaßt werden können. „Im Gegensatz zu einer weit verbreiteten Meinung" – betont Dorrit Cohn – „muß der Romancier, der die am wenigsten bewußten Schichten des psychischen Lebens nachzeichnen will, dies auf dem indirektesten Wege und mit der traditionellsten aller verfügbaren Techniken tun." Paradoxerweise kann *„psycho-narration* als direktester, ja als einziger Weg überhaupt angesehen werden, der in die vorsprachlichen Tiefen des Bewußtseins führt." (S. 56)

3. Die „Doppelstimme" der erlebten Rede

Betrachten wir nun die Techniken der Bewußtseinswiedergabe, die den diversen Formen der *Personenrede* entsprechen. Eine geringe Rolle spielt die (stumme) *indirekte Rede:* Ihre syntaktische Abhängigkeit von einem *verbum credendi* und die Konjunktivform machen sie für den Ausdruck von spontanen, schnell wechselnden Gedanken und Gefühlen einfach zu schwerfällig. Typischerweise wird sie am ehesten innerhalb von *psycho-narration* verwendet, wenn der Erzähler seinen Gedankenbericht durch Einsprengsel von subjektiver (stummer) Rede auflockern will, ohne zugleich den Erzählfaden ganz aus der Hand zu geben.

Hingegen nehmen verschiedene Varianten unausgesprochener *direkter Rede* in traditionellen wie modernen Erzählwerken einen beträchtlichen Raum ein; sie spielen darüber hinaus eine wichtige Rolle bei der Erweiterung der Ausdrucksmöglichkeiten moderner Prosa. Diese Formen – unter Begriffen wie Innerer Monolog und/ oder *stream of consciousness* bekannt geworden – sollen aber noch zurückgestellt werden, um ihren historischen Ort anzudeuten. Denn bevor sie von James Joyce und anderen definitiv durchgesetzt werden, erlebt das 19. Jahrhundert den Siegeszug einer neuen, oder doch bis dahin unbeachteten Form. Mit ihrer Hilfe werden dann – laut Dorrit Cohn – mehr Gedanken von Romanfiguren mitgeteilt als auf irgendeine andere Weise... Es ist also zunächst (und endlich) von der *erlebten Rede* die Rede.

Als grammatisch-stilistisches Phänomen, das nicht nur, aber doch ganz überwiegend in fiktionaler Erzählung vorkommt, hat es erst um 1900 die Aufmerksamkeit von Sprach- und Literaturwissenschaftlern, besonders in Frankreich, Deutschland und der Schweiz gefunden, dann aber lange Debatten um Bezeichnung, Erklärung und Funktion ausgelöst, die wir nicht im einzelnen nachvollziehen müssen.[11]

Dorrit Cohn definiert die erlebte Rede, die sie *narrated monologue* (erzählten Monolog) nennt, in ihrem Buch *Transparent Minds* als Wiedergabe der Gedanken einer Figur unter Beibehaltung eines Erzählrahmens in der Dritten Person und des normalen Erzähltempus – meist also des Imperfekts (S. 100). Der englische Germanist Roy Pascal hingegen charakterisiert in seiner Untersuchung *The Dual Voice* (Die Doppelstimme) von 1977 erlebte Rede, die bei ihm *free indirect speech* (freie indirekte Rede) heißt, als „eine stilistische Technik, die auf der Form der einfachen indirekten (berichteten) Rede beruht, das heißt deren spezifische Tempora und grammatische Personen beibehält. Sie füllt diese ziemlich farblose Form mit der Lebhaftigkeit der direkten Rede, indem sie den persönlichen Ton, die Gestik und oft auch die Ausdrucksweise der denkenden oder sprechenden Person anklingen läßt. In ihrer einfachsten Form findet sie sich in der Nachahmung *(mimikry)* seltsamer, für eine Person charakteristischer Ausdrücke, in umfänglicherer und komplexerer Form kann sie für kurze wie lange Dialoge und Selbstgespräche ebenso verwendet werden wie für vorsprachliche Ebenen der nervlichen und mentalen Reaktion, aber auch für nichtsprachliche Wahrnehmungen von Sinneseindrücken ..." (S. 136f.)

Wer sich nun verwirrt fühlt, war besonders aufmerksam. Cohn und Pascal definieren die erlebte Rede auf verschiedenen Wegen – und haben jeweils auf ihre Weise recht.[12] Wir sollten die Eigenart

---

11 Wichtig ist allenfalls, daß die Bezeichnung *erlebte Rede,* die der Romanist Etienne Lorck 1921 geprägt hat, hier wie allgemein in der deutschsprachigen Diskussion beibehalten wird – in Ermangelung einer besseren. Gewiß ist „erlebte Rede", wie Lämmert schon früh bemerkt hat, eher ein suggestives „Schlagwort" als eine präzise grammatisch-stilistische Kategorie (S. 281). Aber nichts spricht dafür, den älteren französischen Terminus *style indirect libre* (Charles Bally, 1912) oder auch das englische *free indirect style* bzw. *speech* zu übersetzen: Im Deutschen gibt es, wie wir sahen, anders als im Französischen oder Englischen eine „freie" indirekte Rede, die jedoch mit der „erlebten Rede" nicht identisch ist.
12 Einen vorzüglichen, die Grundlinien der internationalen Diskussion akzentuierenden Überblick gibt Roy Pascal in *The Dual Voice* (S. 2-32).

dieser Technik deshalb an einigen Beispielen näher studieren. Manche haben uns in anderem Kontext schon beschäftigt, so die geradezu unausschöpflichen Sätze „Am Vormittag hatte sie den Baum zu putzen. Morgen war Weihnachten." Dabei konnten wir bereits klären, daß das deiktische Zeitadverb „morgen" den zweiten Satz in die Figurenperspektive setzt und ihn ebenso wie Syntax und Wortstellung, die der direkten Rede folgen, als Äußerung der Figur ausweist. Andererseits entsprechen die Dritte Person und das „anstößige" Präteritum dem Erzählerbericht – aber auch der indirekten Rede; und wie diese kennt auch erlebte Rede üblicherweise keine „Anführungszeichen". In diesem Fall gerät vom zweiten Satz aus auch der erste, der an sich durchaus als Erzählerbericht verstanden werden kann, in den Sog der Subjektivität: Wir werden letztlich beide Sätze als Gedanken jenes mehrfach verlobten Fräulein Bomberling lesen, auch wenn der Erzähler nicht völlig zurücktritt, sondern die Kontrolle über die grammatischen Randbedingungen behält.

Soweit der Blickwinkel von Dorrit Cohn: Erlebte Rede scheint ihre Form und Wirkung aus der Spannung zwischen Erzählerbericht und (direkter) Personenrede zu gewinnen. Ebensogut kann man sie aber mit Roy Pascal in die Nähe indirekter Rede rücken. Kafkas Roman *Der Prozeß* (1925) liefert uns ein Beispiel:

Plötzlich, beim Mittagessen, fiel ihm ein, er wolle seine Mutter besuchen. Nun war schon das Frühjahr fast zu Ende und damit das dritte Jahr, seitdem er sie nicht gesehen hatte. (S. 198)

Im ersten Satz wird nach einer Gedankenankündigung das Gedachte in Form der *oratio obliqua*: im Nebensatz, in der Dritten Person und im Konjunktiv des Erzähltempus mitgeteilt. Die Fortsetzung – oder Begründung – dieses Gedankens behält Person und Tempus bei, steht aber als Hauptsatz im Indikativ – und ist übrigens wieder durch das deiktische „Nun" markiert. Die (stumme) indirekte Rede, eine wie gesagt wenig verwendete, weil umständliche Form, dient nur als Auslöser für die erlebte Rede, die noch mehrere Sätze weitergeht; der erste Satz bietet also einen Erzählrahmen und definiert als pauschale Gedankenankündigung das Nachfolgende als Figurenbewußtsein. Das ist nötig, weil erlebte Rede nicht ganz ohne Kontext stehen kann, normalerweise aber weder eine Redeankündigung im engeren Sinne (*inquit*-Formel) noch eine verbindende Konjunktion (wie die indirekte Rede) kennt. Im Vergleich mit der *oratio obliqua* erweist sich die erlebte Rede jedenfalls als besonders flexible, „natürlich" wirkende Form der Gedankenwiedergabe. –

Auch den dritten Beispielsatz haben wir in anderem Zusammenhang schon besprochen:

Wenn man im Gange war, dachte sie, war es ein Gefühl, wie wenn man im Winter auf dem kleinen Handschlitten mit den Brüdern den „Jerusalemsberg" hinunterfuhr: es vergingen einem geradezu die Gedanken dabei, und man konnte nicht einhalten, wenn man auch wollte. (S. 5)

Hier deutet sich an, daß erlebte Rede das Figurenbewußtsein als Tiefendimension des Erzählgeschehens erschließen kann – erfahren wir doch Tonys Gedanken und Gefühle, *während* sie den Katechismus aufsagt. Erlebte (stumme) Rede grundiert die direkte und unterläuft sie zugleich. Andererseits ist kaum zu überhören, daß in der erlebten Rede einer Figur stets auch der Erzähler mitspricht; das unbestimmte Pronomen „man" und der sachlich kategorisierende Begriff „die Brüder" (Tony würde eher sagen: „mit Christian und Tom") deuten dies an. Auffällig ist drittens, daß in Tonys Gedankengang eine an sich überflüssige Ankündigung, ein *verbum credendi* eingefügt ist. Die erlebte Rede ist, wie oft bei Thomas Mann, überdeterminiert, – vielleicht, weil der Erzähler die Fäden in der Hand behalten möchte?

Spezifisch für die erlebte Rede ist aber nicht solche Eindeutigkeit, sondern eine mehrfache Ambivalenz, das Fluktuieren zwischen verschiedenen grammatischen Formen und Aussagequalitäten. Grammatisch hat sie eine Zwischenstellung zwischen direkter und indirekter Personenrede. Ihrem Inhalt nach kann sie sich auf „Rede" im eigentlichen Sinne, aber auch auf unausgesprochene Gedanken und Gefühle beziehen; manchmal (wie in unserem ersten Beispiel) bleibt unentscheidbar, ob es sich um das eine oder das andere handelt. Als Bewußtseinswiedergabe hat die erlebte Rede weiterhin eine Mittelstellung zwischen direkter Rede und *psycho-narration:* Sie gibt, wie Cohn bemerkt, „den Bewußtseinsinhalt einer Figur mittelbarer als jene und direkter als diese" wieder (S. 105). Schließlich bleibt die Abgrenzung zwischen Erzählerbericht und erlebter Rede schwierig. Oft ist es nach Roy Pascals Beobachtung „sogar unmöglich, gewisse Passagen mit Sicherheit dem Erzählerbericht oder der erlebten Rede zuzurechnen; möglicherweise geben weder die grammatische Form noch der sprachliche Stil, noch der Inhalt sichere Indizien." (S. 38)

Meistens – wir folgen weiterhin seinen Ausführungen – ist erlebte Rede jedoch aufgrund „hilfreicher Hinweise" zu erkennen. Solche Hinweise geben, wie wir schon wissen, *erstens* deiktische Zeit- und Raumadverbien – „morgen", „hier", „nun" –, die sich auf den Figurenstandpunkt beziehen, sowie affektive oder argumentative Interjektionen: „gewiß", „jedoch", *zweitens* emphatische Ausrufe – „Ach!" – und rhetorische Fragen; *drittens* Modalverben mit subjektiver Qualität („hatte sie den Baum zu putzen"); *viertens* explizite Gedankenankündigungen („dachte sie"), *fünftens* ironische Untertöne, die den Erzähler erkennen lassen; *sechstens* Partien, die sich *nur* als innerer Monolog der Figur verstehen lassen; *siebtens* schließlich eine quasi-auktoriale Verwendung der erlebten Rede, die unartikulierte, wirre, halbbewußte Regungen einer Figur versprachlicht.[13]

Dies eigentümliche *Fluktuieren* erlebter Rede zwischen verschiedenen grammatischen Formen und Ausdrucksqualitäten macht sie besonders geeignet, subjektive, flüchtige, in sich widersprüchliche, affektiv betonte Zustände, Phasen und Reflexe der Psyche einzufangen und dem Leser zu vermitteln. Und wenn der Roman spätestens seit dem frühen 19. Jahrhundert sein Interesse und seinen Ehrgeiz immer mehr in die Erkundung dieser psychischen Realitäten – und ihrer Einbindung in soziale Interaktionen – setzt, dann muß die erlebte Rede geradezu zur Schlüsseltechnik des psychologisch-realistischen Romans, oder wie Cohn sagt, zur „Quintessenz personalen Erzählens und vielleicht der Erzählung schlechthin" werden (S. 111). Aus diesem Nachbarschafts- und Spannungsverhältnis zu anderen Komponenten des Erzähltextes ergibt sich aber auch, daß erlebte Rede sehr unterschiedlich getönt werden kann: Die Art und Weise, wie ein bestimmter Autor erlebte Rede verwendet, trägt zu seinem erzählerischen Profil bei. Jedenfalls ist dies bei drei „Klassikern" des modernen Romans in deutscher Sprache der Fall; betrachten wir also einige Beispiele erlebter Rede bei Thomas Mann, Franz Kafka und Robert Musil.[14]

Wenn wir, in chronologischer Reihenfolge, zunächst wieder *Buddenbrooks* aufschlagen, so wird erlebte Rede dort keineswegs allen Personen gleichermaßen zugestanden. Bei Thomas und Hanno Buddenbrook, also den „problematischen" Figuren *par excellence,* dienen

---

13 Zu einer „Stiltypologie der erlebten Rede" war aufgrund ähnlicher Beobachtungen schon Werner Hoffmeister im einleitenden Teil seiner *Studien zur erlebten Rede bei Thomas Mann und Robert Musil* (1965) gelangt. Er unterscheidet acht Varianten zwischen einem „Berichtpol" und einem Gegenpol subjektiv-expressiven Ausdrucks (S. 33-44).

14 Einen Vergleich zwischen Mann und Musil hat, wie erwähnt, Hoffmeister in seinen *Studien zur erlebten Rede* schon 1965 gezogen; Kafkas und Musils Gebrauch dieser Technik untersucht und unterscheidet Norbert Miller bereits in seinem Aufsatz *Erlebte und verschleierte Rede* (1958).

umfangreiche Partien der Artikulation quälender Ängste und Selbstzweifel. So in den geradezu bohrenden Fragen, die Thomas Buddenbrook seiner Karriere, besonders aber einem hochriskanten, von Tony vorgeschlagenen Spekulationsgeschäft, und schließlich seiner Konstitution und Willenskraft widmet. Noch durchaus auktorial berichtet der Erzähler einleitend von den Wunderlichkeiten des Bürovorstehers Marcus:

Eines Vormittags lag unordentlicherweise ein leerer Getreidesack unter seinem Pult, den er für eine Katze hielt und zum Gaudium des gesamten Personals unter lauten Verwünschungen zu verjagen suchte ... Nein, er war nicht der Mann, der jetzigen Mattigkeit seines Kompagnons zum Trotz, fördernd in die Geschäfte einzugreifen, und oft erfaßte den Senator, wie jetzt, während er matten Blickes in die Finsternis des Salons hinüberstarrte, die Scham und eine verzweifelte Ungeduld, wenn er sich den unbeträchtlichen Kleinbetrieb, das pfennigweise Geschäftemachen vergegenwärtigte, zu dem sich in letzter Zeit die Firma Johann Buddenbrook erniedrigt hatte.
  Aber, war es nicht gut so? Auch das Unglück, dachte er, hat seine Zeit. War es nicht weise, sich still zu verhalten, während es in uns herrscht, sich nicht zu rühren, abzuwarten und in Ruhe innere Kräfte zu sammeln? Warum mußte man jetzt mit diesem Vorschlag an ihn herantreten, ihn aus seiner klugen Resignation vor der Zeit aufstören und ihn mit Zweifeln und Bedenken erfüllen! War die Zeit gekommen? War dies ein Fingerzeig? Sollte er ermuntert werden, aufzustehen und einen Schlag zu führen? Mit aller Entschiedenheit, die er seiner Stimme zu geben vermochte, hatte er das Ansinnen zurückgewiesen; aber war, seit Tony aufgebrochen, wirklich das Ganze erledigt? Es schien nicht, denn er saß hier und grübelte. „Man begegnet einem Vorschlage nur dann mit Erregtheit, wenn man sich in seinem Widerstande nicht sicher fühlt..." Eine verteufelt schlaue Person, diese kleine Tony!
  Was hatte er ihr entgegengehalten? Er hatte es sehr gut und eindringlich gesagt, wie er sich erinnerte. „Unreinliche Manipulation ... Im Trüben fischen ... Brutale Ausbeutung ... Einen Wehrlosen übers Ohr hauen ... Wucherprofit ..." ausgezeichnet! Allein es fragte sich, ob dies die Gelegenheit war, so laute Worte ins Gefecht zu führen. Konsul Hermann Hagenström würde sie nicht gesucht und würde sie nicht gefunden haben. War Thomas Buddenbrook ein Geschäftsmann, ein Mann der unbefangenen Tat – oder ein skrupulöser Nachdenker?
  O ja, das war die Frage; das war von jeher, so lange er denken konnte, seine Frage gewesen! (S. 398f.)

Nach dem ersten Satz deuten drei Punkte den Wechsel der Perspektive, der „Einstellung" an: Das Personalpronomen „er" meint zunächst noch Herrn Marcus, sodann den Senator. Dieser zweite Satz könnte syntaktisch allenfalls noch als Erzählerbericht bzw. als *psycho-narration* gelten, wäre er nicht bereits durch das affektive „Nein" und einen dreifachen deiktischen Bezug („der jetzigen Mattigkeit ... zum Trotz", „wie jetzt", „in letzter Zeit") als erlebte Rede kenntlich. Sie wird nach dem Absatz weitergeführt, die adversative Konjunktion „aber" und der Fragesatz sind ebenso Indizien dafür wie die bei Thomas Mann so typische Ankündigung „dachte er". Dominierend in der zitierten Passage wie im ganzen Monolog, der noch zwei Seiten fortfährt, ist die Intention der Selbstvergewisserung, der Ich-Erkundung, die ihren syntaktischen Ausdruck in der Reihung zahlreicher Fragesätze findet, denen nur wenige „Antworten" gegenüberstehen. (Am Rande ist zu bemerken, wie ein derart ausgeführter, fast schon rhetorisch wirkender Monolog Zitate direkter Personenrede – und zwar Tonys wie Thomas „eigene Worte" integrieren kann. Die denkende Person vermag sich – immer innerhalb der erlebten Rede – aber auch „von außen zu sehen" und vermittels *psycho-narration* über sich selbst wie einen Dritten zu sprechen: „denn er saß hier und grübelte.") Der erlebten Rede droht – wie allen anderen epischen Redeformen – die Gefahr der Monotonie. Thomas Mann versucht ihr zu begegnen, indem er erlebte Rede durch *verba credendi* und kurze, eingeschobene Gedankenberichte auflockert. Das geschieht auf den nächsten Seiten noch zweimal, ehe dann, ebenfalls mit Hilfe von *psycho-narration,* der Monolog vorerst ausgeblendet und Thomas als handelnde Figur von außen gesehen wird.

Der Erzähler seinerseits tritt an solchen Stellen weit hinter die Figur zurück, verstummt und stellt ihr gewissermaßen nur das Medium ihrer Bewußtseinsäußerung zur Verfügung. Es scheint, als sei er im Einklang mit seiner Figur und deren Bewußtsein – was auch den Lesern erleichtert, sich einzufühlen und das exponierte Problem zu „erleben". Solche Übereinstimmung markiert *eine* grundsätzliche Ausgestaltung der erlebten Rede (Cohn spricht von *consonance);* in vielen anderen Passagen hingegen scheint der Erzähler noch mitzusprechen. Man spürt eine Spannung zwischen ihm und der Figur, die er zu Wort kommen läßt (nach Cohn: *dissonance).* Meist wird sie zur Ironisierung der Figur, ihrer Denkweise und Gefühle, besonders aber ihrer Illusionen und Selbsttäuschungen genützt. Dorrit Cohn weist solche Stellen bei Flaubert nach (S. 115ff.), wo man sie als letzte Spuren auktorialer Überlegenheit und insofern als Verstoß gegen das selbstauferlegte Gebot erzählerischer *impassibilité* verstehen könnte. Daß Thomas Mann mit seinen ungebrochen auktorialen Neigungen solche Möglichkeiten nach Kräften und ohne Skrupel nutzt, ist selbstverständlich. In *Buddenbrooks* ist es vor allem die Perspektivfigur Tony, der mehr oder weniger liebevolle Ironie gilt. Und wenn gar die Äußerungen oder (seltener) Gedanken von Nebenfiguren in erlebter Rede vernehmbar werden, so geschieht dies meist in charakterisierender oder parodierender Absicht.[15]

Thomas Mann, so dürfen wir zusammenfassen, verwendet die erlebte Rede sorgsam dosiert als intensivierende Technik der Bewußtseinswiedergabe und -erkundung – oder gelegentlich auch zur indirekten Charakterisierung und Ironisierung seiner Figuren. Dabei bleibt erlebte Rede, wie die zahlreichen *verba credendi* zeigen, in den auktorialen Erzählrahmen eingebunden, zugleich aber deutlich vom Erzählerbericht abgrenzbar.

Ganz anders nun bei Franz Kafka. Seine Romane und diejenigen Erzählungen, die die Dritte Person zugrundelegen, sind durch eine sehr weitgehende, wo nicht völlige Einengung der erzählerischen Perspektive auf den Blickwinkel der jeweiligen Hauptfigur gekennzeichnet.[16] Für diese ausgeprägt personale Erzählsituation ist die erlebte Rede eines der wichtigsten Gestaltungsmittel. Sie wird von Kafka auf eigentümliche Weise, in engmaschiger Verbindung mit dem Erzählerbericht und anderen Redeformen, verwendet – wie man an einigen Stellen aus dem Roman *Der Prozeß* sehen kann.

Jemand mußte Josef K. verleumdet haben, denn ohne daß er etwas Böses getan hätte, wurde er eines Morgens verhaftet. Die Köchin der Frau Grubach, seiner Zimmervermieterin, die ihm jeden Tag gegen acht Uhr früh das Frühstück brachte, kam diesmal nicht. Das war noch niemals geschehen. K. wartete noch ein Weilchen, sah von seinem Kopfkissen aus die alte Frau, die ihm gegenüber wohnte und die ihn mit einer an ihr ganz ungewöhnlichen Neugierde beobachtete, dann aber, gleichzeitig befremdet und hungrig, läutete er. Sofort klopfte es und ein Mann, den er in dieser Wohnung noch niemals gesehen hatte, trat ein. (S. 7)

Die Stimme des Erzählers, die mit vorgreifenden Informationen den Romanbeginn noch bestimmt, hat schon Beiklänge, die die subjektiv begrenzte Perspektive des Josef K. zur Geltung bringen.[17] Insbesondere sind es die raum-zeitlichen Deiktika („diesmal", „in

---

15 ...beispielsweise bei Doktor Grabow (S. 29) oder dem Makler Gosch (S. 504ff.).
16 Zur Erzählperspektive, zum Verhältnis von Erzähler und Figur, und zur Verwendung erlebter Rede gibt Roy Pascals nachgelassene Studie *Kafka's Narrators* (Kafkas Erzähler), die 1982 publiziert wurde, wichtige Hinweise.
17 Diese Stelle wird näher untersucht in Winfried Kudszus' Aufsatz *Erzählhaltung und Zeitverschiebung in Kafkas „Prozeß" und „Schloß"* (1964).

dieser Wohnung"), die diese Perspektivierung erreichen und schließlich den Satz „Das war noch niemals geschehen" trotz syntaktischer Doppeldeutigkeit als erlebte Rede ausweisen. Noch deutlicher etwas später im Ersten Kapitel:

Als er des Hinausschauens auf die leere Straße überdrüssig geworden war, legte er sich auf das Kanapee, nachdem er die Tür zum Vorzimmer ein wenig geöffnet hatte, um jeden, der die Wohnung betrat, gleich vom Kanapee aus sehen zu können. Etwa bis elf Uhr lag er ruhig, eine Zigarre rauchend, auf dem Kanapee. Von da ab hielt er es aber nicht mehr dort aus, sondern ging ein wenig ins Vorzimmer, als könne er dadurch die Ankunft des Fräulein Bürstner beschleunigen. Er hatte kein besonderes Verlangen nach ihr, er konnte sich nicht einmal genau erinnern, wie sie aussah, aber nun wollte er mit ihr reden, und es reizte ihn, daß sie durch ihr spätes Kommen auch noch in den Abschluß dieses Tages Unruhe und Unordnung brachte. Sie war auch schuld daran, daß er heute nicht zu Abend gegessen und daß er den für heute beabsichtigten Besuch bei Elsa unterlassen hatte. Beides konnte er allerdings noch dadurch nachholen, daß er jetzt in das Weinlokal ging, in dem Elsa bedienstet war. Er wollte es auch noch später nach der Unterredung mit Fräulein Bürstner tun.
   Es war halb zwölf vorüber, als jemand im Treppenhaus zu hören war. (S. 25)

Der Erzählerbericht ist von Anfang an mit Kennzeichnungen von Josef K.s Empfindungen und Intentionen („überdrüssig", „um ... sehen zu können", „ruhig", „hielt es nicht mehr aus") im Sinne von *psycho-narration* durchsetzt. Die für Kafka typische „als (ob)" – Formel, die hier sowohl die subjektive Absicht als auch eine Interpretation des Erzählers ausdrücken kann, leitet dann zur erlebten Rede mit deiktischen Zeitangaben in jedem Satz über. Erst der letzte Satz des Abschnitts ist wieder uneindeutig, könnte als Gedankenbericht des Erzählers gelesen werden; aber noch der scheinbar objektive Berichtsatz „Es war halb zwölf vorüber" nimmt im zweiten Teil die Erwartungsperspektive K.s an. Erlebte Rede ist hier Mittel zur Wiedergabe von Empfindungen und Gedanken, die nur in subjektiver Hinsicht stimmig genannt werden können: Die Schuldzuweisung an Fräulein Bürstner ist ja eine Projektion eigenen Unwohlseins. Der Erzähler grenzt sich aber von solchen Bewußtseinsäußerungen nicht explizit ab, sie werden vielmehr auf subtile Weise mit seinem Bericht verwoben. Wenn das äußere Geschehen oder die innere Erregung sich zuspitzen, *fluktuiert* der Text in außerordentlich kurzen Phasen zwischen Erzählerbericht (oder auch direkter Rede) und erlebter Rede (häufig in Frageform), wodurch die Gedankenwiedergabe weniger den Charakter einer Reflexion als eines *Reflexes* der äußeren Umstände annimmt und, wie gelegentlich vorgeschlagen, als „erlebter Eindruck" bezeichnet werden könnte.[18]

Insgesamt kann man sagen, daß Kafkas spezifische Verwendung der erlebten Rede ein Mittel ist, die personale Sicht der Figur durch den gesamten Text hindurch, ganz im Unterschied zu Thomas Mann, als Leitperspektive zu etablieren. Ist die Technik bei Mann ein Mittel der Bewußtseinserkundung, das sparsam und in Situationen krisenhafter Zuspitzung verwendet wird, so perspektiviert sie bei Kafka die Selbst- und Welterfahrung der Figur schlechthin. Sie wirkt damit auf die Leser als machtvolle Rezeptionslenkung: Weil diese Leitperspektive durchweg auch eine *Leidens*perspektive ist, die Passivität, Angst und Bedrohtheit widerspiegelt, bleiben wir in diesem Sinn an die Figurenperspektive gebunden. Das gilt auch da, wo Kafka die erlebte Rede zum Mittel einer quasi-dramatischen Zuspitzung macht, – so am Ende des *Prozeß*-Romans:

Dann öffnete der Herr seinen Gehrock und nahm aus einer Scheide, die an einem um die Weste gespannten Gürtel hing, ein langes dünnes, beiderseitig geschärftes Fleischmesser, hielt es hoch und prüfte die Schärfe im Licht. Wieder begannen die widerlichen Höflichkeiten, einer reichte über K. hinweg das Messer dem anderen, dieser reichte es wieder über K. zurück. K. wußte jetzt genau, daß es seine Pflicht gewesen wäre, das Messer, als es von Hand zu Hand über ihm schwebte, selbst zu fassen und sich einzubohren. Aber er tat es nicht, sondern drehte den noch freien Hals und sah umher. Vollständig konnte er sich nicht bewähren, alle Arbeit den Behörden nicht abnehmen, die Verantwortung für diesen letzten Fehler trug der, der ihm den Rest der dazu nötigen Kraft versagt hatte. Seine Blicke fielen auf das letzte Stockwerk des an den Steinbruch angrenzenden Hauses. Wie ein Licht aufzuckt, so fuhren die Fensterflügel eines Fensters dort auseinander, ein Mensch, schwach und dünn in der Ferne und Höhe, beugte sich mit einem Ruck weit vor und streckte die Arme noch weiter aus. Wer war es? Ein Freund? Ein guter Mensch? Einer, der teilnahm? Einer, der helfen wollte?

---

18 So in der von Cohn zitierten Stelle aus dem Zweiten Kapitel von Kafkas *Das Schloß:* „Da blieb Barnabas stehen. Wo waren sie? Ging es nicht mehr weiter? Würde Barnabas K. verabschieden? Es würde ihm nicht gelingen. K. hielt Barnabas' Arm fest, daß es fast ihn selbst schmerzte. Oder sollte das Unglaubliche geschehen sein, und sie waren schon im Schloß oder vor seinen Toren? Aber sie waren ja, soweit K. wußte, gar nicht gestiegen. Oder hatte ihn Barnabas einen so unmerklich ansteigenden Weg geführt? 'Wo sind wir?' fragte K. leise, mehr sich als ihn. 'Zu Hause', sagte Barnabas ebenso. 'Zu Hause?' – 'Jetzt aber gib acht, Herr, daß du nicht ausgleitest. Der Weg geht abwärts.' – 'Abwärts?' – 'Es sind nur ein paar Schritte', fügte er hinzu, und schon klopfte er an eine Tür." (S. 33) Hinweise zur Terminologie „erlebte Rede"/„erlebter Eindruck" gibt Jürgen Zenke: *Die deutsche Monologerzählung im 20. Jahrhundert* (1976), S. 10f.

War es ein einzelner? Waren es alle? War noch Hilfe? Gab es Einwände, die man vergessen hatte? Gewiß gab es solche. Die Logik ist zwar unerschütterlich, aber einem Menschen, der leben will, widersteht sie nicht. Wo war der Richter, den er nie gesehen hatte? Wo war das hohe Gericht, bis zu dem er nie gekommen war? Er hob die Hände und spreizte alle Finger. Aber an K.s Gurgel legten sich die Hände des einen Herrn, während der andere das Messer ihm tief ins Herz stieß und zweimals dort drehte. Mit brechenden Augen sah noch K., wie die Herren, nahe vor seinem Gesicht, Wange an Wange aneinandergelehnt, die Entscheidung beobachteten. „Wie ein Hund!" sagte er, es war, als sollte die Scham ihn überleben. (S. 194)

Die mörderische Szene wird ganz aus dem Blickwinkel des Opfers gestaltet. Ein auf diesen Winkel begrenzter und durch die Wortwahl („Wieder ... die widerlichen Höflichkeiten") subjektiv gefärbter Erzählerbericht wechselt mit *psycho-narration* („K. wußte jetzt", „Seine Blicke fielen auf ...") und regelrechter erlebter Rede („Vollständig konnte er sich nicht bewähren"). K.s letzte bewußte Überlegungen erscheinen dann als Reihung rhetorischer Fragesätze, ein bewährtes Stilmittel dramatisch oder affektiv aufgeladener erlebter Rede. Die Passage erinnert an Thomas Buddenbrooks psychologische Selbsterkundung – und übersteigt sie doch in ihrer monologischen Wucht: als eine gewaltige Klimax verzweifelten Fragens und Suchens. Sie wächst, mit der sehr konkreten Frage nach der Identität des Menschen im Fenster, aus der erzählten Situation heraus, transzendiert sie in den existentiellen Schlußfragen nach dem „hohen Gericht", einer sinngebenden Instanz in Leben und Welt (aber auch in der eingeschobenen, bemerkenswerterweise präsentischen Reflexion), – um dann im Schlußabsatz wieder auf das brutale Faktum des gewaltsam-unbegriffenen Todes zurückzufallen: Erzählerbericht, *psycho-narration*, direkte Rede „deeskalieren" den Erzählton gegenläufig zur Zuspitzung des äußeren Geschehens.[19]

Eine dritte, ebenso eigenwillige Verwendungsweise der erlebten Rede hat Robert Musil im *Mann ohne Eigenschaften* entwickelt, wie wiederum Werner Hoffmeister (S. 86ff.) zeigt. Da Musil „die geistige Konstitution einer Zeit" mit erzählerischen Mitteln analysieren will, verwendet er erlebte Rede weder als Ausdruck einer „psychologischen Privatsphäre" wie der frühe Thomas Mann, noch als Hilfsmittel zur Fixierung einer durchgängig personalen Monoperspektive. Sie wird vielmehr zum wichtigsten Medium *intellektueller* Erfahrung, einer vielseitigen und in sich gebrochenen, kaleidoskopi-

---

19 Näheres hierzu in Cohns *Transparent Minds* (S. 122f.).

schen *Reflexion* – also Spiegelung *und* Theorie der Welt in ihrer ganzen Komplexität und Abstraktheit. Zu den Prämissen des Erzählers Musil gehört, daß diese Welt nicht unmittelbar und eindeutig faßbar ist, sondern nur in der Brechung subjektiver Wahrnehmungen, in den affektiven und intellektuellen Reaktionen auf Realität. Daraus ergeben sich, grob gesagt, zwei Verwendungsweisen der erlebten Rede. Die erste soll die Personen des Romangeschehens als Träger von unterschiedlichen Ideologien charakterisieren und ironisieren, indem ihre Denk- und Redeweisen kommentarlos, aber doch mit genüßlicher Süffisanz vom Erzähler wiedergegeben werden. Musil nutzt also das Verfahren, das Thomas Mann hier und da ironisch auf Einzelfiguren anwendet, systematisch als Mittel erzählerischer Ideologiekritik für sein satirisches Gesellschaftspanorama.[20]

Wichtiger, weil origineller, ist in unserem Zusammenhang die zweite Variante erlebter Rede im *Mann ohne Eigenschaften*. Sie läuft – wie bei Kafka – auf eine überaus enge Verschmelzung der Stimmen von Erzähler und Hauptfigur hinaus – freilich mit konträrem Effekt. Man könnte vielleicht sagen: Bei Kafka *untergräbt* die (monoperspektivische und konsonante) erlebte Rede den Erzählerbericht, bei Musil *überlagert* sie ihn (multiperspektivisch und teilweise dissonant). Kafkas K. „erlebt" sich als Objekt und Opfer undurchschaubaren und unentrinnbaren Geschehens. Musils Ulrich ist dagegen, wie der Erzähler, ein distanzierter, ja überlegener Betrachter, dem das äußere Geschehen fast nur zum Anlaß kritisch-intellektueller Reflexionen wird. Deshalb ist seine erlebte Rede meist begrifflich, „essayistisch" geprägt, während bei Kafka sinnliche Wahrnehmungen und situative Empfindungen vorherrschen. Deshalb lösen sich Ulrichs Überlegungen sehr schnell von der Situation, in der sie wurzeln, während sie für K. zumeist unzureichende Versuche sind, mit dieser Situation ins Reine zu kommen. Deshalb schließlich verschmilzt Ulrichs erlebte Rede, anders als die K.s, grammatisch und perspektivisch nicht so sehr mit dem *Bericht*, sondern mit den *Kommentaren* und Reflexionen des Erzählers – wie etwa die folgende Passage zeigen kann. Ulrich hat soeben – in Form der (stummen) direkten Rede – über das „berüchtigte Abstraktwerden des Lebens" in der modernen Großstadt nachgedacht.

Aber indem er das dachte, wußte er auch, daß es die Macht des Menschen tausendfach ausdehnt, und wenn es selbst im Einzelnen ihn zehnfach ver-

---

20 Näheres dazu in Hoffmeisters *Studien zur erlebten Rede* (S. 110ff.).

dünnt, ihn im ganzen noch hundertfach vergrößert, und ein Rücktausch kam für ihn nicht ernsthaft in Frage. Und als einer jener scheinbar abseitigen und abstrakten Gedanken, die in seinem Leben oft so unmittelbare Bedeutung gewannen, fiel ihm ein, daß das Gesetz dieses Lebens, nach dem man sich, überlastet und von Einfalt träumend, sehnt, kein anderes sei als das der erzählerischen Ordnung! Jener einfachen Ordnung, die darin besteht, daß man sagen kann: 'Als das geschehen war, hat sich jenes ereignet!' Es ist die einfache Reihenfolge, die Abbildung der überwältigenden Mannigfaltigkeit des Lebens in einer eindimensionalen, wie ein Mathematiker sagen würde, was uns beruhigt; die Aufreihung alles dessen, was in Raum und Zeit geschehen ist, auf einen Faden, eben jenen berühmten 'Faden der Erzählung', aus dem nun also auch der Lebensfaden besteht. Wohl dem, der sagen kann 'als', 'ehe' und 'nachdem'! Es mag ihm Schlechtes widerfahren sein, oder er mag sich in Schmerzen gewunden haben: sobald er imstande ist, die Ereignisse in der Reihenfolge ihres zeitlichen Ablaufes wiederzugeben, wird ihm so wohl, als schiene ihm die Sonne auf den Magen. Das ist es, was sich der Roman künstlich zunutze gemacht hat: der Wanderer mag bei strömendem Regen die Landstraße reiten oder bei zwanzig Grad Kälte mit den Füßen im Schnee knirschen, dem Leser wird behaglich zumute, und das wäre schwer zu begreifen, wenn dieser ewige Kunstgriff der Epik, mit dem schon die Kinderfrauen ihre Kleinen beruhigen, diese bewährteste 'perspektivische Verkürzung des Verstandes' nicht schon zum Leben selbst gehörte. Die meisten Menschen sind im Grundverhältnis zu sich selbst Erzähler. Sie lieben nicht die Lyrik, oder nur für Augenblicke, und wenn in den Faden des Lebens auch ein wenig 'weil' und 'damit' hineingeknüpft wird, so verabscheuen sie doch alle Besinnung, die darüber hinausgreift: sie lieben das ordentliche Nacheinander von Tatsachen, weil es einer Notwendigkeit gleichsieht, und fühlen sich durch den Eindruck, daß ihr Leben einen 'Lauf' habe, irgendwie im Chaos geborgen. Und Ulrich bemerkte nun, daß ihm dieses primitiv Epische abhanden gekommen sei, woran das private Leben noch festhält, obgleich öffentlich alles schon unerzählerisch geworden ist und nicht einem 'Faden' mehr folgt, sondern sich in einer unendlich verwobenen Fläche ausbreitet.

Als er sich mit dieser Erkenntnis wieder in Bewegung setzte, erinnerte er sich allerdings, daß ... (S. 649ff.)

Das Mittelstück dieser Reflexion, ein kleiner Essay über den Funktions- und Formenwandel des Erzählens, ist sehr sorgfältig in den Erzählerbericht eingesenkt. Es beginnt mit auktorialer *psycho-narration*, deren letzter Teilsatz schon die Wortstellung erlebter Rede annimmt (statt: „und ein Rücktausch für ihn nicht ernsthaft in Frage kam"). Hierauf folgt indirekte Rede mit dem Konjunktiv, freie indirekte Rede, die bereits den Indikativ nutzt und insofern zur nachfolgenden Passage überleitet, die wir grammatisch sowohl als Erzählerkommentar wie als erlebte Rede Ulrichs verstehen können. Daß sie anders als deren Normalform im *Präsens* steht, erklärt sich aus der Tatsache, daß auch die präsentische *Erzählerreflexion* bei Musil den präterialen Erzählerbericht zurückdrängt. Konsequenterweise lehnt sich auch die erlebte Figurenrede vorrangig an diese „besprechende" Form an. Hoffmeister hat festgestellt, daß der Tempuswechsel zum Präsens bei Musil eine „recht häufige Erscheinung" ist, die der „Aspektdifferenzierung" dient, das heißt dort verwendet wird, wo die Reflexion sich weniger auf individuelle Umstände Ulrichs als auf allgemeine Zusammenhänge richtet (S. 100).

Für die Annahme erlebter Rede sprechen hier also die rahmenden *verba credendi* (der Abschluß führt, in symmetrischer Entsprechung, über die indirekte Rede zum Erzählerbericht zurück) sowie eine emphatische Tönung mancher Stellen („Wohl dem ..."). Insgesamt ist zuzugeben, daß diese erlebte Rede nur *schwach* determiniert ist; man kann nicht definitiv ausschließen, daß es sich hier um eine ausgedehnte, zwischen zwei Partien indirekter (Gedanken-)Rede eingeschobene Erzählerreflexion handeln könnte. Diese Ambivalenz aber ist gewollt und ein prägender Stilzug von Musils Erzählsprache. Im *Mann ohne Eigenschaften* wird zwar eine „auktoriale" Erzählinstanz beibehalten, sie delegiert aber einen Großteil ihrer Funktionen an die Hauptfigur als ihren „Stellvertreter". Das heißt nun, daß die erlebte Rede nicht so sehr wie bei Kafka in den Erzählerbericht integriert wird, sondern geradezu umgekehrt diesen in sich aufnimmt. Für Musils Roman gilt also Hoffmeisters Fazit, daß die erlebte Rede „in einer solchen Fülle und einer solchen Variationsbreite auftritt, daß man in ihr eine für den Stil, für die Erzählhaltung und für die Struktur des ganzen Romans entscheidende epische Grundform zu erblicken hat. Sie ist die *beherrschende* epische Grundform, weil sie die anderen Grundformen (Bericht, Beschreibung, Dialog) in sich aufnehmen und als integrierende Bestandteile in ihr eigenes Medium umprägen kann." (S. 140)[21]

Werfen wir abschließend einen Blick auf die historische Karriere dieser Technik. Man hat darüber gestritten, ob sie als rein *literarische* Innovation anzusehen ist oder Vorformen in der gesprochenen Sprache besitzt. Wichtiger als diese Frage ist Roy Pascals Hinweis auf

---

21 Interessanterweise zitiert Hoffmeister aus der oben analysierten Passage, um Musils Bruch mit der „herkömmlichen Form des Erzählens" zu belegen (S. 86ff.), scheint sie jedoch nicht als Beispiel erlebter Rede zu erkennen. Grundsätzliches zu *atypischen* Varianten, das heißt zur erlebten Rede im Präsens und/oder in der Ersten Person *(self-narrated monologue)* in Cohns *Transparent Minds*, S. 37f. und 166ff., sowie bei Zenke: *Die deutsche Monologerzählung im 20. Jahrhundert*, S. 29.

die außerordentlich schnelle Verbreitung und Perfektionierung der erlebten Rede, nachdem sie von Lesepublikum erst einmal akzeptiert war (S. 35f.). Es handelte sich da ganz offenbar um ein Produkt, für das mit dem psychologischen Interesse des Romans seit dem ausgehenden 18. Jahrhundert ein objektiver Bedarf bestand – und das deshalb in kurzer Zeit eine führende Position auf dem literarischen Markt erringen konnte. Einzelne Stellen, oft nur kurze Fetzen erlebter Rede finden sich im 17. und 18. Jahrhundert, in Frankreich beim Fabeldichter Jean de la Fontaine (1668ff.), dann in Rousseaus Erziehungsroman *Émile* (1762); in England bei Henry Fielding; in Deutschland bei Christoph Martin Wieland – und bei Goethe. Nicht erst die *Lehrjahre* nutzen, wie wir gesehen haben, erlebte Rede hin und wieder zur Subjektivierung des auktorialen Gedankenberichts; schon in den quasi-auktorialen Schlußpassagen des *Werther* finden sich derartige Stellen. Roy Pascal hat gezeigt, daß bereits in den *Wahlverwandschaften* (1809) die erlebte Rede durchgängig und reflektiert eingesetzt wird. Im englischen Roman des 19. Jahrhunderts kommt Jane Austen – *Stolz und Vorurteil* (1813), *Emma* (1816) – eine bahnbrechende Rolle zu; ihr folgen die Erzähler und Erzählerinnen der Viktorianischen Ära. International gesehen ist es aber vor allem Flaubert, der die erlebte Rede zum unverzichtbaren Handwerkszeug des psychologisch interessierten realistischen Erzählers macht: Nach Dorrit Cohn ist der „systematische Gebrauch des *style indirect libre* seine folgenreichste formale Neuerung" (S. 113f.), die dann auch den Stil der nachfolgenden Naturalisten wie Emile Zola prägt.

In der angloamerikanischen Tradition kommt Henry James, dem wir auch scharfsichtige theoretische Äußerungen verdanken, eine vergleichbare Rolle zu. In Deutschland setzt sich die erlebte Rede in der zweiten Hälfte des 19. Jahrhunderts eher unauffällig, gerade auch in den Werken zweitrangiger Erzähler wie Otto Ludwig durch; spätestens für die Autoren des Naturalismus und der Jahrhundertwende ist sie aber ein selbstverständliches und routiniert eingesetztes Verfahren. Mehr und mehr wird es dann auch in *nichtfiktionalen Texten* berichtenden Charakters verwendet: in Geschichtsschreibung, Biographie und politischer Rede. Dies geschieht meist in der Absicht, die subjektive, „erlebte" Qualität einer Äußerung oder eines Gedankens zu betonen – geht aber hier und da auf Kosten der Klarheit: Die mangelnde Abgrenzung von Erzählerstimme und Figurenstimme macht erlebte Rede, wie Pascal betont (S. 136), in nichtfiktionalen Texten, die solche Abgrenzung verlangen, zu einer „gefährlichen Form".[22]

---

22 Dies erfuhr im November 1988 besonders schmerzlich der Präsident des Deutschen Bundestages, Dr. Philipp Jenninger (CDU), als er in einer Rede die historischen und ideologischen Zusammenhänge zu skizzieren suchte, die zu den Pogromen der sogenannten „Reichskristallnacht" im November 1938 geführt hatten. Dabei sagte er:

„Hitlers Erfolge diskreditierten nachträglich vor allem das parlamentarisch verfaßte, freiheitliche System, die Demokratie von Weimar selbst. Da stellte sich für sehr viele Deutsche nicht einmal mehr die Frage, welches System vorzuziehen sei. Man genoß vielleicht in einzelnen Lebensbereichen weniger individuelle Freiheiten; aber es ging einem persönlich doch besser als zuvor, und das Reich war doch unbezweifelbar wieder groß, ja größer und mächtiger als je zuvor. – Hatten nicht eben erst die Führer Großbritanniens, Frankreichs und Italiens Hitler in München ihre Aufwartung gemacht und ihm zu einem weiteren dieser nicht für möglich gehaltenen Erfolg verholfen?

Und was die Juden anging: Hatten sie sich nicht in der Vergangenheit doch eine Rolle angemaßt – so hieß es damals –, die ihnen nicht zukam? Mußten sie nicht endlich einmal Einschränkungen in Kauf nehmen? Hatten sie es nicht vielleicht sogar verdient, in ihre Schranken gewiesen zu werden? Und vor allem: Entsprach die Propaganda – abgesehen von wilden, nicht ernstzunehmenden Übertreibungen – nicht doch in wesentlichen Punkten eigenen Mutmaßungen und Überzeugungen?" (In: *Die Zeit*, 18.11.1988, S. 4)

Die hierdurch ausgelöste Allparteienempörung veranlaßte den Redner zum Rücktritt von seinem hohen Amt – und ist doch aus der Distanz und nach Lektüre des Textes kaum nachzuvollziehen, wohl aber *erzähltechnisch* zu erklären. Sehen wir davon ab, daß Jenningers Schilderung durchschnittlichen deutschen Bewußtseins zwischen 1933 und 1938 von den Erkenntnissen der Faschismusforschung rundum gestützt wird. Zeit-Redakteur Karl-Heinz Janßen, der dies einräumt, beklagt „das formale Mißlingen seiner moralischen Rede" (S. 4). Was aber ist hier mißlungen und warum? Für Erzähltheoretiker keine Frage: Der Sprecher hat jene Bewußtseinshaltung Dritter Personen in regelrechter erlebter Rede wiedergegeben, deutlich erkennbar an der Reihung rhetorischer Fragesätze, an typischen Interjektionen und einem zusätzlichen *verbum dicendi*. Diese Form sollte wahrscheinlich jene Gedanken eindrücklich und authentisch machen, als „Volkes Stimme" wirken lassen. Tatsächlich aber scheint ein Großteil der empörten Zuhörer diese Ausführungen *dem Redner selbst* zugeschrieben und als Rechtfertigung der beschriebenen Einstellung gedeutet – anders gesagt: *die erlebte Rede nicht als Personenrede erkannt zu haben*. Es handelt sich also mindestens *auch* um eine Fehlrezeption derjenigen, die den Redner hernach so scharf kritisierten. Ihm wird man allenfalls vorwerfen können, daß er durch Verwendung der fiktionalisierenden Technik in einem Text, welcher der Kommunikationssituation nach öffentliche Rede, der Sache nach Geschichtsschreibung war, Mißverständnis provoziert hat. Tatsächlich sind solche syntaktisch-stilisti-

Was dort ein Problem werden kann: der *verschleiernde* Effekt erlebter Rede, macht im Erzähltext gerade ihre Stärke, ihr vielfältiges Wirkungspotential aus. Da sie Gedanken und Empfindungen in subjektiver Eindringlichkeit ausdrückt, ohne – wie manche Formen direkter Rede – einen Bruch im Erzählfluß zu bewirken, da sie die Grenzen zwischen verschiedenen Erzählweisen und Redeformen eher verschleift und „psychische Reaktionen unmerklich in den neutralen und objektiven Bericht von Handlungen, Szenen und Äußerungen integriert", kann sie dann auch, wie Cohn bemerkt, „als eine Art stilistische Brücke zwischen der Erzählliteratur des 19. und der des 20. Jahrhunderts" dienen (S. 115). Das kann, wie wir sahen, auf sehr unterschiedliche Weise geschehen. „Konservative", das heißt zum auktorialen Erzählen neigende Autoren wie Thomas Mann dosieren sie sparsam und fügen sie in einen präzisen Erzählrahmen ein. Ähnliches beobachtet Pascal allerdings auch bei Dostojewski, der die Erzählerstimme ja weit hinter die Polyphonie der Figurenstimmen zurücktreten läßt: Er verwendet erlebte Rede nur selten und stets an affektiven Höhepunkten des Geschehens; sie signalisiert höchste Anspannung, Erregung oder auch psychische Labilität und Gefährdung (S. 123ff.). Autoren wie Kafka oder Musil hingegen verflechten erlebte Rede immer enger und fast durchgehend mit dem Erzählbericht, der dann in den Romanen Virginia Woolfs fast nur noch als Einsprengsel der (meist polyperspektivischen) erlebten Figurenrede erscheint. Hier tritt als neues Problem bzw. als neuer Effekt die Abgrenzung bzw. das Fluktuieren zwischen den verschiedenen Figuren auf.

Exemplarisch läßt sich die „Brückenfunktion" der erlebten Rede im Werk von James Joyce beobachten: Sein früher Roman *Portrait des Künstlers als junger Mann* (1917), an dem er seit 1904 gearbeitet hatte, bezieht seine Wirkung aus der Engführung von Erzählerbericht und erlebter Rede; in *Ulysses* (1922) tritt dann zu dieser bereits

---

schen Varianten in mündlicher Rede, wenn sie nicht durch nachdrückliche Betonung markiert werden, schwerer zu erkennen; weshalb dann auch, wie gesagt, die Lektüre der Rede die ganze Aufregung nicht so recht begreiflich macht. Daß es hier um mißverstandene und mißverständlich gebrauchte erlebte Rede geht, ist in der öffentlichen Diskussion zunächst nicht erkannt worden. Ulrich Greiner kommt, ebenfalls in der *Zeit*, der Sache am nächsten, wenn er von einer „für diesen Zweck ungeeigneten Rollenprosa" (S. 5) spricht. Den Nagel auf den Kopf trifft meines Wissens aber nur der Leserbrief von Ursula Fasshauer aus Krefeld über „Jenningers rhetorisches Mittel der 'erlebten Rede'" (*Frankfurter Allgemeine Zeitung*, 1.12.1988).

konventionellen Technik der sogenannte *stream of consciousness,* also eine Form der stummen direkten Rede, die als Joyces maßgebliche erzähltechnische Innovation gilt. Mit dieser Schreibweise konkurriert in gewissem Sinn Hermann Brochs forcierter Versuch, seinen Roman *Der Tod des Vergil* (1945) als gigantischen Gedankenmonolog in erlebter Rede zu konzipieren.

Die traditionelle Verwendungsweise der Technik hat sich seit langem auch in der Unterhaltungs- und Trivialliteratur durchgesetzt, wo herkömmliche Erzähltechniken generell noch eine größere Rolle spielen. Vergleichsweise selten begegnet erlebte Rede dagegen in der anspruchsvollen Gegenwartsliteratur: am häufigsten bei Autoren, die die Ausleuchtung psychischer Befindlichkeit „von innen" her, aber in einem realistischen Erzählrahmen betreiben. Der Amerikaner Saul Bellow – etwa mit *Der Dezember des Dekans* (1982) – und der deutsche Erzähler Martin Walser – mit *Seelenarbeit* (1979) und vielen anderen Titeln – sind zwei nur scheinbar weit auseinanderliegende Beispiele.

4. Innerer Monolog: Vom Selbstgespräch zum „stream of consciousness"

Auf den ersten Blick erscheint es widersinnig, daß die unausgesprochenen Gedanken fiktiver Personen gerade in Form der *direkten Rede* mitgeteilt werden sollen. Aber genau dies geschieht im modernen wie im älteren Roman. So bei Goethe, wo Wilhelm Meister zugleich vom Tode seiner Mariane und von der Existenz eines gemeinsamen Sohnes erfährt:

Bedachte nun Wilhelm, wie wenig er bisher für das Kind getan hatte, wie wenig er zu tun fähig sei, so entstand eine Unruhe in ihm, die sein ganzes Glück aufzuwiegen im Stande war. „Sind wir Männer denn", sagte er zu sich, „so selbstisch geboren, daß wir unmöglich für ein Wesen außer uns Sorge tragen können? Bin ich mit dem Knaben nicht eben auf dem Wege, auf dem ich mit Mignon war? Ich zog das liebe Kind an, seine Gegenwart ergötzte mich, und dabei hab' ich es aufs grausamste vernachlässigt. Was tat ich zu seiner Bildung, nach der es so sehr strebte? Nichts! Ich überließ es sich selbst und allen Zufälligkeiten, denen es, in einer ungebildeten Gesellschaft, nur ausgesetzt sein konnte; und dann für diesen Knaben, der dir so merkwürdig war, ehe er dir so wert sein konnte, hat dich denn dein Herz geheißen auch nur jemals das geringste für ihn zu tun? Es ist nicht mehr Zeit, daß du deine eigenen Jahre und die Jahre anderer vergeudest; nimm dich zusammen, und denke, was du für dich und die guten Geschöpfe zu tun hast, welche Natur und Neigung so fest an dich knüpfte."

Eigentlich war dieses Selbstgespräch nur eine Einleitung, sich zu bekennen, daß er schon gedacht, gesorgt, gesucht und gewählt hatte, er konnte nicht länger zögern, sich es selbst zu gestehen. Nach oft vergebens wiederholtem Schmerz über den Verlust Marianens fühlte er nur zu deutlich, daß er eine Mutter für den Knaben suchen müsse ... (S. 503f.)

Nach einem Einleitungssatz in *psycho-narration* werden die Sorgen des alleinerziehenden Vaters bis zum Ende des Absatzes in direkter Rede formuliert. Der folgende Gedankenbericht (mit Tendenz zur erlebten Rede) offeriert dafür sogar einen erzähltechnischen Fachbegriff, läßt allerdings offen, ob das *Selbstgespräch* (engl. soliloquy) wörtlich oder metaphorisch gemeint ist, vernehmbar wird oder stumm bleibt. Auch das eingeschobene „sagte er zu sich" kann als *verbum dicendi* oder *verbum credendi* aufgefaßt werden. Außer Frage steht, daß Wilhelms Selbstgespräch rhetorisch durchgeformt, quasi dialogisch strukturiert ist, wie besonders die Selbstanrede in der Zweiten Person („nimm dich zusammen") zeigt. Das Selbstgespräch ist nicht nur in diesem Theaterroman eine der Bühne entlehnte – und insofern unerzählerische – Konvention.[23]

Im Drama ist monologisches, das heißt zuhörerloses lautes Sprechen die einzige Möglichkeit, die Gedanken einer Figur außerhalb des Dialogs mitzuteilen. Insofern wird es, unabhängig von situativer oder psychologischer Plausibilität, als Gattungslizenz akzeptiert. Daß der ältere Roman sie übernimmt, ergibt sich aus der gattungspoetischen Dominanz des Dramas, – ist aber auch der erste Schritt zu einer spezifischen Technik der Gedankenwiedergabe, die als wichtigste Innovation der *modernen* Erzählliteratur deren Führungsanspruch unter den literarischen Gattungen bekräftigt. Um auf unser Textbeispiel zurückzukommen: Es spricht für Goethes erzählerische Sensibilität, daß er den Helden nicht – wie noch manche Zeitgenossen – seine Gedanken laut und unglaubwürdig deklamieren, „ausrufen" läßt, sondern sie hier wie anderswo – „Unter diesen Worten und Gedanken war er auf die Höhe des Berges gekommen" (S. 422) – behutsam an der Grenze von Sprechen und Denken balanciert.

Im Roman des 19. Jahrhunderts werden Selbstgespräche in direkter Rede immer seltener als *gesprochene,* immer öfter und eindeutiger als *stumme* oder „innere" Monologe präsentiert. Das führt

---

23 So argumentiert Derek Bickerton 1967 in seinem Aufsatz *Modes of Interior Monologue* (Formen des Inneren Monologs), der mit einer „formalen", das heißt linguistisch-stilistischen Definition den Untersuchungen Dorrit Cohns vorgearbeitet hat.

hier und da zu paradoxen Formulierungen. So bei Dostojewski, der einen Gedankengang Raskolnikows mit der Formel „rief er in Gedanken aus" eröffnet, mit „rief er" unterbricht und mit „hartnäckig verblieb er bei diesem Gedanken" abschließt (S. 470). Zweifelhaft bleibt, ob auch nur die mittlere *inquit*-Formel einen *lauten* Ausruf anzeigt: Im Grunde handelt es sich durchweg um affektbetonte Varianten des einfachen *verbum credendi* „dachte er", das wenige Zeilen später steht.

Wir beobachten bei Dostojewski eine Form, die ebenso präzise wie paradox *stumme direkte Rede* heißen könnte. Wir akzeptieren sie (wie *psycho-narration* oder erlebte Rede) als eine Ausformung der Fähigkeit des Erzähltexts, das Bewußsein Dritter Personen mitzuteilen. Syntaktisch ist sie von direkter Rede im engeren Sinn nicht zu unterscheiden: Sie reproduziert oder zitiert die Gedanken ohne jede Veränderung, weshalb sie (und ihre moderne Weiterentwicklung) von Dorrit Cohn *quoted monologue* (zitierter Monolog) genannt wird. Ihre Stärke ist offensichtlich die genaueste Wiedergabe von Gedanken und Gefühlsregungen, die unmittelbaren Einblick in die Psyche und affektives Miterleben suggerieren.

Unübersehbar ist aber auch die Diskrepanz zwischen der Flüchtigkeit und assoziativen Struktur des Bewußtseinsprozesses einerseits, der Ausdehnung und syntaktisch-logischen Durchformung des Monologs andererseits. Ein Beispiel aus *Schuld und Sühne* zeigt nicht nur die zeit*dehnende* Wirkung dieser Schreibweise, sondern auch das Bemühen des Autors, die affektive Bewegtheit des die Entdeckung fürchtenden Mörders stilistisch – durch Fragen, unabgeschlossene Sätze und Ausrufezeichen – auszudrücken. Auch die (von mir hervorgehobenen) Verben des Denkens und Empfindens bekräftigen in erster Linie Raskolnikows Erregung, das Chaos und Tempo seiner Gedanken (in deutlichem Kontrast zur Länge des Monologs, der ungekürzt zwei volle Seiten einnimmt); als Gedankenankündigung im strengen Sinn sind sie fast schon überflüssig.

In Raskolnikows Kopf *wirbelten die Gedanken wild durcheinander. Er war im höchsten Grade gereizt.*
„Das Großartigste ist, daß sie nicht einmal heimlich tun und nicht einmal die äußere Form wahren mögen! Was hattest du denn für Anlaß, wenn du mich gar nicht kennst, mit Nikodim Fomitsch über mich zu sprechen? Folglich wollen sie es gar nicht mehr verhehlen, daß sie wie eine Hundemeute hinter mir her sind! Sie speien mir ganz offen ins Gesicht!" *Er zitterte vor Wut.* „Nun, so schlagt doch einfach zu und spielt nicht erst lange mit mir wie die Katze mit der Maus! Das ist doch keine Manier, Porfiri Petrowitsch; das werde ich mir denn doch wohl von dir nicht gefallen lassen! Ich stehe auf und schleudere euch allen die volle Wahrheit ins Gesicht;

dann könnt ihr sehen, wie ich euch verachte!" *Er atmete nur mühsam.* „Wie aber, wenn mir das alles nur so vorkäme? [...] Ob sie wohl von meinem gestrigen Besuch in der Wohnung wissen? Wenn sich nur alles recht schnell abspielte ...! Als ich sagte, ich wäre gestern weggelaufen, um mir eine Wohnung zu mieten, ließ er diese Bemerkung vorbeigehen und knüpfte nicht daran an... Was ich da vom Wohnungssuchen gesagt habe, das war ganz geschickt gemacht: das kann mir später noch zustatten kommen...! Im Fieberzustand, wird es dann heißen...! Hahaha! Er weiß über den ganzen gestrigen Abend Bescheid! Nur von der Ankunft meiner Mutter wußte er nichts...! Und auch das Datum hat die alte Hexe mit Bleistift daraufgeschrieben...! Aber ihr irrt euch, ich ergebe mich nicht! Das sind ja noch keine Tatsachen; das sind nur leere Vermutungen! Nein, liefert mal erst Tatsachen! Auch mein Besuch in der Wohnung ist keine beweiskräftige Tatsache; der erklärt sich aus dem Fieberzustand; ich weiß schon, was ich ihnen zu sagen habe ... Wissen sie das von der Wohnung? Ich gehe nicht fort, ehe ich das nicht erfahren habe! Weshalb bin ich nur hergekommen? Daß ich mich jetzt so ärgere, das könnte möglicherweise als ein tatsächlicher daraufbeweis dienen! Scheußlich, daß ich so reizbar bin! Vielleicht ist es aber auch gerade gut; ich spiele ja die Rolle des Kranken ... Er tastet an mir herum. Er wird mich noch aus der Fassung bringen. Weshalb bin ich nur hergekommen?" *Alles das fuhr ihm wie ein Blitz durch den Kopf.*
Porfiri Petrowitsch kam in einem Augenblick wieder zurück. Er schien auf einmal ganz vergnügt geworden zu sein. (S. 369ff.)

Dostojewski geht, anders gesagt, bis an die Schwelle jener Technik, die dann als *Innerer Monolog* (engl. interior bzw. inner monologue, frz. monologue intérieur) oder als *stream of consciousness* (Bewußtseinsstrom) zum Erkennungszeichen „modernen" Erzählens wird. Ihre Form und Funktion soll etwas genauer charakterisiert werden, ehe wir auf ihre Genese und auf die Problematik der Benennung zu sprechen kommen. Die *syntaktische* Form des sogenannten Inneren Monologs, daran hat Dorrit Cohn mit Nachdruck erinnert, ist schlicht und einfach die der direkten Personenrede, wie sie auch das ältere „Selbstgespräch" verwendet. Innerer Monolog ist syntaktisch unabhängig (anders als die indirekte Rede), verwendet als Normaltempus bzw. -modus das Präsens (anders als Erzählerbericht und erlebte Rede) und den Indikativ (wieder im Kontrast zur indirekten Rede). Zur Bezeichnung der denkenden Figur dient die Erste Person (im Unterschied zu indirekter *und* erlebter Rede).

Von der direkten Personenrede und dem Selbstgespräch unterscheidet sich Innerer Monolog hingegen durch Stil und Kontext: Es fehlen *verba credendi* wie auch die Anführungszeichen, die noch Dostojewski für die „stumme Rede" verwendet. Prinzip ist es, das Figurenbewußtsein selbst „sprechen" zu lassen: Wahrnehmungen, Empfindungen, Assoziationen aller Art, Erinnerungen, Überlegungen, auch bloße Lautfolgen ohne ausdrückliche Ankündigung oder

Eingriff einer Erzählinstanz „aufzuzeichnen". Ein vergleichsweise simples Beispiel finden wir im Achten Kapitel des *Ulysses* von James Joyce, also dem Roman, der die *stream of consciousness*-Technik wie kein anderer bekannt gemacht und zu ihrer Nachahmung angeregt hat. Sein „Held", der Anzeigenwerber Leopold Bloom, befindet sich auf seiner Alltagsodyssee durch das Dublin von 1904.

Als er den Fuß auf die O'Connell Bridge setzte, puffte ein Federball aus Rauch von der Brüstung auf. Brauereischute mit Export-Stout. England. Von Seeluft wirds sauer, hab ich mal gehört. Wäre doch interessant, mal die Brauerei zu besichtigen eines Tages, Freischein vielleicht durch Hancock. Ist ja glatt eine Welt für sich. Die Porter-Kufen, wundervoll. Aber da kommen auch Ratten rein. Saufen sich platzvoll, bis sie aussehn wie die Wasserleiche eines Schäferhunds. Stockbesoffen vom Porter. Saufen, bis sies wieder auskotzen wie die Christen. Und sowas trinkt man nun! Das muß man sich mal vorstellen. Ratzen: kotzen. Nun ja, sicher wenn wir alles wüßten.

Niederblickend sah er heftig mit den Flügeln flappende, zwischen den öden Kaimauern kreisende Möwen. Rauhes Wetter da draußen. Wenn ich mich da nun runterstürzte? Reuben J.'s Sohn muß ja einen ganz schönen Bauchvoll geschluckt haben von der Brühe. Ein Schilling Achtpence zuviel. Hmmm. Es ist die possierliche Art, wie er rausrückt mit den Sachen. Und eine Geschichte erzählen, das kann er ja. (S. 211f.)

Die beiden Absätze (und viele andere im Roman) sind parallel gebaut: Ein erster Satz – Erzählerbericht – gibt Blooms äußere Position und Bewegung sowie eine (visuelle) Wahrnehmung an. Sie wird in der mit dem zweiten Satz beginnenden stummen direkten Rede, also in Blooms Innerem Monolog, zunächst rational „erklärt": Die Rauchwolke stammt von einem Frachtboot, das Guiness-Bier zum Weitertransport in den Hafen bringt; die Möwen bleiben über der Liffey, weil es auf See zu stürmisch ist. Daran schließen sich nun verschieden lange Ketten von mehr oder weniger leicht nachvollziehbaren Assoziationen, Gedankenverknüpfungen an (der Plan zu einem Besuch in der Brauerei, die Vorstellung von den Ratten im Bier; der Selbstmordgedanke). Der Erzählerbericht ist also mit der (quantitativ überwiegenden) stummen direkten Rede ganz ähnlich verzahnt wie bei Kafka mit der erlebten Rede. Das zeigt etwa der sehr kurze nächste Absatz, in dem Bloom selbst nicht genannt wird: „Sie kreisten tiefer. Schauen nach Futter. Wart mal." (S. 212)

Der Erzählerbericht hat also vor allem (oder nur) die Funktion, Bloom und seinen Inneren Monolog in der Außenwelt zu situieren, einen Erzählrahmen zu schaffen, den das nur zu sich selbst sprechende Ich plausiblerweise nicht stiften kann. Damit gewinnt Joyces Prosa ähnlich wie die Kafkas einen personalen Duktus: die *stream of consciousness*-Technik erscheint als Radikalisierung personalen Erzählens. Allerdings sind hier Erzähler- und Figurenstimme im Wechsel von Präteritum und Präsens, Dritter und Erster Person leichter abgrenzbar. Nur gelegentlich verwischt der Ausfall von Nomen, Personalpronomen und finiter Verbform diese Grenze: „Sie *kreisten* tiefer. [Sie] *Schauen* nach Futter." Im englischen Original: „They *wheeled* lower. [They are] *Looking* for grub." (S. 125) Auch die Auslassung von Artikeln, Präpositionen und Konjunktionen trägt dazu bei, daß Innerer Monolog als ein subjektiver, vom persönlichen Idiom der jeweiligen Figur geprägter „Telegrammstil" erscheint. Da er per Definition an keinen Adressaten gerichtet ist, fehlen häufig gerade die Angaben, die dem monologisierenden Ich unmittelbar präsent, „selbstverständlich" sind, während der Leser sie zum Verständnis des Textes benötigt.[24]

Ein Beispiel dafür sind die letzten fünf Sätze unseres Zitats. Verstehen kann sie nur, wer sie als Erinnerung Blooms bzw. als Kommentar zu einer Anekdote (wieder)erkennt, die schon zwei Kapitel zuvor erzählt wird[25] und die Bloom nun mit der Vorstellung „ins Wasser fallen" assoziiert. Die Information, die der Innere Monolog durch seine psychologisch-syntaktischen Verkürzung ausspart, kann vom Leser aufgrund seiner Vorkenntnis rekonstruiert werden;

---

24 Ähnliches läßt sich auch bei der Übernahme der Technik durch deutsche Autoren, unmittelbar nach Erscheinen der ersten Übersetzung (1927) beobachten. Wie Breon Mitchell in seinem informativen Aufsatz *Hans Henny Jahnn and James Joyce: The Birth of the Inner Monologue in the German Novel* (1978) zeigt, sind Jahnns *Perrudja* und Alfred Döblins *Berlin Alexanderplatz* (beide 1929) die ersten Romane, die das Verfahren aufnehmen, wobei Döblin wirkungsgeschichtlich größere Bedeutung zukommt. Bemerkenswert ist, daß er Erzählerbericht und Personenstimme noch enger verflicht, innerhalb eines Satzes mehrfach fluktuieren läßt – und auch den Erzählerbericht häufig im *Präsens* hält:
„Wie Franz Biberkopf nach einer Woche mit einem Strauß in Seidenpapier gemächlich die Treppe hochsteigt, denkt er an seine Dicke, macht sich Vorwürfe, aber nicht ganz ernst, bleibt stehen, sie ist ein goldtreues Mädel, wat sollen die Zicken, Franz, pah, ist Geschäft, Geschäft ist Geschäft. Da klingelt er, lächelt in Vorahnung, schmunzelt, warmer Kaffee, ein kleines Püppchen. Da geht einer drin, das ist sie. Er wirft sich in die Brust, präsentiert vor der Holztür den Strauß, die Kette wird vorgelegt, sein Herz klopft, sitzt mein Schlips, ihre Stimme fragt: 'Wer ist da?' Er kichert: 'Der Briefträger.'
Kleine schwarze Türspalte, ihre Augen, er bückt sich zärtlich herunter, schmunzelt, wedelt mit dem Bukett. Krach. Die Türe zu, zugeschlagen. Rrrrr, der Riegel wird vorgeschoben. Donnerwetter. Die Tür ist zu. Son Biest." (S. 95f.)
25 ... in der deutschen Ausgabe auf S. 133, in der englischen S. 78.

zugleich wird durch solch implizite Rückgriffe die Kontinuität, das „Strömen" des Bewußtseinsstroms anschaulich.

Die neue Qualität dieser Wiedergabe von „innerer Wirklichkeit", besonders aber von unausgesprochenen, vielfältigen, flüchtigen, assoziativ angeordneten Bewußtseinsinhalten und -impulsen ist früh erkannt worden. Virginia Woolf sieht in Joyces Schreibweise beispielhaft den „unaufhörlichen Schauer zahlloser Atome" gestaltet, die das menschliche Bewußtsein berühren, und macht sie zum ästhetischen Programm: „Wir wollen die Atome aufzeichnen, und zwar in der Abfolge, wie sie ins Bewußtsein fallen, wir wollen das Muster nachzeichnen, so unverbunden und zusammenhangslos es auch erscheinen mag, das jeder Anblick und jedes Ereignis dem Bewußtsein aufprägt." (S. 182f.) Bezeichnend ist, daß Woolf dabei nicht so sehr die sprachliche Technik selbst, sondern ihren Ausdruckswert anspricht.[26] Das gilt für viele literaturkritische und -wissenschaftliche Beiträge bis heute – vor allem bei der Übernahme des Begriffs *stream of consciousness*. Er war um 1890 von dem Psychologen William James, einem Bruder von Henry James, zur Charakterisierung mentaler Prozesse geprägt worden. In der Anwendung auf die von Joyce und anderen entwickelte Schreibweise nennt er aber wiederum deren bevorzugten Gegenstand, nicht die sprachliche Technik selbst (und ist insofern zumindest für eine formale Analyse problematisch).

Damit hängt das verbreitete – und von Cohn zurecht monierte – Mißverständnis zusammen, dieses Verfahren drücke vor allem die „unbewußten" Regungen der Psyche, die „vorsprachlichen" Bewußtseinsinhalte aus. Tatsächlich können im *stream of conscious-*

---

26 Virginia Woolf publizierte ihren Essay *Moderne Romankunst* (*Modern Fiction*), der in dem Band *Der gewöhnliche Leser* (*The Common Reader*, 1925) weite Verbreitung fand, zuerst 1919. Sie kannte mehrere Episoden von *Ulysses* aus einem später gerichtlich unterbundenen Zeitschriftenvorabdruck, während ihr beispielsweise das Schlußkapitel noch unbekannt war. Ihre grundsätzliche Einschätzung des Kollegen und Konkurrenten geht auch aus der folgenden Stelle hervor: „Im Gegensatz zu denen, die wir Materialisten genannt haben, ist Mr Joyce ein Spiritualist; sein Anliegen ist, koste es, was es wolle, das Flackern jener innersten Flamme zu enthüllen, die ihre Botschaften blitzartig durch das Gehirn sendet, und um sie festzuhalten, mißachtet er mit dem größten Mut alles, was ihm nebensächlich erscheint, sei es die Wahrscheinlichkeit oder die Kohärenz oder irgendein anderer der Wegweiser, die seit Generationen dazu gedient haben, die Einbildungskraft des Lesers zu unterstützen, wenn von ihm verlangt wird, sich das vorzustellen, was er weder sehen noch anfassen kann." (S. 183)

ness, der nichts anderes ist als (stumme) direkte Personenrede (engl. free direct monologue, quoted monologue, free direct thought) nur *versprachlichte* und insofern bewußte psychische Impulse „zu Wort kommen". Und will man diese vorgängige Versprachlichung nicht als Leistung einer auktorialen Erzählinstanz ansetzen (wie bei *psycho-narration),* so muß notwendigerweise eine „innere", monologische Sprache mit strukturellen Besonderheiten angenommen werden – sei es als psychologisch-linguistische Tatsache[27], sei es auch nur als erzählerische Konvention. Die typischen Merkmale des von Joyce entwickelten Inneren Monologs (verkürzte Syntax, persönliches Idiom, willkürliche Wortbildungen, Lautmalerei und Sprachspiele, assoziative Verbindung) dürfen jedenfalls nicht als Merkmale des „Unbewußten", sondern der „inneren Sprache" gelten.[28]

Aufschlußreich ist, was *nicht* in diesem Inneren Monolog erscheint: zum Beispiel habitualisierte Handlungen oder (meist visuelle) Sinneswahrnehmungen der Figur. Begleiten wir Bloom auf seinem Schaufensterbummel durch Dublin: „An der Ecke Nassau

---

27 Bickertons *Modes of Interior Monologue* bezieht sich mit dieser Annahme auf linguistische Positionen von Edward Sapir und Stephen Ullmann (S. 236); Cohn zitiert in *Transparent Minds* (S. 95f.) Lew S. Wygotskys Entdeckung einer „inneren Sprache", die nicht als „Sprache minus Klang, sondern als völlig eigenständige Sprachfunktion" aufzufassen sei. „Ihr hauptsächliches Unterscheidungsmerkmal ist ihre eigenartige Syntax. Im Vergleich mit der äußeren Sprache erscheint die innere zusammenhanglos und unvollständig." Cohn sieht eine enge „Entsprechung zwischen Wygotskys Erkenntnissen und dem Joyceschen Monolog". (S. 95f.)

28 Unterschiedliche Einschätzungen der Technik finden sich bereits in der frühen Joyce-Kritik (ich zitiere nach Erwin R. Steinbergs materialreichem, aber auch verwirrendem Buch *The Stream of Consciousness and Beyond in „Ulysses",* S. 6). So argumentiert Wyndham Lewis, selbst ein namhafter Romancier, psychologisch-naturalistisch (und kritisch gegenüber Joyce), wenn er bemerkt, dieser „müßte vorgeben, daß wir tatsächlich die inneren Gedanken eines wirklichen und durchschnittlichen menschlichen Wesens, Mr. Bloom, verfolgen. Tatsache ist jedoch, daß Mr. Bloom außerordentlich *geschwätzig* [abnormally *wordy]* war. Er *dachte in Worten,* nicht in Bildern – zu unserem Vorteil, aber in einer Art und Weise, die – unter dem Aspekt einer streng naturalistischen Auffassung – ebenso unwirklich ist wie ein Hamletsches Selbstgespräch." Hierauf Stuart Gilbert, ein Freund und Verteidiger von Joyce: Mr. Lewis sehe den „stummen Monolog" als verfehlt an, „weil Gedanken nicht immer sprachlich seien und wir auch ohne Worte denken könnten. Dagegen läßt sich jedoch die ebenso begründbare These halten, daß 'es ohne Sprache keinen Gedanken geben kann', – und die unabweisbare Tatsache, daß selbst, wenn wir nicht in Worten denken sollten, wir doch notwendigerweise mit Worten *schreiben* müssen."

Street ging er über die Straße und blieb vor dem Schaufenster von Yeates und Sohn stehen, um die Preise der Feldstecher zu studieren." (S. 232) Er überquert die Straße, ohne einen Gedanken darauf zu verwenden. Er studiert die Preise, ohne sich zu *sagen:* „Ich studiere die Preise" – hier spricht also der Erzähler. Kurz danach aber setzt Blooms innere Stimme ein: „Ich muß mein altes Fernglas doch mal richten lassen. Goerz-Linsen, sechs Guineen. Die Deutschen schaffens doch überall." (S. 233) Noch enger greifen Erzähler- und Figurenstimme kurz darauf ineinander:

„Er ging, trödelnd, an den Fenstern von Brown Thomas, Seidenhändler, vorüber. Kaskaden von Bändern. Dünne China-Seiden. Eine umgekippte Urne ergoß aus ihrer Öffnung eine Flut von blutfarbenem Popelin: glänzendes Blut. Die Hugenotten haben das hergebracht. *La causa è santa!* Tara tara. Großartiger Chor das. Tara. Muß in Regenwasser gewaschen werden. Meyerbeer. Tara: bum bum bum." (S. 235f.)

Auf die einleitende Information (Bewegung) folgen zwei prädikatslose Wahrnehmungsnotate, die nicht eindeutig zuzuordnen sind, ein weiterer Satz des Erzählers (visuelle Wahrnehmung), an den sich, durch den Doppelpunkt markiert, Blooms Farbassoziation, seine wirtschaftshistorische Reflexion (im historischen Perfekt bzw. Präteritum: „haben das hergebracht"/„brought that here")[29], sowie die durchs Stichwort „Hugenotten" evozierten Text- und Musikzitate aus Giacomo Meyerbeers gleichnamiger und in ganz Europa überaus populärer Oper anschließen.

James Joyce hat die *stream of consciousness*-Technik im modernen Roman durchgesetzt und ihre Möglichkeiten beträchtlich erweitert, aber er hat sie nicht erfunden. Dies festzuhalten (wie er selbst es getan hat), ist nicht nur eine Frage literarhistorischer Redlichkeit,

---

29 Seymour Chatman hat in *Story and Discourse* zwei Arten mentaler Aktivität unterschieden, „eine, die 'Verbalisierung' mit sich bringt, und eine, die das nicht tut – grob gesagt, ... Kognition und Perzeption." (S. 181) Während kognitive, innerlich verbalisierte Bewußtseinsinhalte unmittelbar in den Inneren Monolog eingehen können, erfordert „die Kommunikation von Wahrnehmungen ... ihre Umsetzung in Sprache" (S. 182). Während Chatman in solcher Umsetzung spezifische Möglichkeiten des Inneren Monologs sieht, ist sie für Cohn Aufgabe des Erzählers und führt damit zur *psycho-narration.* Tatsächlich wird man die Grenzen zwischen Erzählerstimme und Monologstimme, zwischen Perzeption und Kognition nicht immer scharf ziehen können: Zu vermuten ist, daß fiktive Personen im Erzähltext mehr Bewußtseinsimpulse (und besonders sinnliche Wahrnehmungen) verbalisieren als empirische Personen in der Alltagswelt...

sondern führt auch zu einer zweiten, formal radikaleren, in der Wirkung jedoch konventionelleren Verwendung der Technik selbst. Als der französische Literat Édouard Dujardin 1887 seinen – großzügigerweise „Roman" genannten – Text *Geschnittener Lorbeer (Les lauriers sont coupés)* veröffentlichte, benutzte er den stummen Monolog nicht als Verfahren neben anderen, sondern als grundlegende Erzählweise. Es fehlt also ein Erzählrahmen in der dritten Person; der Innere Monolog steht, einige dialogische Partien integrierend, für sich. Und damit konstituiert er ein neues narratives Genre im Bereich der *Ich-Erzählung*. Die Literaturwissenschaft hat es *Monologerzählung* (Jürgen Zenke) oder *autonomous monologue* (Dorrit Cohn) genannt und ihm ein Interesse gewidmet, das in einigem Kontrast zu seiner Verbreitung steht – handelt es sich doch um eine „seltene Experimentalform", die allerdings in ihrer Zuspitzung die Leistungfähigkeit und die Grenzen der *stream of consciousness*-Technik besonders deutlich macht.[30]

Nicht zufällig wurzelt diese Form in der Zeit um 1900 mit ihrem lebhaften Interesse an der psychischen Dynamik und deren möglichst „authentischer" Wiedergabe. Äußeres Geschehen ist nur als Stimulus solch innerer Prozesse wichtig. *Geschnittener Lorbeer* handelt vom erfolglosen Werben eines Pariser Studenten um eine kokette Schauspielerin; das klassische (und durch Dujardin direkt inspirierte) Wiener Gegenstück, Arthur Schnitzlers *Leutnant Gustl* (1900) protokolliert die Aggressionen, Rationalisierungen und Ängste eines jungen Offiziers, der sich von einem Zivilisten beleidigt (und deshalb zum Selbstmord verpflichtet) fühlt. Es ist leicht zu sehen, wie die Technik des direkten stummen Monologs solchen Intentionen entgegenkommt: Inneres und äußeres Geschehen, sei es alltäglich-monoton oder dramatisch zugespitzt, fließen ineinander und werden, abgesehen von den Dialogpartien, nur in subjektiver Wahrnehmung, Empfindung und (stumm bleibender) Versprachlichung erfaßt. Das Bewußtsein des monologisierenden Ich bietet sich – je nach inhaltlicher Ausgestaltung – einer einfühlsamen oder auch sich distanzierenden Lektüre dar.

Ebenso leicht sind hier, wo der „objektive" Erzählrahmen und die informierende Erzählinstanz ausfallen, aber auch die struktu-

---

30 Grundlegend sind Jürgen Zenkes Untersuchung *Die deutsche Monologerzählung* (1976) und Dorrit Cohns *Transparent Minds*, ein Buch, dessen differenzierte Untersuchungen der erzählerischen Bewußtseinsdarstellung in erster Linie die Analyse des „autonomen Monologs" vorbereiten, dem unverkennbar das eigentliche Interesse der Verfasserin gilt.

rellen Schwächen des Verfahrens zu erkennen. Einerseits ist das Erzähltempo fest an den zeitdeckenden oder -dehnenden Ablauf des Inneren Monologs (und des Dialogs) gebunden, was ebenso wie die Perspektive schnell monoton wirkt und den Umfang einer „lesbaren" Monologerzählung grundsätzlich sehr beschränkt. Andererseits müssen alle zum Verständnis nötigen Kontextangaben (Identität des monologisierenden Ich, Ort und Zeit des Geschehens, äußere Abläufe) *durch das Monolog-Ich selbst* mitgeteilt werden, was zu ausgesprochen steifen und „unnatürlichen" Partien führen kann. Es werden also Wahrnehmungen, Bewegungen usw. monologisch versprachlicht, die tatsächlich wohl einfach *wahrgenommen* oder *ausgeführt* würden. So wenn Dujardins junger Held sich ein Diner leistet:

Das Café ist rot, golden und hell erleuchtet; die Spiegel blitzen; ein Kellner in weißer Schürze; die von Mänteln und Hüten überladenen Kleiderhaken. Jemand hier, den ich kenne? Die Leute beobachten mich, wie ich eintrete; ein magerer Herr mit langem Backenbart; welche Würde! die Tische sind voll; wo finde ich Platz? da hinten ein leerer; ausgerechnet mein gewohnter Platz; man kann einen Stammplatz haben; Lea würde sich darüber nicht lustig machen.
„Wenn der Herr..."
Der Kellner. Der Tisch. Mein Hut am Garderobenständer. Handschuhe ausziehen; man muß sie lässig auf den Tisch werfen, neben den Teller; lieber in die Tasche des Überziehers; nein, auf den Tisch; diese kleinen Dinge machen die ganze Haltung aus. Mein Überzieher am Garderobenständer; ich setze mich; uff! Ich war müde. Stecke meine Handschuhe doch in die Tasche des Überziehers. Erleuchtet, vergoldet, rot, mit den Spiegeln, das Funkeln; was? das Café; das Café, in dem ich sitze. Oh, war ich müde! Der Kellner sagt:
„Krebssuppe Saint-Germain, Kraftbrühe ..."
„Kraftbrühe." (S. 23f.)

Eine Schreibweise, die größter Subtilität fähig ist, wirkt hier besonders hölzern und unpassend.[31] Dujardin hätte seinem Erzähl-Ich

---

31 Daß Schnitzler, dessen Überlegenheit in Sachen Psychologie außer Frage steht, auf ganz ähnliche Probleme stößt, wenn sein Herr Leutnant das Kaffeehaus betritt, hängt sowohl mit dieser grundsätzlichen Problematik des Verfahrens als auch mit Schnitzlers direkter Abhängigkeit von Dujardin zusammen:
„Da hinten ist der Tisch, wo die immer Tarok spielen ... Merkwürdig, ich kann mir's gar nicht vorstellen, daß der Kerl, der immer da hinten sitzt an der Wand, derselbe sein soll, der mich ... – Kein Mensch ist noch da ... Wo ist denn der Kellner? ... He! Da kommt er aus der Küche ... er schlief schnell in den Frack hinein ... Ist wirklich nimmer notwendig! ... ah, für ihn schon ... er muß heut' noch andere Leut' bedienen! –

groteske Verrenkungen („Die Leute beobachten mich, wie ich eintrete") erspart, wenn er dessen Monologe – so wie Joyce – in einen Rahmen integriert hätte. Die beeindruckendsten „autonomen Monologe" sind insofern jene, die *erstens* nicht völlig frei und „autonom" stehen, sondern – wie locker auch – in einen solch übergreifenden Erzählrahmen (in der Dritten Person) eingelagert sind, und die *zweitens* das monologisierende Ich nicht oder nur geringfügig zu Bewegungen und Aktionen veranlassen – es also in eine Ruhesituation versetzen, in der es fast ausschließlich monologisieren darf.

Das gilt beispielsweise für Mrs. Marion Bloom, genannt Molly, und ihren fast hundert Seiten lang assoziativ, gefühlsstark und interpunktionslos dahinströmenden Monolog, den Joyce als Schlußkapitel des *Ulysses* plaziert und selbst als den „Clou" seines Buches verstanden hat. Schon für die zeitgenössischen Leser, auch die deutschen, war dies sogenannte *Penelope*-Kapitel Inbegriff der mit dem Namen Joyce verbundenen literarischen Umwälzung – und bis heute wird es als *das* klassische Beispiel der *stream of consciousness*-Technik angesehen.[32] Ähnliches gilt aber auch für eine erzählerische *tour de force* Thomas Manns, *Das Siebente Kapitel* des Romans *Lotte in Weimar* (1949). Dort wechselt auf hundert Seiten das stumme Selbstgespräch des erwachenden und sich zur täglichen Routine anschickenden Herrn von Goethe (1816 in Weimar) mit sechs verschiedenen Dialogpartien ab. Ganz anders freilich als Mollys affektiv und assoziativ bestimmtes Monologisieren ist das Selbstgespräch des greisen Dichterfürsten, das sich zu einer veritablen Bilanz seines Lebens und Schaffens vertieft, argumentativ und rhetorisch ausgeformt und von Selbstzitaten durchsetzt, was nicht nur zur Charakterisierung der Figur beiträgt, sondern auch dem erzählerischen Temperament Thomas Manns entspricht.

'Habe die Ehre, Herr Leutnant!'

'Guten Morgen.'

'So früh heute, Herr Leutnant?'

'Ah, lassen S' nur – ich hab' nicht viel Zeit, ich kann mit'm Mantel dasitzen.'

'Was befehlen Herr Leutnant?'

'Eine Melange mit Haut.'

'Bitte gleich, Herr Leutnant!'

Ah, da liegen ja Zeitungen ... schon heutige Zeitungen? ... Ob schon was drinsteht? ... Was denn? – Mir scheint, ich will nachseh'n, ob drinsteht, daß ich mich umgebracht hab'! Haha! –" (S. 34)

32 Eine sehr genaue Analyse unter erzähltechnischem Aspekt findet sich in Cohns *Transparent Minds*, S. 216-232.

Die Bezeichnung „innerer Monolog" taucht, in französischer Form, erstmals in einem Essay Valéry Larbauds über seinen Freund Joyce auf. Edouard Dujardin macht sie 1931 zum Titel einer kleinen Schrift, *Le monologue intérieur*, die seinen – von Joyce persönlich beglaubigten – Erfinderstolz mit einiger Verspätung zelebriert. Inneren Monolog nennt er dort „jene hörerlose und nicht ausgesprochene Rede, durch die eine Figur ihre innersten, dem Unbewußen am nächsten liegenden Gedanken vor jeder logischen Verbindung – also in ihrem Urzustand – ausdrückt, und zwar mit Hilfe direkter, auf ein syntaktisches Minimum verkürzter Sätze, so daß der Eindruck entsteht, die Gedanken würden so wiedergegeben, wie sie ins Bewußsein treten." (S. 59)

Das ist nach wie vor eine brauchbare Arbeitsdefinition, die den Aspekt der inneren Versprachlichung ebenso betont wie die syntaktischen Besonderheiten – und den Inneren Monolog mindestens ebensosehr als literarisches Verfahren („so daß der Eindruck entsteht") wie als psychologische Tatsache begreift. Dennoch ist die Kategorie des *monologue intérieur*, bald auch in englischer und deutscher Übersetzung verwendet, in gewisser Hinsicht unscharf – und in erzähltechnischen Analysen noch mißverständlicher als die Metapher vom Bewußtseinsstrom. Sie bezeichnet die kommunikative (oder gerade: nichtkommunikative) *Funktion* eines Bewußtseinsprozesses, nicht die sprachliche *Form*, die er im Erzähltext annimmt. Der „innere Monolog" einer fiktiven Person, ganz wörtlich verstanden, kann eben auch in Form des eingeführten Selbstgesprächs oder der erlebten Rede, oder als Kombination dieser und weiterer Techniken (stumme indirekte Rede, *psycho-narration*) präsentiert werden. Und tatsächlich wird der Begriff Innerer Monolog quer durch die internationale Forschungsliteratur auf völlig uneinheitliche und verwirrende Weise gebraucht: einmal für die oben skizzierte, von Dujardin und Joyce inspirierte Technik, ein andermal gerade für die konventionellen Formen der Gedankenwiedergabe, schließlich als Sammelbegriff für all diese Techniken mit Ausnahme des auktorialen Gedankenberichts. Verschärft wird diese Begriffsverwirrung noch dadurch, daß die Formel *stream of consciousness* teils als Synonym für Inneren Monolog, teils aber auch – und wiederum uneinheitlich – als Abgrenzungs- oder Gegenbegriff verwendet wird. Es scheint wenig sinnvoll, dieses Begriffschaos durch den Versuch einer genauen Übersicht noch zu befestigen, – aber auch unrealistisch, auf eine einheitliche, allgemein akzeptierte Terminologie zu hoffen. Wo es um die genaue Unterscheidung der Verfahren geht, sollte man nach Möglichkeit auf die strikt grammatischen Unterscheidungen zurückgreifen, die Derek Bickerton und dann vor allem Dorrit Cohn ausgearbeitet haben; ihre Termini – *free direct thought* oder *quoted monologue* – sind vielleicht nicht besonders elegant, aber trennscharf und insofern für die Textanalyse hilfreich. Darüber hinaus, vor allem angesichts der Begriffsdiffusion zwischen Innerem Monolog und *stream of consciousness,* sollte man einfach sehr genau prüfen, wie diese Begriffe im jeweiligen Kontext gemeint sind – und sie, sofern man nicht auf eine präzise grammatische Bestimmung ausweichen kann oder will, selbst möglichst unmißverständlich gebrauchen.[33]

---

33 Persönlich neige ich nach wie vor und trotz einschlägiger Kritik (vgl. Ludwigs *Arbeitsbuch Romananalyse,* S. 187) dazu, als Inneren Monolog eine bestimmte Funktion oder „Bauform" des Erzähltextes, nämlich die (stumme) Gedankenwiedergabe zu bezeichnen, die sich diverser grammatisch-stilistischer Techniken bedienen kann. (Eine von diesen, die „freie" und „stumme" direkte Gedankenwiedergabe, der zitierte Bewußtseinsmonolog, könnte dann metaphorisch auch *stream of consciousness* heißen.) Von dieser Festlegung aus lassen sich technisch komplexe Innere Monologe, wie etwa Thomas Buddenbrooks berühmte „Schopenhauer-Vision" (S. 555ff.) ohne Schwierigkeiten analysieren. Ich wollte dies ursprünglich in diesem Kapitel tun – nicht zuletzt, um meine noch mangelhafte Analyse in der Erstfassung dieses Büchleins (S. 74ff.) zu präzisieren. Aus Platzgründen kann ich nun nicht mehr zeigen, wie die eindrückliche Wirkung jenes Visions-Monologs aus dem spannungsvollen Fluktuieren zwischen *psycho-narration,* erlebter Rede, konventionellem Selbstgespräch und zitiertem (syntaktisch unverkürztem) Gedankenmonolog, also einer frühen Variante von *stream of consciousness*-Technik, erwächst. Aber wozu auch? Für alle, die bis hierher durchgehalten haben, ist es eine Kleinigkeit, dies nun selbst zu tun –

Fünftes Kapitel: Aspekte einer Theorie des Romans

Am liebsten las Hegel ab 1821 Naturrecht,
Staatswissenschaft, Philosophie, Rechtsphilosophie
und Religionswissenschaft. Weniger gern Ästhetik.

Eckhard Henscheid: *Sämmtliche Hegel-Anekdoten*

Im Hinblick auf den Roman erweist sich die
Literaturtheorie als völlig hilflos.

Michail Bachtin: *Epos und Roman*

In vier Kapiteln haben wir jeweils einen Aspekt behandelt, der als analytischer Zugang zur narrativen Struktur von Erzähltexten aller Art genutzt werden kann. Doch dürfte bereits der Gang unserer Argumentation und die Auswahl der Textbeispiele den Roman, und hier besonders den europäischen Roman der klassischen Moderne, als eigentlichen Bezugspunkt dieser Einführung erkennen lassen. Nirgendwo sonst werden diese Aspekte, oder präziser: die verschiedenen Elemente und Verfahren literarischen Erzählens zu derart umfangreichen und komplexen Strukturen verknüpft – und nirgendwo ist deshalb auch ein erzählanalytisches Instrumentarium wichtiger als bei diesen Texten. Hinzu kommt nun ein Gesichtspunkt, der auch in den vorigen Kapiteln schon eine gewisse Rolle spielte: Der Roman als eine vergleichsweise stark auf Realität ausgerichtete *und* eine poetologisch bzw. formal so gut wie regellose Literaturgattung unterliegt selbst einem historischen Wandlungsprozeß, der nicht nur Themen und Stoffe, sondern eben auch die Erzählform und ihre einzelnen Techniken betrifft. Im großen und ganzen darf man diesen Prozeß als Erweiterung der erzählerischen Mittel, als eine Ausfaltung und Differenzierung, als zunehmende Komplexität der Romanprosa charakterisieren, die unter jedem unserer Aspekte spezifische Ausformungen annimmt.

Rekapitulieren wir in aller Eile: Unter dem Aspekt der *Fiktionalität* geht die Entwicklung von der naiven Authentizitätsbehauptung des frühbürgerlichen Romans über die quasi-dramatische Illusionstechnik des 19. Jahrhunderts bis zur metafiktionalen Verrätselung der Wirklichkeitsebenen, der spielerischen Vermischung und Vertauschung von Faktischem und Fiktivem. Unter dem Aspekt der *Erzählsituation* führt sie vom auktorialen über den personalen („objektiven") Roman zu den Montageformen des 20. Jahrhunderts – oder, um ein anderes Beispiel zu nennen, vom kommunikativen Briefroman des 18. Jahrhunderts zum modernen Monologroman. Unter dem Aspekt der *Zeitstruktur* werden geradlinige, chronikalisch gefaßte Handlungs- und Erzählfolgen zunehmend von nichtchronologischen, mehrschichtigen, ja labyrinthisch verschachtelten Zeitstrukturen abgelöst; grundsätzlich treten die Geschichte und ihr Text, *histoire* und *discours* stärker auseinander. Unter dem Aspekt der *Personenrede* schließlich führt die Fortentwicklung der erzählerischen Technik von den konventionell direkten und indirekten Redeformen zur „Doppelstimme" der erlebten Rede, vom auktorialen Gedankenbericht zum subjektiven *stream of consciuosness* – und natürlich zu einer wichtigeren Rolle (und einem größeren Umfang) von Bewußtseinswiedergabe überhaupt.

Solche generellen Trends und Verschiebungen (zu denen stets auch gegenläufige Trends, zeitliche Verschiebungen, nationale und individuelle Besonderheiten, die Neubelebung älterer und das Nebeneinander unterschiedlicher Schreibweisen gehören) lassen die Form des Romans gewissermaßen als *eine Maschinerie* erscheinen, *die sich selbsttätig und kontinuierlich modernisiert* und dadurch imstande ist, neue Funktionen zu übernehmen, Neues auf neue Weise auszudrücken. Man könnte mit solchen Beobachtungen durchaus die These von der unbegrenzten Fortdauer und Leistungsfähigkeit der Romanform stützen, wie sie Henry James schon vor fast hundert Jahren – als eine Art Utopie dieser Gattung – in seinem Essay *Die Zukunft des Romans* umrissen hat: „Der Roman ist von allen Bildern das umfassendste und elastischste. Er wird sich überallhin erstrecken, er wird absolut alles in sich aufnehmen. Alles was er benötigt, sind ein Gegenstand und ein Maler. Und zum Gegenstand hat er großartigerweise das gesamte menschliche Bewußtsein." (S. 30) Und weiter: „Je mehr wir es es überdenken, um so mehr glauben wir, daß das Prosabild niemals am Ende seiner Möglichkeiten sein kann, solange es nicht den Sinn dafür verliert, was es zu tun vermag. Es kann einfach alles tun, und das ist sein Stärke und sein Leben. Seine Plastizität, seine Elastizität sind unendlich; es gibt keine Farbe, keine Dimension, die es nicht von der Natur seines Gegenstandes oder dem Naturell seines Schöpfers aufnehmen kann. Es hat den außerordentlichen Vorteil – ein schier unglaubliches Glück –, daß es sich, während es fähig ist, einen Eindruck der höchsten Perfektion und der seltensten Vollendung zu geben, in einer luxuriösen Unabhängigkeit von Regeln und Einschränkungen bewegt." (S. 40)

Wir haben uns in dieser Einführung bislang vor allem für die „handwerkliche" Seite dieser Weiterentwicklung, die narrativen Techniken und Verfahren interessiert. Es ist aber hier und da auch schon deutlich geworden, daß diese technische Erneuerung durch historische Wandlungen der außerliterarischen Realität, die ja im weitesten Sinne „Gegenstand" und Bezugsrahmen der Romankunst ist, ausgelöst und stimuliert werden: Veränderungen in den verschiedensten Bereichen der Gesellschaft und in den Erfahrungen der Individuen, von denen hier ganz pauschal und unzulänglich nur gesagt werden kann, daß sie die moderne Welt, spätestens seit Beginn des 19. Jahrhunderts in vielfacher Hinsicht als umfassender, weiträumiger, vielschichtiger, komplexer, undurchschaubarer, befremdlicher, feindlicher erscheinen lassen als die Frühzeit des Bürgertums (und des Romans) oder gar die vorbürgerliche Epoche. Diesen dialektischen Zusammenhang: daß und wie die Romanprosa sich thematisch und erzählerisch *modernisiert,* indem sie auf Modernisierungsprozesse in der historischen Realität reagiert, soll dies abschließende Kapitel nun in den Blick rücken. Das kann wiederum nur exemplarisch geschehen – und zwar im Hinweis auf einige wenige, aber markante Positionen der Romantheorie, vornehmlich aus der deutschsprachigen Tradition des 19. und 20. Jahrhunderts.[1]

---

1 „Romantheorie" wird gemeinhin als Sammelbegriff gebraucht, der kunstphilosophische, literatursoziologische oder -ästhetische Gattungsbestimmungen ebenso umfaßt wie literaturwissenschaftliche Strukturanalysen und die Selbstäußerungen von Romanautoren selbst. Wichtige Zeugnisse der deutschsprachigen Tradition vom 17. bis zum 20. Jahrhundert sind in den Dokumentationen von Dieter Kimpel/Conrad Wiedemann, Hartmut Steinecke und Eberhard Lämmert zusammengestellt, die unser Literaturverzeichnis aufführt. Einen Längsschnitt durch die literaturwissenschaftliche Diskussion bieten die Sammelbände *Zur Poetik des Romans* (1969) und *Zur Struktur des Romans* (1978), herausgegeben von Volker Klotz bzw. Bruno Hillebrand. *Deutsche Romantheorien* in Einzeldarstellungen hat Reinhold Grimm zusammengestellt (1968). Eine gut lesbare Gesamtdarstellung der Entwicklung romantheoretischer Konzepte im Kontext der (hauptsächlich deutschen) Romanproduktion ist Hillebrands *Theorie des Romans* (zuerst 1972).

Wir beginnen, eingestandenermaßen etwas willkürlich, mit dem Philosophen Georg Wilhelm Friedrich Hegel und den – nur auf den ersten Blick marginalen – Bemerkungen, die er dem Roman in seinen *Vorlesungen über die Ästhetik* widmet. Diese Vorlesungen, zwischen 1815 und 1829 mehrfach gehalten und nach Hegels Tod aufgrund von Mitschriften erstmals publiziert (1835-38), sind nach Peter Szondis Meinung das wichtigste Projekt einer Philosophie der Kunst überhaupt. Originell – und bis heute anregend – ist der Versuch, die traditionelle *Systematik* einzelner Künste und Gattungen mit der neuartigen Sicht auf die *historische Abfolge* verschiedener „Kunstformen" (oder Epochen) zu verbinden, die Hegel etwas eigenwillig „symbolisch", „klassisch" und „romantisch" nennt.[2] Ausführungen zum Roman und zur älteren erzählenden Großform, dem Epos, finden sich dementsprechend im Zweiten Teil (unter der romantischen bzw. klassischen Kunstform) und im Dritten Teil am systematischen Ort der „epischen Poesie". Wir wenden uns zunächst dem *Epos* zu, nicht weil es für Hegel um vieles wichtiger ist als der sich eben erst entwickelnde Roman, sondern weil es auch späteren Theoretikern noch als Kontrastfolie dient, vor dem sich dessen Besonderheit erst konturiert.

Gegenstand des Epos oder der „eigentlichen *Epopöe*" ist nach Hegel (Bd. 2, S. 406ff.) die gesellschaftliche *Totalität*, das heißt die „gesamte Weltanschauung und objektive Lebenswirklichkeit eines Volksgeistes" (die nach modernem Sprachgebrauch Produktionsweisen und Eigentumsverhältnisse, staatliche Institutionen, religiöse Überzeugungen und kulturelle Praktiken, soziale Normen und Werte, alltägliche Lebensformen, Brauchtum, psychische Einstellungen u.a.m. umfassen würde). Dieser Gegenstand konkretisiert sich im „Geschehen einer Handlung", eines bestimmten Konflikts, der diese nationalgeschichtliche Totalität zum Ausdruck bringt; nach Hegels Auffassung „läßt sich der Konflikt des *Kriegszustandes* als die dem Epos gemäßeste Situation angeben". Besonders wenn das Epos einen nationalen Gründungsmythos umfaßt, ist es *die* „Sage, das Buch, die Bibel eines Volkes"; sein historischer Ort aber ist dessen „Mittelzeit", in der ein Volksgeist schon ausgebildet, aber noch nicht als „bürgerliches Dogma und Gesetz" verfestigt ist. Moralität und sittliches Handeln werden von den Figuren des Epos noch als Ausdruck ihrer „freien Individualität", nicht als äußere

---

2 Näheres zu Hegels Ästhetik im allgemeinen und seiner Theorie der Dichtung im besonderen bei Peter Szondi: *Hegels Lehre von der Dichtung* (zuerst 1964/65) und Hans-Heino Ewers: *Die schöne Individualität* (1978).

Bestimmung realisiert und erfahren. Der „epische" oder *„heroische"* Weltzustand ist für Hegel durch den lebendigen Zusammenhang von Individualität und Totalität bestimmt. Der epische Held ist nichtentfremdetes Sozialwesen in einer unbezweifelten und metaphysisch verbürgten Ordnung und steht auch mit der Natur in einem zwanglosen Austauschverhältnis. Seine „freie Individualität" bewährt sich in freiwilliger Gefolgschaft ebenso wie in der „individuellen Tat" – etwa eines Achilles oder Odysseus –, die den allgemeinen Volksgeist konkretisiert, ja konzentriert. Der epische Held mag auf sich allein gestellt und in der Fremde verloren sein – er ist niemals im modernen Sinne vereinzelt oder entfremdet. Er ist zugleich *ganzer* Mensch (also König, Heerführer, Familienvater, Liebender usw.) und *exemplarischer* Mensch, an dem die Besonderheiten der nationalen Gesinnung (wir würden sagen: Identität) anschaulich werden. In ihm verdichtet sich die Nation zum Subjekt – er handelt frei aus sich heraus, aber stets im Sinne der Gesellschaft, in der er wurzelt. Unterworfen ist er lediglich der „Macht der Umstände, welche der Tat ihre individuelle Gestalt aufdringt, dem Menschen sein Los zuteilt, den Ausgang seiner Handlungen bestimmt", – sie „ist das eigentliche Walten des Schicksals." Dieser Macht vermag der Held und sein Handeln zu entsprechen, an ihr kann er aber auch zerbrechen, ohne deshalb als Person verworfen zu werden. Das Epos kennt insofern Trauer, aber keine Tragik.

Für Hegel sind, unschwer zu vermuten, *Ilias* und *Odyssee*, die „Homerischen Gesänge" die klassischen, ja normativen Werke der Gattung, „das Höchste ..., was wir im Kreise des Epos genießen und lieben können", – so wie er in der griechischen Antike generell den Gipfelpunkt der „klassischen" Kunstform sieht. Wie Homer soll der epische Dichter den Anschauungen der Totalität, die er schon rückblickend beschreibt, noch verbunden sein. Anders als der Lyriker darf er seine Subjektivität nicht hervortreten lassen, ja er soll in seinem Gegenstand geradezu „verschwinden": Das Epos bringt „nicht die innere Welt des dichtenden Subjekts, sondern die Sache" zur Sprache. Daraus lassen sich Prinzipien für die erzählerische Entfaltung ableiten: erstens die *„Breite"* der Darstellung, die „Lust an dem, was da ist", sofern es nur mit der besonderen Handlung in Zusammenhang steht; zweitens die Verkettung und Motivierung der „Ereignisse" als Wechselspiel von individueller Absicht und Macht der Umstände; drittens die „Einheit und Abrundung des epischen Werks", die erfordert, daß die *„bestimmte* Handlung" abgeschlossen und die Welt „in voller Totalität" zur Anschauung gebracht worden ist.

In scharfer Entgegensetzung zu den „wahrhaft epischen Darstellungen" (wenn auch nicht ohne bedeutende historische Zwischenstufen wie die mittelalterliche Versepik) habe nun, so doziert Hegel kurz nach 1800, „der ganze heutige Weltzustand ... eine Gestalt angenommen, welche in ihrer prosaischen Ordnung sich schnurstracks den Anforderungen entgegenstellt, welche wir für das echte Epos unerläßlich fanden" (S. 468). Das leuchtet im Rahmen seiner Argumentation durchaus ein: Die Herausbildung bürgerlich-moderner Gesellschaftsstrukturen und Staatsapparate sowie eine industrielle Naturausbeutung hat die unmittelbare Einheit von Individuellem und Allgemeinem, den epischen Weltzustand, aufgebrochen. „Einen schon zu organisierter Verfassung herausgebildeten Staatszustand mit ausgearbeiteten Gesetzen, durchgreifender Gerichtsbarkeit, wohleingerichteter Administration, Ministerien, Staatskanzleien, Polizei usf." hält Hegel als „Boden einer echt epischen Handlung" für ebenso ungeeignet wie „unser heutiges Maschinen- und Fabrikwesen mit den Produkten, die aus demselben hervorgehen" (S. 414). Mit dem Epos ist es also, angesichts dieses Übergewichts der rational, bürokratisch, technisch und industriell organisierten äußeren Welt, aus und vorbei. Denn mit ihr kann eine „freie Individualität" sich nicht mehr ineins setzen; der Subjektivität bleibt nichts als der Rückzug in gesellschaftliche Reservate und der Rückbezug auf sich selbst. Soweit geht Hegel freilich noch nicht, und er bleibt zunächst auch unentschieden und wortkarg, was die Möglichkeiten eines epischen Nachfolge- und Kontrastmodells, eben des Romans angeht, wenngleich er spürt, daß sich da „ein unbeschränkter Raum" eröffnet (S. 469).

Prinzipiell ist der *Roman*, Hegel zufolge, der romantischen Kunstform zuzurechnen, die es – anders als die klassische – nicht mehr vermag, die vertiefte Subjektivität mit der äußeren Welt zu versöhnen und deshalb einen Rückzug ins Innere antritt. Im Scheitern solcher Vermittlung, das er in der Kunst seiner ungeliebten romantischen Zeitgenossen besiegelt sieht, glaubt Hegel einen historischen Funktionsverlust zu erkennen, der nachfolgend als These vom „Ende der Kunst" diskutiert wird. Sie postuliert, daß die Kunst als Form des „objektiven Geistes" angesichts jener modernen Objektivität von einer anderen Form, nämlich der Philosophie (vor allem wohl der Hegelschen!) abgelöst werde. Man könnte nun – etwas überspitzt – behaupten, daß Hegel an dieser Stelle die Chance einer prognostischen Literaturästhetik verspielt: den Roman nachdrücklich als diejenige epische Form herauszustellen, die sich an eben der modernen Objektivität abarbeitet und bewährt, vor der das Epos notwendig versagen muß.[3]

Immerhin: Der Roman ist auch für Hegel Nachfolger und Gegenstück des Epos, er ist „die moderne *bürgerliche* Epopöe": „Hier tritt einerseits der Reichtum und die Vielseitigkeit der Interessen, Zustände, Charaktere, Lebensverhältnisse, der breite Hintergrund einer totalen Welt sowie die epische Darstellung von Begebenheiten vollständig wieder ein. Was jedoch fehlt, ist der *ursprünglich* poetische Weltzustand, aus welchem das eigentliche Epos hervorgeht. Der Roman im modernen Sinne setzt eine bereits zur *Prosa* geordnete Wirklichkeit voraus, auf deren Boden er sodann in seinem Kreise ... der Poesie, soweit es bei dieser Voraussetzung möglich ist, ihr verlorenes Recht wieder erringt." (S. 452) Hegel trifft also eine historische Zuordnung von bürgerlich-moderner Welt und prosaischer Erzählform. Sie wird dadurch noch enger, daß er den rhetorischen Begriff der *Prosa* (lat. prorsa oratio, ungebundene Rede) gerade nicht im eigentlichen Sinne, für die verwendete *Sprachform*, sondern metaphorisch, zur Charakterisierung der *Gesellschaft* verwendet. Ist also gar nicht der Roman prosaisch, sondern die Wirklichkeit, in der er wurzelt und die er zugleich gestaltet? Und was soll man sich überhaupt unter einem „prosaischen Weltzustand" vorstellen?

Prosaisch ist die moderne Welt, insofern sie nicht auf „Poesie", auf die Realisierung des Ideals, sondern auf pragmatische und partikuläre Ziele und Zwecke ausgerichtet, durch Zweckmäßigkeit, Mittel und vermittelnde Institutionen strukturiert ist. Das wird vom *Sozial*philosophen Hegel keineswegs abwertend, sondern eher billigend konstatiert. Für den *Kunst*philosophen allerdings macht es die Einheit von Individuellem und Allgemeinem, den Wesenskern der klassischen Kunst – und damit des Epos – hinfällig. Es tut sich

---

3 Näheres zur sogenannten These vom Ende der Kunst in den Aufsätzen von Willi Oelmüller (1965/66) und Jörn Rüsen (1973). Peter Szondi sieht sich hier auf den „innersten Widerspruch" der Hegelschen Philosophie verwiesen: „Ich meine den Gegensatz, der zwischen der dialektischen Lehre, der Lehre vom Prozeßhaften alles Seienden, auch der vermeintlich unhistorischen Werte und Begriffe einerseits und andererseits der Gewißheit besteht, diese Bewegung sei zu Hegels Zeit zum Stillstand gekommen" (S. 460); die ästhetischen Probleme der Moderne – also etwa auch des Romans – könnten nur durch eine weitergetriebene Historisierung von Hegels Kategorien erfaßt werden.

nun eine völlig neue Konfliktkonstellation auf, die Hegel als eine Art von Tiefenstruktur der neuen Gattung beschreibt: „Eine der gewöhnlichsten und für den Roman passendsten Kollisionen ist deshalb der Konflikt zwischen der Poesie des Herzens und der entgegenstehenden Prosa der Verhältnisse sowie dem Zufalle äußerer Umstände: ein Zwiespalt, der sich entweder tragisch und komisch löst oder seine Erledigung darin findet, daß einerseits die der gewöhnlichen Weltordnung zunächst widerstrebenden Charaktere das Echte und Substantielle in ihr anerkennen lernen, mit ihren Verhältnissen sich aussöhnen und wirksam in dieselben eintreten, andererseits aber von dem, was sie wirken und volbringen, die prosaische Gestalt abstreifen und dadurch eine der Schönheit und Kunst verwandte und befreundete Wirklichkeit an die Stelle der vorgefundenen Prosa setzen." (S. 452)[4]

---

4 An anderer Stelle beschreibt Hegel diesen modernen epischen Konflikt noch ausführlicher im Blick auf zeitgenössische Werke wie *Wilhelm Meister* und in einem teils resignativen, teils zynischen Ton: „Die Zufälligkeit des äußeren Daseins hat sich verwandelt in eine feste, sichere Ordnung der bürgerlichen Gesellschaft und des Staats, so daß jetzt Polizei, Gerichte, das Heer, die Staatsregierung an die Stelle der chimärischen Zwecke treten, die der Ritter sich machte. Dadurch verändert sich auch die Ritterlichkeit der in neueren Romanen agierenden Helden. Sie stehen als Individuen mit ihren subjektiven Zwecken der Liebe, Ehre, Ehrsucht oder mit ihren Idealen der Weltverbesserung dieser bestehenden Ordnung und Prosa der Wirklichkeit gegenüber, die ihnen von allen Seiten Schwierigkeiten in den Weg legt. Da schrauben sich nun die subjektiven Wünsche und Forderungen in diesem Gegensatze ins unermeßliche in die Höhe; denn jeder findet vor sich eine bezauberte, für ihn ganz ungehörige Welt, die er bekämpfen muß, weil sie sich gegen ihn sperrt und in ihrer spröden Festigkeit seinen Leidenschaften nicht nachgibt, sondern den Willen eines Vaters, einer Tante, bürgerliche Verhältnisse usf. als ein Hindernis vorschiebt. Besonders sind Jünglinge diese neuen Ritter, die sich durch den Weltlauf, der sich statt ihrer Ideale realisiert, durchschlagen müssen und es nun für ein Unglück halten, daß es überhaupt Familie, bürgerliche Gesellschaft, Staat, Gesetze, Berufsgeschäfte usf. gibt, weil diese substantiellen Lebensbeziehungen sich mit ihren Schranken grausam den Idealen und dem unendlichen Rechte des Herzens entgegensetzen. Nun gilt es, ein Loch in diese Ordnung der Dinge hineinzustoßen, die Welt zu verändern, verbessern oder ihr zum Trotz sich wenigstens einen Himmel auf Erden herauszuschneiden: das Mädchen, wie es sein soll, sich zu suchen, es zu finden und es nun den schlimmen Verwandten oder sonstigen Mißverhältnissen abzugewinnen, abzuerobern und abzutrotzen. Diese Kämpfe nun aber sind in der modernen Welt nichts weiteres als die Lehrjahre, die Erziehung des Individuums an der vorhandenen Wirklichkeit, und erhalten dadurch ihren wahren Sinn. Denn das Ende solcher

Festzuhalten sind erstens die neue Konfliktstruktur des Romans, die das Individuum mit seinen Wünschen und Strebungen, also Subjektivität im modernen Sinn gegen die objektive Welt und ihre Zwänge setzt; zweitens drei verschiedene Wege, diesen Konflikt im Verlauf des Erzählgeschehens zu lösen: *tragisch, komisch* oder *versöhnlich*, die wir in Kürze weiter verfolgen werden. Bemerkenswert ist drittens Hegels Weigerung, Näheres zu den Fragen der *erzählerischen Struktur* und Ausführung zu sagen: „Was die Darstellung angeht, so fordert auch der eigentliche Roman wie das Epos die Totalität einer Welt- und Lebensanschauung, deren vielseitiger Stoff und Gehalt innerhalb der individuellen Begebenheit zum Vorschein kommt, welche den Mittelpunkt für das Ganze abgibt. In bezug auf das Nähere jedoch der Auffassung und Ausführung muß dem Dichter hier um so mehr ein großer Spielraum gestattet sein, je weniger er es zu vermeiden vermag, auch die Prosa des wirklichen Lebens mit in seine Schilderungen hineinzuziehen, ohne dadurch selber im Prosaischen und Alltäglichen stehenzubleiben." (S. 452f.) Hegel scheint zu ahnen, daß mit dem Roman eine grundsätzlich neue Form des Epischen heraufkommt, die ungeahnte neue „Spielräume" eröffnet, Wirklichkeitsstoff in bisher nicht gekannter Weise zu integrieren vermag, damit allerdings auch das ästhetische Regel- und Normensystem sprengen muß, an dem Hegel selbst noch festhält. Ebendies mag ein Grund dafür sein, daß er den Faden seiner ästhetischen Erörterung eben hier, wo sie sich dezidiert auf die Kunst der Gegenwart und Zukunft beziehen müßte, so plötzlich abschneidet.

Wieder anknüpfen – und damit zu einem neuen Interesse an Hegels Ästhetik beitragen – wird ihn fast hundert Jahre später ein junger ungarischer Philosoph. In seiner *Theorie des Romans* (geschrieben 1914/15, publiziert 1916 und 1920) orientiert sich Georg von Lukács über weite Strecken an Hegels Vorstellungen, die er mit

Lehrjahre besteht darin, daß sich das Subjekt die Hörner abläuft, mit seinem Wünschen und Meinen sich in die bestehenden Verhältnisse und die Vernünftigkeit derselben hineinbildet, in die Verkettung der Welt eintritt und in ihr sich einen angemessenen Standpunkt erwirbt. Mag einer auch noch soviel sich mit der Welt herumgezankt haben, umhergeschoben worden sein – zuletzt bekömmt er meistens doch sein Mädchen und irgendeine Stellung, heiratet und wird ein Philister so gut wie die anderen auch: die Frau steht der Haushaltung vor, Kinder bleiben nicht aus, das angebetete Weib, das erst die Einzige, ein Engel war, nimmt sich ohngefähr ebenso aus wie alle anderen, das Amt gibt Arbeit und Verdrießlichkeiten, die Ehe Hauskreuz, und so ist der ganze Katzenjammer der übrigen da." (S. 567f.)

Spurenelementen romantischen Denkens wie auch der zeitgenössischen Philosophie und Soziologie (Wilhelm Dilthey, Georg Simmel, Max Weber) anreichert und in eine eigenwillige, bisweilen den lyrischen Ton streifende Sprache umsetzt.[5] Ein erster Teil macht den Hegelschen Ansatz schon im Titel deutlich: *Die Formen der großen Epik in ihrer Beziehung zur Geschlossenheit oder Problematik der Gesamtkultur* (S. 21ff.). Auch Lukács postuliert grundsätzlich die Entsprechung von historisch-gesellschaftlichen Formationen und künstlerischen, besonders: epischen Formen. Auch für ihn entspricht der griechischen Antike, dieser „homogenen" oder „abgerundeten Welt", in der eine „Lebensimmanenz" des Sinnes waltet und die dem Menschen eine „urbildliche Heimat" gibt, die „geschlossene" Form des Epos, das die „extensive Totalität des Lebens" gestalte.

Nun aber sieht Lukács die „Kunstformen einer geschichtsphilosophischen Dialektik", einer Veränderung unterworfen, der wiederum eine „vollkommene Umwandlung der Topographie des Geistes" zugrunde liegt, wie der Idealist Lukács sagt (heute würden wir von Prozessen gesellschaftlicher Rationalisierung oder Modernisierung sprechen). Die moderne „Produktivität des Geistes" und die menschliche Gestaltungskraft (in heutiger Sicht: das System gesellschaftlicher Arbeit) haben einen ambivalenten Prozeß freigesetzt: Die Welt ist größer, ja „unendlich groß" und „reicher an Geschenken und Gefahren als die griechische" geworden, hat aber deren inneren Zusammenhalt, den tragenden Lebenssinn, die „spontane Seinstotalität" verloren. Das menschliche Denken kann sich nur sehnend noch den „Urbildern der Heimat" annähern; das Individuum vereinsamt, findet die Substanz des Lebens nur noch in seiner Subjektivität, wird sich selbst zum Objekt der Gestaltung. Dies ist der *geschichtsphilosophische Ort* für die *Form des Romans*, die „wie keine andere, ein Ausdruck der transzendentalen Obdachlosigkeit" sei: „Der Roman ist die Epopöe eines Zeitalters, für das die extensive Totalität des Lebens nicht mehr sinnfällig gegeben ist, für das die Lebensimmanenz des Sinnes zum Problem geworden ist, und das dennoch die Gesinnung zur Totalität hat." (S. 47) Deshalb strebt er danach, gestaltend – als ästhetische Konstruktion, mit Hilfe literarischer Verfahren – die verborgene Totalität des Lebens aufzudek-

---

5 Näheres zum Stellenwert der *Theorie des Romans* im Gesamtwerk jetzt bei Werner Jung: *Georg Lukács* (1989), S. 70ff. Literaturwissenschaftliche Analysen haben u.a. Manfred Durzak (1970) und Rolf-Peter Janz (1978) vorgelegt.

ken, reflektiert also eine Wirklichkeit, die zu sich selbst in Widerspruch geraten ist. Dieser Widerspruch objektiviert sich gewissermaßen psychologisch in den *Romanhelden:* Sie sind durchweg auf der Suche nach der Totalität, nach dem Sinn des Lebens, anders gesagt: sie definieren sich geradezu aus ihrer Fremdheit zur Außenwelt. Entfremdung herrscht zwischen den Individuen, so daß ein Eigenleben der subjektiven Innerlichkeit möglich, ja unausweichlich wird. Auch die Natur wird immer mehr als stumm, sinnesfremd, unerkennbar erfahren; andererseits erlangt die vom Menschen gestaltete „zweite Natur" der modernen Gesellschaft eine bestimmende Macht über ihn, wird gar zum „Kerker".

Dieser historisch determinierten, wenn auch in metaphysischen bzw. quasi-religiösen Kategorien beschriebenen Situation (die der marxistische Theoretiker Lukács zehn Jahre später als zunehmende Abstraktheit aller Arbeits- und Lebenszusammenhänge im modernen Kapitalismus fassen wird) entspricht nun die „Abstraktheit" des Romans, der nur in einer gewissen Distanz zur empirisch-konkreten Welt denkbar ist und dessen Streben nach Totalität unerfüllt, utopisch bleiben muß. Lukács warnt vor kurzschlüssiger Versöhnung – etwa in Form der Idylle – und fordert vom Roman, „das Unabgeschlossene, Brüchige und Übersichhinausweisende der Welt bewußt und konsequent als letzte Wirklichkeit" zu setzen. Dieser wird zum Experimentierfeld der Sinnsuche, indem er auf eine oberflächliche Synthese, Geschlossenheit, Abrundung verzichtet. Er bleibt, auch in der Erprobung neuer Formmöglichkeiten, und „im Gegensatz zu dem in der fertigen Form ruhenden Sein anderer Gattungen" wesentlich „etwas Werdendes", ein „Prozeß". Seine „innere Form" ist die „Wanderung des problematischen Individuums zu sich selbst", seine „äußere Form", nach Lukács' (nicht unproblematischer) Auffassung, „eine wesentlich biographische". Am Ziel jenes Weges kann das „Erringen der Selbsterkenntnis", keineswegs aber ein Wiederfinden der verlorenen „Lebensimmanenz des Sinns" stehen. Die neue ästhetische Qualität des Romans liegt darin, daß er die Entzweiungen, an denen seine Figuren wie sein Schöpfer leiden, in Beschreibung und Reflexion aushält und dadurch auf einer höheren Ebene als widerspruchsvolle Einheit konstruiert.

Damit wird die distanziert-reflexive Haltung des modernen Künstlers, die bei Hegel hier und da schon anklingt, als gattungsspezifisch postuliert: „Dies Reflektierenmüssen ist die tiefste Melancholie jedes echten und großen Romans." In romantischer Tradition nennt Lukács diese ästhetische, distanzierte und selbstreflexive Haltung „Ironie" und bewertet sie als „Selbstkorrektur der Brüchigkeit" der epischen Welt. Die „Komposition des Romans" erscheint ihm schließlich als „ein paradoxes Verschmelzen heterogener und diskreter Bestandteile zu einer immer wieder gekündigten Organik".[6]

Im zweiten Teil seines Essays entwirft Lukács eine *Typologie der Romanform* (S. 83ff.), die an Hegels Randbemerkung über tragische, komische oder versöhnliche Konfliktlösung anschließt. Von der Diskrepanz zwischen moderner Subjektivität und einer Objektwelt, die er emphatisch als „gottverlassen" charakterisiert, gelangt Lukács zunächst zu zwei typischen Konstellationen: „die Seele ist entweder schmäler oder breiter als die Außenwelt". Aus ihnen lassen sich Grundkonstellationen von Romanfigur und Außenwelt – und damit zwei Strukturtypen des Romans ableiten. Die „Verengung" der Seele führt zum *Roman des „abstrakten Idealismus"*, als dessen Prototyp *Don Quijote* von Cervantes gelten könne. Es sei dies der erste Roman der Weltliteratur, befindet Lukács großzügig, entstanden in und geprägt von einer „Periode der großen Verwirrung der Werte bei noch bestehendem Wertesystem" (modern gesprochen: in einer Modernisierungsphase). Hier sind die subjektiven Ideale des Roman„helden" unangemessen, gewissermaßen ungleichzeitig zum objektiven Entwicklungsstand. Da er aber wie „blind" auf ihre Rea-

---

6 Wie gebräuchlich die Entgegensetzung von Epos und Roman, bei wechselnder Akzentsetzung, in späteren literarischen Erörterungen wurde, ist beispielsweise an Thomas Manns Ausführungen über *Die Kunst des Romans* (1939) zu sehen: „Es ist möglich und vielleicht geboten, Roman und Epos in einem solchen Verhältnis zu sehen. Das eine ist moderne, das andere archaische Welt. Das Vers-Epos trägt für uns archaisches Gepräge – wie der Vers selbst das Archaische in sich trägt und eigentlich noch Zubehör eines magischen Weltgefühls ist ... Es wäre eine kühne Behauptung, daß der Schritt zum Prosa-Roman ohne weiteres eine Erhöhung, Verfeinerung des Lebens der Erzählung bedeutet hätte. Zunächst war der Roman wirklich eine krause und willkürlich-abenteuerliche Ausartung gebundener Epik. Aber er trug Möglichkeiten in sich, deren Verwirklichung auf seinem langen Entwicklungsgange von den spät-griechischen und indischen Fabel-Monstren bis zur *Education sentimentale* und den *Wahlverwandtschaften* uns berechtigt, im Epos nur eine archaische Vorform des Romans zu sehen ... Als der Prosa-Roman sich vom Epos ablöste, trat die Erzählung einen Weg zur Verinnerlichung und Verfeinerung an, der lang war und an dessen Beginn diese Tendenz noch gar nicht zu ahnen war ... Aber es ist die Bürgerlichkeit des Romans überhaupt ..., sein eingeborener Demokratismus, der ihn form- und geistesgeschichtlich von dem Feudalismus des Epos unterscheidet und ihn zur dominierenden Kunstform unserer Epoche, zum Gefäß der modernen Seele gemacht hat." (S. 349ff.)

lisierung drängt (wie in den berühmten Episoden seiner Abenteuerreihe nachzulesen ist), die Diskrepanz zur Objektwelt nicht reflektieren kann, verengt sich für ihn die Welt in dämonischer Weise. Sie ist nur noch ein Projektionsraum seiner Innerlichkeit, so daß er sie handelnd verfehlen und schließlich an ihr scheitern muß, was eine komische Wirkung auf die Leser keineswegs ausschließt.

Ein zweiter Typus scheint Lukács vor allem für den Roman des 19. Jahrhunderts wichtig (S. 98ff.), spielt aber zweifellos auch schon im 18. Jahrhundert eine Rolle: Er basiert auf einer „Unangemessenheit, die daraus entsteht, daß die Seele breiter und weiter angelegt ist als die Schicksale, die ihr das Leben zu bieten vermag." Lukács spricht hier von der „Desillusionsromantik" bzw. von der Form des *„Desillusionsromans"* und nennt Gustave Flauberts *L'éducation sentimentale (Lehrjahre des Gefühls)* als Paradebeispiel. Konfrontiert mit einer „ganz von der Konvention beherrschten Welt", einer Gesellschafts-Natur als „Inbegriff sinnesfremder Gesetzlichkeiten", resigniert das Individuum, zieht sich auf den Raum seiner (gleichfalls schon brüchig gewordenen) Innerlichkeit zurück und verzichtet völlig auf gestaltende Eingriffe in die Wirklichkeit, das heißt auf den Versuch, seine Ideale zu realisieren.

Die Modernität dieses Typus sieht Lukács mit Recht darin, daß das Scheitern des Romanhelden nicht mehr in episodischer Form gestaltet wird, sondern in einer Dimension zutage tritt, die sowohl individuelle Erfahrung wie auch die narrative Form konstituiert: „Im Roman trennen sich Sinn und Leben und damit das Wesenhafte und Zeitliche; man kann fast sagen: die ganze innere Handlung des Romans ist nichts als ein Kampf gegen die Macht der Zeit. In der Desillusionsromantik ist die Zeit das depravierende Prinzip: die Poesie, das Wesentliche muß vergehen, und die Zeit ist es, die dies Dahinsiechen letzten Ende verursacht." (S. 109) Spezifisch modern ist nun, daß Zeiterfahrung und Zeitstrukturen sowohl die Psychologie der Romanfiguren wie auch die erzählerische Textkonstitution entscheidend prägen.

Für Flauberts Roman deutet Lukács eine *dialektische Zeitstruktur* an: Einerseits ist Zeit die Dimension, in der das Scheitern der subjektiven Ideale greifbar wird und insofern sind „alle Rohheit und ideenlose Härte" auf ihrer Seite. Andererseits verfügt die Subjektivität, im Bewußtsein dieser Zeitlichkeit, über „Zeiterlebnisse, die zugleich Überwindung der Zeit sind": „Hoffnung und Erinnerung". Letztlich ist es die Zeit selbst, als Dimension der existentiellen Erfahrung wie der ästhetischen Gestaltung, die es ermöglicht, jenes

„Zerfallen der äußeren Wirklichkeit in heterogene, morsche und fragmentarische Teile" zu überwinden,[7] das seinerseits der spezifisch modernen Erfahrung einer entleerten und unaufhaltsam vergehenden Zeit geschuldet ist. „Es ist die Zeit, die diese Überwindung möglich macht. Ihr ungehemmtes und ununterbrochenes Strömen ist das vereinigende Prinzip der Homogenität, das alle heterogenen Stücke abschleift und miteinander in eine – freilich irrationale und unaussprechliche – Beziehung bringt." So gestaltet der Roman letztlich „die völlige Abwesenheit jeder Sinneserfüllung", das Fehlen einer unmittelbar gegebenen Totalität, „aber die Gestaltung erhebt sich zur reichen und runden Erfülltheit einer wirklichen Lebenstotalität".

Zwischen diesen beiden Romantypen, „ästhetisch wie geschichtsphilosophisch" (S. 117ff.), sieht Lukács den (in der deutschen Literatur besonders ausgeprägten) *Bildungsroman* und Goethes *Wilhelm Meisters Lehrjahre* als maßstabsetzendes Werk: „sein Thema ist die Versöhnung des problematischen, vom erlebten Ideal geführten Individuums mit der konkreten, gesellschaftlichen Wirklichkeit." Im gesellschaftlichen Bereich ist also eine Aufhebung der Vereinzelung und des Sinnverlusts möglich, wenn auch nicht unproblematisch. Eine neue Sinnesimmanenz stellt sich in diesem Fall über den Erziehungsprozeß her, in dem der einzelne sich in eine Gemeinschaft integriert fühlt – und deswegen auch wieder zum handelnden Eingriff in die Wirklichkeit fähig wird. „Aufnahmefähigkeit" einerseits, „Einwirkenwollen" andererseits (in Goethes Sprache: „Bildsamkeit" und „Tätigkeit"), ein Gleichgewicht von Aktivität und Kontemplation zeichnen, dem Bildungskonzept der Weimarer Klassik gemäß, den Helden des Bildungsromans aus. Verdankt sich dieser Kompromiß-Typus in gewisser Weise dem deutschen Sonderweg der Romanentwicklung (und Lukács' Präferenz für die „biographische"

---

7   Alles „was geschieht ist sinnlos, brüchig und trauervoll, es ist aber immer durchstrahlt von der Hoffnung oder von der Erinnerung. Und die Hoffnung ... ist selbst ein Teil des Lebens, das sie, sich daran anschmiegend, und es schmückend, zu meistern versucht, wovon sie jedoch immer abgleiten muß. Und in der Erinnerung verwandelt sich dieser stete Kampf zu einem interessanten und unbegreiflichen Weg, der jedoch mit unzerreißbaren Fäden an den gegenwärtigen, an den erlebten Augenblick gebunden ist. Und dieser Augenblick ist so reich von der zugleitenden und hinweggleitenden Dauer, als deren Stauung er einen Moment des bewußten Schauens bietet, daß sich dieser Reichtum auch dem Vergangenen und Verlorenen mitteilt, ja damals unbemerkt Vorbeigegangenes mit dem Wert des Erlebens ziert." (S. 112)

Form), so soll ein *vierter Typ* eine mögliche Weiterentwicklung bzw. Selbstaufhebung der Gattung anzeigen. Derartige Tendenzen sieht Lukács in der russischen Erzählkunst des 19. Jahrhunderts (S. 128ff.), deren gesellschaftliches Substrat eine „größere Nähe zu den organisch-naturhaften Urzuständen" aufweise. In den Romanen Tolstois und vor allem Dostojewskis – von denen Lukács so fasziniert ist wie viele seiner Zeitgenossen – glaubt er die Gestaltung einer Lebenstotalität zu erkennen, die sich auf eine Gemeinschaft gleich empfindender Menschen in inniger Verbindung mit der Natur gründet. Die dauerhafte Ausgestaltung dieser Tendenz, die eine Aufhebung gesellschaftlicher Entfremdung bedeuten würde, müßte allerdings die Form des Romans in seiner westeuropäisch-modernen Variante sprengen, bedürfte der „erneuerten Form der Epopöe".

Nicht nur dieser letzte Gedanke zeigt die Zeitgebundenheit der *Theorie des Romans*. Sie entstand, wie gesagt, während des Ersten Weltkriegs und, wie Lukács in seinem Vorwort von 1962 erinnert, „in einer Stimmung der permanenten Verzweiflung über den Weltzustand" (S. 6), was etwa die Affinität zu Tolstois rückgewandter Erlösungshoffnung, „einen höchst naiven und völlig unfundierten Utopismus" (S. 14) erklärt. Auch die Düsterkeit bei der Analyse der Gegenwart, die eben nicht einfach nur als „prosaisch" (Hegel) oder „entzaubert" (Max Weber), sondern mit dem Philosphen Fichte als „Stand der vollendeten Sündhaftigkeit" (S. 138) gefaßt wird, verdankt sich dem Krisenbewußtsein, ja der Katastrophenerwartung, aber auch einer Erneuerungshoffnung, die der Verfasser mit vielen Zeitgenossen, etwa den Autoren des Expressionismus, teilte.

Eine kritische Lektüre von Lukács' Schrift wird heute noch andere Defizite vermerken: Ihre geistesgeschichtliche, ja philosophisch-spekulative Epochenkonstruktion bleibt weit hinter dem zurück, was wir inzwischen über das Ineinander von ökonomischen und kulturellen Triebkräften des geschichtlichen Prozesses wissen und ist insofern literatur*soziologisch* unzureichend; auch bleibt literatur*theoretisch* die Frage ungelöst, über welche Vermittlungen denn die metaphysisch bzw. historisch gefaßten Signaturen eines Zeitalters sich in sprachliche und narrative Strukturen umsetzen.[8] Schließ-

---

8 Einen Präzisierungsversuch im Sinne historisch-materialistischer Gesellschafts- und Kulturtheorie hat in den sechziger Jahren Lucien Goldmann mit seinen Arbeiten *Zu Georg Lukács: Die Theorie des Romans* und *Soziologie des modernen Romans* unternommen. In der letzteren konstatiert er „zwischen der Struktur der Romanform ... und der Struktur des Warentausches

lich wird die vergleichsweise starre Entgegensetzung von Epos und Roman insbesondere den Literatur*historiker* enttäuschen, der sich mehr für die Übergänge, die Mischformen und Zwischenstufen der Gattungsevolution interessiert als für die Idealtypen. Nichtsdestoweniger ist Lukács' Schrift, die ja selbst einen ausgeprägt *literarischen* Charakter hat, bis heute ein faszinierendes, bisweilen provozierendes Modell und Deutungsmuster des epischen Formenwandels geblieben. Zentrum dieser fortdauernden Aktualität sind besonders Lukács' Ausführungen über die *Prozeßhaftigkeit* und *Reflexivität* der Romanform sowie seine Analysen der *Zeitgestaltung* im neueren Roman, die grundsätzlich auch auf die weitere Entwicklung der Gattung bezogen werden können. Rückblickend hat Lukács selbst darauf hingewiesen, daß seine Analyse der neuen „Funktion der Zeit" bei Flaubert erst später, durch die Zeitgestaltung in den innovativen Werken der zwanziger Jahre, bei Proust und Joyce (die der spätere Lukács ja überhaupt nicht schätzte) und beim verehrten Thomas Mann eingelöst werde (S. 8).

Die fortdauernde Aktualität (oder mindestens: kritische Aktualisierbarkeit) der *Theorie des Romans* belegt eine eindrucksvolle Wirkungsgeschichte dieses Textes selbst, in deren Verlauf verschiedene Aspekte differenzierend fortgeschrieben werden.

An doppelt versteckter Stelle, in einem Porträt des russischen Erzählers Nikolai Lesskow, 1936/37 von einer Schweizer theologischen Zeitschrift publiziert, hat der Philosoph und Literaturkritiker Walter Benjamin einige Thesen von Lukács aufgegriffen und „eine

---

in der liberalen Markwirtschaft ... eine strenge Homologie" (S. 26). Weiterhin glaubt er beobachten zu können, daß auch die weiteren historischen Veränderungen in beiden Bereichen „homolog", also gleichsinnig verlaufen: zum monopolistischen Kapitalismus einerseits, zum modernen Roman (exemplarisch steht der französische *nouveau roman*) andererseits. Der zunehmenden Verdinglichung im gesellschaftlichen Bereich entspreche das „mehr oder weniger radikale Verschwinden der Person" beispielsweise in den Romanen Robbe-Grillets (S. 204f.) Über solche mehr oder weniger anregenden Beobachtungen hinaus ist es Goldmann jedoch letzlich nicht gelungen, den von Lukács ererbten Zwiespalt zwischen gesellschaftlicher und literarischer Struktur zu überbrücken, auch wenn er zu diesem Zweck Hilfskonstruktionen wie das „Kollektivbewußtsein" einer bestimmten sozialen Gruppe oder die „Bedeutungsstruktur" eines Werkes einführt; insbesondere bleiben seine Bemerkungen zur literarischen Struktur zu unspezifisch und zu sehr an inhaltliche Aspekte gebunden. Eine grundsätzliche methodische Auseinandersetzung führt Peter V. Zima in seinem Aufsatz *Lucien Goldmanns hegelianische Ästhetik* (1978).

neue 'Theorie des Romans'"[9] zumindest skizziert. Form und Ort des Essays *Der Erzähler* verweisen auf die schwierigen Arbeitsbedingungen des Exilanten wie auf seine Überzeugung, „die entscheidenden Schläge" würden auch im Theoretischen „mit der linken Hand geführt".

Von Lukács übernimmt Benjamin die Entgegensetzung von ursprünglich Epischem und moderner Erzählform, wesentliche Bestimmungen des Romans und die exemplarischen Texte: *Don Quijote, Wilhelm Meister, Lehrjahre des Gefühls.* Mit Lukács verbindet ihn auch, daß er aus einer gesellschaftlichen Krisensituation heraus schreibt. Sie ist durch die Herrschaft des Faschismus ebenso geprägt wie durch die langfristigen Auswirkungen des Ersten Weltkriegs, den er als katastrophische Zerstörung individueller und sozialer Erfahrung und Erfahrungsfähigkeit begreift.[10] Dies spielt in mehrfacher Weise in seine „neue 'Theorie des Romans'" hinein.

Zunächst einmal rückt er von der *idealtypischen Konfrontation* verschiedener Formen ab und versucht, in wenigen Strichen einen *historischen Transformationsprozeß* zu skizzieren:

„Man muß sich die Umwandlung von epischen Formen in Rhythmen vollzogen denken, die sich denen der Verwandlung vergleichen lassen, die im Laufe der Jahrhunderttausende die Erdoberfläche erlitten hat. Schwerlich haben sich Formen menschlicher Mitteilung langsamer ausgebildet, langsamer verloren. Der Roman, dessen Anfänge in das Altertum zurückgreifen, hat Hunderte von Jahren gebraucht, ehe er im werdenden Bürgertum auf die Elemente stieß, die ihm zu seiner Blüte taugten. Mit dem Auftreten dieser Elemente begann sodann die Erzählung ganz langsam in das Archai-

---

9 So Benjamin in einem Brief an seinen Freund Gerhard Scholem (S. 1276). Über Biographie und Werkzusammenhang informiert Bernd Witte: *Walter Benjamin* (1985).

10 Die „Erfahrung ist im Kurse gefallen. Und es sieht aus, als fiele sie weiter ins Bodenlose ... Mit dem Weltkrieg begann ein Vorgang offenkundig zu werden, der seither nicht zum Stillstand gekommen ist. Hatte man nicht bei Kriegsende bemerkt, daß die Leute verstummt aus dem Felde kamen? nicht reicher – ärmer an mitteilbarer Erfahrung. Was sich dann zehn Jahre später in der Flut der Kriegsbücher ergossen hatte, war alles andere als Erfahrung gewesen, die von Mund zu Mund geht. Und das war nicht merkwürdig. Denn nie sind Erfahrungen gründlicher Lügen gestraft worden als die strategischen durch den Stellungskrieg, die wirtschaftlichen durch die Inflation, die körperlichen durch die Materialschlacht, die sittlichen durch die Machthaber. Eine Generation, die noch mit der Pferdebahn zur Schule gefahren war, stand unter freiem Himmel in einer Landschaft, in der nichts unverändert geblieben war als die Wolken und unter ihnen, in einem Kraftfeld zerstörender Ströme und Explosionen, der winzige, gebrechliche Menschenkörper." (S. 439)

sche zurückzutreten; sie bemächtigte sich zwar vielfach des neuen Inhalts, wurde aber nicht eigentlich von ihm bestimmt. Auf der anderen Seite erkennen wir, wie mit der durchgebildeten Herrschaft des Bürgertums zu deren wichtigsten Instrumenten im Hochkapitalismus die Presse gehört, eine Form der Mitteilung auf den Plan tritt, die, soweit ihr Ursprung auch zurückliegen mag, die epische Form nie vordem auf bestimmende Weise beeinflußt hat. Nun aber tut sie das. Und es zeigt sich, daß sie der Erzählung nicht weniger fremd aber viel bedrohlicher als der Roman gegenübertritt, den sie übrigens ihrerseits einer Krise zuführt. Diese neue Form der Mitteilung ist die Information." (S. 443f.)

Eine Theorie der epischen Formen *en miniature,* die aber weniger geschichtsphilosophisch als sozialhistorisch, nicht idealistisch, sondern materialistisch argumentiert. Welches sind ihre weiterführenden Aspekte? Zunächst bezieht sich Benjamin, anders als die klassische Bildungstradition von Goethe und Hegel bis zu Lukács nicht auf das antike Epos, sondern auf *„die Erzählung",* also die vielgestaltige erzählerische Überlieferung vorbürgerlicher Gesellschaften in ursprünglich mündlicher Form. (In seinen Arbeitsnotizen nennt er beispielsweise die Formen „Märchen, Sage, Sprichwort, Schwank, Witz".) Diese volkstümliche Erzähltradition versteht er als Medium des Ausdrucks und Austauschs von sozialer Erfahrung, der – idealtypisch gezeichnete – „Erzähler" ist für Benjamin schlichtweg „ein Mann, der dem Hörer Rat weiß." Daß aber in der Gegenwart „die Mitteilbarkeit der Erfahrung abnimmt", die „Kunst des Erzählens" infolgedessen „ihrem Ende" entgegengeht, ist „nur eine Begleiterscheinung säkularer geschichtlicher Produktivkräfte, die die Erzählung ganz allmählich aus dem Bereich der lebendigen Rede entrückt hat und zugleich eine neue Schönheit in dem Entschwindenden fühlbar macht."[11]

Zweitens sucht Benjamin nach sozialgeschichtlichen und technologischen Ursachen für die Veränderungen. „Die Ausbreitung des Romans wird erst mit Erfindung der Buchdruckerkunst möglich." Das klingt banal, hat aber weitreichende Auswirkungen für Produktion, Inhalt und Struktur sowie Rezeption der neuen Erzählform.[12] Anstelle der Kollektivrezeption, die für traditionelles Er-

---

11 Sie findet Benjamin nicht nur beim Novellisten Lesskow, sondern vor allem in den – mündlicher Erzähltradition noch besonders nahen – Kalendergeschichten des „unvergleichlichen" Johann Peter Hebel, auf den er mehrfach, so auch im Erzähler-Aufsatz (S. 440, 450f.) eingeht.

12 Benjamin weist damit schon auf Gesichtspunkte hin, die in der neueren Diskussion unter den Schlagworten *Oralität* und *Literalität* diskutiert werden. Dabei geht es um die Veränderungen, die der historische Übergang zur Schriftkultur und insbesondere zum Buchdruck sowohl für die Pro-

zählen typisch ist, tritt nun eine individuell isolierte, räumlich zerstreute und häufig unterbrochene *Romanlektüre.* „Der Erzähler nimmt, was er erzählt, aus der Erfahrung; aus der eigenen oder der berichteten. Und er macht es wiederum zur Erfahrung derer, die seiner Geschichte zuhören. Der Romancier hat sich abgeschieden. Die Geburtskammer des Romans" – hier berührt Benjamin sich mit Lukács' Motiv der „transzendentalen Heimatlosigkeit", das er in einem späteren Abschnitt ausdrücklich zitiert – „ist das Individuum in seiner Einsamkeit, das sich über seine wichtigsten Anliegen nicht mehr exemplarisch auszusprechen vermag, selbst unberaten ist und keinen Rat geben kann. Einen Roman schreiben heißt, in der Darstellung des menschlichen Lebens das Inkommen-

---

duktionsbedingungen und -techniken als auch für die Rezeptionsweisen literarischer Werke (in unserem Fall: Erzählwerke) bewirkt – und die auch tief in die Struktur und narrative Technik der Texte selbst hineinwirken. Die Stoffe der „Erzählung" in Benjamins Sinn, der Mythen und Heldenlieder, der Märchen und Sagen, sind der Gemeinschaft bekannt, der Erzähler kann überall einsetzen. Die Figuren sind keine unbekannten Individuen, sondern vertraute Typen; der Erzähler muß sich weder um psychologische Glaubwürdigkeit noch um die „Wahrheit" seiner Erzählung überhaupt kümmern. Die orale Darbietung hat eine eigene Erzählökonomie: ein festes Gerüst muß variierend ausgefüllt werden; Episoden können hinzutreten, verschwinden, umgestellt werden, ohne dadurch etwas „durcheinander" zu bringen. Wiederholungen, Formeln, Typisierungen aller Art sind epische „Gedächtnisstützen" für Erzähler und Zuhörer.

Anders nun in der Schriftkultur, besonders auf der Stufe des entwikkelten Druckwesens. Der gedruckte Text ist stets der „definitive", nicht mehr variierbare Text; zugleich konkurriert das Buch, in unserem Fall der Roman, als Ware mit anderen Waren. Er muß deshalb sowohl seine „Neuheit" wie auch seine „Wahrheit" und Authentizität beglaubigen. Das führt zu „realistischer" Erzählweise und vergleichsweise strengen „Erzählplänen" und Handlungsstrukturen (paradigmatisch im Kriminalroman). Andererseits gibt die bloße Länge des Romans und die Tatsache, daß seine Lektüre meist vielfach unterbrochen wird, auch wieder Spielraum für Abschweifungen und neue, bald standardisierte Spannungstechniken (man denke an den Fortsetzungsroman). Schließlich bringen die „einsamen Tätigkeiten" des Schreibens und Lesens eine neue, komplexere und individualisierende Figurenzeichnung hervor und wirken ganz allgemein an der Herausbildung der psychologischen Introspektion mit, die zu einem Kennzeichen nicht nur des neueren Romans, sondern des modernen Bewußtseins schlechthin geworden ist. Eine grundsätzliche Einführung in den Problemkreis, mit vielen Hinweisen auf Struktur- und Funktionswandel der Erzählliteratur, bietet Walter J. Ong in seinem Standardwerk *Oralität und Literalität. Die Technologisierung des Wortes* (1982).

surable auf die Spitze treiben. Mitten in der Fülle des Lebens und durch die Darstellung dieser Fülle bekundet der Roman die tiefe Ratlosigkeit des Lebenden." (S. 443) Die heterogene „Fülle der Welt" sah Lukács durch die konstitutive Funktion der Zeit im Roman, insbesondere durch die Zeitstruktur der Erinnerung „zur runden Erfülltheit einer wirklichen Lebenstotalität" erhoben (S. 112f.) Ähnlich auch Benjamin. Er differenziert freilich den Begriff der „Erinnerung": das „epische Gedächtnis" stiftet, kollektiv und generationenübergreifend, „das Netz, welches alle Geschichten miteinander am Ende bilden", eine Art Erfahrungsschatz traditionaler Gesellschaften. Das „Eingedenken" hingegen ist die „verewigende" Erinnerungsleistung des Romanciers, der aus seiner (und des Lesers) Einsamkeit heraus den sinnerfüllten Augenblick im sinnentleerenden Zeitenfluß festzuhalten sucht. Das läßt unmittelbar an die Funktion der plötzlichen Erfahrung, des erfüllten Augenblicks, der „Epiphanie", der „unwillkürlichen Erinnerung" im modernen Roman denken; Zeitstrukturen, die vom frühen Thomas Mann über Proust, Joyce und Virginia Woolf bis hin zu Musil und Hans Henny Jahnn die erzählerische und ästhetische Konstruktion tragen bzw. erst möglich machen.[13]

Drittens schließlich setzt Benjamin, wiederum eigenständig, die Leistung und Eigenart des Romans in Beziehung zu anderen, *konkurrierenden Kommunikationssystemen*, für die er exemplarisch die Presse nennt, die Mitte des 19. Jahrhunderts eine Blütezeit erlebt hatte. Für uns ist wichtig, daß das System der „Information" und „Zerstreuung", also der modernen Massenkommunikation, den Roman „einer Krise zuführt", wie Benjamin sagt. Sie hat, wie wir heute wissen, einerseits den Aspekt eines Verdrängungswettbewerbs, andererseits aber auch den jener innovativen Rückwirkung, die schon Benjamins Freund Bertolt Brecht in seinem *Dreigroschenprozeß* bemerkt hatte. Ob und wie der Roman diese Krise bestehen und sich erneuern kann, versucht Benjamin in literaturkritischen Essays über einige jener Zeitgenossen zu erkunden, die er in seinen

---

13 Erste Hinweise kann man den einschlägigen Kapiteln von Dieter Wellershoffs *Der Roman und die Erfahrbarkeit der Welt* (1988) entnehmen. Eine Literarästhetik der *Plötzlichkeit* hatte Karl Heinz Bohrer schon im Band gleichen Titels (1981) entwickelt. Für unseren Zusammenhang sind daraus die Essays *Zur Vorgeschichte des Plötzlichen* (S. 43ff.) und *Utopie des Augenblicks und Fiktionalität* (S. 180ff.) – über Proust, Joyce, Musil – besonders instruktiv.

Arbeitsnotizen provokativ „neue Erzähler" (S. 1284)[14] nennt: Marcel Proust habe einerseits, so heißt es im Aufsatz *Über einige Motive bei Baudelaire* (1939/40), „mit großartiger Konsequenz" versucht, „die Figur des Erzählers zu restaurieren", indem er das Eingedenken, die *mémoire involontaire*, die ihm die „wahre" Qualität seiner verlorenen Kindheit erschließt, ganz zur Sache der „vielfältig isolierten Privatperson" gemacht (S. 611), also ihre Mitteilbarkeit geopfert habe. Und andererseits: „Das eigentlich Geniale an Franz Kafka war, daß er etwas ganz neues ausprobiert hat: er gab die Wahrheit preis, um an der Tradierbarkeit ... festzuhalten", wie Benjamin am 12.6.1938 an Gerhard Scholem schreibt. Kafkas Romane sind „Erzählungen" ohne Erfahrungsgehalt, „Gleichnisse" ohne „Lehre"; von der epischen „Weisheit" bleiben nur noch „Zerfallsprodukte".[15] Wo Kafka und Proust unter größter Anstrengung der „Krisis" zu widerstehen suchen, eilt Alfred Döblin „ihr voraus und macht ihre Sache zu seiner eigenen". *Krisis des Romans* ist Benjamins Rezension von *Berlin Alexanderplatz* (1930) überschrieben, in der er den „geborenen Erzähler" Döblin feiert und zu zeigen versucht, wie er die Form des Romans und ihre Formkrise in Richtung auf eine „neue Epik" überwinde. Das geht nicht in der von Lukács erhofften Rückwendung zu einer dubiosen „Ursprünglichkeit", sondern nur in einer Zuspitzung, die den Roman für die Verfahren und Inhalte der konkurrierenden Medien öffnet und ihn damit aus der individualistischen „Abgeschiedenheit" hinausführt in einen öffentlichen Raum, der hier „Alexanderplatz" heißt. „Stilprinzip dieses Buches ist die Montage. Kleinbürgerliche Drucksachen, Skandalgeschichten, Unglücksfälle, Sensationen von 28, Volkslieder, Inserate schneien in diesen Text. Die Montage sprengt den 'Roman', sprengt ihn im Aufbau wie auch stilistisch, und eröffnet neue, sehr epische Möglichkeiten." (S. 232)

Solche Möglichkeiten und Entwicklungen stehen zwanzig Jahre später auch im Zentrum eines knappen, aber einflußreichen Essays des Philosophen und Kunstsoziologen Theodor W. Adorno: *Standort des Erzählers im zeitgenössischen Roman* (1954). Auch Adorno stellt sich – im Bewußtsein kritischer Distanz – in die Hegelsche Tradition der Kunstphilosophie, die er auf seine Weise radikalisiert: „Kunstwerke stellen die Widersprüche als Ganzes, den antagonistischen

---

14 Näheres in Irving Wohlfahrts Aufsatz *Krise der Erzählung, Krise der Erzähltheorie* (1981), S. 276f.
15 Neben dem zitierten Brief ist vor allem der Essay *Franz Kafka* (1934) mit umfangreichen Arbeitsnotizen heranzuziehen.

Zustand als Totalität vor", heißt es an anderer Stelle, in den Nach-
laßnotizen zur *Ästhetischen Theorie* (S. 479). Als Freund Benjamins
seit den späten zwanziger Jahren bezieht Adorno sich aber auch
erkennbar auf dessen Thesen – und auf Lukács' *Theorie des Romans*.[16]
Wenn er im genannten Aufsatz schreibt: „Der Roman *war* die spezifische literarische Form des bürgerlichen Zeitalters" (S. 61), dann
wiederholt er nicht einfach nur Hegels ursprüngliche Einsicht, sondern markiert das weitere Fortschreiten des historischen Prozesses.
„Zerfallen" ist für ihn – wie er im Blick auf die zeitgenössische
Gesellschaft mit Benjamin argumentiert – „die Identität der Erfahrung, das in sich kontinuierliche und artikulierte Leben, das die
Haltung des Erzählers einzig gestattet." Auch sieht er, daß der
erzählenden Literatur durch moderne Systeme „der Informationen
und der Wissenschaft", durch „die Reportage und die Medien der
Kulturindustrie, zumal den Film" viele „traditionelle Aufgaben"
entzogen werden. So rückt für ihn die Frage nach ihrer gegenwärtigen Form und Funktion ins Zentrum. „Die Stellung des Erzählers
[im Roman] wird heute bezeichnet durch eine Paradoxie; es läßt
sich nicht mehr erzählen, während die Form des Romans Erzählung
verlangt."

Grundsätzlich postuliert er die Abkehr vom Realismus, worunter
nicht eine bestimmte Epoche zu verstehen ist, sondern die grundlegende „Illusionstechnik" des Romans, wie sie Balzac oder Flaubert
exemplarisch ausgebildet haben. Nur in Überwindung dieser Technik – so Adorno in überraschendem Konsens mit seinem engagier-
ten Antipoden Brecht[17] – läßt sich das gesellschaftliche Wesen

---

16 Im Aufsatz *Erpreßte Versöhnung* (1958) aus den *Noten zur Literatur*, einer
scharfen Auseinandersetzung mit der am bürgerlichen wie am Sozialistischen Realismus orientierten Ästhetik des mittleren und späten Lukács,
feiert Adorno geradezu den intellektuellen Rang und die Ausstrahlung
von dessen Frühwerk: „Die 'Theorie des Romans' zumal hat durch Tiefe
und Elan der Konzeption ebenso wie durch die nach damaligen Begriffen
außerordentliche Dichte der Darstellung einen Maßstab philosophischer
Ästhetik aufgerichtet, der seitdem nicht wieder verloren ward." (S. 451)
Einführend zu Adornos Biographie und Gesamtwerk: Hartmut Scheible:
Theodor W. Adorno (1989).
17 Er schreibt im *Dreigroschenprozeß* (1931): „Die Lage wird dadurch so
kompliziert, daß weniger denn je eine einfache 'Wiedergabe der Realität'
etwas über die Realität aussagt. Eine Photographie der Kruppwerke oder
der AEG ergibt beinahe nichts über diese Institute. Die eigentliche Realität
ist in die Funktionale gerutscht. Die Verdinglichung der menschlichen
Beziehungen, also etwa die Fabrik, gibt die letzteren nicht mehr heraus.
Es ist also tatsächlich 'etwas aufzubauen', etwas 'Künstliches', 'Gestelltes'.
Es ist also eben tatsächlich Kunst nötig." (S. 161f.)

(Brecht würde sagen: der gesellschaftliche Kausalzusammenhang) fassen, das an der Oberfläche der Erscheinungen nicht mehr greifbar, also „realistisch" nicht adäquat zu beschreiben ist. *„Will der Roman seinem realistischen Erbe treu bleiben und sagen, wie es wirklich ist, so muß er auf einen Realismus verzichten, der, indem er die Fassade reproduziert, nur dieser bei ihrem Täuschungsgeschäfte hilft."*[18] Den gesellschaftlichen Zustand sieht Adorno, hier durchaus neomarxistisch, als „Verdinglichung aller Beziehungen zwischen den Individuen, die ihre menschlichen Eigenschaften in Schmieröl für den glatten Ablauf der Maschinerie verwandelt, die universale Entfremdung und Selbstentfremdung". Daß ausgerechnet der Roman zur kritischen Veranschaulichung dieses Zustandes „qualifiziert" sei „wie wenig andere Kunstformen", bedarf freilich noch der Begründung.

Wir dürfen sie wohl – ohne daß Adorno hier explizit wird – in der außergewöhnlichen Flexibilität und Integrationskraft der nicht durch poetologische Regeln beengten Romanprosa sehen. Wie Lukács und Benjamin beschäftigt auch Adorno die Frage nach der Möglichkeit „zukünftiger Epen", „neuer Erzähler". Dabei versteht sich, daß er nicht an Tolstoi oder Dostojewski, sondern an „die heutigen Romane", genauer die klassisch-modernen Werke der zwanziger Jahre, an Autoren wie Joyce, Proust, Kafka denkt, und insofern dezidiert von *„negativen* Epopöen" spricht.

Im einzelnen diskutiert Adorno Strukturzüge dieser modernen Romankunst, die auch erzähltechnisch relevant sind: Einer ist die radikale Brechung und Subjektivierung des auf die Außenwelt gerichteten Berichts in Prousts Erinnerungsprosa (hier mißverständlicherweise *monologue intérieur* genannt); ein anderer Joyces Rebellion „gegen die diskursive Sprache" (dabei ist vor allem an dessen Spätwerk *Finnegan's Wake* zu denken). Am wichtigsten scheint ihm aber jenes schon von Lukács bemerkte „Reflektierenmüssen", das erst „im neuen Roman", bei Musil und Thomas Mann, voll ausge-

---

18 Programmatisch weitergeführt wird diese Reflexion – unter Bezug auch auf Brechts *Dreigroschenprozeß*-Zitat – von Adornos Schüler Alexander Kluge in seiner Fontane-Preisrede *Das Politische als Intensität alltäglicher Gefühle* (1979): „Realismus besteht deshalb aus zwei ganz verschiedenen Haltungen. Erstens. Die Genauigkeit in der Wiedergabe realer Erfahrungen. Das ist das, was man eine *realistische Haltung* nennt... Zweitens. Die Wurzel einer realistischen Haltung, ihr Motiv: das ist eine Haltung *gegen* das, was an Unglück in den realen Verhältnissen ist; es ist also ein Antirealismus des Motivs, eine Leugnung des reinen Realitätsprinzips, eine *antirealistische Haltung.* Sie erst befähigt, realistisch und aufmerksam hinzusehen." (S. 8f.)

bildet sei: nicht als Bewertung der erzählten Figuren, sondern als ständige Kommentierung des Erzählvorgangs und seiner Probleme durch den Erzähler, der als „überwacher Kommentator" seiner selbst agiere. Zu einem vergleichbaren Effekt führe Kafkas Verfahren, die Kommentarebene ganz auszuschalten, die ästhetische „Distanz vollends einzuziehen". Den genannten Autoren gemeinsam sei schließlich der Rückgriff auf überlieferte oder neu imaginierte Mythologie, „eine Flucht geschichtlicher Urbilder ... in Prousts unwillkürlicher Erinnerung wie in den Parabeln Kafkas und in den epischen Kryptogrammen von Joyce."

Adornos Vortrag über den *Standort des Erzählers*, aber auch seine *Kleinen Proust-Kommentare* (1958), die einige solche Strukturzüge noch genauer herausarbeiten, sind wie die *Theorie des Romans* oder der *Erzähler*-Aufsatz aus ihrem zeithistorischen Kontext zu verstehen. Dem zurückgekehrten Exilanten Adorno geht es wesentlich darum, die ästhetische Tradition der klassischen Moderne wieder einzubürgern, die nach Verbrennung und Vertreibung durch die Nationalsozialisten in Deutschland nicht mehr existent und der jungen Generation, etwa auch den Nachkriegsautoren, noch kaum bekannt war.[19] Für Adorno ist dies ein Mehrfrontenkampf, in dem er seine grundlegende Konzeption vom „autonomen Kunstwerk" als einzigem Statthalter von Vernunft, Freiheit und Glück zugleich gegen die alles nivellierende Kulturindustrie, gegen die Provinzialität der westdeutschen Nachkriegsgesellschaft mitsamt ihrer Literatur, und gegen Konzepte einer politisch instrumentalisierten Kunst verteidigt, die er beim späteren Lukács oder bei Brecht proklamiert sieht. Deutlich wird diese nicht von allen Kritikern eingeräumte Modernität[20], wenn man Adornos Essay gegen die gleich-

---

19 Bezeichnend für diese Situation ist etwa, daß Adorno im erwähnten Aufsatz die neue Proust-Übersetzung von Eva Rechel-Mertens (1958) kommentiert, die ihrerseits die 1926 von Walter Benjamin und Franz Hessel begonnene und niemals abgeschlossene Übertragung ersetzte und eine breite Proust-Rezeption in Deutschland erst möglich machte.

20 In seiner Untersuchung *Amerikanische Metafiction im Kontext der europäischen Moderne* (1983) kritisiert Bernd Schäbler Adornos Argumentationsweise als „traditionsimmanent", weil er von einer grundsätzlich mimetischen Beziehung des Romans zum „Weltzustand" ausgehe und seinen „autonomen, antimimetischen, wirklichkeitsschaffenden Charakter" verkenne. Adorno verharre „auf der Stufe der Problemsicht und des Bewußtseins, das die (deutschen) Romanautoren der zwanziger und dreißiger Jahre von ihrer Situation und ihren Schwierigkeiten entwickelt hatten" (S. 142f.) Diese letzte Feststellung ist gewiß zutreffend, die grundsätzliche Wertung verkennt aber nicht nur den erwähnten zeithistorischen

zeitigen Ausführungen eines damals tonangebenden Germanisten liest – ich denke an Wolfgang Kaysers Abhandlung *Entstehung und Krise des modernen Romans* (1954), die kulturpessimistisch den „Tod des auktorialen Erzählers", mit dem „Tod des Romans" gleichsetzt (S. 34).

Es bleibt jedoch eine kritische Frage, die nicht nur an Adorno, sondern an die hier referierte Traditionslinie der Romantheorie insgesamt zu richten ist. Auch wenn man die Rückführung des epischen Formenwandels auf den sozialen Wandel (ob er nun mit Lukács geschichtsteleologisch, mit Benjamin kultursoziologisch oder mit Goldmann politökonomisch aufgefaßt wird) grundsätzlich plausibel findet, so bleibt die Frage nach der *Vermittlung* von historischer Situation (als Bedingungsrahmen der literarischen Produktion) einerseits und der – auch durch die jeweils spezifische Erzähltechnik konstituierten – Romanstruktur andererseits. Sie ist deshalb so schwer zu beantworten, weil in den romantheoretischen Konzepten von Hegel bis Goldmann ein selbst nur als theoretische Abstraktion gefaßter Realzustand (z.B. „die spätbürgerliche Gesellschaft") mit einer aus vielfältigen Texten gewonnenen typologischen Abstraktion (z.B. „der moderne Roman") parallelisiert wird. Die konkrete Eigenart eines jeden Textes aber realisiert sich nur in der Erzählsprache, die nicht allein, aber doch wesentlich durch Techniken und Strukturen geprägt wird, wie wir sie in diesem Buch diskutiert haben.

Erzähltechnik ist also die Ebene, auf welcher in der Verwendung oder Nichtverwendung bestimmter, ihrerseits historisch geprägter Verfahren die besondere Struktur des Werkes – damit zugleich aber sein Standort in der Entwicklung der Gattung und seine Position zum historischen Prozeß schlechthin fixiert wird. Dieser Hinweis spezifiziert eine allgemeinere These Benjamins und Adornos über die Rolle der künstlerischen Technik. Schon in seinem Aufsatz *Der Autor als Produzent* (1935) hatte Benjamin „die schriftstellerische *Technik* der Werke" als „denjenigen Begriff genannt, der die literarische Produktion einer unmittelbaren gesellschaftlichen Analyse zugänglich macht. Zugleich stellt der Begriff der Technik den dialektischen Ansatzpunkt dar, von dem aus der unfruchtbare Gegen-

---

Kontext (und Adornos modernistische Radikalität in ihm). Sie wird auch nur dann plausibel, wenn man das Verhältnis des postmodern-metafiktionalen Erzählens zur klassischen Moderne – wie Schäbler – als Bruch mit deren Romankonzept und Erzählverfahren – und nicht so sehr als radikalisierende Fortentwicklung ansieht (wozu ich neigen würde).

satz von Form und Inhalt zu überwinden ist." Die „literarische",
für Benjamin zugleich: politisch relevante „Tendenz" kann schließlich „in einem Fortschritt oder in einem Rückschritt der literarischen
Technik bestehen." (S. 686) Wir dürfen von den historisch-politi-
schen Zusammenhängen, in denen Benjamin dort diskutierte, absehen und seine methodische These für unsere Zwecke adaptieren.
Erzähltechnik, die Verwendung besonderer Verfahrensweisen und
Strukturmuster im Roman, bestimmt den historischen Ort eines
Werkes, seine Stellung zum gesellschaftlichen Entwicklungsstand
nicht weniger als inhaltliche Aspekte. „Im Stand der jeweiligen
Technik reicht die Gesellschaft in die Werke hinein. Zwischen den
Techniken der materiellen und der künstlerischen Produktion herr-
schen weit engere Affinitäten, als die wissenschaftliche Arbeitstei-
lung zur Kenntnis nimmt." So variiert Adorno in seiner *Einleitung
in die Musiksoziologie* (1962) Benjamins Gedanken, um wenige Zeilen
später (selbstkritisch?) zu gestehen: „wie aber diese Einheit sich
realisiert, ist vorerst ganz dunkel. Die Berufung auf denselben Geist,
der hier wie dort zuständig sei, mag zutreffen, umschreibt aber
eher das Problem, als daß sie es löste. Nicht selten sind erklärende
Formeln bloß Masken vor dem zu Erklärenden." (S. 263) Das führt
nochmals auf die Aporien einer Romantheorie in Hegels Tradition
zurück. Wenn tatsächlich die „ungelösten Antagonismen der Realität ... in den Kunstwerken als die immanenten Probleme ihrer
Form" wiederkehren, wie es in der *Ästhetischen Theorie* heißt (S.
16), dann führt auch der methodische Weg zur Aufhellung dieser
Dialektik über die Analyse jener Formprobleme. Für den Roman
(und die Erzählliteratur schlechthin) heißt dies, daß die *Analyse der
narrativen Technik* eine grundlegende Ebene jeder Werkinterpretation
ist – und daß sie sinnvoll immer nur beim jeweiligen Einzelwerk
ansetzen kann.[21] Hier stoßen, anders gesagt, sowohl abstrahierende
Theorie wie auch systematisierende Propädeutik zunächst einmal
an ihre Grenzen – was nicht ausschließt, daß in weiteren Schritten
wiederum eine Verallgemeinerung – eine mittlere Ebene zwischen
Werkanalyse und geschichtsphilosophisch oder literatursoziologisch begründeter Romantheorie – gewonnen werden kann.[22]

---

21 Zwei Werkanalysen, die die „Affinitäten" zwischen „den Techniken der
   materiellen und der künstlerischen Produktion" zum methodischen Ansatzpunkt wählen, enthält die Essener Dissertation von Benedikt Jeßing:
   *Konstruktion und Eingedenken. Zu Goethes „Wilhelm Meisters Wanderjahre"
   und Johnsons „Mutmaßungen über Jakob"* (1991).
22 Das kann in Form eines Längsschnitts geschehen wie in Friedrich H.
   Schregels Essener Dissertation *Die Romanliteratur der DDR. Erzähltechni-*

Wichtige Impulse für eine Betrachtungsweise, die die weiträumige Perspektive auf den historischen Prozeßcharakter des Genres Roman mit dem genauen Blick auf die sprachliche Konstitution und die erzähltechnischen Verfahren der Romanprosa verschränkt, gehen derzeit in der internationalen Diskussion von den Untersuchungen und Thesen des russischen Literatur- und Sprachtheoretikers Michail Bachtin aus.[23] Es handelt sich um Arbeiten, die seit etwa 1930 unter schwierigsten Bedingungen in der Sowjetunion entstanden und im Westen erst mit großer Verzögerung bekannt wurden. Wir sind im vorigen Kapitel bereits auf das Stichwort „Polyphonie" gestoßen, jene *Mehrstimmigkeit des Romans,* die Bachtin an Dostojewski veranschaulicht, die aber weit über diesen hinaus eine Tendenz des modernen Romans – man denke hier nur an Joyce, Döblin oder Dos Passos – bezeichnet. Bachtin, der mit den philosophischen und ästhetischen Entwürfen des deutschen Idealismus seit Kant vertraut war und zweifellos auch die *Theorie des Romans* von Lukács kannte, soll hier nun das Schlußwort haben. Seine Studie *Epos und Roman* (1941) weist durchaus Berührungspunkte mit der (an einer Stelle ausdrücklich erwähnten) Romantheorie Hegels und Gedanken von Lukács oder Benjamin auf, fragt

---

ken, Leserlenkung, Produktionsbedingungen. Sie zeigt auf der Basis von mehreren hundert Erzählwerken, daß und wie zwischen 1945 und 1975 ein durchgängiger Wechsel der erzählerischen Konzepte und Techniken (vom auktorialen zum personalen Erzählen, vom normativen Erzählerkommentar zur subjektiven Figurenreflexion, von geradliniger zu gebrochener Chronologie usw., rezeptionsästhetisch gesehen: von der Leserlenkung zur Leseraktivität) in Prozessen des sozialen Wandels und Veränderungen der SED-Literaturpolitik begründet war.

Als Querschnittstudie ist nach wie vor Jürgen Schramkes Arbeit *Zur Theorie des modernen Romans* (1974) von Interesse. Sie belegt die These, daß Lukács' Arbeit von 1914/15 „eine antizipierende Charakteristik des modernen Romans" (S. 9) leiste, indem sie diejenigen erzählerischen Techniken untersucht, die dort – bei Joyce und Woolf, bei Proust und Gide, bei Rilke, Mann, Broch und Musil – strukturbestimmend sind. Dabei zeigt sich, daß etwa die Subjektivierung des Erzählerberichts und seine Überlagerung durch Reflexion, oder der Zerfall konsistenter Realitätsbeschreibung und das Verfahren der Montage, oder die Ausbildung komplexer Zeitstrukturen und das Streben nach Simultanität, oder schließlich die Tendenz zum Essayismus (vom Erzählen zum Besprechen) als konzeptionelle und technische Konsequenzen aus der von Lukács proklamierten (und von jenen Autoren geteilten) Erfahrung einer Dualität von Ich und Welt zu verstehen sind.

23 Über seine sprach- und literaturtheoretischen Konzepte informiert im Zusammenhang Tzvetan Todorov: *Mikhail Bakhtin. The Dialogical Principle* (1984).

aber zugleich sehr viel genauer nach der sprachlichen und literarischen Konstitution der Romanprosa (S. 201ff.) Im Gegensatz zum Epos ist für Bachtin der Roman – auch schon der antike – ein in mehrfachem Sinne offenes Genre, es „entstand und entwickelte sich unter den Bedingungen ... der äußeren und inneren Vielsprachigkeit – diese ist sein ureigenstes Element." Schon der antike Roman mit seinen Nebenformen vermag „die sozial mannigfaltige und durch eine Vielzahl von Redeweisen differenzierte Welt der Gegenwart realistisch" wiederzuspiegeln. Der Roman steht den „außerliterarischen Genres" wie Brief oder Autobiographie nahe und vermag sie zu nutzen bzw. zu integrieren. Er gibt schließlich „keiner seiner Spielarten die Möglichkeit ..., sich zu stabilisieren", sondern dynamisiert die Gattungsevolution durch „immer neu einsetzendes Parodieren und Travestieren von vorherrschenden und in Mode gekommenen Spielarten". Kurz und gut: *Der Roman ist das einzige im Werden begriffene und noch nicht fertige Genre.*" Genauer: er „ist das einzige Genre, das von der neuen Epoche der Weltgeschichte hervorgebracht und gespeist und ihr deshalb zutiefst verwandt ist, während die anderen großen Genres dieser Epoche in fertiger Form als Erbe zufielen ..." Der Roman „kämpft um seine Vorherrschaft in der Literatur, und dort, wo er den Sieg davonträgt, zersetzen sich die anderen – die alten – Genres"; er befördert, gewissermaßen komplementär zu seiner Integrationskraft, „die Erneuerung aller übrigen Genres und überträgt das Werden und die Unabgeschlossenheit auf sie" – denken wir nur an das sogenannte epische Theater. Der Roman ist dazu fähig, meint Bachtin, weil er selbst „nicht kanonisch", nicht an starre Gattungsregeln gebunden ist. „Er ist das Formbare par excellence; er ist das ewig suchende, immer wieder sich selbst erforschende und alle seine konsolidierten Formen revidierende Genre. So kann nur ein Genre beschaffen sein, das in der Zone des unmittelbaren Kontakts mit der im Werden begriffenen Wirklichkeit entsteht ... Der Prozeß des Werdens des Romans ist nicht beendet. Er tritt jetzt in eine neue Phase. Für diese Epoche ist charakteristisch, daß die Welt auf ungewöhnliche Weise an Komplexität und Tiefe gewonnen hat, daß die Menschen in ungewöhnlichem Maße anspruchsvoller, nüchterner und kritischer geworden sind. Diese Züge bestimmen auch die Entwicklung des Romans." (S. 251)

Anhang: Ein (viel zu) kurzer Leitfaden zur Geschichte des Romans

> ...das ständig totgesagte Kind, eigentlich noch zu
> jung, um zu sterben...
>
> Heinrich Böll: *Über den Roman*

Wir alle wissen, was ein ROMAN ist, ohne es doch ganz genau sagen zu können. Von einem großen wackeligen Pudding, einem formlosen grauen Sack hat vor hundert Jahren selbstironisch ein Meister dieser in ihrer eigenen „Formlosigkeit" nur verborgenen Form gesprochen. Und einer seiner jüngeren Kollegen meinte, daß der Umfang und die Form eines jeden Romans allein vom Papiervorrat seines Schreibers abhinge. Ein dritter Autor, im Nebenberuf Literaturwissenschaftler, hat auf britisch-pragmatische Art kurzerhand „jedes fiktionale Prosawerk von mehr als 50 000 Wörtern" zum Roman erklärt. Das sind augenzwinkernde Hinweise auf die Tatsache, daß Texte, die ihrer äußeren Gestalt und den Maßstäben konventioneller Gattungspoetik nach „formlos" erscheinen, immanent eine größere Vielfalt und Komplexität von Textstrukturen enthalten und entwickeln können als alle anderen literarischen Genres. Dies vorausgesetzt, sagen wir – an James, Döblin und E.M. Forster anschließend – ganz einfach: „Roman" heißt die Großform literarischen Erzählens, die sich durch Umfang und innere Komplexität von den epischen Kleinformen – Anekdote, Fabel, Märchen, Sage, Kurzgeschichte bis hin zur Novelle –, durch Verwendung der Prosa aber vom großformatigen Epos (auch „Versroman" genannt) abhebt. Seit dem 12. Jahrhundert wurde in den romanischen Sprachen jedes nicht mehr lateinisch, sondern volkssprachlich abgefaßte Erzählwerk als *roman* (altfrz.) oder *romance* (span.) bezeichnet. Und erst fünfhundert Jahre später definiert eine der frühesten Romantheorien, die *Abhandlung über den Ursprung der Romane* (1670) des französischen Abbé Pierre Daniel Huet, ihren Gegenstand durch eine doppelte Eingrenzung. „Romans" sind, in den Worten der deutschen Übersetzung, „auß Kunst gezierte beschriebene Liebes Geschichten in ungebundener Rede zu unterrichtung und Lust des Lesers".

Liebesgeschichten waren da längst nicht mehr der einzige, wenn auch oft noch der wichtigste Inhalt des Romans; aber ungebundene Rede, also *Prosa* bleibt sein Medium. Und es ist eben diese Ungebundenheit, die – von Ästhetik und Gattungspoetik noch lange geringgeschätzt – als fast grenzenlose Formbarkeit erst die historisch sich entwickelnde vielfache Variation der Erzählform, ihre mehrfache strukturelle und thematische Erneuerung, ja experimentelle Ausweitung ermöglicht. Der Roman kann, weil ihn keine starren Gattungsregeln und formalen Gerüste einengen wie das Sonett oder die klassische Tragödie, die disparatesten Inhalte, Themen, Sprachformen und Redeweisen aufnehmen, – er *kann*, kurz gesagt, *fast alles* und wird in dieser Hinsicht allenfalls vom Film, mit dem er in unserem Jahrhundert in ein enges Wechselverhältnis tritt, erreicht und überboten.

Im historischen Rückblick zeigt sich der Roman mithin als ebenso vitale wie wandelbare Gattung, als literarischer „Proteus". Und auch gegenwärtig ist er, nach wiederholten „Romankrisen" und dem mehrfach proklamierten „Tod des Romans", das dominierende Genre im literarischen Betrieb. Das gilt quantitativ – auch für die problematischen Varianten des massenhaft konsumierten Unterhaltungs- oder Trivialromans bis hin zu sogenannten „Romanheften" – aber auch qualitativ. Moderne (oder „postmoderne") Romanprosa, die einerseits Themen und Verfahrensweisen des Essays, der philosophischen Darstellung, der Psychoanalyse und des Films aufnimmt und andererseits – schon sehr früh – die eigene Form, Funktion und Leistungsfähigkeit kritisch reflektiert –, solche Romanprosa erweist sich immer wieder als besonders geeignet für die Abbildung, die Perspektivierung und Problematisierung einer zunehmend komplexen, vieldeutigen und schwer durchschaubaren Wirklichkeit.

Romanhaftes Erzählen ist schon in manchen orientalischen Hochkulturen nachweisbar und relativ weit entwickelt, so etwa in Indien (seit dem 2. Jh. v. Chr.), in Japan (um 1000), China (seit dem 14. Jahrhundert) und Arabien, doch hat dies die europäische Tradition nur sehr peripher berührt. Und selbst der Roman der griechisch-römischen Antike (aus dem 1. bis 3. Jh. n. Chr.), nach Thematik und Struktur eine episodisch aufgebaute Liebes- und Abenteuergeschichte, hat trotz einiger bekannt gebliebener Werke wie den *Metamorphosen* des Apuleius oder dem *Satirikon* des Petronius, nicht im entferntesten mit der normativen Kraft auf die europäische Literaturtradition gewirkt wie etwa die antike Tragödie oder auch das homerische Epos.

Der europäische Roman erweist sich vielmehr als die „spezifische Form des bürgerlichen Zeitalters" (Theodor W. Adorno), an dessen soziale Grundlagen und Realitäten er lange Zeit ebenso gebunden bleibt wie an sein Selbstverständnis und seine ideologischen Widersprüche. Ein neues, selbstbewußt bürgerliches Lesepublikum, das sich – mit gewissen nationalen Ungleichzeitigkeiten – im 17. und 18. Jahrhundert herausbildet und das gelehrte bzw. höfische Publikum noch der Barockliteratur ablöst, befördert die Verbreitung und hebt das Ansehen der Romangattung. In deren Texten finden immer mehr Leser – und vor allem immer mehr Leserinnen – „ihre" Empfindungen, ihre Vorstellungen von Moral und Individualität abgehandelt. Der Binnenraum der Kleinfamilie schafft Raum für die individuelle, aber zunächst auch noch für die gemeinsame Lektüre; die neuen Institutionen bürgerlicher Öffentlichkeit – Kaffeehaus, Salon, Lesegesellschaft und die ausgebreitete Briefkultur – bieten zugleich Raum für die Diskussion und Selbstverständigung über das Gelesene. Auf der Kehrseite dieser Entwicklung warnen insbesondere religiös orientierte Erzieher vor den zersetzenden, weil ihrer Kontrolle entzogenen Auswirkungen der Romanlektüre, die in den Metaphern verbotener Lust oder gar der Rauschgiftsucht beschrieben wird. Jedenfalls ist die Romanliteratur spätestens seit Mitte des 18. Jahrhunderts zugleich Prägekraft und Spiegelung der Sozial- und Bewußtseinsgeschichte der bürgerlichen Klasse in Europa. Deren Aufstieg und Krisen sind an den historischen Randbedingungen des fiktionalen Geschehens, an den Milieus und zeittypischen Konflikten, am Bewußtsein und Verhalten der Romanfiguren wie am Räsonnement der Erzähler abzulesen. Eine fortschreitende Erweiterung des erzähltechnischen Repertoires, insbesondere der Zeit- und Perspektivengestaltung sowie der Verfahren zur Rede- und Bewußtseinswiedergabe schafft dafür die „technischen" Voraussetzungen.

Historisch löst sich eine eigenständige Romanform seit dem 13. Jahrhundert vom mittelalterlichen Epos ab. Sogenannte Prosaauflösungen höfischer Versepen tradieren und erweitern deren Stoffe und Handlungsmuster; neu verfaßte Ritterromane wie der spanische *Amadis*-Roman (um 1490) unterhalten die gebildete höfische Oberschicht mit verwickelten Fabeln von Liebe und Rittertugend, werden aber wegen ihrer oft phantastischen Handlungsführung bald schon zum Gegenstand von Kritik und Parodie. Der französische Schäferroman *L'Astrée* von Honoré d'Urfé wird in vielen Fortsetzungen (1607-27) in ganz Europa als Brevier galanten Verhaltens gelesen und auch nachgeahmt. Daneben findet aber auch François Rabelais' eigenwillige Fusion von humanistischem Wissen, frühbürgerlichem Realismus und drastischer Satire in seinem Doppelwerk *Gargantua und Pantagruel* (1532-64) ein breites Publikum; die deutsche Übertragung von Johann Fischart, die als *Geschichtsklitterung* bekannt wurde (1575), besitzt eigenen sprachlichen Rang. Als erster deutschsprachiger Autor profiliert sich der Elsässer Jörg Wickram mit seinen bürgerlich-lehrhaften Romanen *Der Knabenspiegel* (1554) und *Der Goldfaden* (1557). Unbekannt sind bis heute die Autoren der sogenannten „Volksbücher", die wie *Till Eulenspiegel* (1515) und die *Historia von D. Johann Fausten* (1587) märchen- und schwankhaftes Erzählgut zusammenfassen. Die Forschung hat jedoch an manchen dieser Werke, wie etwa dem *Fortunatus* von 1509, die strukturellen Grundzüge des neuen Genres herausgearbeitet und sie als „frühbürgerliche Romane" deklariert.

Die neue Technik des Buchdrucks schafft solchen Werken weite, vorher kaum gekannte Verbreitung, ja in einem grundsätzlichen Sinn macht sie den Roman als massenhaft-individuellen Lesestoff überhaupt erst möglich. Die innere Form der Abenteuerreihe aber, die den meisten der genannten Werke eigen ist, bereitet zugleich einem Romantypus den Weg, der dann bis ins 20. Jahrhundert hinein vital bleiben wird: dem PICARO- oder SCHELMENROMAN.

Sein Held (und meist auch Ich-Erzähler), eben der *pícaro* (span. Gauner), der „Landstörtzer" oder Schelm, ist ein sozial niedrigstehender Abenteurer, den die blanke Existenznot, der Wechsel des Glücks oder auch die sozialen Verwerfungen eines Epochenumbruchs durch viele verschiedene Situationen und gesellschaftliche Bereiche führen. Mit Gerissenheit, Sprachwitz und Instinkt für den eigenen Vorteil besteht er teils gefährliche, teils alltägliche Abenteuer. Seine sozial höherstehenden Kontrahenten, oft die eigenen Dienstherren, haben zum Schaden meist noch den Spott zu tragen, in dem das Publikum sich mit dem *pícaro* einig weiß und der sich auf individuelle und allgemeinmenschliche Fehler, auf sozialen und beruflichen Rang sowie auf Prätentionen aller Art richtet.

So ist der pikarische Held ein Erzählmedium der Kritik an der jeweiligen Gesellschaft und ihrem Moralsystem. Sein plebejischer Materialismus dekouvriert falschen Schein und verbreitete Scheinheiligkeit und legt die wahren, fast immer selbstsüchtigen Handlungsmotive bloß. Diese kritische Funktion des Schelmenromans ist weitgehend unabhängig davon, ob sein Held (in der alten Tradition der Narrenfigur) eher naiv oder aber skeptisch-reflektierend profiliert wird. Erzählerisches Formprinzip ist, wie im Ritter- oder Abenteuerroman, die lockere Episodenreihung. Sie ermöglicht die Integration volkstümlich-schwankhafter Motive und satirischer Elemente, aber auch moralisierender oder religiöser Kommentare. Sozialrealistische, abenteuerliche und komische Elemente haben – in immer neuer Mischung und bei wechselnder Akzentsetzung – den Schelmenroman über fast fünf Jahrhunderte als eine der vitalsten Erzählformen überhaupt erhalten.

Die anonyme Schrift vom *Leben des Lazarillo de Tormes* (1554) gilt als Prototyp der Gattung. Ihr folgen zunächst in Spanien zahlreiche ähnliche Werke, u.a. von Cervantes und Quevedo, ehe sich die Form im 17. Jahrhundert in ganz Europa verbreitet. In Deutschland bereiten Übersetzungen aus dem Spanischen den Weg für Hans Jakob Christoffel von Grimmelshausens *Abenteuerlichen Simplicissimus Teutsch* (1668) und seine Fortsetzungen (wie die *Landstörtzerin Courasche*, 1670). Dieser wichtigste deutsche Schelmenroman – und erste „große" Roman unserer Literatur schlechthin – beeindruckt bis heute durch die Prägnanz und Farbigkeit, mit der er die Epoche des Dreißigjährigen Krieges einfängt, aber auch durch die Ernsthaftigkeit seiner religiösen Schlußfolgerungen.

In Frankreich verhüllt wenig später Alain René Lesage in der *Geschichte des Gil Blas von Santillana* (1715-35) seine scharfe Kritik am einheimischen und zeitgenössischen Feudalabsolutismus, indem er diese Geschichte ins Spanien des vorigen Jahrhunderts verlagert. Eine feste Tradition pikarisch-realistischen Erzählens bildet sich aber vor allem in der englischen und amerikanischen Literatur aus – von Daniel Defoes *Glück und Unglück der berühmten Moll Flanders* (1722) und Henry Fieldings *Geschichte des Tom Jones* (1749) über *Huckleberry Finns Abenteuer* von Mark Twain (1885) bis zu den *Abenteuern des Augie March* von Saul Bellow (1953). Den Doppelcharakter des Schelmenromans als populärer Lesestoff und als Gesellschafts- oder Verhaltensmodell, das über seinen historischen und (häufig genug provinziellen) Kontext hinauswächst, haben im 20. Jahrhundert besonders eindrucksvoll *Die Abenteuer des braven Soldaten Schwejk während des Weltkrieges* (1921-23) von Jaroslav Hašek bestätigt, die nicht nur von Bertolt Brecht zur „Weltliteratur" unseres Jahrhunderts gezählt wurden. Thomas Mann variiert in den *Bekenntnissen des Hochstaplers Felix Krull* (1954) das *pícaro*-Schema ironisch, während die westdeutsche Nachkriegsliteratur es als Modell eines zeitkritischen Erzählens mit moralisierenden Untertönen – so Heinrich Bölls *Ansichten eines Clowns* von 1963 – oder grotesken Einschlägen – so Günter Grass' *Blechtrommel* von 1959 – neu belebt.

Einige Einzelwerke von epochalem Rang eröffnen im 17. und frühen 18. Jahrhundert neue Perspektiven und Modelle romanhaften Erzählens und begründen damit Traditionslinien, die teilweise bis in die Moderne reichen. Im *Don Quijote* (1605-15) des Miguel de Cervantes Saavedra sehen viele Interpreten das „Grundbuch" des neueren Romans schlechthin: Er parodiert den herkömmlichen Ritterroman und damit die naiv fabulierende Erzähltradition, zeichnet daneben ein buntes Bild zeitgenössischer Wirklichkeit und zugleich die groteske Tragödie des Individuums, das seine Ideale nicht mit der „prosaischen Niedertracht" der Welt (Lukács) vermitteln kann. Daniel Defoes *Robinson Crusoe* (1719) entfaltet im Rahmen einer fingierten Biographie das Ethos, insbesondere die Arbeitsethik und die Verhaltensformen der aufsteigenden bürgerlichen Klasse; der Roman prägt damit auch den besonders festen Romantypus der Robinsonade (in Deutschland beispielsweise *Die Insel Felsenburg* von Johann Gottfried Schnabel 1713-43) mit Übergängen zum utopischen Roman, später auch zur *science fiction*. Die französische Aristokratin Mme. de La Fayette entwirft in ihrer *Prinzessin von Clèves* (1678) ein „Psychodrama" von Leidenschaft und höfischer Konvention, dessen thematische Engführung erstmals das herkömmliche Reihungsprinzip überwindet und dessen Analytik stark auf den psychologischen Roman des 18. und 19. Jahrhunderts wirkt. Und schließlich wirbelt Laurence Sternes *Tristram Shandy* (1759-67) auf spielerisch-amüsante Weise die „natürliche" Chronologie der Geschichte oder auch die epische Rollenverteilung von Autor, Erzähler, Figur und Leser so sehr durcheinander, daß ihn nicht nur Goethe und Jean Paul bewundern (und zumindest der letztere ihm nacheifert). Noch Autoren und Literaturtheoretiker des 20. Jahrhunderts sind von dieser ironischen Problematisierung eines „naiven" erzählerischen Realismus fasziniert und sehen in Sternes Werk den „typischsten Roman" schlechthin (Viktor Schklowskij) oder den „Prototyp des gegenwärtigen metafiktionalen Romans" (Patricia Waugh). Schon in der Frühzeit des europäischen Romans läßt sich mithin eine Spannung beobachten, die als produktive Wechselwirkung bis heute die Dynamik der Gattungsgeschichte bestimmt: die Spannung zwischen einem „mimetischen" oder „realistischen", auf die Welt in all ihrer Breite gerichteten Darstellungsimpuls (und den entsprechenden Erzählverfahren) einerseits, und einem „antimimetischen" oder „spielerischen" Zugriff, der das Erzählen oder besser: Romanschreiben als autonomen Schaffensakt betreibt und thematisiert, der die Regeln und Ordnungen der empirischen Realität bewußt untergräbt und den Text als Gegenbild, nicht als Abbild dieser Wirklichkeit organisiert. Neben dem mimetischen Bezug auf äußere Realität wird damit auch die Position innerhalb der „literarischen Reihe" wichtig: In der Abwandlung oder – im allgemeinsten Sinne verstanden – in der immer neuen „Parodie" vorliegender Muster und Modelle, gelegentlich auch in heftigen Bewegungen und Gegenbewegungen zwischen dem realistischen und dem spielerischen Spannungspol erweist sich der Roman als Form der unbegrenzten Möglichkeiten.

Zunächst aber, im 18. Jahrhundert, scheint es den Autoren nicht so sehr um Breite als um „Tiefe" zu gehen; der psychologische Roman beginnt seinen Siegeszug. Als bevorzugtes Medium der Ich-Erkundung wie der geselligen Verständigung – und neu definiert als die „innere Geschichte des Menschen" (Friedrich von Blanckenburg: *Versuch über den Roman,* 1774) – erfährt die Gattung nun auch eine poetologische Aufwertung. Dem „empfindsamen" Interesse – speziell auch des weiblichen Lesepublikums – kommt besonders der BRIEFROMAN entgegen, der eindringlich-unmittelbare Ich-Analysen erlaubt.

Diese Sonderform ist als Abfolge bzw. Wechsel von fingierten Briefen eines bzw. einer oder mehrerer Korrespondenten/-in(nen) komponiert. Bisweilen werden sie durch andere quasi-autobiographische Zeugnisse, Tagebuchnotizen oder Kommentare eines vorgeblichen Herausgebers ergänzt. Nach historischen Vorstufen (wie eingefügten Briefen im Barockroman) erlebt der Briefroman seine Ausprägung und Blütezeit im Europa des 18. Jahrhunderts, in engem Zusammenhang mit der lebhaften Briefkultur der Zeit. „Man spähte sein Herz aus und das der andern", schreibt Goethe über die „empfindsamen" Briefwechsel, aus denen sich „ein sittlicher und literarischer Verkehr" ergeben habe, der die Beteiligten „mit der Breite der moralischen Welt ziemlich bekannt machte". Die fiktive Variante solcher Brieffolgen oder Briefwechsel, eben der Briefroman, steigert diese Funktion noch und modelliert sie nach den Bedürfnissen der Leser und Leserinnen.

Damit gewinnt der Roman generell eine neue Dimension und Intensität: Die Ich-Form und die besondere Zeitstruktur – der tendenzielle Zusammenfall von Geschehen und Aufzeichnung sowie der offene Zukunftshorizont – erlauben subtilere Selbstdarstellung als der herkömmlich auktorial erzählte Roman. Diese Technik fördert die Verlagerung der „Handlung" nach innen, die Subjektivierung. Sie erlaubt unmittelbare Anteilnahme der Lesenden, ja fordert bisweilen die distanzlose Identifikation mit den Schreibenden oder auch den Empfängern. Das „Streben nach dieser psychologischen Distanzlosigkeit" verändert das literarische Rollengefüge tief: Der „Autor macht den Leser zum Vertrauten" (Arnold Hauser) – und diese neue Intimität ist Ort einer diskursiven Herausbildung neuer, wesentlich bürgerlicher und individualistischer Normen in Moral, Emotionalität und Ästhetik.

Maßstabsetzend und in ganz Europa viel gelesen, nachgeahmt, auch parodiert wurden die Briefromane des englischen Verlegers und Druckereibesitzers Samuel Richardson, von denen *Pamela* (1740) wohl am berühmtesten war. Die Briefe des jungen Mädchens erzählen, wie der Untertitel uns belehrt, die Geschichte der „belohnten Tugend" und wehrhaften Unschuld als sozialen Aufstieg des Dienstmädchens zur gutbürgerlichen Ehefrau. An späteren Werken, die wie *Clarissa* von 1747/48 mehrperspektivisch die Psychologie der Verführung und des Lasters ausbreiten, wird immer deutlicher, wie das Leserinteresse sich (unter dem Deckmantel moralisierender Programmatik) eben auch auf die Darstellung von Unmoralität richtet. Während Jean-Jacques Rousseau mit *Julie oder Die neue Heloise* (1742) den Briefroman weiter „verinnerlicht" und um den strukturellen Kern des „empfindsamen Geständnisses" organisiert, entwickelt Choderlos de Laclos in den *Gefährlichen Liebschaften* (1782) analytisch kühl einen multiperspektivischen Mechanismus der Intrige und Ausschweifung, der thematisch stark auf die späteren Romane des Marquis de Sade eingewirkt hat.

In Deutschland markiert, nach ersten Erfolgsbüchern wie Sophie von La Roches *Geschichte des Fräuleins von Sternheim* (1771), Johann Wolfgang Goethes Briefroman *Die Leiden des jungen Werther* (1774) einen weltliterarisch bedeutsamen Gipfelpunkt der Gattung. Er radikalisiert die monoperspektivische Form und die Problematik des Individuums bis hin zum krisenhaften Zerfall von Briefform und Ich-Identität: Werthers Scheitern wird zuletzt nur noch in fragmentarischen Notizen und in den kommentierenden Eingriffen des fiktiven Herausgebers faßbar.

Weitere Briefromane der Goethezeit, Ludwig Tiecks *William Lovell* (1795/96) oder Friedrich Hölderlins *Hyperion* (1797), konnten diese in der Kongruenz von Erzählform und zeitspezifischer Thematik gründende Intensität und Wirkung nicht mehr erreichen. Im Roman des 19. Jahrhunderts wird die Briefform von Deskription, Dialog und erlebter Rede fast vollständig zurückgedrängt. Im 20. Jahrhundert ist es dann die Dominanz technischer Kommunikationsmedien, die Versuche zur Wiederbelebung der Form trotz einzelner Sensationserfolge (beispielsweise Elisabeth von Heykings *Briefe, die ihn nie erreichten*, 1903) als anachronistisch erkennen läßt.

Dominiert wird die deutsche Romantradition im ausgehenden 18. und in der ersten Hälfte des 19. Jahrhunderts jedoch von einem anderen, nur hier so stark ausgebildeten und häufig aufgegriffenen Typus, dem ENTWICKLUNGS- oder BILDUNGSROMAN. „Entwicklungsroman" ist eine 1926 von Melitta Gerhard vorgeschlagene Bezeichnung für all jene Romane, die „das Problem der Auseinandersetzung des Einzelnen mit der jeweils geltenden Welt, seines allmählichen Reifens und Hineinwachsens in die Welt zum Gegenstand haben, wie immer Voraussetzungen und Ziel dieses Weges beschaffen sein" mögen. Diese letzte relativierende Bestimmung läßt den Entwicklungsroman als historisch übergreifenden, der Biographie oder Autobiographie nahen Aufbautyp erscheinen. Den Begriff „Bildungsroman" hingegen wollte Wilhelm Dilthey auf die „Goethesche und Nach-Goethesche" deutsche Literaturepoche beschränkt wissen. Er orientiert sich am Bildungsideal der Weimarer Klassik, an der harmonischen und vielseitigen Ausbildung individueller Fähigkeiten und am Humanitätsgedanken.

In diesem engeren Sinn wird der Bildungsroman in Christoph Martin Wielands *Geschichte des Agathon* (1766) und vor allem in Goethes *Wilhelm Meisters Lehrjahre* (1795/96) exemplarisch. Goethe selbst nimmt in seinem Alterswerk *Wilhelm Meisters Wanderjahre* (1821-29) das Ideal „allseitiger Ausbildung" (das auch in den *Lehrjahren* schon ironisch grundiert war) zwar zurück zugunsten von „Einseitigkeiten", also nützlicher Spezialisierung, die ihm sein Blick auf die soziale und technologische Entwicklung des kommenden Jahrhunderts dringlich erscheinen ließ. Dennoch bleibt der Bildungsroman zunächst der dominierende deutsche Romantyp: über Jean Paul, der ihn mit Spurenelementen des Schauerromans versetzt (*Titan*, 1800-03), Romantiker wie Novalis (*Heinrich von Ofterdingen*, 1802) und Joseph von Eichendorff (*Ahnung und Gegenwart*, 1815), bis zu den großen realistischen Erzählern der Jahrhundertmitte.

Der Nachsommer (1857) von Adalbert Stifter ist das wichtigste Beispiel bewußter Goethe-Nachfolge und gerät eben dadurch, angesichts des beschleunigten historisch-gesellschaftlichen Prozesses, zur rückgewandten Utopie: Projekt einer „Restauration des Schönen" (Horst Albert Glaser) in einer unschön gewordenen Welt. Die erste Fassung von Gottfried Kellers *Der grüne Heinrich* (1854/55) gestaltet (unter Verwendung autobiographischer Elemente und überwiegend in der Er-Form) das Scheitern künstlerischen Strebens an den Härten der Welt, den Untergang des jungen Künstlers, also das pronocierte Nichtgelingen von „Bildung" im klassischen Sinne. Die zweite Fassung (1879/80) mildert (in der durchgängigen Ich-Form) diesen Konflikt zur resignativ-versöhnten Einfügung des Erzählers in die bürgerliche Ordnung ab.

Im 20. Jahrhundert wird das Modell des Bildungsromans noch bei Hermann Hesse – vom frühen *Demian* (1904) bis zum späten *Glasperlenspiel* (1943) – variiert oder von Thomas Mann historisch verfremdet und ironisiert, so im *Zauberberg* (1924) oder der biblischen Tetralogie *Joseph und seine Brüder* (1933-42).

Die zumindest im traditionellen deutschen Bildungsroman postulierte Versöhnung individueller Ansprüche mit der äußeren Realität fehlt zumeist im westeuropäischen Entwicklungsroman, der die sozialen Konflikte stärker herausarbeitet. Das gilt noch nicht für Jane Austen, deren psychologisch einfühlsam – und erstmals mit der Technik der erlebten Rede – geschilderte Heldinnen (in *Stolz und Vorurteil*, 1813, oder *Emma*, 1816) nicht nur bemerkenswert selbstbewußt sind, sondern meist auch ihr (Ehe-)Glück finden. In dieser Tradition eines „weiblichen" Entwicklungsromans – mit einer zeittypischen Mischung von emanzipatorischen und moralisierenden Elementen – ist dann auch *Jane Eyre* (1847) von Charlotte Brontë zu sehen. Sein Glück macht auch *David Copperfield*, dessen Roman (1849/50) Charles Dickens aus viktorianischem Selbstbewußtsein heraus noch als beispielhaft erfolgreichen (Aufsteiger-)Lebenslauf konzipiert. Doch mit der Erosion der Viktorianischen Epoche mehren sich die Momente der Desillusionierung, der unversöhnten sozialen Konflikte und des individuellen Scheiterns: exemplarisch in Thomas Hardys *Herzen im Aufruhr* [orig. *Jude the Obscure*] von 1896. Die französische Traditionslinie des 19. Jahrhunderts, in der sich die Übermacht der Verhältnisse über die Wünsche und Strebungen der Individuen womöglich noch schärfer ausdrückt, geht auf Rousseaus Zivilisationskritik, besonders seinen Erziehungsroman *Émile* (1762) und romantische Romane wie François René de Chateaubriands *René* (1802) oder Benjamin Constants *Adolphe* (1816) zurück. Die drei großen realistischen Erzähler Stendhal (*Rot und Schwarz*, 1830), Honoré de Balzac (*Verlorene Illusionen*, 1837-44) und Gustave

Flaubert (*Lehrjahre des Gefühls*, 1869) demonstrieren denn auch konsequent die Unmöglichkeit individueller Selbstverwirklichung in der allen Idealen feindlich gesinnten, von Konventionen beherrschten und zunehmend durchkapitalisierten hochbürgerlichen Gesellschaft. Hier konturiert sich besonders klar ein Typus, der später Desillusionsroman genannt wird (Lukács).

Aber der Anspruch des realistischen Romans, besonders in England und Frankreich, zielt weiter, seine Formenvielfalt geht weit über das Entwicklungsmodell hinaus. In der Mitte des 19. Jahrhunderts entfaltet sich der realistische Roman als ebenso umfassendes wie differenziertes Medium der Analyse von Gesellschaft und individueller Vergesellschaftung. Gustave Flauberts subtile, nur scheinbar distanzierte Erzählweise macht in der Fallstudie *Madame Bovary* (1857) das Zerbrechen subjektiver Illusionen in und an einer „prosaischen" Realität sichtbar – und entwickelt mit seiner Perspektivgebung zugleich das erzählerische Instrumentarium weiter. Seine stilprägende Wirkung auf die europäische Erzählkunst wird durch die Bemühungen ihm nahestehender Autoren oder erklärter Schüler verstärkt. Nennen könnte man Iwan Turgenjew, der soziale Probleme des rückständigen Rußland aufgriff und mit – oftmals existentiell zugespitzten – persönlichen Konflikten verknüpfte. Durch seinen engen Kontakt mit dem literarischen Leben Westeuropas gewann er auch außerhalb Rußlands eine große Leserschaft. Guy de Maupassant, der in enger Orientierung an Flaubert arbeitete und besonders die Form der kurzen Novelle perfektionierte, wurde in Frankreich lange als Unterhaltungsschriftsteller abgewertet, während er in Amerika als Vorläufer der *short story* galt und von den deutschen Autoren der Jahrhundertwende als Vorbild geschätzt wurde. Im Vergleich mit Flaubert traditionell, eher auktorial als personal, erzählt Honoré de Balzac, dessen vielbändiges Romanwerk – *Die menschliche Komödie* (1842-50) – ein soziologisch geschichtetes und panoramatisch weites Gesamtbild der hochbürgerlichen Gesellschaft mit all ihren Verwerfungen und inneren Widersprüchen anstrebt. Radikalisiert wird dieser „soziologische" Ansatz von Emile Zola, dessen Romanzyklus *Die Rougon-Macquart* (20 Bde., 1871-93) – darin spektakulär erfolgreiche Einzelwerke wie *Nana* (1880), *Der Bauch von Paris* (1873) oder *Germinal* (1885) – die Umwälzungen des ausgehenden 19. Jahrhunderts und ihre individuellen „Kosten" mit fast dokumentarischer Präzision zu erfassen sucht.

Eine breite Tradition des realistischen Gesellschaftsromans bildet sich auch in Großbritannien – und mit eigenständigem Profil in den Vereinigten Staaten von Amerika – heraus. Dabei kann der thematische Akzent mehr auf den sozialen Phänomenen von Großstadt und Massenelend liegen wie in den melodramatisch oder sentimental eingefärbten, außerordentlich populären Romanen von Charles Dickens (beispielsweise *Oliver Twist*, 1850, und *Harte Zeiten*, 1854). Oder es geht mehr um individuelle, ja leidenschaftliche Konfliktsituationen in einem naturhaft-ländlichen Handlungsraum wie bei den – der Romantik noch nahestehenden – Schwestern Charlotte und Emily Brontë *(Sturmhöhe*, 1847), aber auch bei George Eliot (d.i. Mary Ann Evans), der bedeutendsten britischen Autorin des 19. Jahrhunderts. Die genaue Charakterzeichnung ihrer Figuren, die aus allen Schichten der viktorianischen Gesellschaft (mit Ausnahme des Proletariats) stammen, und die epische Integration mehrerer Handlungsstränge haben insbesondere *Middlemarch* (1871/72), das wichtigste Werk der damals umstrittenen Autorin, zu einem Klassiker der realistischen Gesellschaftszeichnung werden lassen: Virginia Woolf zählt es pointiert zu „den wenigen englischen Romanen, die für Erwachsene geschrieben wurden".

Die Modernisierungsschübe, denen insbesondere die westeuropäischen Länder, mit einiger Verspätung auch Deutschland im 19. Jahrhundert unterlagen, ließen das literarische Leben und den Roman als eine inzwischen führende Form nicht unberührt. Einerseits differenzieren sich thematisch und strukturell neue Romantypen aus, die in der einen oder anderen Weise auf jenen Modernisierungsprozeß reagieren. Andererseits (oder besser: zugleich) fördern die Entwicklung zur modernen Massengesellschaft, die Einführung neuer Technologien und Publikationsformen (Fortsetzungsroman in Zeitungen und Zeitschriften) die Nachfrage nach populär-unterhaltsamen, ja sensationellen Lesestoffen. Der sogenannte Kolportageroman reproduziert und trivialisiert Themen und Erzählmuster der realistischen Traditionslinie und akzentuiert die abenteuerliche Komponente. Oft genug ist es dabei nur ein kleiner Schritt von der sogenannten Höhenkammliteratur zur sogenannten Unterhaltungs- oder Trivialliteratur. So können sich die Schauer- und Detektivromane von Wilkie Collins *(Die Frau in Weiß*, 1862, und *Der Monddiamant*, 1868) bis heute neben den Werken seines Zeitgenossen und Kollegen Dickens behaupten. Und zumindest für das zeitgenössische Publikum in Frankreich, ja in ganz Europa, waren *Die Geheimnisse von Paris*, ein abenteuerlich-romantischer Fortsetzungsroman von Eugène Sue (1842/43), der das Interesse ganz entschieden auf das „Dickicht der Städte" und die vielfältigen Formen sozialen Elends lenkte, ebenso fesselnd wie Balzacs Gesellschaftspanorama, – und wurden vielfach imitiert.

Klar abgegrenzt erscheint der Typus des HISTORISCHEN ROMANS, der entweder authentische Figuren und Ereignisse mehr oder weniger stark „fiktionalisiert" oder eine fiktive Handlung in einen bestimmten, authentisch gezeichneten Rahmen einfügt. Seine Anfänge sind dem Interesse der europäischen Romantik an vergangenen, meist vorbürgerlichen Lebensformen verpflichtet. Von der Geschichtsschreibung, besonders der Schule des Historismus, gehen zusätzliche, auf historische Treue abzielende Impulse aus. Immer stärker wird im Laufe des Jahrhunderts die Intention, im Rückgriff auf die Vergangenheit sich einer nationalen und kulturellen Identität zu versichern, die von den nivellierenden Tendenzen der modernen Massengesellschaft bedroht scheint. Weniger zahlreich sind dagegen die Versuche, historische Stoffe, Figuren und Geschehnisse als Projektion oder Einkleidung von Gegenwartsproblemen zu nutzen.

Dem literarischen Europa erschien der historische Roman zunächst als individuelle Schöpfung eines Autors: Walter Scott. Seinem überaus erfolgreichen Erstling *Waverley oder Es ist sechzig Jahre her* (1814), der den gescheiterten Versuch der Stuarts schildert, die englische Krone zurückzuerobern, läßt er dreißig thematisch verwandte Werke folgen. Mit ihrer Mischung von authentischen und fiktiven Elementen und der eindrucksvoll-atmosphärischen Schilderung von Charakteren und Landschaften, insbesondere des schottischen Hochlands, fanden sie ein begeistertes Publikum und machten Scott zeitweise zum meistgelesenen europäischen Autor.

Neben Übersetzungen und Nachahmungen belegen dies auch die eigenständigen Werke seiner Nachfolger in verschiedenen Nationalliteraturen: in Frankreich Alfred de Vignys *Cinq-Mars* (1826), Victor Hugos *Der Glöckner von Notre Dame* (1831) und Alexandre Dumas d.Ä. mit seinen Abenteuerromanen *Die drei Musketiere* (1844) oder *Der Graf von Monte Christo* (1845/6); in Italien Alessandro Manzonis *Die Verlobten* (1825/26), in den Vereinigten Staaten James Fenimore Coopers *Der Spion* (1821) und *Der letzte Mohikaner* (1826); in Rußland schließlich Nikolaj Gogols *Taras Bulba* (1836-42) und Leo Tolstois *Krieg und Frieden* (1864-69).

In Deutschland gelingt Wilhelm Hauff, der erste Versuche unter Scotts Namen erscheinen ließ, mit *Lichtenstein* (1826) ein eigenständiges, stark romantisch geprägtes Werk. Willibald Alexis entwickelt mit historisch geschärftem Bewußtsein eine ganze Reihe von brandenburg-preußischen Romanen zu einem umfassenden Epochenbild: *Die Hosen des Herrn von Bredow* (1846) und *Ruhe ist die erste Bürgerpflicht* (1852) sind heute zumindest dem Titel nach noch bekannt. In den siebziger Jahren versuchen sich nicht nur namhafte Realisten wie Conrad Ferdinand Meyer (*Jürg Jenatsch*, 1876) und Theodor Fontane (*Vor dem Sturm*, 1878) in diesem Genre. Werke von Gustav Freytag (*Die Ahnen*, 1872-81) und Felix Dahn (*Ein Kampf um Rom*, 1876) finden ein breites bürgerliches Lesepublikum und stärken auf unterschiedliche, nicht ganz unproblematische Weise germanisch-deutsches Selbstbewußtsein. Im ersten Jahrzehnt des Wilhelminischen Kaiserreichs avanciert der historische Roman damit zur literarischen Modeform. Nur kurzfristig wird er vom Naturalismus zurückgedrängt, schon im Umkreis des Expressionismus – Alfred Döblin: *Wallenstein* (1920) – wieder entdeckt. Zugleich differenziert sich die Form auf verschiedenen literarischen Niveaus (Unterhaltungsroman, historische Biographie) immer weiter und strahlt auch auf die neuen Medien, besonders den Film aus. Nach 1933 realisieren antifaschistische Exilanten und sogenannte Innere Emigranten je verschiedene Konzepte im historischen Roman: Lion Feuchtwanger (*Der falsche Nero*, 1936) oder Heinrich Mann (*Jugend und Vollendung des Königs Henri Quatre*, 1935-38) benutzen ihn zur Auseinandersetzung mit den faschistischen Machthabern; Reinhold Schneider (*Las Casas vor Karl V.*, 1938), Werner Bergengruen (*Der Großtyrann und das Gericht*, 1937) und Elisabeth Langgässer (*Das unauslöschliche Siegel*, 1946) zielen hingegen stärker auf religiöse Grenzerfahrungen und individuelle Gewissensentscheidungen ab.

Wenig später als der historische Roman, und wie er von gewissen romantischen Motiven ausgehend, konstituiert sich im 19. Jahrhundert, zunächst noch diskontinuierlich, die erzählerische Tradition des KRIMINAL- oder DETEKTIVROMANS. Genauer besehen dominiert in diesem Zeitraum noch die Kurzform der Kriminalgeschichte; erst im 20. Jahrhundert verschiebt sich der Akzent auf den eigentlichen Kriminal*roman*, der bald einen ganzen Sektor der literarischen Produktion ausmacht: ein quantitativ kaum noch überschaubarer Massenlesestoff, der später dann auch Film und Fernsehen erobert.

Strukturell ist der Detektivroman, in dem Täter und Tathergang erst während des Erzählens entdeckt werden, der also „analytisch" erzählt, zu unterscheiden vom „synthetisch" konzipierten Kriminal- oder Verbrechensroman, der diese Informationen schon voraussetzt bzw. liefert und seine Spannung deshalb aus anderen Aspekten, etwa der Psychologie des Täters bezieht. Der vorherrschende erste Typus ist von drei Strukturelementen geprägt: dem Kriminalfall, der meist als Mordrätsel (engl. *Whodunit? –* Wer war's?) präsentiert wird, dem Detektiv, der ihn im Namen des Rechts meist mit rationalen Mitteln auflöst, und einer Personengruppe, die die jeweilige Gesellschaft (Schicht, Milieu) repräsentiert und Opfer, Täter und Verdächtige umfaßt. Der unerschöpfliche Lesereiz des „Krimis" liegt, wie der Kenner Bertolt Brecht schon früh erkannte, in den damit gegebenen (historischen, soziologischen, erzählerischen) Variationsmöglichkeiten des grundlegenden Schemas.

Historisch gehört die Kriminalliteratur seit dem späten 18. Jahrhundert zur Entwicklung des neuen Rechtssystems; man darf sie als literarischen Ausdruck bürgerlicher Zuversicht sehen, durch Recht und „Polizeywesen" Ruhe und Ordnung in einer gewalttätigen und geheimnisvollen Welt zu etablieren. Von „berühmten und interessanten Rechtsfällen" hatte der französische Advokat Pitaval seit 1734 einem großen und interessierten Publikum berichtet; zum „Deutschen Pitaval" von 1792 schrieb Friedrich Schiller ein Vorwort, das den historisch-psychologischen Erkenntniswert dieser Texte betont. Die Romantik integrierte die Verbrechens-Thematik in ihre hochentwickelte Novellenkunst, so etwa E.T.A. Hoffmann mit *Das Fräulein von Scuderi* (1818).

Strukturprägend ist jedoch Edgar Allan Poes Erzählung *Der Doppelmord in der Rue Morgue* (1841) geworden, die romantische und rationalistische Motive vermischt und vor allem die Rolle des privaten Detektivs als „Analytiker" schafft (andererseits gibt es hier keinen menschlichen Täter). In der zweiten Jahrhunderthälfte integrieren Dickens, Collins oder auch Émile Gaboriau Elemente des Detektivromans in ihre Romane, ordnen sie dabei aber anderen Intentionen unter (Sozialkritik, sogenannte Schauerromantik). Erst Arthur Conan Doyle, der seit *Die Abenteuer des Sherlock Holmes* (1892) weltweit erfolgreich war und seine Hauptfigur zu einem literarischen Mythos der Moderne zu machen verstand, erst Doyle knüpft wieder direkt an Poe an mit der kurzen Erzählform, der „deduktiv-analytischen" Methode (die dem heutigen Leser oft mehr als gewagte und geglückte Spekulation erscheint) und mit der Determinierung aller Erzählelemente durch den Fall und seine Auflösung.

Die klassischen Autoren – und in diesem Genre mehr als irgendwo sonst: Autorinnen – des 20. Jahrhunderts entwickeln das Modell wesentlich in zwei Varianten weiter. Der „englische" Rätselroman bevorzugt *middle class*-Milieus, isolierte ländliche Schauplätze und konzentriert sich auf die Aufdeckung des Tathergangs (Tatort, Zeitablauf und Alibis, Mordwaffe und Motiv des Täters). Die Lösung geschieht deduktiv oder intuitiv, jedenfalls aber durch „Kopfarbeit". Herausragende Repräsentanten dieser Variante sind Gilbert K. Chesterton, Dorothy L. Sayers, vor allem aber die mit siebzig Romanen und dreißig Erzählungsbänden als *Queen of Crime* gefeierte Agatha Christie und gegenwärtig, unter Einschluß sozialkritischer und psychologischer Motive, P.D. James.

Die „amerikanische" Spielart der sogenannten *hard boiled school* ist härter und dynamischer in ihren Abläufen, verarbeitet in stärkerem Maße die historisch-soziale Realität des Verbrechens. Die amerikanische Großstadt seit den dreißiger Jahren wird zum bevorzugten Schauplatz; der Arbeitsalltag von Polizei oder Privatdetektiv vergleichsweise realistisch nachgezeichnet. Die Fälle werden überwiegend durch eine Mischung von Kopf- und Faustarbeit, *detection* und *action*, gelöst wie in den klassischen und stilprägenden Romanen von Dashiell Hammett (*Der Malteser Falke*, 1930) oder Raymond Chandler (*Der lange Abschied*, 1954). Dessen Ich-Erzähler und Detektiv Philip Marlowe, der aus einem puritanischen Privatethos heraus nicht so sehr gegen einzelne Übeltäter als gegen eine durch und durch korrumpierte Welt kämpft, ist seinerseits zu einem literarischen (und in seiner Verkörperung durch Humphrey Bogart zu einem filmischen) Mythos geworden. Diese amerikanische Linie wurde von James Hadley Chase verstärkt, von Ross Macdonald (*Der Untergrundmann*, 1971) psychologisch vertieft und wird in aktualisierter Form von Erfolgsautoren wie Ross Thomas oder Elmore Leonard fortgeführt.

Natürlich sind zahlreiche Varianten und Weiterentwicklungen dieser Grundtypen zu finden. Der neuere Kriminalroman entwickelt sich zu raffinierten psychologischen Szenarien – so bei Patricia Highsmith und Ruth Rendell oder den französischen Autoren Boileau-Narcejac, die ihrerseits an George Simenons „Maigret"-Romane und „Psychos" anschließen. Daneben gibt es auf sehr unterschiedlichen literarischen Niveaus die Tendenz zum reinen *action*-Thriller, häufig – wie in Ian Flemings „James Bond"-Romanen – in Anlehnung an das Strukturschema des Agentenromans. Weiterhin gelingt es immer wieder, aus der Darstellung eines spezifischen Milieus kriminalistische Spannung und Sozialkritik gleichermaßen zu gewinnen. Die zehn *Romane eines Verbrechens*, die das schwedische Autorenpaar Maj Sjöwall und Per Wahlöö zwischen 1965 und

1975 veröffentlichte, sind dafür ein besonders, die sogenannten Neuen deutschen Kriminalromane der siebziger Jahre ein weniger beeindruckendes Beispiel. Schließlich bleibt die Möglichkeit des spielerisch-parodistischen Umgangs mit dem Kriminalschema, die der italienische Semiotiker Umberto Eco in *Der Name der Rose* (1980) und *Das Foucaultsche Pendel* (1989) zu internationalem Bestsellerruhm ausgemünzt hat.

Weltliterarisch bedeutsam werden seit der Mitte des 19. Jahrhunderts immer mehr amerikanische Romanciers, die eine ebenso eigenständige wie facettenreiche Erzähltradition begründen. Zwei solcher Facetten sind der existentielle Kampf des bindungslosen Einzelnen mit Natur und Schicksal, den Hermann Melvilles *Moby Dick* (1851) symbolisch überhöht, und die amerikanische Alltagsrealität, die Mark Twain in *Tom Sawyers und Huckleberry Finns Abenteuer* (1876, -84) humoristisch-sozialkritisch und mit überschäumender Fabulierlust einfängt. Die Jahrhundertwende bringt nicht nur neue Themen, sondern vor allem eine wichtige Weiterentwicklung des erzähltechnischen Repertoires. Der in Europa lebende Amerikaner Henry James entwickelt und variiert seine *point of view*-Technik in zwanzig Romanen, die Innenansichten einer kultivierten und wohlhabenden Gesellschaftsschicht bieten, die psychischen Regungen der Personen aufs genaueste verfolgen sowie starre Konventionen und falsche Prätentionen bloßlegen. Im englischen Sprachraum gilt James, dessen Wirkung in Kontinentaleuropa schwach blieb, mit Werken wie *Die Gesandten* (1903) als ein Begründer des „modernen" Romans schlechthin. Auch der gebürtige Pole und naturalisierte Brite Josef Conrad perfektioniert einen indirekten, psychologisch tiefgreifenden Erzählstil, der mit Perspektivenwechsel und Rückblenden arbeitet; anders als James, dem er in dieser Hinsicht nacheifert, legt Conrad seinen psychologisch-ethischen Erkundungen jedoch „handlungsstarke", ja kolportagenahe Geschichten zugrunde, wenn er die Tradition des exotischen Abenteuerromans nutzt (in *Lord Jim*, 1900) oder die des Agentenromans mitbegründet *(Der Geheimagent*, 1907).

In Deutschland bleibt der psychologisch vertiefte Gesellschaftsroman fast unentwickelt, der ja gleichzeitig auch in Frankreich und von ihm beeinflußten Ländern wie Portugal blüht (ein Beispiel ist der Flaubert-Schüler José Maria Eça de Queiroz mit seinem Ehebruchs- und Desillusionsroman *Die Maias* von 1888). Deutscherseits sind fast nur Theodor Fontanes Konfliktstudien *(Effi Briest*, 1895, thematisch ebenfalls mit *Madame Bovary* verwandt) und Konversationsromane (*Der Stechlin*, 1899) zu nennen, oder später dann Heinrich Manns satirische Abrechnung mit dem Wilhelminismus: *Professor Unrat* (1905) und vor allem *Der Untertan* (1918).

Schon im letzten Drittel des 19. Jahrhunderts hatte die russische Erzählkunst begonnen, über die Grenzen hinaus zu wirken. Es ist kaum übertrieben, daß am Ende des 19. Jahrhunderts eine ganze Generation von westeuropäischen Lesern, Intellektuellen und Autoren im Banne Leo N. Tolstois und Fjodor M. Dostojewskis stand, daß sie nicht nur Thomas Manns „Jugend erschütterten", wie dieser später eingestanden hat. Dostojewski wie Tolstoi geht es in ihren zumeist großdimensionierten Romanen um Sinn- und Existenzfragen wie Schuld, Verbrechen, Leidenschaft, Moral, Religion. Beide registrieren dabei auch historische Auflösungsprozesse traditioneller Lebensordnungen (in Form von Massenelend, Materialismus, Irreligiosität, Anarchismus) und plädieren letztlich für eine Rückwendung zu den überkommenen Ordnungen – und zur Religion. Das mußte gerade auch die Leser und Leserinnen in Mittel- und Westeuropa faszinieren, wo jene Wandlungsprozesse schon sehr viel weiter fortgeschritten waren. Erzählerisch ist Tolstoi – nach Virginia Woolfs Urteil „der größte aller Romanciers" (S. 216) – Meister der epischen Verschränkung von privaten Konflikten und weitausgreifender Milieu- und Gesellschaftsdarstellung: So in seinem historisch-episierenden Epochengemälde *Krieg und Frieden* (1864-69) oder, noch deutlicher, seinem Ehebruchsroman *Anna Karenina* (1877), der durch Parallelhandlung und Milieuschilderungen zum „größten Gesellschaftsroman der Weltliteratur" im Sinne eines „Romans gegen die Gesellschaft" (Thomas Mann) erweitert und vertieft wird. Tolstoi ist ein Erzähler von auktorialer Grundhaltung, der aber mit erhellenden Perspektivwechseln arbeitet. Dostojewski ist mit Werken wie *Schuld und Sühne* (1866) und *Die Brüder Karamasow* (1879/80) nicht nur bei den Zeitgenossen ein Erfolgsautor ersten Ranges; auf die Entwicklung des modernen Romans wirkt er besonders nachhaltig als Virtuose des „polyphonen Romans" (Michail Bachtin), in dem zahlreiche Personenstimmen gleichgewichtig und in einer Direktheit zu Wort kommen, die bis an die Grenzen der *stream of consciousness*-Technik reicht.

Das epochale Krisengefühl, das in Dostojewskis pessimistisch vertieftem Psychologismus anklang, schlug sich bald auch in Sprache, Erzählstrukturen und Themen des modernen Romans nieder. Dabei lassen sich unterschiedliche Reaktionsformen auf jene Krise – und verschiedene Stufen der formalen Neuerung beobachten. Da gibt es unter dem Einfluß Friedrich Nietzsches den gesamteuropäischen Trend des Ästhetizismus, der sich vor der brutalen, materialistischen und degoutanten Realität in eine Kunstwelt des Schönen flüchtet (Oscar Wilde, Gabriele d'Annunzio, Joris-Karl Huysmans, der junge Heinrich Mann). Da gibt es einen autodidaktischen Einzelgänger wie den Norweger Knut Hamsun, der seine Helden als Außenseiter der Gesellschaft zeichnet und die Rückwendung zur Natur – zur äußeren der Landschaft wie zur inneren der Liebe – predigt *(Pan*, 1894), dem dabei aber tiefgehende psychologische Analysen und formale Innovationen gelingen (so schon im autobiographischen Erstling *Hunger*, 1890). Auch ein konventionell als Familienchronik erzähltes Werk wie Thomas Manns *Buddenbrooks* (1901) handelt doch wesentlich von der Identitätskrise „moderner" Individuen, versucht diese Thematik auf neuartige Weise zu gestalten und bringt auf diese Weise den deutschen Roman definitiv „ins zwanzigste Jahrhundert" (Hugh Ridley). Auf radikalere Weise löst die Doppelerfahrung von Realitätszerfall und Sprach- bzw. Ich-Verlust in Rainer Maria Rilkes *Aufzeichnungen des Malte Laurids Brigge* (1910) Handlung und Chronologie auf – und reflektiert diese Auflösung: „Daß man erzählte, wirklich erzählte, das muß vor meiner Zeit gewesen sein." Aber wiederum zeigt sich, daß der Roman im Zerbrechen seiner überkommenen (und überholten) Form neue Möglichkeiten und Dimensionen gewinnen kann...

Unter diesem Aspekt treten insbesondere in den zwanziger Jahren einige Autoren und Werke hervor, die den Zeitgenossen als avantgardistisch, wenn nicht schlichtweg unverständlich erscheinen mochten, im Rückblick aber eine mittlerweile „klassisch" gewordene Moderne des europäischen (und amerikanischen) Romans repräsentieren. Durch vertiefte Subjektivierung gelingt es Marcel Proust in seinem mehrbändigen Werk *Auf der Suche nach der verlorenen Zeit* (1913-1927), den quasi-autobiographischen Roman zu einem hochdifferenzierten Instrument von psychologischer Introspektion, Gesellschaftssatire und Erkenntniskritik fortzuentwickeln. Als ein mit ästhetischen Mitteln geführter „Kampf gegen die Macht der Zeit" (Lukács) stellt sich die innere Form des Romans bei Proust wie bei Virginia Woolf dar. Sie spiegelt in knapperem Rahmen, so in *Fahrt zum Leuchtturm* (1927), soziale und psychologische Konstellationen sowie ästhetische Erfahrungen in einer multiperspektivisch und assoziativ fließenden, symbolisch grundierten Bewußtseinsprosa. Noch stärkere literarische Innovationen, vor allem auch im internationalen Maßstab, gehen von James Joyces *Ulysses* (1922) aus, der Alltagsodyssee eines obskuren Dubliner Anzeigenwerbers, die die Großstadtrealität als zugleich modernen und mythologisch geprägten Erfahrungsraum faßt. Dabei wird von Kapitel zu Kapitel ein anderer Erzählgestus erprobt, vom einfachen Bericht und Dialog bis zu verschiedenen Varianten des Inneren Monologs (auch *stream of consciousness* genannt), der als Joyces wichtigste, ja revolutionäre Neuerung gilt.

Das zeitgenössische Publikum hat dies nicht ohne weiteres gesehen und anerkannt; dem englischen und amerikanischen Publikum stand ein Autor wie D.H. Lawrence in mancher Hinsicht näher, dessen vergleichsweise konventionell erzählte Novellen und Romane *(Liebende Frauen,* 1920) immer wieder leidenschaftliche Konflikte und Beziehungskrisen thematisieren und die Sexualität als einzige Gegenkraft gegen die destruktive Macht der modernen Gesellschaft preisen. Aus der Distanz ebnen sich diese Differenzen freilich ein: Wie Joyce hatte auch Lawrence mit dem Vorwurf der Obszönität und Zensureingriffen zu kämpfen. *Ulysses* konnte in den USA erst aufgrund eines Urteils von 1933 erscheinen; *Lady Chatterley* von Lawrence, geschrieben 1926, wurde erst 1959/60 in der Originalfassung publiziert. Lawrence galt einer bis in die fünfziger Jahre tonangebenden Literaturkritik als letzter Exponent der *great tradition* psychologisch-realistischen Erzählens (F.R. Leavis); aber auch Joyce ist heute bereits in eine historische Perspektive gerückt: als Mitbegründer einer neuen Tradition, die wir die klassische Moderne nennen.

Sehr bald werden seine Neuerungen, vor allem die stumme Monologtechnik, hingegen von zeitgenössischen Autoren übernommen, die ähnliche Projekte verfolgen, und mit anderen experimentellen Techniken – Zitatmontage, Simultantechnik, Collage – verbunden. John Dos Passos macht in *Manhattan Transfer* (1925) die räumliche und soziale Vielschichtigkeit, um nicht zu sagen: das Chaos der amerikanischen Metropole anhand zahlreicher Figuren mit teils verflochtenen, teils beziehungslos verlaufenden Schicksalen in einem „kollektiven Roman" anschaulich. Alfred Döblin schreibt mit *Berlin Alexanderplatz* (1929), der Leidens-Geschichte von Franz Biberkopf, *den* Berlin-Roman, genauer den Roman des modernisierenden „Umbaus der Stadt Berlin" (Erhard Schütz) und damit den deutschen Großstadt-Roman schlechthin. Die Diskrepanz zwischen einer modernistischen, in vielfältigen Montagen realisierten Schreibweise und einem ausgesprochen auktorialen Erzählgestus, der sich in lehrhaften Kommentaren ebenso äußert wie im Rückbezug auf biblische Deutungsmuster, hat einige Interpreten ratlos gemacht. Man darf sie aber wohl selbst als ein Resultat forcierter Modernisierung von Gesellschaft und Literatur verstehen, wie Döblins Generation sie erfuhr.

Ähnlich ambivalente Beobachtungen lassen sich auch bei anderen wichtigen Autoren der zwanziger bis vierziger Jahre machen: Das Bewußtsein von der historisch produzierten „Krise des Erzählens" führt zur unbestreitbaren Erweiterung und Vertiefung seiner Verfahrensweisen. Reflektierte Zeitgestaltung, Selbstthematisierung des Romans und seiner Formfragen, sowie strukturelle Integration essayistischer Prosa werden mit großer internationaler Ausstrahlung in André Gides *Die Falschmünzer* (1926) oder in Aldous Huxleys *Kontrapunkt des Lebens* (1928) erprobt. Ähnliche Versuche kann man in den mehrbändigen Erzählwerken Hermann Brochs (*Die Schlafwandler*, 1931/32) oder Hans Henny Jahnns (*Perrudja*, 1929, *Fluß ohne Ufer*, 1949/50, 1962) studieren, am eindrucksvollsten aber sicherlich in Robert Musils tausendseitigem Roman„fragment" *Der Mann ohne Eigenschaften* (1930-43). Konventionellere Erzählformen, teils journalistisch-aktualisierend, teils historisierend, pflegen wichtige deutschsprachige Autoren der zwanziger Jahre und des antifaschistischen Exils wie etwa Joseph Roth, Lion Feuchtwanger oder Arnold Zweig. In der Überlagerung von realistischer Deskription, multiperspektivischer Personensicht und eigenwilliger Symboltechnik besonders eindrucksstark ist der Roman *Das siebte Kreuz* von Anna Seghers (1942), der eine gelingende Flucht aus dem Konzentrationslager und zugleich die „Struktur eines Volkes" unter faschistischer Herrschaft nachzeichnet. Das dezidierteste Programm einer politisch orientierten Erzählkunst, der sogenannte Sozialistische Realismus, wurde seit Anfang der dreißiger Jahre in der Sowjetunion offiziell propagiert bzw. verordnet und strebte eine volkstümliche, am Realismus des 19. Jahrhunderts orientierte Gestaltung in der Perspektive des sozialistischen Gesellschaftsaufbaus an. Trotz bedeutender Einzelwerke wie Fjodor W. Gladkows *Zement* (1927) oder Michail A. Scholochows *Der stille Don* (1928-40) degenerierte er im Stalinismus mehr und mehr zu einer starren Literaturprogrammatik. Sie wird nach dem Zweiten Weltkrieg besonders die frühe Erzählliteratur der DDR – man spricht dort vom „Aufbauroman" – prägen und beengen.

In der ersten Jahrhunderthälfte treten schließlich zwei Autoren deutscher Sprache hervor und gewinnen – bei unterschiedlichem Profil und fast konträr verlaufender Rezeptionsgeschichte – einen vergleichbaren Rang in der modernen Weltliteratur. Der im Expressionismus wurzelnde Prager Franz Kafka legt nicht nur seine seit 1908 publizierten Erzählungen, sondern auch die Romanfragmente *Der Prozeß* (1925) und *Das Schloß* (1926) als offene, vielfältig ausdeutbare Existenzparabeln an. Diese erst nach seinem Tod und gegen seine Verfügung veröffentlichten Werke entfalten jedoch erst Anfang der fünfziger Jahre, in einer durch Faschismus und Zweiten Weltkrieg verzögerten Neuausgabe, ihre weltweite Wirkung, vor allem auch auf jüngere Autoren und Autorinnen in der Bundesrepublik und Österreich, in Frankreich (Existentialismus, *nouveau roman*) und den Vereinigten Staaten. Kafkas Romane und Erzählungen konnten in den verschiedensten kulturellen Kontexten als ebenso bündige wie änigmatische Modelle der *condition humaine* im Zeitalter des zunehmenden Sinnverlusts und der politischen Zwangssysteme verstanden und adaptiert werden. Im Kontrast dazu ist das epische Schaffen Thomas Manns, der mit den *Buddenbrooks* noch direkt an Fontane anknüpft, sehr viel kontinuierlicher und von Anfang an erfolgreich. Es führt über den *Zauberberg* von 1924, der Kritik und Krise nicht nur der Vorkriegsgesellschaft, sondern vor allem der Weimarer Republik in der Erzählform des parodierten Bildungsromans artikuliert, über die biblische Tetralogie *Joseph und seine Brüder* (1933-43), deren Entstehung fast die gesamte Exilzeit ausfüllte, bis zum Alterswerk *Doktor Faustus* (1947), einer ebenso faszinierenden wie eigenwilligen Deutung des deutschen Irrwegs in den Faschismus. Über ein halbes Jahrhundert hinweg bietet Thomas Mann somit virtuos alle erdenklichen Erzählstrategien und Kunstgriffe auf, um die Krisenerfahrungen des Jahrhunderts, die er als einer der ersten registriert hatte, gleichzeitig ästhetisch zu artikulieren und (dadurch?) einzudämmen. Das gilt auch für seine, bei aller Virtuosität im einzelnen, traditionelle Erzählweise. Sie mag, zusammen mit einer tiefen Verankerung in der deutschen Kulturtradition, bewirkt haben, daß die Wirkung Thomas Manns – bei einer mit Kafka vergleichbaren internationalen Verbreitung – doch wesentlich rezeptiv geblieben ist. Es gab und gibt Millionen enthusiastischer Leser, aber keine literarische Thomas Mann-Nachfolge.

Im gleichen Jahr wie Manns letzter Epochenroman erscheinen in Nachkriegsdeutschland noch kaum Romane, sondern Kurzgeschichten, „Fetzen von Prosa", mit denen eine junge, zumeist vom Krieg in Mitleidenschaft gezogene Autorengeneration ihre Erfahrungen zu verarbeiten sucht. Der Anschluß an die Autoren der klassischen Moderne und des Exils, von Kafka bis Mann, erweist sich dabei zunächst als unmöglich. Hingegen faszinieren unmittelbar ausländische Erzähler, die mit einiger Verspätung nun auch hier rezipiert werden können: An William Faulkner und Ernest Hemingway glaubte man eine neue, lakonisch-realistische Erzählsprache schulen zu können – wobei man freilich der Komplexität von Faulkners wichtigen Bewußtseinsromanen (*Schall und Wahn*, 1929) kaum gerecht wurde und Hemingways Manierismen allzu leicht übernahm. Dessen *short stories* sind insofern auch einflußreicher als seine Romane (*Wem die Stunde schlägt*, 1940) geblieben. Weiterhin werden die französischen Existentialisten zum Orientierungspunkt; Erzählwerke wie *Der Fremde* (1942) und *Die Pest* (1947) von Albert Camus und *Der Ekel* von Jean Paul Sartre (1938), die das Thema der Selbst- und Weltentfremdung in radikalisiert subjektiver Erzählperspektive abhandeln, sind nicht nur in Frankreich kanonisch geworden. In bislang nicht gekannter Radikalität destruieren sodann die monologischen, teils englisch, teils französisch verfaßten Romane des Iren Samuel Beckett das erzählerische Subjekt, die Objektwelt und die Formkonventionen des Romans (auch. des Romans der klassischen Moderne). Texte wie *Molloy, Malone stirbt* (beide 1951) oder *Wie es ist* (1961) sprechen „über Nichts, als ob es etwas wäre" (Hans H. Hildebrandt). Auch die experimentierende, bisweilen sehr artifizielle Erzählweise des französischen *nouveau roman* (Neuer Roman) thematisiert die Unmöglichkeit, Geschehens-, Handlungs- und Sinnzusammenhänge unmittelbar zu erfassen bzw. naiv zu erzählen. Seine Autoren und Autorinnen experimentieren insofern, parallel zu ihren theoretischen Überlegungen, mit ungewöhnlichen, ja forcierten Erzählwinkeln (Alain Robbe-Grillet: *Die Jalousie oder Die Eifersucht*, 1957), mit einer unkonventionellen, nämlich der zweiten Personalform (Michel Butor: *Paris-Rom oder Die Modifikation*, 1957) oder mit einem Tiefendiskurs unterhalb der konventionellen Personenrede (Nathalie Sarraute: *Das Planetarium*, 1959).

Im englischen Sprachraum behauptet sich von den fünfziger bis in die achtziger Jahre hinein eine vielschichtige und variantenreiche Romanproduktion, bisweilen auch mit fließenden Übergängen zur niveauvollen Unterhaltungsliteratur. Hier wäre Graham Greene zu nennen, der von *Orientexpress* (1938) bis *Der menschliche Faktor* (1978) den *thriller* oder Spannungsroman für die Erkundung und Erörterung von individuellen oder kollektiven Sinn-, Moral- und Loyalitätskrisen nutzt; darin folgt ihm eine Generation später der intellektuell profilierteste und weltweit erfolgreichste Autor des Agentenromans im engeren Sinn, John le Carré (*Der Spion, der aus der Kälte kam*, 1963; *Ein blendender Spion*, 1986). Die im früheren Rhodesien geborene Doris Lessing hat eine fünfteilige autobiographische Romanserie verfaßt (*Kinder der Gewalt*, 1952-69) und in den achtziger Jahren mit einer Art galaktischem Zukunftsroman experimentiert; ihr Ruhm knüpft sich aber in erster Linie an *Das goldene Notizbuch* (1962), das – als mehrschichtig montierter Tagebuchroman – Lebenskrise und Emanzipationsweg einer Schriftstellerin beschreibt. Für die internationale Frauenbewegung hat dieses Buch eine gewisse Rolle gespielt, auch wenn Doris Lessing selbst eine nur feministische Sichtweise abgewehrt hat. Ähnlich ungerecht wäre es, die Romane des Amerikaners Saul Bellow – etwa *Herzog* (1964) – als „Männerbücher" zu kategorisieren, obgleich sie das auch sind: Die Lebens- und Karrierekrisen von männlichen (meist jüdisch-amerikanischen) Akademikern mittleren Alters, die der Literatur- und Soziologieprofessor Bellow vorzugsweise beschreibt, sind Exempla für die Schwierigkeiten individueller Identitätsfindung in einer Welt, die den einzelnen in instrumentelle Zwänge sperrt und ihm nur ein außengesteuertes Rollenverhalten zugestehen will.

Während Greene konventionell erzählt, Lessing und Bellow das formale Repertoire der klassischen Moderne nutzen, kann der russisch-amerikanische Erzähler und Gelehrte Vladimir Nabokov als eine Vaterfigur der neueren *metafiction* gelten. Das gilt weniger von seinem meist pornographisch mißverstandenen Sensationserfolg *Lolita* (1955) als vielmehr von Werken wie *Fahles Feuer* (1962), in denen er anspielungsreich, parodistisch und hochironisch die Realitäts- und Textebenen durcheinanderwirbelt. Ähnliche Wege gehen – bei einer enormen Vielfalt der metafiktionalen Verfahren bzw. „postmodernen" Schreibweisen im einzelnen – seit den späten sechziger Jahren Autoren in Großbritannien (John Fowles: *Die Geliebte des französischen Leutnants*, 1969) und radikaler noch in den Vereinigten Staaten (Kurt J. Vonnegut: *Schlachthof 5*, 1969; Thomas Pynchon: *Die Enden der Parabel*, 1973). Im europäischen Kontext sind schließlich auch postmoderne Erzählwerke aus Italien zu nennen: neben Umberto Ecos Erfolgsbüchern beispielsweise Italo Calvinos erzählerisches Spiegelkabinett *Wenn ein Reisender in einer Winternacht* (1979), das mit der ebenso schlichten wie metafiktionalen Leseranrede beginnt: „Du schickst dich an, den neuen Roman *Wenn ein Reisender in einer Winternacht* von Italo Calvino zu lesen."

Gemessen an diesen internationalen Entwicklungen hält der

deutsche – und besonders auch: der westdeutsche Nachkriegsroman – überwiegend eine gemäßigt-modernistische, wo nicht gar eine bieder-realistische Linie ein. Zentrales Thema ist zunächst das Erlebnis von Krieg und „Trümmerjahren" sowie die „nonkonformistisch" vorgetragene Kritik an gesellschaftlicher Restauration und Wirtschaftswunder-Mentalität, anders gesagt: am CDU-Staat der fünfziger Jahre. So in den beiden Bonn-Romanen von Wolfgang Koeppen, *Das Treibhaus* (1952), und Heinrich Böll, *Ansichten eines Clowns* (1963), so aber auch bei Vertretern der nachrückenden Generation wie Martin Walser *(Ehen in Philippsburg,* 1957) oder Günter Grass, dessen erster Roman *Die Blechtrommel* (1959) besonders spektakulär und auch international erfolgreich war. Arno Schmidt, in seiner Gesellschaftskritik zum Nonkonformismus zu rechnen, ging erzählerisch sehr eigene, ja eigenwillige Wege; von dem Nachkriegsroman *Leviathan* (1949) bis zu seinem Hauptwerk *Zettels Traum* (1970) verschärft er nicht so sehr seinen anfänglichen Detailrealismus als vielmehr eine aufs konkrete Sprachmaterial gerichtete Verschlüsselungs- und Anspielungstechnik, die unter Berufung auf Poe und Joyce das unermeßliche Bedeutungspotential erzählter und zitierter Wort-Welten erschließen soll: *metafiction* eigener Art. Im Kontrast hierzu dominiert in der Erzählliteratur der siebziger Jahre ein autobiographischer Grundzug, der auch dem früher schon angeklungenen Thema der „unaufgearbeiteten" deutschen Vergangenheit eine neue Dimension abgewinnt. Das führt zur bedrückenden Beschreibung diverser Kindheitshöllen und des alltäglichen Faschismus (der 1945 gewiß nicht überwunden war) in Bernward Vespers fragmentarischem Romanessay *Die Reise* (1970/77) oder in Thomas Bernhards Serie von hoffnungslos-zornigen Welt- und Selbstanklagen (beginnend mit *Die Ursache,* 1975). Das gilt aber auch von der Literatur der DDR: Sie löst sich mit Christa Wolfs *Nachdenken über Christa T.* (1969) endgültig vom offiziell dekretierten Sozialistischen Realismus. Die differenziert-kritische Sicht auf die Realität der DDR und eine subjektive Erzählperspektive sind zwar nicht unumstritten, aber möglich: Zehn Jahre zuvor konnten Uwe Johnsons *Mutmaßungen über Jakob* aus eben diesen Gründen nur in der Bundesrepublik erscheinen. Autobiographisch grundiertes Erzählen, das mehrere Text- und Zeitschichten konfrontiert, bewährt sich als Instrument zur Wiederaneignung verlorener oder verdrängter Vergangenheit in Christa Wolfs *Kindheitsmuster* (1976) wie in Johnsons großangelegter Romantetralogie *Jahrestage* (1970-83). In beiden Werken geht es darum, individuelle Erfahrung und historische Konstellationen als „erlebte Geschichte" zu verschränken und anschaulich werden zu lassen. Das gilt in ähnlicher Weise auch für die dreibändige *Ästhetik des Widerstands* (1975-81) des im schwedischen Exil verbliebenen Peter Weiss, den ehrgeizigen Versuch, ein Gesamtbild der faschistischen Epoche aus der Perspektive des kämpferischen Antifaschismus zu entwerfen und zugleich die politische Qualität von Kunst und ästhetischer Erfahrung herauszuarbeiten. Diese Rückwendungen zur Geschichts-Erzählung bedeuten keinen naiven Historismus, keinen Rückfall hinter das im modernen Roman entwickelte Problembewußtsein. Sie werden möglich erst in der stetigen und formbestimmenden Reflexion auf die Problematik von Erinnerung und Erzählung. Sie gehen freilich auch kaum über die vom modernen Roman seit einem halben Jahrhundert entwickelten Verfahren und Erzählstrategien hinaus; eine Radikalisierung der Montagetechnik – mit fließenden Übergängen vom Erzählwerk zum filmischen Schaffen – wie wir sie in der „Gitterprosa" von Alexander Kluge *(Neue Geschichten. Hefte 1-18,* 1977) finden, bleibt im deutschen Kontext vereinzelt und hat ihm – zurecht oder zu Unrecht – das Etikett eines „posthistorischen" Autors (Norbert Bolz) eingetragen.

Die fast unbegrenzte Kraft des Romans zur Integration neuer Stoffbereiche und zur Weiterentwicklung seiner formalen Möglichkeiten erweist sich schließlich immer dann, wenn regionale Gattungstraditionen mit eigenständigem Profil sich ausbilden und – mit mehr oder minder großer Verzögerung – auch international rezipiert und wirksam werden. Das gilt – für die vergangenen Jahre und aus deutscher Perspektive – etwa für den englischsprachigen Gegenwartsroman Südafrikas (Nadine Gordimer), Indiens (V.S. Naipaul) oder Australiens (Patrick White). Es gilt aber vor allem für die lateinamerikanische, in spanischer oder portugiesischer Sprache geschriebene Romanliteratur der letzten Jahrzehnte. Der Welterfolg des Kolumbianers Gabriel García Márquez und seines Romans *Hundert Jahre Einsamkeit* (1967) ist insofern kein isoliertes Ereignis, sondern wächst aus einer breiten Tradition heraus. In ihr stehen neben Alejo Carpentier *(Das Reich von dieser Welt,* 1949) aus Kuba und Miguel Angel Asturias (die sogenannte „Bananen-Trilogie", 1949-60) aus Guatemala etwa der Argentinier Julio Cortázar *(Die Gewinner,* 1960), der „brasilianische Balzac" Jorge Amado (von *Das Land des Karnevals,* 1931, bis *Tocaia grande,* 1987), der Mexikaner Carlos Fuentes *(Terra nostra,* 1975) und der Peruaner Mario Vargas Llosa *(Das grüne Haus,* 1966). Sie zehren, bei aller individuellen Verschiedenheit, durchweg von der gesellschaftlichen und kulturellen Spannung zwischen ehemaligen Kolonialländern und Kolonien, Europa (bzw. Nordamerika) und Lateinamerika, zwischen Christentum und Naturmagie, zwischen Rationalität, Trieb und Mythos. Den Anregungen des Erzählers und Essayisten José Luis Borges (*Fiktionen*, 1961) folgend, entwickelte sich dort eine Vielfalt von erzählerischen Ausdrucksformen, die realistische und imaginäre Elemente immer neu kombinierten und noch gegenwärtig, etwa in der postmodernen US-amerikanischen Literatur, viele Impulse für die internationale Weiterentwicklung der Erzählkunst bereitstellten.

Was vor Jahrhunderten als naives oder märchenhaftes Ausfabulieren von ritterlichen Abenteuern und Amouren begann, erweist sich nach wie vor als das leistungsfähigste, vielfältigste und breitenwirksamste literarische Projekt zur Erkundung einer unüberschaubar und undurchdringlich scheinenden Welt – und zugleich als Methode der kritischen, spielerischen oder utopischen Auseinandersetzung mit ihr: ein Spiegelkabinett der Wirklichkeit und ein Experimentierfeld des „Möglichkeitssinns" (Musil).

Literaturverzeichnis

1. Erzählwerke und andere Beispieltexte

Hier werden die wichtigsten Texte angeführt, die ich – besonders im Ersten bis Vierten Kapitel – zitiere oder exemplarisch erwähne. Dabei sind, unter Verzicht auf strenge philologische Standards, leicht greifbare Ausgaben und bei fremdsprachlichen Texten deutsche Übersetzungen zugrundegelegt.

Augustinus: Bekenntnisse. Frankfurt/M. 1987 (insel tb 1002)

Austen, Jane: Stolz und Vorurteil. Roman, Frankfurt/M. 1980 (Fischer TB 2205)

Austen, Jane: Emma. Roman, Frankfurt/M. 1961 (Fischer TB 2191)

Bernhard, Thomas: Behauptung, in: ders., Der Stimmenimitator, Frankfurt/M. 1978, S. 58

Böll, Heinrich: Gruppenbild mit Dame. Roman, München 1974 (dtv 959)

Broch, Hermann: Der Tod des Vergil, München 1965 (dtv 300)

Choderlos de Laclos, Pierre: Gefährliche Liebschaften. Roman, Zürich 1989 (detebe 21271)

Christie, Agatha: Alibi [The Murder of Roger Ackroyd], München 1989 (Goldmann Krimi 12)

Defoe, Daniel: Robinson Crusoe, Frankfurt/M. 1973 (insel tb 41)

Döblin, Alfred: Berlin Alexanderplatz. Die Geschichte vom Franz Biberkopf, München 1980 (dtv 295)

Dos Passos, John: Manhattan Transfer, Reinbek 1977 (rororo 4133)

Dostojewski, F. M.: Schuld und Sühne. Roman, Frankfurt/M. 1986 (insel tb 969)

Doyle, Arthur Conan: Der Hund von Baskerville, Frankfurt/M. und Berlin 1987 (Ullstein TB 2602)

Dujardin, Edouard: Geschnittener Lorbeer. Roman, Köln und Berlin 1969 (Kiepenheuer & Witsch)

Eça de Queiroz, José Maria: Die Maias. Episoden aus dem romantischen Leben. Roman, München 1986 (Serie Piper 587)

Fielding, Henry: Tom Jones. Die Geschichte eines Findelkindes, 2 Bde., Frankfurt/M. 1981 (insel tb 504)

Flaubert, Gustave: Lehrjahre des Gefühls. Roman, Frankfurt/M. 1977 (insel tb 276)

Flaubert, Gustave: Madame Bovary. Ein Sittenbild aus der Provinz, Frankfurt/M. 1975 (insel tb 167)

Fontane, Theodor: Der Stechlin. Roman, München 1987 (dtv 2184)

Frisch, Max: Montauk. Eine Erzählung, Frankfurt/M. 1981 (suhrkamp tb 700)

García Lorca, Federico: Doña Rosita bleibt ledig oder Die Sprache der Blumen, in: ders., Die dramatischen Dichtungen, Frankfurt/M. 1972 (insel tb 3)

Goethe, Johann Wolfgang von: Die Leiden des jungen Werther, in: Goethes Werke. Hamburger Ausgabe, hg. v. Erich Trunz, Bd. 6, 9. Aufl. München 1977

Goethe, Johann Wolfgang von: Die Wahlverwandschaften. Ein Roman, ebda.

Goethe, Johann Wolfgang von: Wilhelm Meisters Lehrjahre, ebda., Bd. 7, 9. Aufl. 1977

Goethe, Johann Wolfgang von: Aus meinem Leben. Dichtung und Wahrheit, ebda., Bd. 9, 7. Aufl. 1974 u. Bd. 10, 6. Aufl. 1976

Grass, Günter: Die Blechtrommel. Roman. Danziger Trilogie 1, Darmstadt und Neuwied (Sammlung Luchterhand 147)

Grimmelshausen, Johann Jakob Christoffel von: Der abenteuerliche Simplicissimus Teutsch, Stuttgart 1986 (Reclam UB 761)

Hammett, Dashiell: Der Malteser Falke. Roman, Zürich 1974 (detebe 69/I)

Hammett, Dashiell: Rote Ernte. Roman, Zürich 1976 (detebe 69/II)

Hebel, Johann Peter: Schatzkästlein des rheinischen Hausfreunds, Stuttgart 1981 (Reclam UB 142)

Hesse, Hermann: Unterm Rad, Frankfurt/M. 1970 (suhrkamp tb 52)

Homer: Odyssee, Stuttgart 1986 (Reclam UB 280)

Homer: Ilias, Stuttgart 1988 (Reclam UB 249)

James, Henry: Die Gesandten, Frankfurt/M., Berlin, Wien 1984 (Ullstein TB 2044)

James, Henry: Maisie, Berlin und Köln 1955 (Kiepenheuer & Witsch)

James, Henry: What Maisie Knew, Harmondsworth 1988 (Penguin Classics)

Jean Paul: Blumen-, Frucht- und Dornenstücke oder Ehestand, Tod und Hochzeit des Armenadvokaten F. St. Siebenkäs, Frankfurt/M. 1987 (insel tb 980)

Jenninger, Philipp: Von der Verantwortung für das Vergangene. Rede im Deutschen Bundestag, in: Die Zeit, 18.11.1988, S. 4-7

Johnson, Uwe: Skizze eines Verunglückten, Frankfurt/M. 1981 (Bibl. Suhrkamp 785)

Joyce, James: Stephen Hero. Portrait des Künstlers als junger Mann, Frankfurt/M. 1987 (ed. suhrkamp 1435)

Joyce, James: Ulysses, Frankfurt/M. 1981 (ed. suhrkamp 1100)

Joyce, James: Ulysses. The Corrected Text, Harmondsworth 1986 (Penguin)

Jung-Stilling, Johann Heinrich: Heinrich Stillings Jugend, Jünglingsjahre, Wanderschaft und häusliches Leben, Stuttgart 1968 (Reclam UB 662-6)

Kafka, Franz: Sämtliche Erzählungen, Frankfurt/M. 1989 (Fischer TB 1078)

Kafka, Franz: Der Prozeß. Roman, Frankfurt/M. 1985 (Fischer TB 676)

Kafka, Franz: Das Schloß. Roman, Frankfurt/M. 1981 (Fischer TB 900)

Kleist, Heinrich von: Sämtliche Erzählungen, Stuttgart 1984 (Reclam UB 8232)

Kluge, Alexander: Neue Geschichten. Hefte 1-18. „Unheimlichkeit der Zeit", Frankfurt/M. 1977 (ed. suhrkamp 819)

Kluge, Alexander: Die Patriotin. Texte/Bilder 1-6, Frankfurt/M. 1979 (Zweitausendeins)

Mann, Thomas: Buddenbrooks. Verfall einer Familie, Frankfurt/M. 1983 (Fischer TB 661)

Mann, Thomas: Der Zauberberg. Roman, Frankfurt/M. 1986 (Fischer TB 800)

Mann, Thomas: Lotte in Weimar. Roman, Frankfurt/M. 1982 (Fischer TB 300)

Mann, Thomas: Joseph und seine Brüder. 3 Bde., Frankfurt/M. 1983, 1981, 1982 (Fischer TB 1183-5)

Mann, Thomas: Doktor Faustus. Das Leben des deutschen Tonsetzers Adrian Leverkühn erzählt von einem Freunde, Frankfurt/M. 1986 (Fischer TB 1230)

Mann, Thomas: Bekenntnisse des Hochstaplers Felix Krull. Der Memoiren erster Teil, Frankfurt/M. 1987, (Fischer TB 639)

Moritz, Karl Philipp: Anton Reiser. Ein psychologischer Roman, Stuttgart 1972 (Reclam UB 4813-8)

Musil, Robert: Der Mann ohne Eigenschaften. Roman, 2 Bde., Reinbek 1987 (rororo 40001/2)

Musil, Robert: Was arbeiten Sie? Gespräch mit Oskar Maurus Fontana, in: ders., Gesammelte Werke 7: Kleine Prosa, Aphorismen, Autobiographisches, Reinbek 1978, S. 939-942 (Rowohlt)

Proust, Marcel: Auf der Suche nach der verlorenen Zeit, 13 Bde., Frankfurt/M. 1964 (werkausgabe ed. suhrkamp)

Rilke, Rainer Maria, und *Lou Andreas-Salomé:* Briefwechsel, hg. v. Ernst Pfeiffer, Frankfurt/M. 1975 (Insel)

Rilke, Rainer Maria: Die Aufzeichnungen des Malte Laurids Brigge, Frankfurt/M. 1982 (insel tb 630)

Rousseau, Jean-Jacques: Die Bekenntnisse, München 1981 (dtv 2096)

Schnitzler, Arthur: Leutnant Gustl, in: ders., Casanovas Heimfahrt. Erzählungen, Frankfurt/M. 1973 (Fischer TB 1343)

Seghers, Anna: Zwei Denkmäler, in: Atlas zusammengestellt von deutschen Autoren. Hg. v. Klaus Wagenbach, Berlin 1965, S. 21f. (Wagenbach)

Seghers, Anna: Das siebte Kreuz. Roman, Darmstadt und Neuwied 1981 (Sammlung Luchterhand 108)

Sterne, Laurence: Leben und Meinungen von Tristram Shandy, Gentleman, Stuttgart 1972 (Reclam UB 1441)

Twain, Mark: Tom Sawyers Abenteuer. Huckleberry Finns Abenteuer, München 1988 (dtv 10908)

Vonnegut, Kurt Jr.: Schlachthof 5 oder Der Kinderkreuzzug, Reinbek 1972 (rororo 1524)

Weiss, Peter: Abschied von den Eltern. Erzählung, Frankfurt/M. 1961 (ed. suhrkamp 85)

Weiss, Peter: Fluchtpunkt. Roman, Frankfurt/M. 1962 (ed. suhrkamp 125)

Wolf, Christa: Kindheitsmuster. Roman, Darmstadt und Neuwied 1979 (Sammlung Luchterhand 277)

Wolf, Christa: Sommerstück, Weimar und Berlin 1989 (Aufbau)
Woolf, Virginia: Die Fahrt zum Leuchtturm. Roman, Frankfurt/M. 1982 (Fischer TB 2119)
Zöllner, Erich: Geschichte Österreichs. Von den Anfängen bis zur Gegenwart, 7. Aufl. München 1984 (Oldenbourg)

2. Theorie, Essayistik und Literaturwissenschaft

Arbeiten, die als Standardtexte der Erzählforschung oder als informative Sammelwerke besonders wichtig und nützlich sind, sind mit einem empfehlenden * markiert.

Adorno, Theodor W.: Einleitung in die Musiksoziologie. Zwölf theoretische Vorlesungen (1962), Frankfurt/M. 1975
Adorno, Theodor W.: Ästhetische Theorie, Frankfurt/M. 1970
*Adorno, Theodor W.: Noten zur Literatur (I-IV), Frankfurt/M. 1981
*Anderegg, Johannes: Fiktion und Kommunikation. Ein Beitrag zur Theorie der Prosa, Göttingen 1973
Anders, Günter: Der verwüstete Mensch. Über Welt- und Sprachlosigkeit in Döblins „Berlin Alexanderplatz", in: ders., Mensch ohne Welt. Schriften zur Kunst und Literatur, München 1984, S. 3-30
*Aristoteles: Poetik. Übersetzt u. hg. v. Manfred Fuhrmann, Stuttgart 1982 (Reclam UB 7828)
Aristotle: Poetics. [Griechisch.] Hg. u. kommentiert v. D.W. Lucas, Oxford 1968
Arntzen, Helmut: Musil-Kommentar zu dem Roman „Der Mann ohne Eigenschaften", München 1982
*Auerbach, Erich: Mimesis. Dargestellte Wirklichkeit in der abendländischen Literatur (1946), 3. Aufl., Bern und München 1964
*Bachtin, Michail: Epos und Roman. Zur Methodologie der Romanforschung (1941), in: ders., Formen der Zeit im Roman. Untersuchungen zur historischen Poetik, Frankfurt/M. 1989, S. 210-251
Bachtin, Michail: Probleme der Poetik Dostoevskijs, München 1971
Barthes, Roland: Am Nullpunkt der Literatur. Objektive Literatur. Zwei Essays, Hamburg 1959
*Barthes, Roland: Einführung in die strukturale Erzählanalyse (1968), in: ders., Das semiologische Abenteuer, Frankfurt/M. 1988, S. 101-143
Batt, Kurt: Anna Seghers. Versuch über Entwicklung und Werke, Leipzig 1980
Becher, Marlis: Der Konjunktiv der indirekten Redewiedergabe. Eine linguistische Analyse der „Skizze eines Verunglückten" von Uwe Johnson, Hildesheim 1989
Belke, Horst: Literarische Gebrauchsformen, Düsseldorf 1973

*Benjamin, Walter: Der Erzähler. Betrachtungen zum Werk Nikolai Lesskows, in: ders., Gesammelte Schriften, Bd. II, 2, Frankfurt/M. 1977, S. 438-465 (Anm.: Bd. II, 3, S. 1276-1315)

Benjamin, Walter: Krisis des Romans. Zu Döblins „Berlin Alexanderplatz", in: ders., Gesammelte Schriften, Bd. III, Frankfurt/M. 1972, S. 230-236

Benjamin, Walter: Über einige Motive bei Baudelaire, in: ders., Gesammelte Schriften, Bd. I, 2, Frankfurt/M. 1974, S. 605-653

Benjamin, Walter: Zum Bilde Prousts, in: ders., Gesammelte Schriften, Bd. II, 1, Frankfurt/M. 1977, S. 310-324

Benjamin, Walter: Franz Kafka. Zur zehnten Wiederkehr seines Todestages, in: ders., Gesammelte Schriften, Bd. II, 2, Frankfurt/M. 1977, S. 409-438 (Anm.: Bd. II, 3, S. 1153-1276)

Bickerton, Derek: Modes of Interior Monologue. A Formal Definition, in: Modern Language Quarterly 28 (1967), S. 229-239

Bickerton, Derek: James Joyce and the Development of Interior Monologue, in: Essays in Criticism 18 (1968), S. 32-46

Bisanz, Adam J.: Linearität versus Simultaneität im narrativen Zeit-Raum-Gefüge, in: Wolfgang Haubrichs (Hg.), Erzählforschung, Bd. 1, Göttingen 1976, S. 184-223

Bleckwenn, Helga: Morphologische Poetik und Bauformen des Erzählens, in: Wolfgang Haubrichs (Hg.), Erzählforschung, Göttingen 1976, Bd. 1, S. 43-77

Bloch, Ernst: Nachwort zu Hebels Schatzkästlein, in: ders., Literarische Aufsätze, Frankfurt/M. 1984, S. 172-182

Bohrer, Karl Heinz: Plötzlichkeit. Zum Augenblick des ästhetischen Scheins, Frankfurt/M. 1981

*Booth, Wayne C.: The Rhetoric of Fiction, Chicago und London 1961 (Dt. Übersetzung: Die Rhetorik der Erzählkunst, 2 Bde., Heidelberg 1974)

Brecht, Bertolt: Der Dreigroschenprozeß. Ein soziologisches Experiment, in: ders., Schriften zur Literatur und Kunst 1 (= Gesammelte Werke 18), Frankfurt/M. 1967, S. 139-209

Brinkmann, Richard (Hg.): Theodor Fontane, Bd. 2 (= Dichter über ihre Dichtungen, Bd. 12/II), München 1973

Broch, Hermann: James Joyce und die Gegenwart. Rede zu Joyces 50. Geburtstag, in: ders., Kommentierte Werkausgabe, Bd. 9.1: Schriften zur Literatur 1. Kritik, Frankfurt/M. 1976, S. 63-94

Broich, Ulrich: Gibt es eine „neutrale Erzählsituation"?, in: GRM 33 (1983), S. 129-145

Buch, Hans Christoph: Ut Pictura Poesis. Die Beschreibungsliteratur und ihre Kritiker von Lessing bis Lukács, München 1972

*Chatman, Seymour: Story and Discourse. Narrative Structure in Fiction and Film, Ithaca, N.Y. und London 1978

*Cohn, Dorrit: Transparent Minds. Narrative Modes for Presenting Consciousness in Fiction, Princeton, N. J. 1978

Cohn, Dorrit: The Encirclement of Narrative. On Franz K. Stanzel's „Theorie des Erzählens", in: Poetics Today 2 (1981), H. 2, S. 157-182

Diersen, Inge: Darbietungsformen des Erzählens, in: Weimarer Beiträge 13 (1967), S. 630-660

Döblin, Alfred: An Romanautoren und ihre Kritiker. Berliner Programm, in: ders., Aufsätze zur Literatur (= Ausgewählte Werke in Einzelausgaben), Olten und Freiburg/Br. 1963, S. 15-19

Döblin, Alfred: Der Bau des epischen Werkes, ebd., S. 103-132

Dujardin, Edouard: Le monologue intérieur. Son apparition, ses origines, sa place dans l'oeuvre de James Joyce, Paris 1931

Durzak, Manfred: Der moderne Roman. Bemerkungen zu Georg Lukács' „Theorie des Romans", in: Basis 1 (1970), S. 26-48

Ewers, Hans-Heino: Die schöne Individualität. Zur Genesis des bürgerlichen Kunstideals, Stuttgart 1978

Flaubert, Gustave: Briefe, Stuttgart 1964

Forster, E(dward) M(organ): Aspect of the Novel (1927), Harmondsworth 1964

*Friedemann, Käte: Die Rolle des Erzählers in der Epik (1910), Darmstadt 1965

Friedman, Norman: Point of View in Fiction; The Development of a Critical Concept, in: PMLA 70 (1955), S. 1160-1184

Friedman, Norman: Form and Meaning in Fiction, Athens, Ga. 1975

Gabriel, Gottfried: Fiktion und Wahrheit. Eine semantische Theorie der Literatur, Stuttgart 1975

*Genette, Gérard: Discours du récit. Essai de méthode, in: ders., Figures III, Paris 1972, S. 65-282 (Engl. Übersetzung: Narrative Discourse. An Essay in Method, Ithaca, N.Y. 1980)

Genette, Gérard: Nouveau discours du récit, Paris 1983

Genette, Gérard: Le statut pragmatique de la fiction narrative, in: Poétique 20 (1989) H. 78, S. 237-249

Goethe, Johann Wolfgang von: Noten und Abhandlungen zu besserem Verständnis des West-östlichen Divans, in: Goethes Werke (Weimarer Ausgabe), I. Abt., Bd. 7, Weimar 1888 (Reprint München 1987, Bd. 8)

Goethe, Johann Wolfgang von: Über epische und dramatische Dichtung (Von Goethe und Schiller), in: Goethes Werke. Hamburger Ausgabe, Bd. 12, 8. Aufl., München 1978, S. 249-251

Goethe, Johann Wolfgang von: Maximen und Reflexionen, ebda., S. 365-547

Goldmann, Lucien: Zu Georg Lukács: Die Theorie des Romans, in: ders., Dialektische Untersuchungen, Neuwied 1966, S. 283-313

*Goldmann, Lucien: Soziologie des modernen Romans, Neuwied und Berlin 1970

Graevenitz, Gerhart von: Die Setzung des Subjekts. Untersuchungen zur Romantheorie, Tübingen 1973

Grimm, Reinhold (Hg.): Deutsche Romantheorien. Beiträge zu einer historischen Poetik des Romans in Deutschland, Frankfurt/M. und Bonn 1968

Günther, Petra: Erzähltechnik in der „Ästhetik des Widerstands", Magisterarbeit (unveröff.), Universität Essen 1989

*Hamburger, Käte: Die Logik der Dichtung (1957), 3. Aufl., München 1987

Hamburger, Käte: Noch einmal: Vom Erzählen. Versuch einer Antwort und Klärung, in: Euphorion 59 (1965), H. 1/2, S. 46-71

Hegel, Georg Wilhelm Friedrich: Ästhetik. Hrsg. von Friedrich Bassenge, 2 Bde., Frankfurt/M. o.J.

Hillebrand, Bruno (Hg.): Zur Struktur des Romans, Darmstadt 1978

Hillebrand, Bruno: Theorie des Romans, München 1980

Hoffmeister, Werner: Studien zur erlebten Rede bei Thomas Mann und Robert Musil, Den Haag 1965

Iser, Wolfgang: Die Appellstruktur des Textes. Unbestimmtheit als Wirkungsbedingung literarischer Prosa (1971), in: Rainer Warning (Hg.), Rezeptionsästhetik. Theorie und Praxis, München 1975, S. 228-252

Iser, Wolfgang: Der implizite Leser. Kommunikationsformen des Romans von Bunyan bis Beckett, München 1972

Iser, Wolfgang: Der Akt des Lesens. Theorie ästhetischer Wirkung, München 1976

James, Henry: Die Kunst des Romans. Ausgewählte Essays zur Literatur, Leipzig und Weimar 1984

Janz, Rolf-Peter: Zur Historizität und Aktualität der „Theorie des Romans" von Georg Lukács, in: Jahrbuch d. dt. Schillergesellschaft 22 (1978), S. 674-699

Jauß, Hans Robert: Zeit und Erinnerung in Marcel Prousts „A la recherche du temps perdu" (1955), Frankfurt/M. 1986 (suhrkamp tb 587)

Jeßing, Benedikt: Konstruktion und Eingedenken. Zur Vermittlung von gesellschaftlicher Praxis und literarischer Form in Goethes „Wilhelm Meisters Wanderjahre" und Johnsons „Mutmaßungen über Jakob", Wiesbaden 1991

Jung, Werner: Georg Lukács, Stuttgart 1989

Kahrmann, Cordula u.a.: Erzähltextanalyse. Eine Einführung in Grundlagen und Verfahren, 2 Bde., Kronberg 1977

Kayser, Wolfgang: Wer erzählt den Roman?, in: Volker Klotz (Hg.), Zur Poetik des Romans, Darmstadt 1965, S. 197-216

Kayser, Wolfgang: Entstehung und Krise des modernen Romans (1954), 5. Aufl., Stuttgart 1968

Kimpel, Dieter, und *Conrad Wiedemann* (Hg.): Theorie und Technik des Romans im 17. und 18. Jahrhundert, 2 Bde., Tübingen 1970

Klotz, Volker (Hg.): Zur Poetik des Romans, 2. Aufl., Darmstadt 1969

Kluge, Alexander: Das Politische als Intensität alltäglicher Gefühle. Theodor Fontane, in: ders., Theodor Fontane, Heinrich von Kleist und Anna Wilde. Zur Grammatik der Zeit, Berlin 1987, S. 7-18

Krückeberg, Edzard: Der Begriff des Erzählens im 20. Jahrhundert. Zu den Theorien Benjamins, Adornos und Lukács', Bonn 1981

Kudszus, Winfried: Erzählhaltung und Zeitverschiebung in Kafkas „Prozeß" und „Schloß", in: DVjs 38 (1964), S. 192-207

Lämmert, Eberhard: Bauformen des Erzählens (1955), 2. Aufl., Stuttgart 1967

Lämmert, Eberhard (Hg.): Romantheorie. Dokumentation ihrer Geschichte in Deutschland, 2 Bde. Köln 1971, 1975

Leibfried, Erwin: Kritische Wissenschaft vom Text. Manipulation, Reflexion, Transparente Poetologie, 2. Aufl., Stuttgart 1972

Lejeune, Philippe: Le pacte autobiographique, Paris 1975

Lessing, Gotthold Ephraim: Laokoon oder Über die Grenzen der Malerei und Poesie, Stuttgart 1987

*Ludwig, Hans-Werner (Hg.): Arbeitsbuch Romananalyse, Tübingen 1982

Ludwig, Hans-Werner, und Werner Faulstich: Erzählperspektive empirisch. Untersuchungen zur Rezeptionsrelevanz narrativer Strukturen, Tübingen 1985

Ludwig, Martin: Perspektive und Weltbild in Thomas Manns „Buddenbrooks", in: Manfred Brauneck (Hg.), Der deutsche Roman im 20. Jahrhundert, Bamberg 1976, Bd. 1, S. 82-106

*Lukács, Georg: Die Theorie des Romans. Ein geschichtsphilosophischer Versuch über die Formen der großen Epik (1916), Darmstadt und Neuwied 1982

Mann, Thomas: Die Kunst des Romans (1939), in: ders., Essays. Bd. 1: Ausgewählte Schriften zur Literatur, Frankfurt/M. 1977

McCarthy, Mary: Ideas and the Novel, New York und London 1980

Meindl, Dieter: Zur Problematik des Erzählerbegriffs. Dargestellt anhand einiger neuerer deutscher Erzähltheorien, in: LiLi 8 (1978), H. 30/31, S. 206-230

Miller, James E., Jr. (Hg.): Theory of Fiction: Henry James, Lincoln, Nebr. 1972

Miller, Norbert: Erlebte und verschleierte Rede, in: Akzente 5 (1958), S. 213-226

Mitchell, Breon: Hans Henny Jahnn and James Joyce: The Birth of the Inner Monologue in the German Novel, in: Arcadia 6 (1971), S. 44-71

Morrissette, Bruce: Novel and Film. Essays in Two Genres, Chicago 1985

*Müller, Günther: Morphologische Poetik. Gesammelte Aufsätze, Darmstadt 1968

Müller, Klaus-Detlef: Autobiographie und Roman. Studien zur literarischen Autobiographie der Goethezeit, Tübingen 1976

Musil, Robert: Curriculum vitae, in: ders., Gesammelte Werke, Reinbek 1978, Bd. 7: Kleine Prosa, Aphorismen, Autobiographisches, S. 949f.

Negt, Oskar, und Alexander Kluge: Geschichte und Eigensinn. Frankfurt/M. 1981.

Neuhaus, Volker: Typen multiperspektivischen Erzählens, Köln und Wien 1971

*Neumann, Bernd: Identität und Rollenzwang. Zur Theorie der Autobiographie, Frankfurt/M. 1970

Oelmüller, Willi: Hegels Satz vom Ende der Kunst und das Problem der Philosophie der Kunst nach Hegel, in: Philosophisches Jahrbuch 73 (1965/66), S. 75-94

Ong, Walter J.: Oralität und Literalität. Die Technologisierung des Wortes, Opladen 1987

Paech, Joachim: Literatur und Film, Stuttgart 1988

Pascal, Roy: The Dual Voice. Free indirect speech and its functioning in the nineteenth-century European novel, Manchester 1977

Pascal, Roy: Kafka's Narrators. A Study of his Stories and Sketches, Cambridge 1982

Pavel, Thomas: Fictional Worlds, Cambridge, Mass. und London 1986

Petersen, Jürgen H.: Kategorien des Erzählens. Zur systematischen Deskription epischer Texte, in: Poetica 9 (1977), S. 167-195

Petersen, Jürgen H.: Erzählforschung als Spiegel literaturwissenschaftlicher Theorie-Diskussion. Aus Anlaß einiger Neuerscheinungen, in: ZfdPH 99 (1980), S. 597-615

Platon: Der Staat, Stuttgart 1973

Proust, Marcel: Über den „Stil" Flauberts, in: ders., Tage des Lesens. Drei Essays, Frankfurt/M. 1963, S. 67-93

Pütz, Peter: Die Zeit im Drama. Zur Technik dramatischer Spannung, Göttingen 1970

Ricoeur, Paul: Zeit und Erzählung. Bd. 1: Zeit und historische Erzählung; Bd. 2: Zeit und literarische Erzählung, München 1989

Ridley, Hugh: Thomas Mann: Buddenbrooks, Cambridge 1987

Riffaterre, Michael: Ficitional Truth, Baltimore und London 1990

Robbe-Grillet, Alain: Argumente für einen neuen Roman, München 1965

Rüsen, Jörn: Die Vernunft der Kunst. Hegels geschichtsphilosophische Analyse der Selbsttranszendierung des Ästhetischen in der modernen Welt, in: Philosophisches Jahrbuch 80 (1973), S. 292-319

Sartre, Jean-Paul: Situationen. Essays, Reinbek 1965

Schäbler, Bernd: Amerikanische Metafiction im Kontext der Europäischen Moderne, Gießen 1983

Scheible, Hartmut: Theodor W. Adorno, Reinbek 1989

Schlaffer, Heinz: Poesie und Wissen. Die Entstehung des ästhetischen Bewußtseins und der philologischen Erkenntnis, Frankfurt/M. 1990

Schramke, Jürgen: Zur Theorie des modernen Romans, München 1974

Schregel, Friedrich H.: Die Romanliteratur der DDR. Erzähltechniken, Leserlenkung, Kulturpolitik, Opladen 1991

Schütz, Erhard, und *Jochen Vogt* u.a.: Einführung in die deutsche Literatur des 20. Jahrhunderts. Bd. 2: Weimarer Republik, Faschismus und Exil, Opladen 1977

Schütz, Erhard: Romane der Weimarer Republik, München 1986

Searle, John R.: Der logische Status fiktionalen Diskurses, in: ders., Ausdruck und Bedeutung. Untersuchungen zur Sprechakttheorie, Frankfurt/M. 1982, S. 80-97

Spiegel, Alan: Fiction and the Camera Eye. Visual Consciousness in Film and the Modern Novel, Charlottesville, Va. 1976

Spielhagen, Friedrich: Die epische Poesie und Goethe. Festvortrag gehalten in der 10. Generalversammlung der Goethe-Gesellschaft in Weimar am 8. Juni 1895, in: Goethe-Jahrbuch 16 (1895), S. 1*-29*

Spielhagen, Friedrich: Beiträge zur Theorie und Technik des Romans (1883), Göttingen 1967

Spitzer, Leo: Zum Stil Marcel Prousts (1928), in: ders., Stilstudien, 2. Aufl., München 1961, Bd. 2, S. 365-497

*Stanzel, Franz K.: Typische Formen des Romans (1964), 11. Aufl., Göttingen 1987

Stanzel, Franz K.: Zur Konstituierung der typischen Erzählsituationen, in: Bruno Hillebrand (Hg.), Zur Struktur des Romans, Darmstadt 1978, S. 558-576

*Stanzel, Franz K.: Theorie des Erzählens (1979), 4. Aufl., Göttingen 1989

Steinberg, Erwin R.: The Stream of Consciousness and Beyond in „Ulysses", Pittsburgh, Pa. 1958

*Steinecke, Hartmut (Hg.): Theorie und Technik des Romans im 19. Jahrhundert, Tübingen 1970

*Steinecke, Hartmut (Hg.): Theorie und Technik des Romans im 20. Jahrhundert, Tübingen 1972

Stierle, Karlheinz: Geschehen, Geschichte, Text der Geschichte, in: Reinhart Koselleck und Wolf-Dieter Stempel (Hg.), Geschichte – Ereignis und Erzählung, München 1973, S. 530-534

Stierle, Karlheinz: Die Struktur narrativer Texte. Am Beispiel von J.P. Hebels Kalendergeschichte „Unverhofftes Wiedersehen", in: Helmut Brackert und Eberhard Lämmert (Hg.), Funk-Kolleg Literatur, Bd. 1, Frankfurt/M. 1977, S. 210-233

Szondi, Peter: Einführung in die literarische Hermeneutik, Frankfurt/M. 1975

Szondi, Peter: Hegels Lehre von der Dichtung, in: ders., Poetik und Geschichtsphilosophie I, Frankfurt/M. 1974

Todorov, Tzvetan: Mikhail Bakhtin. The Dialogical Principle, Minneapolis, Ma. 1984

Van Rossum-Guyon, Françoise: Point de vue ou perspective narrative. Théories et concepts critiques, in: Poétique 1 (1970), H. 4, S. 476-497

Vargas Llosa, Mario: Die Kunst der Lüge, in: ders., Gegen Wind und Wetter. Literatur und Politik, Frankfurt/M. 1989, S. 225-232

*Vogt, Jochen (Hg.): Der Kriminalroman. Theorie und Geschichte einer Gattung, 2 Bde., München 1971

Vogt, Jochen: Thomas Mann: „Buddenbrooks", München 1983

Vogt, Jochen: Hans Henny Jahnns Romantrilogie „Fluß ohne Ufer" (1970), Neuausgabe München 1986

Vogt, Jochen: Aspekte erzählender Prosa (1972), 6. Aufl., Opladen 1986

Vogt, Jochen: Der ratlos-rastlose Erzähler Alexander Kluge, in: Text + Kritik H. 85/86 (1985), S. 9-21

*Waugh, Patricia: Metafiction. The Theory and Practice of Self-Conscious Fiction, London und New York 1984

Weber, Dietrich: Theorie der analytischen Erzählung, München 1975

Weimann, Robert: Erzählerstandpunkt und point of view. Zu Geschichte und Ästhetik der Perspektive im englischen Roman, in: Zeitschrift für Anglistik und Amerikanistik 10 (1962), S. 369-416

*Weimann, Robert: Erzählsituation und Romantypus, in: Sinn und Form 18 (1966), H. 1, S. 109-133

Weimar, Klaus: Kritische Bemerkungen zur „Logik der Dichtung", in: DVjs 48 (1974), H. 1, S. 10-14

*Wellershoff, Dieter: Der Roman und die Erfahrbarkeit der Welt, Köln 1988

Wiegmann, Hermann: Typologie und Systematik in der Erzähltheorie, in: Literatur in Wissenschaft und Unterricht 14 (1981), S. 176-184

Witte, Bernd: Walter Benjamin, Reinbek 1985

Wohlfarth, Irving: Krise des Erzählens, Krise der Erzähltheorie. Überlegungen zu Lukács, Benjamin und Jauß, in: Rolf Kloepfer und Gisela Janetzke-Dillner (Hg.), Erzählung und Erzählforschung, Stuttgart 1981, S. 281-288

Woolf, Virginia: Der gewöhnliche Leser. Essays, Bd. 1, Frankfurt/M. 1989

Zenke, Jürgen: Die deutsche Monologerzählung im 20. Jahrhundert, Köln und Wien 1976

Zima, Peter V.: Lucien Goldmanns hegelianische Ästhetik. Eine Kritik des „genetischen Strukturalismus", in: P.V.Z.: Kritik der Literatursoziologie, Frankfurt/M. 1978, S. 113-146

Namen- und Titelregister

Nachfolgend sind alle im Text genannten literarischen Werke und ihre Autoren sowie ausgewählte Beiträge zur Literatur- und Erzähltheorie mit ihren Verfassern aufgeführt.

Sachregister

269

Über den Autor

Dr. *Jochen Vogt* lehrt seit 1973 als Professor für Germanistik/Literaturwissenschaft an der Universität-Gesamthochschule Essen und hat Gastprofessuren an irischen, portugiesischen und amerikanischen Universitäten wahrgenommen. Seine wichtigsten Arbeitsgebiete sind die moderne Erzählliteratur, insbesondere der Roman des 20. Jahrhunderts, Literaturtheorie und Literaturdidaktik. Letzte Buchveröffentlichungen über Thomas Manns „Buddenbrooks" (1983), Hans Henny Jahnns „Fluß ohne Ufer" (Neuausgabe 1986), Heinrich Böll (1987) und Peter Weiss (1987).

Aus dem Programm
Literaturwissenschaft

Klaus-Michael Bogdal (Hrsg.)

Neue Literaturtheorien

Eine Einführung

1990. 272 S.
(wv studium, Bd. 156) Pb.
ISBN 3-531-22156-6

In den letzten 15 Jahren hat die Anzahl neuer literaturtheoretischer Ansätze bis zur „Unübersichtlichkeit" zugenommen. Eine Einführung, die auch den aktuellen Diskussionsstand präsentiert, fehlte bisher. In zehn übersichtlichen Einzelbeiträgen werden die historische Diskursanalyse, psychoanalytische Theorien, Dekonstruktivismus, feministische Literaturwissenschaft u. a. m. vorgestellt und erläutert und der Einfluß von Foucault, Lacan, Derrida, Luhmann u.a . untersucht. Die Einleitung erklärt die veränderte Form der Theoriebildung in den vergangenen Jahren und informiert zudem über die traditionellen literaturwissenschaftlichen Methoden.

schen Ansätze an einem konkreten literarischen Beispiel, wird nun in einem Fortsetzungsband nachgeliefert. Beispieltext ist Franz Kafkas Parabel ‚Vor dem Gesetz', seit jeher eine Herausforderung jeder methodisch-reflektierten Literaturwissenschaft. Das Spektrum der Beiträge reicht in Analogie zur ‚Einführung' von der Historischen Diskursanalyse über die Systemtheorie bis zum Dekonstruktivismus. Hinzu kommt ein Beitrag über ‚Kafka in der Schule', der die Textanalysen mit Blick auf ihre Umsetzbarkeit im Unterricht auswertet.

Klaus-Michael Bogdal (Hrsg.)

**Neue Literaturtheorien
in der Praxis**

Textanalysen von Kafkas
‚Vor dem Gesetz'

1993. 210 S.
(wv studium, Bd. 169) Pb.
ISBN 3-531-22169-8

Die 1990 erschienene Einführung in ‚Neue Literaturtheorien' hat sich inzwischen als Kompendium literaturwissenschaftlicher Strömungen der Gegenwart bewährt. Was sie nicht leisten konnte, die jeweilige Erprobung der theoreti-

WESTDEUTSCHER
VERLAG
OPLADEN · WIESBADEN

Aus dem Programm
Literaturwissenschaft

Gerhard Plumpe
Ästhetische Kommunikation der Moderne

Band 1:
Von Kant bis Hegel

1993. 365 S. Kart.
ISBN 3-531-12393-9

Auf die Ausdifferenzierung der Literatur und Kunst zu einem modernen Sozialsystem reagierte die Philosophie mit der Ausbildung ästhetischer Kommunikation. Deren Geschichte um 1800 wird als Versuch rekonstruiert, die „Autonomie" der Kunst als epochales Ereignis zu begründen, aber auch als Prämisse anspruchsvoller Leistungserwartungen zu überfordern; der Beobachtung sozialer Differenzierungsprozesse werden Mythen der Totalität im Medium der Kunsterfahrung entgegengestellt. Diese romantische Paradoxierung der Kunstautonomie wird in Hegels Ästhetik kritisch reflektiert und durch eine auch soziologisch orientierte Perspektive ersetzt, die der Partikularität moderner Kunst zu entsprechen sucht.

Gerhard Plumpe
Ästhetische Kommunikation der Moderne

Band 2:
Von Nietzsche bis zur Gegenwart

1993. 316 S. Kart.
ISBN 3-531-12400-5

Der zweite Band geht der Verwissenschaftlichung und Politisierung der Kunsttheorie im historischen Kontext der Avantgarde nach und thematisiert die Wiederkehr großer philosophischer Ästhetik in unserem Jahrhundert, die Leitmotive der romantischen Kunstphilosophie noch einmal aufnimmt.

Dietrich Schwanitz
Systemtheorie und Literatur

Ein neues Paradigma

1990. 284 S. (wv studium, Bd. 157) Pb.
ISBN 3-531-22157-4

Der Anschluß der Literaturwissenschaft an die Systemtheorie stellt sich als faszinierender Paradigmawechsel dar: Die Umstellung des Gegenstandsbezugs auf Probleme macht die disparatesten Dinge als ihre Lösungen vergleichbar; die Leitbegriffe dieser neuen Komparatistik sind Selbstbeschreibung und Autopoiesis; der Denkstil ist streng und verspielt; und die Methode steuert sich als Beobachtung von Beobachtung. Entsprechend zeigt das Buch an Beispielen aus der Literatur, was die Systemtheorie in der Anwendung auf klassische Felder der Literaturwissenschaft wie Genretheorie, Erzählforschung, Kulturgeschichte, Kunsttheorie etc. leistet; zugleich stellt es in fiktiven Dialogen zwischen literarischen Figuren zentrale Bestandteile der Systemtheorie dar.

WESTDEUTSCHER
VERLAG
OPLADEN · WIESBADEN